acabus

Michael Reh

Katharsis

Drama einer Familie

Roman

acabus

Reh, Michael: Katharsis. Drama einer Familie. Hamburg, acabus Verlag 2020

2. Auflage
ISBN: 978-3-86282-745-9

Dieses Buch ist auch als eBook erhältlich und kann über den Handel oder den Verlag bezogen werden.
ePub-eBook: ISBN 978-3-86282-747-3
PDF-eBook: ISBN 978-3-86282-746-6

Lektorat: Lea Oussalah, acabus Verlag
Satz: Lea Oussalah, acabus Verlag
Coverfoto: Milan Bettermann
Covergestaltung: Hushang Omidizadeh & Michael Reh
Rückcover & Autorenfoto: Tony Sargent

Bibliografische Information der Deutschen Nationalbibliothek:
Die Deutsche Nationalbibliothek verzeichnet diese Publikation in der Deutschen Nationalbibliografie; detaillierte bibliografische Daten sind im Internet über http://dnb.d-nb.de abrufbar.

Der acabus Verlag ist ein Imprint der Bedey Media GmbH,
Hermannstal 119k, 22119 Hamburg.

---

1. Auflage 2020, acabus Verlag Hamburg

http://www.acabus-verlag.de
Gedruckt in Europa

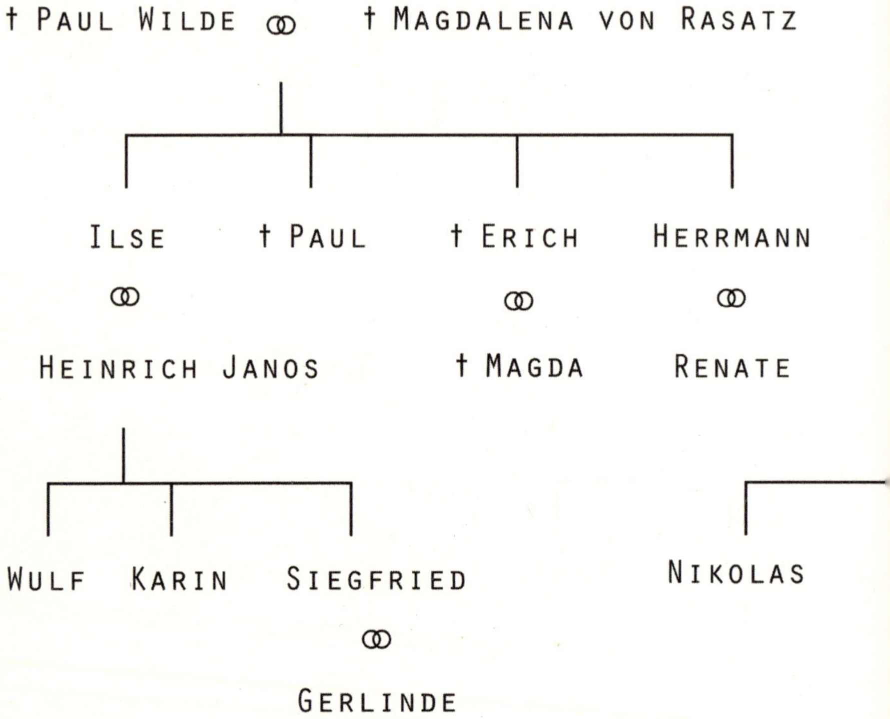
† Paul Wilde ⚭ † Magdalena von Rasatz
Ilse
⚭
Heinrich Janos
† Paul
† Erich
⚭
† Magda
Herrmann
⚭
Renate
Wulf
Karin
Siegfried
⚭
Gerlinde
Nikolas

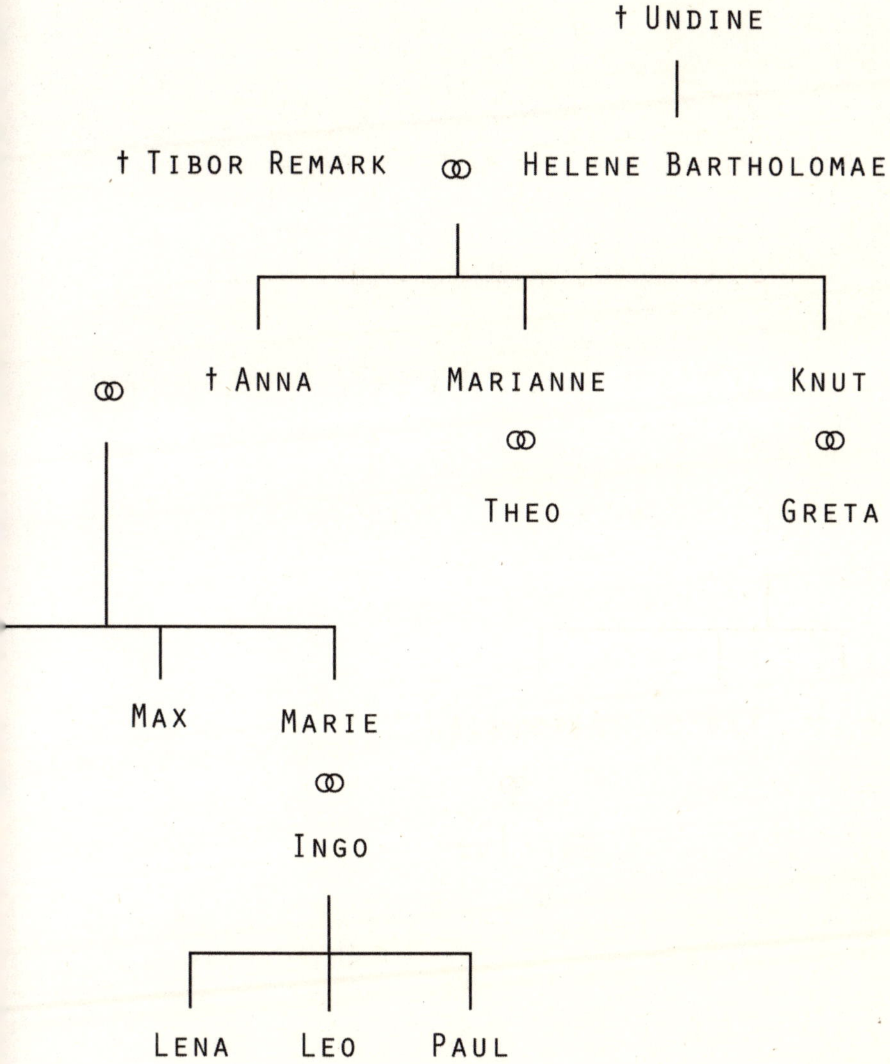
† Undine
† Tibor Remark
Helene Bartholomae
† Anna
Marianne
Theo
Knut
Greta
Max
Marie
Ingo
Lena
Leo
Paul

Take your broken heart and make it into art
– Carrie Fisher

Prolog

Es war zu kalt für die Jahreszeit, zu kalt für den 11. Juni. Der Himmel war so bleiern wie der Geschmack auf seiner Zunge. Er stand in dem Zimmer unter dem Dach des roten Hauses, in dem er aufgewachsen war und hielt eine Kopie des Briefes in der Hand. Er kannte ihn auswendig, so oft hatte er ihn in den letzten Tagen gelesen.

Es war so weit. Er zog das weiße Hemd an, wickelte die Eisenstange in seine graue Windjacke und legte den Brief in eine alte Zigarrenschachtel, die er in das Versteck hinter die Wandverkleidung aus Eichenimitat packte. Leise ging er die Treppen herunter und verschloss vorsichtig die Haustür. Kein Mensch war auf der Straße. Die Luft stand, alles schien in Watte gepackt. Rasch ging er die paar Schritte ins Dorf.

Neben der Brücke lag gleich das alte Haus des Arztes, der ihn damals wegen einer Blinddarmoperation ins Krankenhaus geschickt hatte. Aber da war noch etwas anderes, das hatte er genau gespürt. »Sie werden dir nur ein paar Fragen stellen und ich werde mitkommen«, hatte seine Mutter gesagt. Aber dann war sie im Vorzimmer sitzen geblieben und er musste mit dem Arzt, der graue Haare und gelbe Fingernägel hatte und nach Eukalyptusbonbons roch, alleine in das Behandlungszimmer.

Der Arzt drückte auf seinem Bauch herum, um zu sehen, wie entzündet der Blinddarm war, und stellte furchtbare Fragen, die er nicht verstand. Er schämte sich, aber die Wut, dass seine Mutter ihn alleine gelassen hatte, war größer als die Scham und hatte ihn seit diesem Tag nie ganz verlassen.

Wie eine alte Freundin war die Wut seitdem immer für ihn da gewesen. Manchmal konnte er sie nicht kontrollieren, weil sie stärker war als er, aber er mochte sie. Jetzt meldete sie sich mit aller Kraft.

Das Dorf hatte sich in den letzten Jahren verändert. Früher hatte er viele Leute gekannt, die meisten hatten ihm freundlich zugelächelt und ihm durch die Locken gestrichen. Er war ein ganz außergewöhnlicher Junge gewesen und nie allein.

Jetzt ging er an diesem grauen Frühsommerabend durchs Dorf, die Geschäfte hatten schon geschlossen, denn ab 18 Uhr kaufte hier keiner mehr ein. Ein paar der alten Häuser aus der Zeit nach dem ersten Weltkrieg standen noch. Sie waren die Zeugen eines Dorfes, dessen bessere Zeiten schon lange vorbei waren. Man hatte viele der alten Gebäude während des Baubooms der siebziger Jahre abgerissen und durch hässliche Betonklötze ersetzt.

Er erinnerte sich an ein altes Fachwerkhaus mit Biergarten an der Hauptkreuzung des Dorfes. Als er ein kleiner Junge war, hatte eine junge Sängerin dort einen Auftritt, mit einem Anti-Drogen-Lied, das zum Riesenhit wurde.

Es erschien ihm, als ob die große Welt ins Dorf gekommen wäre. Sie hatten gewartet und ein Autogramm von der rothaarigen Sängerin mit dem Mittelscheitel bekommen. Sie hatte ihn gedrückt, ihm gesagt, was für ein hübscher Junge er sei. Sie kam ihm so erwachsen vor und war doch selbst noch fast ein Mädchen, gerade mal 15 geworden. Zwei Monate später hatte man das Gebäude plattgewalzt. Die Sängerin trat heute manchmal in den alten Hit-Revivalshows der siebziger Jahre im Fernsehen auf.

Er hatte sie neulich gesehen. Sie hatte noch den Mittelscheitel, war jetzt wohl Anfang fünfzig und sang immer noch das Lied des Jungen, der stirbt.

Der Gedanke verflog so schnell, wie er gekommen war.

Er ging die Hauptstraße weiter Richtung Kirche, vorbei am Telefunkenhändler, dem Spielwarengeschäft, dem Zeitungsgeschäft und der Kneipe, in der sich sein Vater regelmäßig betrank.

Er sah das Haus auf der anderen Straßenseite. Seelenlos, grau gestrichen und mit einem asphaltierten großen Hof, an den vier Garagen grenzten. Auf der rechten Seite war eine zwei Meter hohe Betonwand, auf der linken Seite begrenzten der Schulhof und das Gebäude der ehemaligen Sonderschule das Grundstück. Das angrenzende Hinterhaus war seit Jahren unbewohnt.

Er ging durch die vergitterte Hoftür, die nie verschlossen war, bog nach links ab und öffnete die Haustür.

Der Fleischer wohnte seit über dreißig Jahren im Haus und darüber, im ersten Stock, wohnten die beiden. Die Angst legte sich wie ein eisiger Ring um seinen Hals, kleine Schweißperlen bildeten sich auf seinem Gesicht, doch er nahm sie nicht wahr. »Es muss Schluss sein«, dachte er, »ein für alle Mal.« Die Wut war stärker als die Furcht.

Seine Hand zitterte leicht, als er die Haustür öffnete, und er hatte Angst, sich erbrechen zu müssen. Er nahm all seinen Mut zusammen und ging die Treppe zum ersten Stock hinauf, schlug ohne zu zögern mit dem großen Eisenhaken, den er vor Jahren auf den alten Gleisen gefunden hatte, den verglasten Teil der Wohnungstür auf.

Jetzt hörte er einen Schrei und sah die alte Frau mit Lockenwicklern aus dem Bad kommen. Als sie ihn sah, lachte sie, dann wurde sie wütend. Im Hintergrund lief der Fernseher.

Sie glich einer kläffenden, bösen Hündin, die ihn anschrie, bespuckte und versuchte, ihn mit Fußtritten an die Tür zu drängen. Sie war, das wusste er, 78 Jahre alt, doch der Hass und die Wut gaben ihr eine dämonische Kraft.

Er drängte sie mit aller Macht durch die Wohnküche in Richtung Badezimmer. Sie stieß mit dem Becken gegen den

Küchentisch und eine Handvoll CDs flog auf den Boden. Der altersschwache Computer wackelte bedrohlich.

»Seltsam, dass sie einen Computer hat, in ihrem Alter«, dachte er. Nur ein flüchtiger Gedanke, der sein Unterbewusstsein streifte wie der Flügel eines Vogels.

Als sie die drei Stufen rückwärts in das tiefergelegene Badezimmer stolperte, schien ihr klar zu sein, was er vorhatte. Sie fiel hin und stürzte gegen den Rand der alten Badewanne. Mit einem Schlag holte er aus und die Wucht der Eisenstange spaltete ihren alten Schädel. Sofort waren die Lockenwickler und die blauen Kacheln voller Blut. Ihre Augen blickten ihn entsetzt an und erloschen.

Den alten Mann hinter ihm hatte er nicht gleich bemerkt. »Was machst du denn da, bist du verrückt worden?«, krächzte der Greis.

Ohne zu zögern drehte er sich um und hieb die Eisenstange mit voller Wucht gegen den Hals des alten Mannes. Mit einem unangenehm klingenden Knacken brachen die Halswirbel. Der Alte röchelte kurz und sank an dem Einbauschrank des Badezimmers in sich zusammen.

»So ist es gut«, sagte er zu sich selbst. Dann wusch er das Blut von der Eisenstange, verließ das Badezimmer und ging durch die Küche in den Flur. Der Fernseher im Wohnzimmer plärrte immer noch vor sich hin. Ohne zu zögern griff er zu dem altmodischen Telefon. Festanschluss! Erneut ein Gedanke wie ein Vogelflügel, so zart, so leicht und schon wieder vorbei. Er wählte 110 und sagte der Frau, die sich meldete, dass in der Hauptstraße 66 ein Mord begangen worden war und er auf sie warten würde. Er blieb ruhig auf dem Sofa sitzen, die Polizei würde bald eintreffen.

Der Ring aus Angst und Wut um seinen Hals, ein Leben lang gefühlt, lockerte sich. Endlich!

Er sah aus dem Fenster. Zum ersten Mal, seitdem die beiden den Bann um ihn und seine Sinne gelegt hatten, konnte er die Welt wieder klar wahrnehmen.

Er öffnete das Küchenfenster, das auf den betonierten Hof hinausging. Die Schwüle hatte abgenommen und ein frischer Luftzug strömte ihm entgegen. Gierig sog er ihn auf.

Die Sirenen der Einsatzfahrzeuge kamen näher.

1

Freitagnachmittag in Psychopolis

Freitag, der 11. Juni, schien ein Tag wie viele andere im Leben von Max Remark. Aber es war der Freitag, an dem sich alles ändern sollte.

Er erwachte aus dem Delirium der letzten Drogennacht mit einem zentnerschweren Kopf und einer ebenso schweren Zunge. Eine Handvoll Aspirin, literweise Espresso und viel Zucker halfen ihm meist über die erste Depression hinweg. So auch an diesem Morgen. Es gehörte zum guten Ton, sich koksend die Nächte um die Ohren zu schlagen, ohne an den Morgen danach zu denken. Zumindest in seiner Welt.

Alle taten es und in der Modeszene kamen die Dealer ins Studio, man musste keine Drogen auf der Straße kaufen oder sich in irgendwelchen dunklen Ecken schlechtes Zeug andrehen lassen. Jeder zog seine Lines, ohne sich um Geheimniskrämerei zu scheren. Irgendwann erwischte es im Laufe der Zeit jeden und obwohl Max über die Jahre viele Talente vor die Hunde gehen sah, zog es ihn immer wieder in den Strudel des anfänglichen Verzückens, des hemmungslosen Sex und der Gier nach mehr.

Ab einem gewissen Moment machten ihn die ständig gezogenen Lines zwar völlig verrückt, aber Pillen, Alkohol und ein dicker Joint holten ihn runter und irgendwann ebbte der Rausch und später auch die Depression ab. Es war alles eine Frage der Zeit.

Irgendjemand hatte ihm vor ein paar Jahren Koks auf einer Party angeboten. Zuerst nahm er die Droge nur ab und zu. Dann jedes Wochenende, kurz darauf hatte er ein, zwei oder drei Nummern von Dealern. Sein Dealer fuhr einen Porsche.

Er ließ sich immer wieder verführen, so wie all die anderen funktionierenden und nicht funktionierenden Junkies in New York. Diesem großen, wurmstichigen Apfel, der schon lange an keinem Ast mehr Halt gefunden hatte und am Boden liegend vor sich hin rottete.

Max lebte seit fast zwanzig Jahren in New York, jenem Apfel, den Eva angeblich Adam hingehalten hatte und den dieser voller Zorn auf den Boden hätte schmeißen sollen. Aber der Dummkopf nahm erst einen Bissen, ließ ihn fallen und schickte dann die Menschheit in das faulende Verderben.

Max und seine Freunde waren der festen Überzeugung, dass der Cocktail aus Uppers und Downers, schnellem Sex, Diätpillen, ADS-Syndromen, fettfreien Diäten, Botox und Cosmopolitans ungefährlich sei, dazu noch chic und ewig dauernd. Der Drahtseilakt namens *New York Life* forderte ständige Bereitschaft.

Der Tod ist ein langsamer Tänzer und Max stürzte sich ins Leben, aus Angst, etwas zu verpassen, oder, was viel schlimmer gewesen wäre, nicht mehr hip zu sein. Denn das wäre der wahre Tod eines jeden Bewohners von Manhattan.

Träume hatte er keine, die Suche nach Liebe abgeschlossen. Liebe war nur eine Erfindung der Literaten und von Hollywood, denn die machten Geld damit.

Mit Mitte zwanzig war Max von Paris nach New York gezogen, hoffnungsvoll seinem neuen Leben entgegen, unwissend um die Ereignisse, die in seiner Vergangenheit stattgefunden hatten. Er hatte seine Vergangenheit so erfolgreich verdrängt, dass sie keine Chance hatte, aus den Tiefen seines Unterbewusstseins hervorzukriechen und sich ihm zu offenbaren.

Er wurde Fotograf, war talentiert, hatte ein gutes Auge für die Schönheit der anderen. Er war erfolgreich, die Modeszene mochte seinen Blick auf die Dinge des Lebens. Und obwohl er oft erst mittags wieder nüchtern war und den Kopf nicht mehr zwischen den Schenkeln irgendeiner Unbekannten hatte, verzieh man es ihm. Meistens.

Kreative dürfen, ja müssen anders sein als der Rest der Welt. Zauberkinder, Wunderkinder, Exoten. Zumindest solange sie das gewünschte Ergebnis erzielen und gut verkaufen. Geht der Verkauf zurück, heißt es: »Hasta la vista, Baby«, und eine ganze Armee von Nachfolgern steht auf der Matte, um einen ins Tal der Versenkung zu stoßen. Von da gibt es keinen Aufstieg mehr, außer man inszenierte seine Auf- und Abstiege so gekonnt wie Cher.

Ständig tanzten am Set zehn hysterische Menschen um Max herum: Stylisten, Artdirektoren, Assistenten, Assistenten von Assistenten, Make-up- und Hairstylisten und Redakteure, meist weiblichen Geschlechts, die offensichtlich seit Jahrhunderten keinen Sex mit einem anderen Menschen hatten und dies nicht unbedingt freiwillig. »Mal baisé«, wie der Franzose sagt, denn kein Sex bedeutet eben auf Dauer bei den meisten Warmblütern auch schlechte Laune.

Max hingegen hatte so viel Sex, dass er ihm schon fast aus den Ohren wieder herauskam. Machte ein Teil von ihm aufgrund der Kokserei mal schlapp, nahm er die Wunderwaffe gegen Impotenz: kleine blaue Pillen zu zwei Dollar das Stück, aus dem Internet frei Haus geliefert.

Nach jeder durchgemachten Nacht versprach er sich hoch und heilig: »Never again«, und war doch am Nachmittag wieder bereit für die nächste Rutschpartie ins vermeintliche Glück. Er hatte sich im Laufe der Jahre daran gewöhnt und machte sein Ding, egal ob high oder nicht, irgendwie kam immer etwas dabei heraus.

Der *Heroinchic* entstand nicht ohne Grund. Dass so viele Mädchen auf der Welt magersüchtig wurden, weil sie aussehen wollten wie Models, war nicht sein Problem. Wo gehobelt wird, da fallen Späne. Manche Models rauchten, schnupften oder spritzten Heroin in die Bikinizone, denn da sah man die Einstiche nicht. Kippten sie um, nahmen sie einfach eine Nase und bis fünf war alles im Kasten. Die Kasse stimmte.

An diesem Freitagabend war eine große Party in einem angesagten Club und Max wollte seinen besten Freund Jean-Marie dort treffen, den er seit zwanzig Jahren kannte. Es war ihnen egal, mit wem sie die Nacht verbrachten und Jean-Marie schlief mit allem, was zwei Beine hatte. Sex war wie Fahren auf der Autobahn. Es hing ganz davon ab, wie high sie waren, das Leben glich einem gezielten Drauflosfahren auf die Leitplanke. Volles Rohr drauf los und *Whamm*! Sex war Leben und Tod zugleich.

Jean-Marie, von allen nur JM genannt, konnte seit einigen Tagen sein Gesicht nicht mehr richtig bewegen – zu viel Botox. Er fand, er sah gut aus, mindestens fünf Jahre jünger, und wollte dies auch von jedem bestätigt wissen. Irgendwie war er immer noch der kleine Klosterschüler aus einem Pyrenäendorf in Saint-Marie. Sein Kommunionsbild mit den gefalteten Händen und der strahlenden Haut hing in Lebensgröße auf dem Gästeklo seines Penthouses in Chelsea.

JM war süchtig nach allem, was das Leben bot: Geld, Erfolg, Liebe, Essen, Sex, Alkohol, Macht, Klamotten, Koks, egal. Hauptsache, er bekam einen Kick und musste nicht daran denken, dass er als 16-Jähriger seine Schwester mit einem geklauten Jaguar gegen eine Wand im Pyrenäendorf gefahren hatte. Sie war sofort tot und er kotzte jedes Mal, wenn er während einer Panikattacke daran dachte. Silvester wollte er traditionsgemäß vom Dach seines Penthauses springen. Keine Therapien der Welt halfen ihm, mit beiden Beinen auf dem sumpfigen Boden Manhattans zu bleiben.

Egal ob Buddhismus, Hinduismus, Bagwhan, ja selbst Kabbala: Nichts hielt ihn mehr als drei Wochen in seinem Bann. Er stand morgens auf, nahm seine Schlankheitspillen, ging ins Fitnessstudio, hatte den ersten Sex des Tages im Dampfbad, ging danach zur Arbeit, hatte den ersten Cocktail um 16 Uhr, die erste Nase um 17 Uhr und dann auf zur nächsten Party, Max im Schlepptau.

Weder sein Therapeut, ein gelehrter Mann mit Buchveröffentlichungen, einer großen Nase und einem noch größeren Konto, noch sein Psychologe, der ihm immer wieder gerne die neuesten Pillen verschrieb, konnten ihm weiterhelfen. Aber sie verdienten über die Jahre nicht schlecht an ihm und gaben ihm zumindest das Gefühl, dass er etwas für sich tun würde und dabei nichts, aber auch gar nichts, unversucht ließ.

JM fickte alles, was zwei Beine hatte, oder auch nur eins. »Egal, mon cher, Fick ist Fick«, liebte er zu sagen. Diese Einstellung entsprach nicht unbedingt seiner katholischen Erziehung, aber er hatte in den letzten zwei Jahrzehnten auch nicht mehr in das Innere einer Kirche gesehen.

Auch Max war nach katholischen Grundsätzen erzogen worden, war Ministrant im Zirkus seiner Gemeinde gewesen, ganz zu schweigen vom Kirchenchor und der Jugendgemeinschaft. Damit gab es einen Schnittpunkt in der Vergangenheit der Freunde, die sie aneinanderkettete wie Klebstoff. Sie hatten früh gelernt, in einer heuchlerischen Welt anderen gegenüber die Wahrheit mit charmanten und intelligenten Lügen zu verheimlichen. Sie waren Meister in diesem Verfahren. Wären es die Siebziger gewesen, sie hätten mit Halston, Warhol und Bianca Jagger die Nächte im Studio 54 zur Legende werden lassen.

Denn nur darum ging es im American Dream: Sichtbar zu sein in der Masse der Anonymität, seine 15 Minuten Anteil am

Ruhm zu haben, an den sich dann so viele verzweifelt klammerten, ohne wissen zu wollen, dass es nur 15 Minuten waren und nicht mehr. Aus, Schluss, der Nächste bitte! Gesehen werden! Darum ging es, das digitale Zeitalter verstärkte diesen Drang in fast jedem. Und genau das konnte Max. Sehen! Wenn es um andere ging.

Die Zeiten hatten sich geändert. Langjähriger Ruhm war nur noch eine Idee der Vergangenheit, denn alle wollten Action und bitte jeden Tag etwas Neues und Anderes. Instagram und Snapchat regierten die Welt.

Das Studio 54 hatte in den Siebzigern nach nur zwei Jahren die Pforten schließen müssen. Zuviel Sex, Drugs und Rock'n'Roll.

Nicht zu viel für die, die bei der Party dabei gewesen waren und noch lebten und nicht von AIDS oder einer kaputten Leber dahingerafft worden waren. Eher zu viel für die Hüter der Moral und die Sittenwächter der New Yorker Gesellschaft und derer gab es viele. Sie träumten von all den Dingen, die dort in den heiligen Hallen vor sich gingen. Aus Angst, es selbst mit Polizisten treiben zu müssen oder Kerzennummern durchzustehen, oder erst gar nicht – und das wäre das Schlimmste gewesen – in die heiligen Hallen eingelassen zu werden, riefen sie nach Panzern und Bataillonen, um Tugend und Anstand zu bewahren. Erst zwanzig Jahre später hatten es Bush Junior und Bürgermeister Guiliani geschafft, aus New York ein Disney-Land zu machen. Und das war es bis heute. Spiele fürs Volk. Schall und Rauch! Wenn auch nur nach außen hin.

Alice im Wunderland, in dem man die Wunder suchen musste.

Max stand an der stinkenden, dampfenden Ecke der Sixth Avenue und 48. Straße, Avenue of the Americas getauft. Er konnte nicht auf die Hamptons fahren, dorthin, wo jeder New Yorker, der es sich leisten konnte, am Wochenende verschwindet, um dann nach vier Stunden quälender Fahrt von 120 Kilometern die gleichen Gesichter wie in Manhattan zu sehen.

Er hatte am Sonntag ein Shooting, das er nicht verschieben konnte. Das Model, eine aparte Schönheit, war nicht nur berühmt für ihren Body und ihre Divenhaftigkeit, sondern auch dafür, handgreiflich zu werden und somit permanent in den Klatschspalten aufzutauchen. Bei Max hatte sie es einmal probiert, aber bevor ihn ein Schlag treffen konnte, hatte er selber zugeschlagen. Das Ganze endete in einer wilden Nummer auf dem Make-up-Tisch nach dem Shooting und seitdem ließ er sich die kleinen Tête-à-Têtes während der gemeinsamen Arbeit ungern entgehen.

Widerwillig nahm Max die U-Bahn, denn ein Taxi um diese Zeit in Manhattan zu bekommen, war unmöglich. Er schleuste sich durch das Geflecht von Menschen, Gerüchen und unzähligen Sprachen durch die Straßen hin zur Subway Nr. 9, dem Localtrain stadtabwärts, um nach Soho zu gelangen. Dort besaß er seit einigen Jahren ein Loft. Er hasste die U-Bahn, schwitzend stand er dicht gedrängt zwischen anderen schwitzenden und gestressten Menschen, die weiß der Himmel wohin mussten. Jeder wollte der Hitze der Straße entkommen und lieber einen Unterkühlungsschock in der klimatisierten U-Bahn erleiden.

Genervt war er kurze Zeit später im nicht minder überfüllten Soho, wo sich Touristenmassen aus aller Herren Länder an den Straßenhändlern, teuren Boutiquen und Künstlern, die ihre Bilder auf dem Pflaster ausstellten, vorbeiwälzten. Max wollte so schnell wie möglich in sein klimatisiertes Loft und Thierry, seinen Dealer, anrufen.

Sein Handy klingelte. Es war Carole, seine Agentin. Er fluchte, denn sie war nicht abzuwimmeln, wenn sie einmal am

Apparat war. Carole war eine energische Frau, jüdisch, wie die meisten Agenten in New York. Selbst hartgesottene VIPs der Modebranche legten sich nur ungern mit ihr an, denn ihren Spitznamen *der Drache* hatte sie sich nicht umsonst verdient. Sie konnte alles und jeden in Grund und Boden reden und handelte dabei astronomische Gagen für Max aus.

Carole kannte alle Tricks der Branche und hatte sich selbst nach einem durch ihren immensen Drogenkonsum hervorgerufenen Bankrott wieder an die Spitze gearbeitet. Ende der achtziger Jahre hatte sie, verfolgt von einer nach Rache und Geld schreienden Schar von Gläubigern, nach Miami fliehen müssen. Die ganze Branche schien sich damals in Miami zu treffen, dort boomte es.

Carole spezialisierte sich auf europäische Kunden, riss sich am Riemen und wurde innerhalb kürzester Zeit wieder erfolgreich. Sie zahlte ihre Schulden, schmiss die Drogen ins Klo und zeigte den New Yorkern, was ein Comeback ist.

Max und Carole hatten sich während ihrer harten Anfangszeiten in Miami kennengelernt. Er mochte sie und erkannte ihr Potential. Sie verdiente im Laufe der Jahre viel Geld als seine Repräsentantin und hatte sich davon beim besten Chirurgen der Park Avenue ein Facelift machen lassen. Inzwischen war sie Mitte fünfzig, sah aber Dank der großen und kleinen Eingriffe zehn Jahre jünger aus. Einen Mann hatte sie nicht, aber das war auch gut so. Agentinnen in ihrem Alter arbeiteten besser, wenn sie kein Privatleben hatten und aufgrund mangelnder sexueller Betätigung unausgeglichen waren.

»Hallo Max, Darling, wo steckst du? Ich dachte, du wärst noch im Studio, ich muss dir unbedingt etwas erzählen …« Ohne Punkt und Komma und ohne die Absicht zu erfahren, wie es ihm ging, schnatterte sie drauf los und erzählte von Kunden, Gagen, Partys und anderen unwichtigen Dingen.

Nach einigen Minuten kam sie endlich zum Grund ihres Anrufes. Max sollte am Dienstag nach Barbados fliegen, um dort eine neue Kampagne für Bloomingdales zu fotografieren. An Widerstand gegen Carole war nicht zu denken, was sie sagte, war Gesetz.

Nach zehn endlosen Minuten verabschiedete sie sich mit dem von Max abgerungenen Versprechen, am Sonntag nach der Arbeit bei ihr vorbeizukommen, um die Details für die Reise zu besprechen.

Er hatte den Eingang seines Appartementgebäudes fast erreicht und wollte schon Pablo, dem übergewichtigen puerto-ricanischen Doorman, das übliche »How are you?« entgegenrufen, da klingelte das Handy erneut. In der Annahme, es sei noch einmal Carole, nahm er ab, ohne auf das Display zu schauen.

Interessant, wie ein kleiner Moment, eine Unachtsamkeit, das Leben grundlegend verändern kann, ausgelöst durch den Druck auf eine kleine Handytaste. Über einen Satelliten im Weltall verbunden, meldete sich nicht Carole, sondern eine Stimme aus Paderborn in Westfalen: »Hallo, hier ist Marie.«

2

Die dritte Ohnmacht

Marie war drei Jahre älter als ihre Brüder.

An Selbstbewusstsein nach außen mangelte es ihr nie. Sie hatte eine große Klappe und riss diese zu allen gegebenen und unpassenden Momenten weit auf, um ihre Meinung kundzutun.

Sie fuhr auf den Motorrädern der heißesten Jungs und knutschte mit sämtlichen Liftboys der österreichischen Hotels, in denen die Geschwister die Weihnachtsferien mit den Eltern verbrachten. Jeder beneidete sie. Die Mädchen um ihre imposante Oberweite, die Frauen um ihre natürliche Lockerheit gegenüber den Männern und die Jungs um ihre Intelligenz. Die richtigen Kerle wussten, wo Marie zu finden war, auch wenn sie oft nicht bei ihr landen konnten.

Sie war eines dieser hinreißenden Vorstadtgeschöpfe, ein gewolltes Kind, gezeugt im ersten Ehejahr ihrer Eltern, Mitte der sechziger Jahre. Ihre Kindheit und Jugend inspiriert von Led Zeppelin, Dirty Dancing und dem Post-sechziger-Jahre-Feeling.

Man hätte sie damals fast als unkonventionell bezeichnen können, auch wenn sie, zum Leidwesen ihres Vaters, nicht sehr gebildet war. Er hütete sie wie seinen Augapfel, konnte aber nichts dagegen tun, dass sie sich zur Dorfdiva entwickelte. Sie behandelte ihn liebevoll und gleichzeitig kalkuliert.

Sie schmierte jedem gekonnt Honig um den Bart oder in die Betonfrisur und keiner kam auf die Idee, dass sie am Ende immer genau das bekam, was sie wollte.

Der unbekümmerte Teil des Lebens der Goldmarie ging rasch und unerwartet zu Ende. Was damals im September 1987 geschehen war, blieb ein wohlbehütetes Geheimnis. Eines von vielen dreckigen, zerstörerischen Geheimnissen, die dazu führten, dass Marie Max anrief. Er hatte seit über zwanzig Jahren nicht mit ihr gesprochen und hätte doch selbst im tiefsten Urwald ihre getrommelte Stimme unter Tausenden sofort wiedererkannt.

»Hallo, sprechen Sie Deutsch, könnte ich bitte mit Max sprechen?«, sagte die Stimme aus der Vergangenheit.

Max gab nicht der Versuchung nach, sich als seine Haushälterin oder einen anderen Dienstboten auszugeben, sondern versuchte, dem Vulkan, der in Sekundenschnelle aufloderte, Einhalt zu gebieten.

»Ja, Marie, hier ist Max«, war alles, was er herausbrachte.

»Es tut mir leid, dass ich dich störe«, sagte die so vertraute Stimme, die dennoch wie aus einer Lichtjahre entfernten Sterngalaxie klang, »aber es ist etwas Furchtbares passiert.« Ihre Stimme versagte. Max' Magen verkrampfte sich.

»Hallo Marie, bist du noch dran, was ist denn los?«, aber außer einem Schluchzen war nichts mehr zu hören.

Eine fast vergessene Wut und ein nicht gekanntes Schwindelgefühl überkamen Max. Die Heulattacken seiner Schwester hatten sich früher oft stundenlang hinzogen und zu keinem Ergebnis geführt, außer, dass Marie ihren Willen bekam.

»Marie, wenn du mir nicht sagst, warum du mich anrufst, hänge ich sofort auf«, sagte er.

»Nikolas ist wegen Mordes verhaftet worden!«, schluchzte die Stimme aus der fernen Galaxie.

Es gibt Momente, da verläuft das Leben nicht mehr linear, da gibt es kein Gestern, Heute oder Morgen. Alles ist gleichzeitig. Raum und Zeit verbinden sich zu einem einzigen großen Moment und alle alten Narben sind wieder wie frisch geschlagene, blutende Wunden. Oft kennt man solche Momente nur aus Träumen, wenn sich das Bewusstsein nicht vor der Vergangenheit schützen kann.

Max fühlte sich wie Jesus am Kreuz, gemartert, blutend mit der Dornenkrone auf dem Haupt und festgenagelt, ohne die geringste Chance, entfliehen zu können. Dieses Gefühl war so stark und übermächtig und zog ihn auf eine Bewusstseinsebene, die er dachte, längst vergessen zu haben, oder die in jahrelangem Wegdrücken durch Drogen aus seinem Gehirn weggeätzt schien.

An diesem Freitag, auf einer staubigen und überhitzten Straße in Soho auf der Insel Manhattan, inmitten Tausender Menschen, wurde er zum dritten Mal in seinem Leben ohnmächtig.

3

Der Anfang

Max' Vater, Herrmann, wurde als jüngstes von vier Kindern geboren. Seine Mutter Magdalena war eine verarmte Adelige aus Pommern, die sich während eines Besuchs bei Verwandten im Ruhrgebiet unsterblich verliebt hatte.

Dass das Objekt ihrer Begierde kein Geld hatte, war der 18-jährigen Magdalena von Rasatz egal und somit verlor Deutschland in jenem Sommer nicht nur den ersten Weltkrieg, sondern Max' Großmutter auch ihre Unschuld an Paul, einen Bergarbeiter, auf einer der zahlreichen Zechen in einem Kaff im Ruhrgebiet namens Schwarzhausen.

Ihre Hingabe an den stattlichen Paul Wilde hatte zur Folge, dass sie von ihrer Familie verstoßen und enterbt wurde. Letzteres fiel naturgemäß nicht weiter ins Gewicht. Der Adelsname wurde ihr entzogen und sie durfte nicht nach Pommern zurückkehren.

Schwanger mit dem ersten Sohn, Paul Wilde junior, sollte sie ihr Leben von da an bis zu ihrem Tod im Zechendorf verbringen.

Schwarzhausen war zu Beginn des zwanzigsten Jahrhunderts ein Kaff mit 400 Seelen. Da man aber reichhaltige Braunkohlevorkommen fand, entstand im Jahr 1905 die stattliche Zeche. Ein majestätisches Bauwerk, das eher an den Buckingham Palace erinnerte als an eine Industrieanlage, wären da nicht die Fördertürme gewesen, die das Landschaftsbild beherrschten und die Macht der Ruhrkohle AG bezeugten.

Schwarzhausen, zehn Kilometer von Dortmund entfernt, jener Stadt aus Bier, Stahl und Schweiß, sollte das Zentrum von Max' kindlichem Universum werden.

Doch zurück zu Magdalena von Rasatz, der früh geschwängerten Landpomeranze, die nun, statt sich mit Anstandsunterricht – hätte sie ihn bloß richtig verfolgt – und Französischlektionen zu verlustieren, die dreckigen Windeln ihres Erstgeborenen waschen musste.

Magdalena und Paul zogen in eine Drei-Zimmer-Wohnung in die Hauptstraße, schräg gegenüber der katholischen Kirche, die sie auch beflissen jeden Sonntag aufsuchten.

Magdalena, mit einem potenten Mann verheiratet, gebar zwei Jahre nach Pauls Geburt Zwillinge, die auf den Namen Ilse und Erich getauft wurden.

Ilse wurde zur lebenslangen Friedensstifterin der gesamten Familie, vermittelte zwischen Brüdern und Vater, Mutter und Vater, Schwiegertöchtern und Vater. »Um des lieben Friedens Willen!«, wie sie sich ausdrückte, blieb sie ein Leben lang dem Glauben der katholischen Kirche verhaftet, ohne den lieben Gott oder andere Autoritäten zu hinterfragen.

Ihr Bruder Erich, missmutig und schon als kleines Kind ständig nölend, bereitete der Familie nie viel Freude und arbeitete später für das Finanzamt.

Magdalena durchlief ihr freudloses Leben an der Seite ihres Mannes, der im wahrsten Sinne mit strenger Hand die Familie zusammenhielt. Dies machte er nur zu gerne deutlich, indem seine Faust nicht nur auf dem Tisch, sondern auch in den Gesichtern der geliebten Frau und Kinder landete. Er verbrachte sein Leben unter der Woche in den Stollen der Zeche und am Wochenende bei seinen Repräsentationspflichten in der Kirche und in der örtlichen Kneipe. Man besuchte die Verwandten in den anderen Dörfern und lebte am Leben vorbei, da man es nicht kannte.

Depressionen kamen und gingen, die Weimarer Republik hinterließ keine Spuren und Schwarzhausen schlief nach wie vor den Dornröschenschlaf.

1933 sollte sich alles ändern, wenn auch nicht für lange. Hitler kam an die Macht und 13 Jahre nach der Geburt der Zwillinge wurde Magdalena wieder schwanger. Gewollt war der Nachkömmling anfangs nicht. Ein Schicksal, das sich in der Familie über dreißig Jahre später wiederholen sollte.

Es war ein besonders heißer Sommer, Olympia hielt Berlin und Europa in Atem. Alle schwitzten, waren aber dennoch im Aufschwung und guter Hoffnung. Magdalena in der Hoffnung, bald von den überschüssigen zehn Kilo befreit zu werden, das deutsche Volk in der Hoffnung, den wirtschaftlichen Aufschwung unter der Führung Hitlers zu erleben.

Herrmann wurde am heißesten Tag des Jahres, am 18. August gegen 14 Uhr, in einer Wohnküche geboren. Magdalena überlebte die Geburt mit Hilfe der Hebamme nur knapp, verlor Unmengen Blut und machte die späte Schwangerschaft in ihrem Leben permanent dafür verantwortlich, dass sie ein paar Jahre später an Blutkrebs erkrankte, den sie jedoch überlebte.

Trotz aller widrigen Umstände verband sie eine tiefe Liebe zu ihrem neugeborenen Sohn, der hilflos und blutverschmiert in ihren Armen lag, instinktiv wissend, dass die Mutter der rettende Anker seines Lebens werden sollte.

Eine dörfliche Idylle, wäre da nicht der hauseigene Diktator gewesen. Was Paul sagte, galt ohne Widerrede und Diskussion und wer nicht parierte, bekam eins aufs Maul. Wer ihm nicht den Respekt zollte, den er glaubte zu verdienen, wurde kleingemacht oder ganz einfach aus seinem Bewusstsein verdammt.

Selbst später im hohen Alter, er war bereits über achtzig, halb blind und vegetierte seit zehn Jahren im Morgenrock auf der Couch bei Korn und Bier dahin, hatte er die Macht über seine Familie nicht verloren. Niemand wagte es, sich gegen den alten Haudegen durchzusetzen.

Niemand weinte ihm allerdings auch nur eine Träne nach, als er starb, selbst seine Gattin nach 54 Ehejahren nicht. Sie war nur froh, nicht mehr jeden Mittag um 12 Uhr das Essen auf den Tisch stellen zu müssen.

Eine Blase umgab die deutschen Dörfer in der Zeit nach Hitlers Machtergreifung. Das Radio war Bindeglied zwischen den Machthabern in Berlin und den Mikrokosmen der Dörfer. Es gab Nationalsozialisten im ganzen Staat und auch genug in Schwarzhausen. Man passte sich an und der Dorfjude wurde verschleppt.

Paul Wilde junior, der Erstgeborene, war damals gerade Anfang zwanzig. Er wurde Soldat und starb auch brav im Feld fürs Vaterland. Erst später sollte Max herausfinden, dass sein seliger Onkel Paul, dessen Bild bis zum Tode der Großmutter über ihrem Sofa hing, in der SS war und auch zu Hitlers Leibgarde gehörte. Das wurde allerdings beim Sonntagskaffee verschwiegen.

Es gibt allerdings einen Beweis für seine Mitgliedschaft bei Hitlers Paradesoldaten. Für einen Film der Nazi-Diva Zarah Leander brauchte man in einer Szene fünfzig Statistinnen, die im Hintergrund einen engelsgleichen Chor mimten. Da die Leander groß und breit war, fand man keine Damen, die sich eigneten, und so wurde kurzerhand eine Gruppe von SS-Soldaten aus Berlin nach Babelsberg abkommandiert, in wallende Kostüme gesteckt, mit blonden Perücken ausgestattet und drastisch geschminkt. Noch heute kann man, wenn man genau hinsieht, Paul in der zweiten Reihe ganz rechts außen stehen sehen, während Frau Leander musikalisch verspricht, dass sie weiß, dass ganz, ja wirklich, ganz bestimmt ein Wunder geschehen wird, auch in Schwarzhausen.

Dort war das Gefühl der Ohnmacht allgegenwärtig, wenn auch den meisten nicht bewusst. Man lebte sein Leben, wehrte sich nicht und hatte höchstens Angst vor dem Nachbarn, der Informationen, die nicht regimekonform waren, weitergeben konnte. Was scherten einen die verschwundenen Juden.

Die ersten Lebensjahre von Max' Vater waren geprägt von der engen Beziehung zur Mutter und zur älteren Schwester. Als der Krieg begann und die Nahrung knapper wurde, wurde er im Alter von fünf Jahren in ein kleines Dorf auf dem Land bei Paderborn geschickt. Kinderlandverschickung! Ein Bauernhof wurde sein neues Zuhause und sollte es für einige Jahre bleiben. Verstört von der Trennung, verschloss er sich mehr und mehr seiner gesamten Umgebung.

Er mistete Ställe aus, ging morgens fünf Kilometer zur Schule und nachmittags wieder zurück, trug Sommer und Winter kurze Hosen und schlief mit dem verhassten Knecht in einer Kammer ohne Ofen. Der Höhepunkt seines einsamen Lebens im Exil, das vier Jahre dauern sollte, war der monatliche Besuch der Mutter, die auch gleichzeitig auszog, um zu hamstern, damit die Familie daheim etwas zu essen hatte.

Einmal im Jahr kam er für kurze Zeit nach Hause. Beim letzten Besuch im Herbst 1944 nur, um mitzuerleben, wie das elterliche Haus zerbombt wurde. Von da an gab es kein Zuhause für Herrmann mehr.

Selbst dreißig Jahre später sprach er den Namen des Dorfes bei Paderborn nicht aus und nahm bereitwillig große Umwege in Kauf, um nicht an dem Ort seiner einsamen Kinderjahre vorbeifahren zu müssen.

Ein gehemmter, schüchterner Junge von elf Jahren kehrte nach Kriegsende im Sommer 1945 in sein Heimatdorf zurück, besuchte das Gymnasium und sagte zu allem Ja und Amen, aus Angst, wieder von der Familie getrennt zu werden.

4

Das Erwachen

Max wachte am Sonntag, den 13. Juni, gegen 14 Uhr auf.

Lippen wie Sandpapier, die Kehle völlig ausgetrocknet, sein Schädel brummte und für ein paar Minuten war er völlig orientierungslos. Nachdem er eine Ewigkeit an die Decke gestarrt und gewünscht hatte, sie wäre der Himmel, die Hölle oder zumindest das Fegefeuer, kehrte die Erinnerung langsam in seinen malträtierten Schädel zurück oder was noch von ihm übrig war und funktionierte.

Solche Momente widerten ihn so abgrundtief an, dass er vor lauter Selbsthass nicht wusste, ob er aus dem Fenster springen oder sich das nächste Messer im Harakiristil in den Bauch rammen sollte. Beides versprach einen zu blutigen Ausgang und so wartete er den Anfall einfach ab und schaute weiter auf den Wasserfleck an der Decke. Nach einer halben Stunde quälte er sich in die Küche des Appartements, sein Blick fiel auf leere Wodkaflaschen, Valiumtabletten und Koksreste auf der Anrichte.

Zwei Espressi und drei Zigaretten später kam die Erinnerung an die letzten 36 Stunden zurück. Nachdem er für einige Sekunden bewusstlos vor dem Flagshipstore von Ralph Lauren auf dem West Broadway zusammengebrochen war, kam Gott sei Dank Pablo, der Doorman, um ihn in die klimatisierten Hallen des Gebäudes zu schleppen.

Max hatte sich bei dem Fall die Stirn aufgeschlagen, blutete wie ein Schwein, sein Handy hatte den Fall seltsamerweise unbeschadet überlebt.

Während das Blut auf die weißen Marmorfliesen der Lobby tropfte, wusste Max nicht, ob die eventuelle Gehirnerschütterung oder seine Schwester, die immer noch am Telefon war, Schuld an seiner Übelkeit trug. Irgendwo nahm er die Kraft her, um zu sagen, dass er sie zurückrufen würde.

Kurze Zeit später begleitete ihn JM in die Notaufnahme des Mount Sinais Hospitals. JM kannte den Arzt von diversen sexuellen Happenings und so mussten sie nur dreißig Minuten zwischen schreienden Kindern, blutenden Unfallopfern und hysterischen Eltern warten.

300 Dollar später und mit einer Klammer auf der Platzwunde trafen Max und JM Thierry, den Schneemann mit dem weißen Pulver, an der Ecke 61. Straße und 10th Avenue. So begann eine Rutschpartie, die fast dreißig Stunden dauern sollte.

Max hatte die letzten zwei Stunden seines Lebens schon vergessen, noch bevor er sich kurz darauf mit JM die erste Line in die Nase zog. Danach war alles egal und die beiden Freunde putschten sich gegenseitig mit viel Wodka und einigen bezahlbaren Escorts zu den Limits ihres heiligen Grals hinauf.

Die Klammer in der Stirn wurde unwichtig, die Damen wurden erst am Samstagmorgen entlassen. An Schlaf war nicht zu denken, Thierry stand 45 Minuten nach einem Anruf erneut vor der Tür und sie machten da weiter, wo sie angefangen hatten. Neue Escorts waren schnell gerufen, Viagra war immer zur Hand. Jedes Gefühl wurde rigoros weggeschnupft.

Irgendwann am frühen Sonntagmorgen schaffte Max es, völlig high in ein Taxi zu fallen, das ihn nach Hause fuhr.

Vier Schlaftabletten der starken Sorte und zwei Valiumtabletten halfen ihm für einige Stunden, das Bewusstsein zu verlieren, und so stand er am Nachmittag mit der Klammer im Kopf und dem Eisring um sein Herz in seinem Soho-Loft und alles war mit noch stärkerer Macht und ohne Kompromiss zurückgekehrt: Nikolas saß in Dortmund in Untersuchungshaft, angeklagt wegen zweifachen Mordes.

Max bemerkte, dass er seine Schwester noch nicht einmal gefragt hatte, wen sein Bruder getötet hatte. Warum hatte er nichts gemerkt, gespürt? War das Band zwischen ihnen nicht mehr existent?

Mit Zwillingen ist das so eine Sache, besonders bei eineiigen. Nikolas und Max waren unzertrennlich in den ersten Jahren ihres Lebens und auch später, nachdem Nikolas dann schwierig wurde und sich zurückzog, spürte Max doch immer, wenn mit seinem Bruder etwas nicht stimmte.

Wie alle anderen in der Familie nahm Max irgendwann hin, dass Nikolas seltsam war, kaum sprach, anscheinend autistische Züge angenommen hatte. Er nahm es hin, wie man Wolken am Himmel hinnehmen muss, an einem Tag, der wolkenfrei bleiben soll. Es war eben so.

5

Der Anfang – zweiter Teil

Tibor Remark war ein schöner Mann.

Er kam von Ungarn über Umwege ins Ruhrgebiet, fand Arbeit beim Bergbau und ließ sich in Schwarzhausen nieder. Ein wahrer Till Eulenspiegel. Er erzählte harmlose Lügengeschichten, dass sich die Balken bogen, feierte, bis die Kühe nach Hause kamen, küsste mehr als eine Frau in seinem Leben und war im ganzen Dorf beliebt.

Er heiratete im Jahre 1937 Helene Bartholomae, eine verschlossene junge Frau, die als Schneiderin arbeitete. Die erste Tochter, Anna, wurde acht Monate später geboren. Das Kind wurde vom Vater zärtlich geliebt, von der Mutter eifersüchtig beäugt und verbrachte die ersten Lebensjahre glücklich in dem kleinen Hause nahe dem dörflichen Park.

Kinderfotos zeigen ein schlankes Mädchen mit dünnen Zöpfen und grünen Augen, das ständig auf dem Schoß des Vaters zu finden war. Er war ihr Held, Anna spürte, dass die Verbindung zum Vater etwas ganz Besonderes war, genauso wie ihr späterer Mann Herrmann am anderen Ende des Dorfes die Einigkeit mit seiner Mutter Magdalena pflegte.

Anna bekam zwei weitere Geschwister, Knut und Marianne. Als der Stammhalter drei Jahre nach ihrer Geburt der Stolz der Familie wurde, buhlte sie noch um die Gunst der Mutter. Aber die Geburt ihrer Schwester, dem Nesthäkchen der Familie, bedeutete das Ende der emotionalen Verbindung zu Helene.

Anna konzentrierte sich nun auf ihren geliebten und lustigen Vater, wurde nur dann lebendig, wenn er in ihrer Nähe war, und befolgte die Anweisungen der Mutter lautlos, deren Liebe sie nicht zu verdienen schien.

Als sie zwölf Jahre alt war, wurde sie zum Hüter ihrer jüngeren Geschwister, der Vater hatte einen schweren Unfall. Bei der Arbeit in der Grube fielen Eisenstangen auf seine Beine, er musste für sechs Monate ins Krankenhaus und brauchte fast zwei Jahre, um wieder laufen zu können.

Helene musste in diesen harten Nachkriegsjahren für ihre Mutter, ihren Mann und ihre drei Kinder sorgen und nahm den verhassten Beruf als Schneiderin wieder auf. Sie schneiderte sich tagsüber durch die Nachbarschaft und fuhr abends mit dem Fahrrad in das acht Kilometer entfernte Krankenhaus. Um ihr Leben aushalten zu können, vereiste sie innerlich und taute in den Jahren, die noch vor ihr lagen, nie wieder ganz auf.

Anna witterte ihre Chance, der Mutter näherzukommen und versuchte, ihr alles recht zu machen. Helene registrierte es, sprach von Pflichterfüllung und Aufgaben, ganz im preußisch-deutschen Sinne.

Anna wuchs zu einer Schönheit heran. Ihr wohlgeformter Körper, die grünen Augen, das dunkelblonde Haar und die vollen Lippen zogen viele Blicke auf sich, begehrliche der männlichen Spezies und neidische von der weiblichen Fraktion. Sie verbarg ihre Unsicherheit hinter der Maske einer Frohnatur, perfekt gespielt bis zum Tode. Sie lachte, was das Zeug hielt, und blühte auf, als ihre Pubertät sich dem Ende zuneigte.

Sie hatte eine Reihe von Verehrern, blieb aber keusch. Das Ideal der fünfziger Jahre, die Ära Adenauers und der katholischen Kirche, wollte, dass eine Frau unberührt in die Ehe ging, um dann das Desaster der sexuellen Frustration ausgiebig genießen zu können.

Sie fuhr, ganz im Sinne des Schlagers der fünfziger Jahre, in den Urlaub nach Italien, wurde zum ersten Mal braun, aß Spaghetti, saß unter Palmen und flirtete mit knackigen Italienern. Gesehen werden und doch unerreichbar bleiben, so glaubte sie, sei der richtige Weg, um sich für den Mann aufzusparen, der sie ehelichen sollte.

Die zwei Wochen in Italien im Sommer 1959 hatten sie erwachsen werden lassen. Sie kam als Frau zurück ins Provinzkaff, wo sie das Netz aus Kirchenchor, Berufsschule und Nachbartratsch erbarmungslos umgab. Anna bekam einen Job als Auszubildende in der Villa Hügel in Essen und wurde Sekretärin.

Es waren die Jahre des Wirtschaftswachstums, der kollektiven Verdrängung, die Zeiten von Caterina Valente, Freddy Quinn und Peter Alexander, der Lügen, um überleben zu können, des Heimatfilms, der diese Lügen weiter bestärkte, und der Seidenstrümpfe.

Später erinnerten sich Max' Großeltern gerne auf Familienfesten an diese Zeit, als Deutschland im Aufbruch war und erfolgreich als wachsende Wirtschaftsnation wieder im Rampenlicht stehen konnte. Als man dann noch das Wunder von Bern erlebte, Weltmeister wurde, keimte der gebrochene Nationalstolz zaghaft wieder auf.

Worin viele Deutsche wirklich Weltmeister waren, bezog sich eher auf ihre fast grandiose Fähigkeit, die jüngste Vergangenheit zu verdrängen. »Ich war es nicht, Hitler ist es gewesen« stand vielen auf der Stirn geschrieben. Man hatte ja von nichts gewusst und sich um seinen eigenen Kram geschert, ums Überleben gekämpft, als der Iwan kam, und sich gefreut, als der Ami endlich aufgeräumt hatte.

Anna, geistig unberührt von der braunen Plage ihrer frühen Kindheit, genoss ihren vermeintlich höheren sozialen Status, da sie nun täglich in der Villa Hügel arbeiten durfte, ohne zu wissen, dass sie im Hause der hitlerschen Kollaborateure tätig war.

Am Wochenende musste sie allerdings wieder in die Rolle der braven Tochter im Elternhause schlüpfen, die Hühner füttern, Treppen putzen und mit der Übermutter Helene und der entfremdeten Schwester Marianne auf den Markt gehen. Nie sonderlich interessiert, was Hausarbeit und Kochen betraf, quälte sie sich mit der Zubereitung von Frikadellen und Sauerbraten und versalzte dennoch jede noch so einfache Suppe.

Einmal im Monat gab es den Tanzabend der katholischen Kirchengemeinde, einmal im Monat konnte sie lachen, tanzen, flirten und den jungen Männern den Kopf verdrehen, wenn auch nur bis 23 Uhr. Denn dann, und darauf bestand Helene, war Zapfenstreich für unberührte junge Damen.

Von einem dieser legendären Abende im Jugendheim gab es Fotos, auf denen Anna zu sehen ist. Nie allein, der Mann auf den Fotos an ihrer Seite wechselte ständig. Lachend, hinreißend und ausgelassen, so dass selbst der katholische Pfarrer, Herr Weferdam, ein Tänzchen mit Tibors hübscher Tochter wagte.

Nur ein Foto fiel aus dem Rahmen. Aufgefordert von einem jungen Mann mit schwarzen Haaren und Übergewicht, schwebt Anna, ernst und zurückhaltend, über das lädierte Parkett. Es war das erste gemeinsame Foto von Max' Eltern.

Der linkische Herrmann verliebte sich sofort in dieses Wundergeschöpf, das nur aus Lachen und Lebensfreude zu bestehen schien. All das, was er nie sein durfte, nie sein würde, manifestierte sich in dieser jungen Frau.

Acht Monate später gab er stolz die Verlobung mit Anna bekannt.

6

Die Entscheidung

Lange hatte Max nicht mehr an seine Mutter gedacht. Während er regungslos auf der Couch lag und darauf wartete, dass sein Kater sich verzog, stiegen immer mehr Bilder aus der Vergangenheit aus den Tiefen seines Unterbewusstseins an die Oberfläche. Längst vergessene Situationen spulten sich wie ein alter Stummfilm vor seinem geistigen Auge ab. Er sah Nikolas und sich an einem warmen sommerlichen Sonntag in der Zinkbadewanne im Garten der Großeltern fröhlich herumplantschen. Sie aßen Zuckerwatte und Aal auf der Pflaumenkirmes und lernten vom Großvater Tibor, wie man Orangen schält. Sie kuschelten mit Anna, fühlten sich geborgen, kratzten die Schüssel mit den Teigresten aus, wenn Helene einen Kuchen backte.

Jeder liebte die blonden Engelszwillinge. Egal wo sie erschienen, schien sich die Welt nur um die beiden zu drehen. Die Erinnerung an diese Bilder brannte plötzlich in seinem durchlöcherten Gehirn und Max konnte den aufsteigenden Schmerz beim Gedanken an diese verlorene Zeit kaum unterdrücken. Er spürte die tiefe Liebe zu seinem Bruder und bekam keine Luft mehr.

Trotz der Exzesse der vergangenen 36 Stunden griff er zum Telefon, um den Schneemann anzurufen. Keine Antwort.

Seine Augen brannten, während er wartete, und ihm wurde bewusst, dass er das weiße Pulver brauchte, um nicht vollends von der Vergangenheit eingeholt zu werden.

Erneut wählte er die Nummer, die sich in den letzten Jahren in seinen Kopf eingebrannt hatte, setzte sich ungeduldig und schwitzend auf das Sofa. Immer wieder lief er zum Fenster und sah hinunter auf die Straße, in der Hoffnung, den weißen Porsche heranfahren zu sehen, doch nichts passierte.

Nach weiteren 15 Minuten wurde Max wütend. Warum rief dieser Scheißdealer nicht an und ließ ihn hier in der Hölle der Erinnerung schmoren? Die Minuten zogen sich wie Kaugummi, nichts konnte seine Gedanken vom Telefon und dem erlösenden Anruf trennen.

Dann, nach einer Ewigkeit, wie es schien, rief der Schneemann zurück, um zu sagen, dass er in einer halben Stunde kommen würde.

Max' Magen verkrampfte sich mehr und mehr, er rauchte eine Zigarette nach der anderen, lief wie ein Tiger im Käfig von Wand zu Wand. Die Sonne verschwand hinter dem gegenüberliegenden Haus.

Plötzlich und unvorbereitet sah er seine eigene Reflektion im Fenster. Es war wie ein Peitschenhieb quer durch sein Gesicht. Einen Moment lang war er so geschockt, als hätte er ein Gespenst gesehen. Die Haare standen wild ab, er trug die gleichen Klamotten wie am Freitag und hatte eine Klammer auf der Stirn, die sein Gehirn davon abhielt zu platzen.

Doch das war es nicht, was ihn erschreckte, er hatte sich oft so gesehen, darüber gelacht und sich innerhalb kurzer Zeit restauriert. Ein Stehaufmännchen, das andere perfekt blendete.

Heute war es anders. Durch das zweiminütige Telefonat mit Marie hatte ihn die Vergangenheit eingeholt.

In diesem Moment klingelte es und der Doormann kündigte den Dealer an. Augenblicklich wurde Max ruhig und fokussierte seine gehetzte Seele einzig auf die Erlösung, die zu ihm kommen sollte.

Der Schneemann kam, scherzte und ging, dann war Max wieder allein. Er saß vor dem Tisch, auf dem das weiße Pulver lag und ihm wurde klar, dass, wenn er jetzt anfangen würde, es kein Ende geben konnte. Der Suchtdruck war plötzlich weg. Er stand auf, ging ins Bad und ohne noch einmal darüber nachzudenken, spülte er die Drogen ins Klo, duschte und buchte den nächsten Flug nach Düsseldorf. Vier Stunden bis zum Abflug, der Koffer war schnell gepackt. Ein Gefühl von Freiheit durchströmte ihn zum ersten Mal seit Jahren.

Er schickte Carole eine Mail, dass sie alle Jobs in den nächsten sieben Tagen absagen sollte, wohlwissend, damit eine mittelschwere Katastrophe für sie und einen Tsunami für sich auszulösen. Es war ihm egal.

Er handelte klar und ruhig, das Einzige, woran er dachte, war Nikolas. Die geklammerte Narbe auf der Stirn schmerzte plötzlich.

7

Doppeltes Glück

Die Bekanntgabe der Verlobung von Herrmann und Anna im Kirchenblatt der Gemeinde stieß nicht auf jedermanns Begeisterung.

Sie stammten aus unterschiedlichen Universen. Die Wildes, ein konservativer Clan mit einem Diktator als Familienoberhaupt und dem Wohnsitz an der Hauptstraße des Dorfes, standen in völligem Kontrast zu den Remarks, die liberal und völlig gegen das Naziregime im Haus am volkseigenen Park logierten.

Die Wildes hatten sich im Laufe der Jahre gut gestreut. Während der Clanvorstand Paul mit seiner Gattin Magdalena, der enterbten, pommerischen Landadeligen, mitten im Dorf in der Hauptstraße lebte, hatten sich die älteste Tochter Ilse und ihr lustiger Friseurgatte Heinrich Janos mit ihren drei Kindern auf *dem Hügel* am Ende des Dorfes zwischen Fußballplatz und Friedhof niedergelassen. Das alte Haus beherbergte nicht nur den Salon und die Wohnung, sondern auch deren Besitzer: einen zuckerkranken Asthmatiker und seine Gattin, die neben einer blondierten Turmfrisur auch die Nase aus nicht vorhandenen Gründen zu hoch trug.

Der älteste Sohn Paul junior war zu Magdalenas Trauer und zum Stolz des Familienoberhaupts gefallen, als er das untergehende Deutschland retten wollte. Sein Heldentod fand allerdings nicht auf dem Schlachtfeld statt, wie später gerne beim Sonntagnachmittagskaffee bis zum Erbrechen von Paul wiederholt, sondern aufgrund einer verschleppten Syphilis, die sich Paul junior bei einer Berliner Hure geholt hatte.

Der zweite Sohn Erich heiratete nach dem Krieg die Tochter des ehemaligen Fleischers des Dorfes: Magda. Ihre Mutter war in einer der letzten Nächte des Krieges durch einen Bombenangriff zu Tode gekommen, der Stiefvater schon Jahre vorher verstorben und die knapp zwanzigjährige Magda war plötzlich die gut situierte Erbin eines kleinen Vermögens geworden. Sie war nun die Besitzerin eines der größeren Häuser des Dorfes, das nicht durch den Krieg beschädigt worden war, vermietete die Fleischerei im Erdgeschoß und die Wohnung im Hinterhaus. Nie eine schöne Frau gewesen, spannte sie das Netz der Intrigen um die Verwandtschaft. Geld hatte sie genug.

Auch Annas Geschwister heirateten. Knut gewann die stille Greta und blieb im Dorf. Marianne heiratete einen Berliner Apotheker namens Theo und zog mit ihm in die einstige Hauptstadt des zerstörten deutschen Reiches.

Eines hatten Anna und Herrmann trotz ihrer unterschiedlichen Elternhäuser gemeinsam: Sie wollten beide raus aus einer Umgebung, die ihnen wenig Platz zum Atmen ließ.

Während sich der zwei Zentner schwere Herrmann im Alter von zwanzig Jahren noch Ohrfeigen von seinem Vater einfing, kontrollierte auch Helene später gerne die Wohnungseinrichtung ihrer Tochter, nachdem diese schon drei Jahre verheiratet war.

Die Liebe der beiden basierte auf der Regel: Raus aus der Enge der Elternhäuser und hinein ins eheliche Vergnügen, ohne vorher einen Kurs in Beziehungen abgeschlossen zu haben. Die siebziger Jahre waren noch Lichtjahre entfernt, als beide jungfräulich und blauäugig vor den Standesbeamten traten, um danach mit wehenden Fahnen in die eigene Wohnung in den Nachbarort zu ziehen.

Knappe vier Kilometer trennten die beiden Dörfer. Vier Kilometer Entfernung bedeutete, dass man die Familie nur am Wochenende sah. Ein Telefon hatten sie nicht und Errungenschaften wie Handys oder Computer gab es nur in Jules Vernes Romanen.

Die beiden lebten 13 Monate keusch miteinander, denn sie waren noch nicht kirchlich getraut worden, und das Damoklesschwert der Sünde schwebte über ihren standesamtlich getrauten und moralgetränkten Häuptern. Erst nach der kirchlichen Trauung schritten sie zur Tat und Marie wurde neun Monate später geboren.

Herrmann hatte einen Posten als Bürokaufmann bei der Ruhrkohle AG in Duisburg angenommen, Anna war an den Herd gebunden und nahm für eine Weile ihr Los als Hausfrau auf sich. Sie fütterte Marie, die regelmäßig alles wieder auskotzte. Statt in der Villa Hügel den Chefs Kaffee zu servieren und zum Diktat gerufen zu werden, musste sie Windeln waschen, einkaufen und den Kinderwagen durch ein ausgetauschtes dörfliches Universum schieben.

Zwei Jahre nach Maries Geburt hatte der monatliche Ehevollzug im Bett der jungen Wildes erneut Spuren hinterlassen. Diesmal gab es doppelten Grund zu Annas geteilter Freude, sie erwartete Zwillinge.

Nikolas und Max waren auf dem Weg und sollten ebenso wie ihr Vater am heißesten Tag des Jahres zur Welt kommen. Sonnenkinder, voller Glut. Nachdem bei Anna nach neuneinhalb Monaten endlich die Wehen einsetzten, riet ihr der Oberarzt noch vor der Niederkunft, die Treppe zu putzen, um den Geburtsvorgang schneller in Gang zu bringen. Die Krankenhaustreppe war somit auch spiegelblank, als die Zwillinge am 30. Juli zur Welt kamen.

8

Von einer Insel zur anderen

Max hatte nicht vor, allzu lange in Deutschland zu bleiben.

Er versuchte, nicht an die Konsequenzen zu denken, spürte nur instinktiv, dass Nikolas ihn brauchte. Wegen ihm machte er diese Reise. Er packte nur das Nötigste ein, da er nach einer Woche wieder in den vertrauten Sphären seiner Heimatinsel auftauchen wollte. Eine Woche in Schwarzhausen. Er versuchte, sich erst gar nicht vorzustellen, was ihn erwarten würde.

Um 19 Uhr bestieg er ein Taxi, das, nachdem es sich durch den Stadtverkehr und den Midtowntunnel gequält hatte, prompt im Verkehr auf dem Highway stecken blieb.

Die Vergangenheit hatte Max wie eine große Welle eingeholt. Sein Bruder saß in Untersuchungshaft und war wegen Mordes angeklagt. War es alles nur ein Versehen? Oder wollte Marie ihn mit einem Trick nach Deutschland zurücklocken? Und wen hatte Nikolas ermordet?

Max griff zu seinem Handy und suchte die Nummer seiner Schwester, die noch nicht ahnte, dass er die Reise über den großen Teich bereits angetreten hatte.

Nach einigem Klingeln meldete sich der Anrufbeantworter: »Dies ist die Nummer von Marie, Ingo, Leo, Lena und Paul Kretscher. Bitte hinterlassen Sie eine Nachricht nach dem Piepton.«

Max schaute auf die Uhr. Es war bereits 1 Uhr morgens in Paderborn. Er hinterließ keine Nachricht.

Nachdem er aufgelegt hatte, wurde ihm bewusst, dass er von einer Minute zur anderen zum Onkel mutiert war, denn offensichtlich lebte seine Schwester nicht in einer WG, sondern hatte mit ihrem Mann Kinder in die Welt gesetzt. Na super, das

Familienglück der Goldmarie war offensichtlich perfekt. Hatte er etwas anderes erwartet? Herrmann hielt bestimmt wie eh und je seine schützende Hand über das finanzielle Wohl seiner geliebten Tochter. Wie schön für ihn, wie schön für Marie! Max war diese Liebe fremd und da er um diese Zeit auch niemand anderen von der ihm geistig, moralisch und räumlich entfernten Familie erreichen konnte, schaltete er sein Handy aus und kam nach einer weiteren Stunde mit übler Verspätung am Flughafen an.

Er quälte sich durch die Massen von Touristen, schreienden Kindern und gestressten Businessleuten, um am Schalter der Fluggesellschaft zu erfahren, dass der Flug zwei Stunden Verspätung haben würde. Müde verzog er sich in die Lounge, um auf den Abflug zu warten.

Die Senator Lounge der Lufthansa am JFK Flughafen hatte eine Ruhezone, in der man die Füße hochlegen konnte und nicht von quäkenden Babys oder schnatternden New-York-Touristinnen, die zu viel *Sex and the City* gesehen hatten, belästigt wurde.

Gerädert von den Ereignissen und Exzessen der letzten 48 Stunden, freute sich sein gequälter Körper auf die zwei Stunden Auszeit. Er war alleine, schlief sofort ein und träumte, dass er auf dem Sofa seiner Tante Magda lag.

Er war noch ein Kind. Die Sonne schien durchs Fenster. Es war um die Mittagszeit im Spätsommer. Draußen war es ruhig, die an das Haus angrenzende Schule war leer, es waren Ferien. Der Geruch von abgekochtem Fett und frischer Blutwurst zog aus der Fleischerei im Erdgeschoß durchs Küchenfenster und Max, noch immer auf dem Sofa liegend, schaute durch die Küchentür in den Flur der Wohnung und sah eine selbstgestrickte Puppe auf dem Regal sitzen. Tante Magdas Hund, ein alter stinkender Terrier namens Mecki, lag in seinem abgewetzten Hundekorb. Max stand auf und wollte ihn streicheln, merkte aber, dass Mecki ausgestopft war. Tote Glasaugen sahen ihn ausdruckslos an. Max schaute nach rechts in das tieferliegende Badezimmer.

Die Übelkeit kam unerwartet, denn ausgestreckt an den Rand der alten Badewanne gelehnt lag Magda, die Augen weit geöffnet, die Hände verkrampft. Jemand hatte sie erschlagen, an ihrem gespaltenen Schädel klebte ein Rinnsal getrockneten Blutes.

Max öffnete den Mund und schrie, doch kein Laut kam heraus. Er versuchte zu fliehen, konnte jedoch keinen Muskel bewegen. Tote Hundeaugen fixierten ihn und es dauerte unendlich, bis ein lang gezogener Schrei aus seiner trockenen Kehle hervorbrach. Zuerst kaum vernehmbar, dann immer lauter werdend. Schweißgebadet wachte er auf.

Vollkommen verwirrt bemerkte er, dass die Empfangsdame der Lounge im Türrahmen stand und ihn entsetzt anstarrte. »Herr Remark, Ihr Flug geht in zwanzig Minuten«, krächzte sie und verschwand.

Erschrocken fuhr sich Max mit der Hand über die Stirn und zuckte schmerzhaft zusammen. Er hatte die Klammer vergessen und fühlte sich wie nach einem Marathon. Er nahm sein Handgepäck und stolperte durch die Passkontrolle und den Bodycheck, lief den langen Flur zum Flugsteig hinunter und erreichte die Maschine.

Noch ehe der Flieger abhob, versank Max völlig erschöpft in einen tiefen, traumlosen Schlaf. Er verpasste die drei Gänge des Menüs, die Ansage des ersten Offiziers und des Kapitäns und wachte erst nach zwei Stunden in der abgedunkelten Maschine mitten über dem Atlantik wieder auf. Fast alle Gäste schliefen, ein paar schauten Videos auf ihrem Inseat-Monitor und drei Geschäftsleute bereiteten Unterlagen für die Sitzung vor, die ihnen in ein paar Stunden trotz Jetlag bevorstand.

Max war jetzt hellwach, ging zur Stewardess und bestellte einen Kaffee und einen doppelten Whiskey. Seine Gedanken in dem kleinen Raum in zehntausend Metern Höhe gingen zurück zu seinem Traum, den er nicht verstand.

Warum lag Magda mit aufgeplatztem Schädel neben ihrer Badewanne und ließ sich von ihrem ausgestopften Terrier anstarren? Max hatte die Frau seit Jahrzehnten nicht mehr getroffen, konnte sich nicht einmal erinnern, sie auf der Beisetzung seiner Mutter gesehen zu haben.

Alles, was ihm einfiel, waren Begegnungen in der Kindheit. Geburtstage, die Kommunion, Familienfeiern, bei denen man feucht-fröhlich Zusammenhalt vorgaukelte, sein Bruder, der sich immer ängstlich verkroch.

Magda und Erich waren oft dabei und dennoch hatte Max kein Bild von ihnen aus späteren Jahren. Es war wie ein eiserner Vorhang, der nicht nach oben gehen wollte, so wie im Theater, wenn auf der Bühne oder im Zuschauerraum Feuer ausbricht und entweder die Zuschauer oder die Akteure vor den verzehrenden Flammen geschützt werden sollen.

Tante Magda. Jahrelang hatte er nicht an diese Frau, die er nie sonderlich mochte, gedacht. Sie musste inzwischen fast achtzig sein.

Und dennoch war das Bild ihres zertrümmerten Kopfes, ihres erstaunten Gesichtsausdruckes so klar und real, dass ihm schlecht wurde.

9

Nie allein

Man drückte Anna kurz nach der durch das Treppenputzen eingeleiteten Geburt ihre beiden verquollenen, eher nach Minigreisen aussehenden Babys in die kraftlosen Arme. Automatisch quäkten sie nach der mütterlichen Brust, die ihnen aber aufgrund einer schmerzvollen Brustwarzenentzündung nicht gereicht wurde.

Somit nahm die Schwester die Neugeborenen aus den warmen Armen der Mutter wieder weg, nicht ohne ihr zu versichern, dass besonders hässliche Babys zu besonders hübschen Kindern heranwachsen würden. Anna bezweifelte dies, drehte sich um, bekam eine Morphiumspritze nach der schweren Geburt und war für die nächsten Stunden außer Gefecht gesetzt. Treppenputzen, ob vom Arzt verordnet oder nicht, war ihr nach diesem Erlebnis für den Rest ihres Lebens zuwider.

Die Schwester mit dem schönen deutschen Namen Gisela hatte im Bezirkskrankenhaus schon viele Babys zur Welt gebracht. Schnurstracks und ohne viele Fisimatenten wusch sie die schreienden Bündel mit lauwarmem Wasser, gab ihnen die Flasche und steckte sie ins Bett auf die Säuglingsstation. Dann rief sie bei der frischgebackenen Großmutter Helene an, mit der sie die Grundschule besucht hatte. Während die Goldmarie mal wieder Omas Bluse mit Spinat vollkotzte, erfuhr Helene, dass Anna Zwillinge zur Welt gebracht hatte.

Sie seufzte. Man stelle sich das nur vor: das erste Kind, leider nur ein Mädchen, kotzte ständig alles wieder aus, war zudem alle Nase lang krank und jetzt auch noch Zwillinge. Immerhin waren es Jungen. Wie Anna das hingekriegt hatte, wusste der Himmel.

Nachdem Helene ihrem ungeliebten Schwiegersohn in seinem Büro in Duisburg mitgeteilt hatte, dass er Vater von zwei Söhnen geworden war, war ihre Laune nicht besser. Musste sie doch mit der nicht mittagsschlafenden, dafür aber quäkenden und spinatverschmierten Goldmarie durchs halbe Dorf ziehen, um bei der Post auf der Hauptstraße den öffentlichen Fernsprecher zu benutzen. Ein eigenes Telefon gab es im Hause Remark damals noch nicht.

Die ersten Jahre der Zwillinge waren ungetrübt.

Im Sommer spielten sie im Garten der Großeltern, badeten in der Zinkbadewanne, kuschelten mit der Mutter und ärgerten die Schwester. Sie klebten förmlich an ihrer Mutter, ihrer Göttin, die an Schönheit nur von der Elizabeth Taylor ähnlich sehenden Nachbarin Frau Stahlke übertroffen wurde. Diese bereitete auch noch Nutellabrote zu, die es zu Hause nicht gab, da der Vater diesen Süßkram untersagte.

Marianne Stahlke wohnte zwei Häuser weiter, hatte ebenfalls drei Kinder, eine Küche, deren Tapete mit italienischen Motiven verziert war, und sie konnte grandios *Mirácoli*, den letzten Schrei von Kraft, zubereiten. Leider hatte sie einen Gatten, der sie zu allen nötigen und unnötigen Anlässen vertrimmte.

Herrmann empfand die Familie Stahlke als nicht gesellschaftsfähig und grüßte das Ehepaar nur höflich von der anderen Straßenseite. Anna und die Zwillinge mochten diese Frau aufrichtig und verabscheuten ihren Mann zutiefst. Er schlug nicht nur sie, sondern auch seine Kinder. Außerdem stank er immer nach billigen Zigarillos, hatte verfärbte Zähne, ließ die Badezimmertür ständig offen, wenn er auf dem Klo saß, und schlürfte beim Mirácoli-Essen so laut, dass einem der Appetit verging.

Das Fernsehen spielte eine große Rolle für Max, sah er dort doch die unterschiedlichsten Leute, Länder und Lebensweisen.

Vieles verstand er nicht, doch sah er Menschen in einer Stadt namens Paris, in der es nur Pferdekutschen gab und wo die Frauen noch lange Kleider trugen. Besonders ein Film namens *Die Halskette* beeindruckte ihn. Weder wusste er, dass es sich um eine Romanverfilmung von Maupassants *Le Collier* handelte, noch dass es ein Lehrstück in Sachen Moral war. Auch war ihm natürlich nicht bewusst, dass Maupassant ein Frauenvernascher und vor über hundert Jahren an Syphilis gestorben war. Das sollte er erst zehn Jahre später im Französischunterricht erfahren.

Ihn rührte die treppenputzende schöne Frau in diesem Film und somit avancierte er ungewollt zum Lieblingskind der gesamten Nachbarschaft. Über Nacht war sein Lieblingsspiel das Treppenputzen geworden. Er putzte und putzte, während Nikolas mit strengem Blick daneben saß. Die Hausfrauen der Nachbarschaft konnten sich gar nicht beruhigen, dass der hübsche blonde Max so gerne die Treppen säuberte.

Oft bekam er zehn oder zwanzig Pfennig für dieses Spiel, das mehr mit einem Theaterstück zu tun hatte als mit der korrekten Treppensäuberung. Die Zwillinge trugen den erstverdienten Lohn zur Bude. So hießen damals im Ruhrpott die Kioske, heute auch Trinkhallen genannt. An der Bude gab es an die fünfzig verschiedene Behälter mit Süßkram, dem wahren Objekt der Begierde. Schaumzucker-Erdbeeren, Gummischlangen, Kokosquadrate mit Schokolade überzogen, Geleehimbeeren, Liebesperlenketten, Duplos, Milkyways und Marsriegel. Nach heutigen ernährungswissenschaftlichen Erkenntnissen das reinste Gift. Sie kauften alles, was das Putzgeld hergab, und stolzierten damit die Straße hinunter.

Nein, nicht die Goldmarie, sondern sie waren die wahren Pipi Langstrumpfs des Wemphofes, so der Name der Straße. Sie hatten Pipis Abenteuer – und es verwunderte sie nicht, dass ein Mensch so heißen konnte – im dörflichen Kino am Sonntagnachmittag gesehen. Die Zwillinge waren sehr beeindruckt von ihr, denn sie war stark, furchtlos und kaufte für alle Kinder im Dorf Köstlichkeiten aus dem herrlichen Süßigkeitenladen.

Zwar war eine Bude im Kohlenpott kein Süßwarengeschäft aus einem schwedischen Kinderfilm und auch das dörfliche Kino wurde zwei Jahre später zum Pampamkino, der ruhrpottlichen Variante eines Sexkinos, aber das scherte die Brüder nicht.

Da Pipi leider nicht in der Nachbarschaft, sondern in einem unbekannten Land namens Schweden wohnte, verteilten Max und Nikolas die Haribo-Erdbeeren und Milkyways an die Kinder aus der Straße, fühlten sich großartig und pinkelten dann mit zusammen Martin Stahlke von der Kirchhofsmauer auf den Bürgersteig. Unglücklicherweise kam Herrmann zu dem Zeitpunkt von der Arbeit und erwischte sie in flagranti.

Was den Zwillingen Spaß machte, brachte ihn auf die Palme. Hausarrest. Vorher gab es nach dem obligatorischen Satz: »Anna, hole mir den Riemen«, womit er meinte, dass sie ihm seinen Ledergürtel holen sollte, noch kräftig ein paar rote Striemen auf den Hintern.

Verheult krochen die Brüder unter den hämischen Blicken der Goldmarie, die immer brav aufs Klo ging und auch ansonsten keinen Unsinn machte, in ihr Zimmer, einander tröstend, dass sie nicht alleine waren, und heckten Pläne aus, wie sie bald gemeinsam vor ihrem unlustigen, riemenklatschenden Vater fliehen würden. Was Pipi konnte, das mussten sie auch schaffen!

Doch trotz Prügel mit dem Riemen, katholischen Glaubenssätzen und einem moralinsauren Vater waren die ersten Jahre ihres Lebens durchaus schön und nichts sollte darauf hinweisen, welch dunkles Schicksal Nikolas und Max erwarten würde.

10

Deutscher Boden

Der Alkohol hatte seine Wirkung nicht verfehlt.

Max hatte um 5 Uhr morgens europäischer Zeit trotz besseren Wissens einen doppelten Whisky zu sich genommen. Eigentlich rührte er das Zeug nicht mehr an, seit er nach einer Schlittenfahrt mit dem Schneemann und JM eine halbe Flasche Scotch gesoffen hatte, um der aufsteigenden Koksparanoia zu entfliehen. Danach hatte er sich die Seele aus dem Leib gekotzt. An diesem Morgen auf dem Düsseldorfer Flughafen, der ihm äußerst provinziell erschien, war der Hangover nur halb so schlimm.

Misstrauisch schaute ihn ein deutsches Paar Augen an, das zu einem misstrauischen deutschen Grenzbeamten, der seinen Pass kontrollierte, gehörte.

Vor einigen Jahren hatte Max die amerikanische Staatsbürgerschaft beantragt, mit der festen Absicht, nie wieder deutschen Boden betreten zu wollen. Jetzt hatte er dem deutschen Grenzbeamten mit einem akzentfreien »Guten Morgen« seinen amerikanischen Pass hingelegt. Dieser hatte zwar sämtlicher Herren Länder Stempel, aber nicht den der Bundesrepublik Deutschland.

Eine grantige Stimme fragte, wie lange Max auf deutschem Boden weilen wolle und was er hier zu suchen hätte. Trotz eines aufkommenden Übelkeitsgefühls erwiderte er etwas von familiären Gründen und bekam unter herrischem Blick seinen Stempel. Max zog von dannen, nicht, ohne dem Beamten ein freundliches »Asshole« zugeworfen zu haben. Aufgrund mangelnder Sprachkenntnisse verstand dieser offenbar ein »Ach so«.

Er wartete auf sein Gepäck und ging dann sofort in das Flughafenhotel, um zu schlafen.

Nach drei Stunden wurde er wieder wach, zog den Vorhang von den dreifach verglasten Scheiben zurück und starrte auf einen trostlos betonierten Innenhof, über dem ein bleierner Junihimmel hing. Er konnte die Flugzeuge, die abhoben und ankamen, zwar sehen, aber nicht hören. Vollkommene Schallisolierung. Sein Vater hatte auch jeden Abend alle Jalousien in der Wohnung heruntergelassen, die Züge auf den Gleisen vor dem Haus hatte er trotzdem gehört.

Wo sollte er anfangen?

Nachdem er ein paar Minuten auf die gegenüberliegende Betonwand gestarrt hatte, bestellte er einen doppelten Espresso und etwas zu essen beim Zimmerservice. Nach einer halben Stunde schob ein schlechtgelaunter Kellner das Frühstück mit einem geknurrten »Guten Tag« in das Zimmer. »Servicewüste Deutschland«, dachte Max, würgte das Essen herunter und spülte den dünnen Espresso hinterher. Er duschte, zog sich an und verließ das Hotel.

Er nahm den Aufzug in die untere Etage, ging zur nächsten Autovermietung, nahm nach einigen Minuten den Schlüssel für den Mietwagen in Empfang und machte sich auf den Weg.

Die Luft war schwül und schien kaum Sauerstoff zu beinhalten, man hätte sie mit einem Messer schneiden können.

Er fuhr über die B1 in seine alte Heimat und brauchte knapp eine Stunde, um die Ausfahrt zu erreichen, die ihn in das Dorf bringen sollte, das er seit über zwei Jahrzehnten nicht mehr betreten hatte. Wie klein die Welt doch geworden war, früher war die kurze Fahrt in die nächste Stadt schon eine Art Himmelfahrt gewesen.

Sein Magen grummelte pausenlos vor sich hin. Er zündete sich eine Zigarette an, hatte feuchte Hände und der Himmel schien noch ein wenig weiter auf das heiße Wagendach und Max' trübe Stimmung zu sinken. Eine Welle der Hilflosigkeit schlug über ihm zusammen. Er fühlte sich plötzlich so hilflos wie damals.

Das Märchen der Schneekönigin, seiner alten Freundin, fiel ihm wieder ein. Er durfte das alles nicht so an sich ranlassen. »Mach bloß kein Drama aus der Sache! Reiß dich mal zusammen!« Tausend Gedanken schossen durch seinen Kopf. Wie würde er auf die Familie reagieren und wie diese auf ihn? Was würde sein Vater sagen, würden sie sich überhaupt etwas zu sagen haben?

Nach Annas Tod hatte Herrmann kurze Zeit später wieder geheiratet. Die neue Frau an seiner Seite kannte Max nur flüchtig. Sie war eine geschiedene Lehrerin aus dem Norden und hatte Max' Eltern auf einer Studienreise in Rom kennengelernt.

Er erinnerte sich dunkel an eine lebenslustige Mittvierzigerin, die, wie so viele aus der Generation seiner Eltern, Dinge lieber verdrängte, als sie wahrzunehmen. Unsympathisch war sie ihm nie gewesen. Auch dann nicht, als sie seinem sich nach katholischen Grundsätzen noch in der Trauerzeit befindlichen Vater das Jawort auf einem unpersönlichen Standesamt gab.

Außer Marie war keiner aus der Familie anwesend, denn Helene, immer noch Matriarchin des Remark-Clans, billigte die neue Verbindung nicht.

In der Nacht nach Annas Beerdigung hatte Herrmann Max in volltrunkenem Zustand erklärt, dass er eine neue Ehe als einzigen Weg sehen würde, um nicht als Priester, Alkoholiker oder Selbstmörder zu enden. Wenn das die Alternativen zur Ehe für ihn sein sollten, war er doch besser bei der lebenslustigen, geschiedenen Norddeutschen aufgehoben.

Herrmann, der seinen Kummer erst lieber im Alkohol ertränkte und dann in einer neuen Ehe Vergessen suchte, saß in dieser Nacht wie ein Haufen Unglück auf der durchgesessenen Eckbank in der Küche.

Max wohnte damals schon lange nicht mehr zu Hause und kam zu Annas Beerdigung für einige Tage aus Paris, wo er damals studierte. Rätselhafte Umstände hatten zum Tod seiner Mutter geführt. Schweigen umhüllte die Wahrheit. Das Motto der Familie *Wie es hier drinnen aussieht, geht niemanden etwas an* hatte sich über Jahrzehnte bewährt und galt. Konventionen und Regeln waren die Grundpfeiler in Herrmann Wildes Leben, welches nicht durch die seltsamen Umstände des Todes seiner Frau und das Leben seiner missratenen Söhne gestört werden sollte.

Die Gefühle für seinen Vater, die er jahrelang in die unterste Schublade seines Bewusstseins verstaut hatte, kamen mit einer Gewalt zurück, die er nicht erwartet hatte. Max lenkte den Wagen noch rechtzeitig auf den Standstreifen, öffnete die Tür und erbrach sich.

Es war unvermeidlich, dass er sich wohl oder übel mit der gesamten fauligen Brühe der Lügen auseinandersetzten musste.

Nach ein paar Minuten hatte er die Hauptstraße des Dorfes erreicht und fuhr an schmucklosen Häusern vorbei, deren Tristesse durch die Farblosigkeit des Himmels noch unterstützt wurde.

Geändert hatte sich nicht viel. Man hatte den alten Wasserturm gegenüber dem Sportplatz abgerissen. Jetzt standen dort langweilige Doppelhaushälften und ein großes Mietshaus. Hinter allen Fenstern sah er Gardinen, die jeden Blick nach innen verwehrten.

Hundert Meter weiter parkte Max das Auto am ehemaligen Wohnort der Familie Janos.

Das Haus war geschrumpft, so schien es ihm, stand aber immer noch auf der höchsten Stelle des Dorfes. Von hier aus hatte man einen Blick auf die Hauptstraße. Der Friseurladen war längst verschwunden. Jetzt befand sich ein Restaurant mit Gartenterrasse in den ehemaligen Räumen des Salons. Die Rollläden waren heruntergelassen, Ruhetag. Die Wohnungen im Hause waren unbewohnt. Keine Gardinen, keine Namensschilder.

Max beschloss, einen Rundgang durchs Dorf zu machen. Er ging die Hauptstraße herunter, es waren nicht viele Menschen unterwegs. Er sah ein paar ältere Leute, die er nicht kannte, zum Friedhof eilen, junge Mütter mit Kopftüchern und plärrenden Kindern an der Bushaltestelle stehen und Hausfrauen mit Einkaufswägelchen auf den Supermarkt neben der Kirche zustreben.

Die Kirche stand immer noch mitten im Dorf und der Anblick des Hauses seiner Tante Magda, das genau gegenüberlag, versetzte ihm ein unangenehmes Gefühl in der Magengegend.

Es war das trostloseste Haus, das er je gesehen hatte. Ein graues, zweistöckiges Gebäude mit einem betonierten Innenhof, umrahmt von Garagen und Mauern. Um in den Garten zu kommen, musste man durch die Garage gehen, die Magda und Erich gehörte. Die Vorhänge waren zugezogen und die Gardinen an den Seitenfenstern waren blickdicht. Die Wohnungen im hinteren Bereich des Hauses schienen schon lange nicht mehr bewohnt zu sein, die Wurstküche der Fleischerei im Erdgeschoss noch in Betrieb. Die Rolläden waren heruntergelassen.

Max ging links am Haus vorbei auf den alten Schulhof der ehemaligen Sonderschule. Eine Mauer trennte diesen vom Garten.

Oft hatten sich Onkel und Tante über den Lärm der Kinder auf dem Schulhof beschwert und schimpfend auf der Gartenseite gestanden und ihnen gedroht.

Obwohl Max und Nikolas manchmal in den Garten der Tante durften, hatten sie doch nie Freude daran, denn spielen war untersagt. Es war nur gestattet, auf einem Stuhl auf der betonierten Veranda zu sitzen und ein Buch zu lesen oder sich tödlichst zu langweilen. Max schaute über die Mauer in den trostlosen Garten, in dem schon lange nichts mehr gemacht worden war. Ein paar lieblos gepflanzte Blumen verwelkten unter dem bleiernen Himmel, die Gartenwege waren wie der Hof asphaltiert. Ein paar alte Apfelbäume trugen in diesem Sommer noch keine Früchte. Die Rollläden im ersten Stock des Hinterhauses waren heruntergelassen, eine Seite hing schief, das ganze wirkte wie ein Geisterhaus. Befremdet starrte Max auf die Fenster und seine Kehle schnürte sich zusammen. Hastig drehte er sich um, ging zurück zur Straße und befand sich vor der Fleischerei.

Eine junge Verkäuferin mit schlecht gefärbten Haaren und blauem Lidschatten bediente eine ältere Dame. In diesem Moment kam aus dem hinteren Bereich, in dem schon früher die Familie des Fleischers gewohnt hatte, eine Frau in den Laden. Sie war Ende sechzig, die Dauerwelle durch viel Haarspray gefestigt und sie trug einen weißen Kittel. Sie lächelte der Kundin zu und stellte das Tablett mit der frischen Blutwurst auf den Verkaufstresen.

In diesem Moment erblickte sie Max, wurde grau im Gesicht und versuchte, sich mit den Händen auf dem Blutwursttablett abzustützen. Da es aber nur halb auf der Anrichte stand, fiel es mit lautem Getöse auf den gekachelten Boden und die Blutwürste rollten durch das Geschäft.

Max wurde übel vom Anblick des toten Fleisches. Die Frau hinter der Fleischtheke bewegte sich nicht, sondern stand mit unbeweglichem Gesicht an die Ladentheke gelehnt, umgeben von Gehacktem, Blutwurst, Rindersteaks und Aufschnitt.

Emsig versuchte die junge Verkäuferin, die heruntergefallenen Blutwürste einzusammeln, und fragte die Fleischerin, was los sei. Diese sagte nichts, sondern starrte Max stumm an. Dann rollte ihr eine dicke Träne aus dem rechten Auge und tropfte auf die Blutwurst. Ein kleines Lächeln umspielte den verknitterten Mund und sie hob die Hand, winkte. Max hob die Hand und winkte zurück, ging die vier Stufen zur Eingangstür herauf und betrat die Fleischerei.

11

Die erste Trennung

Paul Wilde senior hatte beschlossen, dass er ein alter Mann sei, zog den Anzug aus und den Morgenmantel an. Er war 71 Jahre alt.

Danach verließ er die Wohnung nie wieder und tyrannisierte alle, die zu Besuch kamen. Er trank Weinbrand und Bier und entgegen aller guten Ratschläge rauchte er ständig Zigarren. Kam man in die kleine Wohnung der Großeltern, wäre eine Gasmaske durchaus angebracht gewesen, aber Anfang der siebziger Jahre gab es den Begriff *passives Rauchen* noch nicht und somit war der blaue Dunst, der die Wohnung erfüllte, ganz normal. Der Großvater hatte gelbe Finger, seine Lunge rasselte beim Atemholen und er schlug laut mit dem Löffel gegen den Tellerrand, wenn das Essen nicht pünktlich auf dem Tisch stand.

Da er nach einer Operation einen künstlichen Darmausgang hatte, aber nicht jeden Tag von einer professionellen Hilfe versorgt werden wollte, musste Herrmann neben den Einkäufen und den sonntäglichen verräucherten Kaffeebesuchen auch zweimal in der Woche nach der Arbeit die Windeln seines alten Vaters wechseln. War er beruflich verhindert, wurde Anna diese zweifelhafte Ehre zuteil.

Oft endete diese Aktion in lautstarken Beschimpfungen gegen Anna, diese in seinen Augen nichtsnutzige junge Frau. Alle anderen Verwandten hatten sich wohlweislich aus diesen Pflichten herausgewunden und schimpften nur hinterrücks über den alten Paul, dem es keiner recht machen konnte.

Anna, damals Mitte zwanzig mit drei kleinen Kindern, lief oft zu ihrer Schwägerin Magda, die ja nur hundert Meter entfernt in ihrer Wohnung auf die Jüngere wartete, um dann gegen den ganzen Wilde-Clan Gift zu sprühen.

Herrmann beschloss, zurück nach Schwarzhausen zu ziehen. Ende August zog die Familie Wilde in eine Fünf- Zimmer-Wohnung. Die Zwillinge waren sieben Jahre alt geworden in diesem Sommer.

Das Haus aus der Jahrhundertwende gehörte dem verknöcherten, magenkranken alten Herrn Knufmann, der im Erdgeschoss mit seiner kurzsichtigen und einem Frettchen ähnelnden Frau Bertha wohnte. Im zweiten Stock wohnte der Sohn des Hauses mit seiner geschwätzigen, immer lachenden Frau und seinen drei Kindern.

Die Nachbarschaft war gutbürgerlich und provinziell. Die Zwillinge teilten ein Zimmer, Marie, da schon fast drei Jahre älter, residierte im Einzelzimmer mit Waschbecken.

Sie spielten unter den Augen des greisen und grantigen Nachbarn Herrn Fost mit den anderen Kindern im Garten nebenan, machten Schularbeiten und gingen am Wochenende zum verrauchten Großvater. Alles verlief ruhig.

Anna und Herrmann waren beide sehr aktiv in der katholischen Kirche, im Kirchenvorstand, Pfarrgemeinderat, Kirchenchor und Kolpingverein. Letzterer traf sich jeden Freitag um 20 Uhr im Jugendheim. Nach Diskussionen um das seelische Wohlergehen der Gemeinde begab sich die Gruppe, damals bestehend aus dreißig Männern, in die populärste Kneipe des Ortes, *Roberts*, um ausgiebig zu trinken.

Alle paar Monate organisierte die Kolpingsfamilie eine Bildungsreise für die Mitglieder und ihre Ehefrauen. Für ein Wochenende im September war Berlin angedacht. Anna war froh, dem dörflichen Mief für einige Tage zu entkommen. Die Goldmarie wurde ins Paradies zur gutmütigen Tante Ilse auf den Hügel geschickt, die Zwillinge sollten bei Magda untergebracht werden.

Am Donnerstagabend klingelte das Telefon und eine schmerzgeplagte Magda ließ verlauten, dass sie es, wie sie sich ausdrückte, an der Pumpe hätte und außerdem Migräne im Anzug wäre, da das Wetter mal wieder umschlagen würde. Sie könne nur einen Jungen aufnehmen, Nikolas.

Anna machte kurzerhand Helene mobil. Unter schwerem und tränenreichem Protest wurden Nikolas und Max getrennt, da sich Helene ebenfalls außerstande sah, für zwei Enkelkinder gleichzeitig zu sorgen.

Max war geschockt. Noch nie war er von seinem Bruder getrennt gewesen. Während er bei seiner Großmutter in der Küche saß und mit feuchten Augen Kakao trank, kroch ein schlechtes Gewissen in ihm hoch. Es musste doch einen Grund geben, dass seine Mutter ihn von Nikolas getrennt hatte.

In dieser Nacht träumte Max von Ratten in einer dunklen Höhle, die wie überdimensionales Brot aussah, das von innen völlig zerfressen war. Die Ratten hatten nichts, um den Hunger zu stillen. Zu Hunderten starrten sie Max aus ihren rot unterlaufenen Augen an und gierten nach seinem Fleisch. Er lief und lief, fand aber keinen Weg, denn die Höhle war unendlich, ein dunkler, zerfressener Raum, dessen Boden weich und matschig war. Irgendwann prallte Max gegen eine Wand und die Ratten, die immer näherkamen, scharten sich in einen Halbkreis um ihn. Als die erste Ratte zum Sprung ansetzte, wachte Max schweißgebadet auf. Er war allein, auf der großen Couch im Wohnzimmer, das durch einen Flur vom Schlafzimmer der Großeltern getrennt war. Zitternd lag er wach, bis es hell wurde.

12

Die Begegnung

Die Frau kam hinter der Ladentheke hervor. Sie streckte Max ihre Hand entgegen.

»Max, mein lieber Junge, du bist zurückgekommen.«

Er nahm ihre Hand, während ihn die junge Verkäuferin und die Kundin erschrocken anstarrten. »Hallo Frau Weise.«

Sie hatten sich fast ein Vierteljahrhundert nicht gesehen und doch hatte sie ihn sofort wiedererkannt.

»Möchtest du mit nach hinten kommen?«, fragte sie.

Er nickte. Sie gab ein paar Anweisungen an die Verkäuferin und ging über die kleine Treppe in die Wohnung, die an das Geschäft grenzte. Max spürte den Blick der beiden anderen Frauen, als er ihr folgte, und hörte die junge Verkäuferin noch flüstern: »Ist das nicht …?«

Er schloss die Tür mit der Milchglasscheibe und folgte Frau Weise durch den Flur in die Küche. Die Wohnung hatte den gleichen Grundriss wie die Wohnung seiner Tante im ersten Stock. Ob die beiden noch da oben wohnten? Frau Weise bot ihm einen Platz auf der Eckbank in der Küche an.

»Wer hat dir Bescheid gegeben?«, fragte sie.

»Marie hat mich gestern angerufen und ich habe mich kurzerhand entschlossen zu kommen, aber sie hat nichts Genaueres gesagt. Ich weiß nur, dass Nikolas verhaftet worden ist. Ich habe die erste Maschine genommen und bin heute Morgen in Düsseldorf gelandet.«

»Möchtest du einen Kaffee?«

Max nickte stumm. Sie schenkte ihm einen Kaffee in eine alte, braune Tasse mit beigen Rändern ein, dann setzte sie sich mit einem leisen Stöhnen auf einen altersschwachen Biedermeierstuhl, der nicht in das billige Ambiente der Einbauküche passte.

»Wie haben Sie mich gleich erkannt, wir haben uns doch eine Ewigkeit nicht gesehen?«, fragte Max.

»Ich habe Nikolas zweimal die Woche in den letzten zwanzig Jahren bedient. Ihr gleicht euch immer noch sehr, auch wenn du ein bisschen schmaler bist als er. Sein Bild war in allen Zeitungen und die Klatschmagazine auf Pro7 und RTL haben auch schon über den Mord berichtet. Diese Reporter lungern immer noch hier herum. Ich hoffe, dich hat keiner gesehen, als du in den Laden gekommen bist?«, fragte sie besorgt.

Max schüttelte den Kopf und versuchte, einen klaren Gedanken zu fassen. Reporter, Fernsehen, Klatschmagazine?

Er trank einen Schluck vom Kaffee und zündete sich eine Zigarette an. »Wen hat er umgebracht?«

»Ach Gott, Junge, das weißt du nicht?« Sie griff sich an die faltige Kehle.

Wortlos griff sie in die Schublade, die im Tisch eingebaut war, nahm eine Ausgabe der Tageszeitung vom 12. Juni heraus und reichte sie Max. Auf dem Titelblatt starrte Nikolas ihm entgegen, er war etwas füllig und hatte einen Vollbart. Seine Haare trug er kurz.

»Der Familienschlächter« sprang es Max in dicken Lettern entgegen. »Der 41-jährige Nikolas W. aus Schwarzhausen hat in der Nacht vom 11. auf den 12. Juni eine grauenhafte Tat begangen. Kaltblütig ermordete er seine Tante Magda W. (79) und seinen Onkel Erich W. (83). Gewaltsam verschaffte er sich Zutritt zu der Wohnung des Ehepaares und erschlug beide mit einem Eisenhaken. Die Opfer waren sofort tot.

Der Täter rief selbst die Polizei und stellte sich den Behörden. Seit seiner Verhaftung sitzt er in Untersuchungshaft und hat laut Aussage der Polizei noch keine Gründe für seine Tat angegeben.

W. lebte alleine und war halbtags in einer Friedhofsgärtnerei tätig.

Die Familie hat bisher keine Stellung zu dem Vorfall bezogen. Lesen Sie morgen mehr über die Vergangenheit des Täters und wie es zu diesem Mord in einer angesehenen Familie kommen konnte.«

Verwirrt starrte Max auf die beiden Fotos unter dem Artikel. Seinen Onkel erkannte er sofort wieder, denn er sah aus wie Max' Großvater, der schimpfend und Korn trinkend auf dem Sofa saß. Magda hingegen erkannte er nur an den bösen kleinen Augen. Sie war eine alte Frau mit dünnen grauen Haaren geworden.

Max konnte nicht glauben, was er da las, und starrte auf die Zeitung. Nikolas hatte die beiden regelrecht niedergemetzelt, aber warum? Der Traum aus dem Flieger ging ihm durch den Sinn und ihm wurde erneut übel.

Früher hatten die Brüder oft gewusst, was der andere dachte, und nicht viel Worte gebraucht, um sich zu verständigen, aber dass der Traum die Realität gezeigt haben sollte, war Max entschieden zu viel. Die Zeit schien plötzlich wie ein zäher Brei, Max fühlte sich wie in Watte gepackt, heiß wie in einem Fiebertraum.

Frau Weise räusperte sich und berührte kurz seinen Arm.

»Max, ist alles in Ordnung, möchtest du ein Glas Wasser?«, hörte er sie fragen.

Max kämpfte sich durch die Watte, die ihn umgab, und schüttelte den Kopf. »Wie konnte es dazu kommen, ich verstehe das Ganze nicht. Nikolas hat Magda und Erich umgebracht? Warum sollte er das tun? Was haben die beiden ihm denn getan?«, stieß er hervor.

Die Absurdität des Gedankens war unfassbar für ihn. Da musste ein Fehler begangen worden sein, ein Komplott. Alles war nicht wahr und er lag wahrscheinlich im Drogenrausch nach irgendeiner wilden Party in New York in seinem Bett und hatte schwerste Halluzinationen.

In schlechten Filmen kneifen sich die Akteure in den Arm, um festzustellen, ob ihnen wirklich die Dinge zustoßen, die sie nicht wahrhaben wollen. Doch dies war kein Edgar-Wallace-Film der sechziger Jahre, in denen der schwarze Abt oder der grüne Bogenschütze sein Unwesen trieb. Max saß in Schwarzhausen, an einem Montagnachmittag im Juni und sein Bruder hatte Tante und Onkel erschlagen und dann die Polizei gerufen. Da half kein Kneifen.

»Waren Sie hier, als es geschah?«

»Nein«, erwiderte sie, »wir hatten Ladenschluss und ich war mit meiner Schwiegertochter im Kino in der Stadt. Es war niemand zu Hause, mein Mann ist ja schon lange tot. Als mich meine Schwiegertochter gegen 22 Uhr hier absetzte, war alles voller Polizisten und die haben mich natürlich gleich vernommen. Nikolas saß oben in der Küche und sagte kein Wort. Ich habe gestern deine Tante Ilse getroffen und sie hat mir erzählt, dass er seit der Verhaftung immer noch nicht gesprochen haben soll. Die Polizei hat dann alles oben abgeriegelt und zwei Tage lang durchsucht, aber der Sachverhalt ist ja klar. Er hat die Tat gestanden und jetzt sitzt er in Untersuchungshaft. Am Sonntag haben sie dann die Absperrung weggenommen und die Wohnung für die Verwandtschaft geöffnet. Du weißt ja, dass Magda und Erich im Clinch mit der Familie lagen.

Na ja, so richtig leiden konnte sie ja keiner, aber deswegen muss man sie ja nicht gleich umbringen. Dein Vater und deine Schwester waren dann auch gleich am Sonntagabend hier, sie wollen die Wohnung wohl räumen lassen. Du kannst dir ja vorstellen, was hier im Dorf los ist seit letzter Woche.«

Frau Weise erteilte ausführlich Auskunft über die Klatsch- und Tratschmechanismen des Dorfes. Max hörte nicht mehr zu.

»Haben Sie einen Schlüssel für die Wohnung?«

Sie starrte ihn entgeistert an und nickte.

»Ich kann es nicht glauben, ich muss da hoch, bitte geben Sie mir den Schlüssel.«

»Aber Junge, ich weiß nicht, ob das geht. Du kannst doch nicht einfach so da hochgehen.«

»Aber Sie haben doch gesagt, dass die Ermittlungen bereits abgeschlossen sind. Ich werde schon nichts anrühren oder mitnehmen. Sie können ja gerne mitkommen.«

Sie schüttelte den Kopf und gab ihm den Schlüssel. Max stand auf und ging in den grauen Hausflur, die Treppe knarrte unter seinen Tritten. Im ersten Stock sah er die Tür. Eine billige Spanplatte war vor die zerbrochene Scheibe genagelt worden.

Ohne zu zögern, betrat Max die Wohnung, in der eintöniges und fahles Licht brannte, obwohl es draußen hell war. Die Polizei hatte wohl vergessen, die Lampen auszuschalten. Unvermittelt und wie eine Welle brach die Gier über Max hinein. Plötzlich wollte er nur Thierry anrufen, damit das weiße Pulver ihn von diesem Ort wegbeamte.

Was machte er hier? Warum hatte er sich in den Flieger gesetzt, war sechstausend Kilometer geflogen?

»Verdammte Scheiße«, dachte er und ging nach rechts in die Wohnküche. Die Zeit schien in dieser Wohnung stehengeblieben zu sein. Die Lampe an der Decke verströmte wie damals ein kaltes Neonlicht und darunter baumelte ein Klebestreifen mit toten Fliegen. Das alte Sofa war durchgesessen und das Holzfenster zum Hof war noch nicht durch ein lärmschützendes neues Plastikfenster ersetzt worden.

Max schaute in den betonierten Innenhof und die Garagenzeile. Der Garten dahinter wurde fast durch die Stille erdrückt. Kein Vogellaut, keine Straßengeräusche. Der Himmel hing tief.

Es war heiß und stickig. Er öffnete das Fenster, um einen Luftzug in die Wohnküche zu lassen. Heiße, verbrauchte Luft stieg ihm entgegen und in nicht allzu naher Ferne grummelte das erste Anzeichen eines Sommergewitters. Hoffentlich würde es bald regnen.

Er rieb sich die Stirn, seine Wunde juckte, die Kopfschmerzen wurden wieder stärker. Er brauchte dringend Aspirin, drehte sich um und ging ins Bad. Um die Badewanne herum klebte vertrocknetes Blut, inzwischen schwarz geworden.

Erstaunlich, wie viel Blut in einem Körper ist, wie viel waren es, sieben, acht Liter? Und warum ist es so zäh und wird schwarz, wenn es trocknet?

Warum dachte er über die Konsistenz von Blut nach? Plötzlich wollte er nichts als raus aus dieser Wohnung, aus diesem Scheiß-Provinznest, aus diesem Land. Am besten so weit weg wie möglich! Scheiß doch auf das Aspirin. Er verließ das Bad und ging zurück in den Flur, da hörte er ein Geräusch aus dem hinteren Teil der Wohnung. Der Flur machte eine leichte Biegung, angrenzend daran lagen das Wohn- und Schlafzimmer. Ein säuerlicher Geschmack machte sich in seinem Mund breit. Er ging nach hinten und betrat den Schlafraum. Ein alter Mann stand mit dem Rücken zu ihm. Er war mittelgroß, hatte weißes welliges Haar und war etwas übergewichtig. Seine Kleidung war farblos, seine Haltung gebückt. Er hielt einen Umschlag in den Händen. Max räusperte sich, aber es kam keine Reaktion. Er hatte vergessen, dass Herrmann nicht besonders gut hörte, also klopfte er laut gegen den Türrahmen. Der alte Mann drehte sich um, starrte seinen Sohn entgeistert an und steckte hastig einen Umschlag in die Brusttasche seiner Anzugjacke.

»Hallo Papa«, sagte Max.

13

Die zweite Trennung

Es war eine schlimme Nacht. Max lag auf der Couch im Wohnzimmer seiner Großmutter.

Am Morgen rief Helene Magda an, um zu erfahren, ob die Brüder den Nachmittag zusammenverbringen konnten. Das würde leider nicht gehen, denn sie, Magda und Erich, würden mit Nikolas in den Zoo fahren und wären schon fast aus der Tür raus. Aus Max' Sehnsucht wurde Wut. Nikolas vermisste ihn also gar nicht.

Am frühen Abend durfte er Fernsehen gucken, ein Privileg, das Helene nur selten gewährte. Im ersten Programm lief eine Verfilmung des Märchens *Die Schneekönigin.*

Er starrte auf den Bildschirm und erfuhr zum ersten Mal die Geschichte von Kay, Gerda und der Königin im Eispalast. Ihm gefielen die Schneekönigin und ihr vereistes Reich, denn Kay schien nicht mehr zu fühlen, dass er eigentlich lieber mit Gerda zusammen war und nach Hause wollte. Die Splitter des Spiegels, der eine in seinem Herzen, der andere in seinem Auge, machten ihn still und unempfindsam.

Das erschien Max wie eine Lösung. Seine Wut wich einer Kälte, die sich wie ein Ring um seine Gefühle legte. So wie in Andersens Märchen, in dem die Glassplitter des Spiegels und die Schneekönigin das Herz des Knaben vereist hatten, fühlte er plötzlich nichts mehr.

Dass Gerda ihren Kay am Ende mit den heißen Tränen erlöste und aus dem kalten Paradies in die Realität zurückholte, erschien ihm nicht weiter wichtig oder erstrebenswert. An diesem Abend ging Max klaglos ins Bett und schlief traumlos bis zum nächsten Morgen.

Am Sonntagabend kam Anna allein. Wie immer, wenn sie dem dörflichen Mief entflohen war, erschien sie wie ein anderer Mensch. Sie leuchtete, sprudelte nur so vor Energie und all den neuen Eindrücken, die sie aus der großen Stadt mitbrachte. Sie erzählte von der Mauer, die durch die Stadt Berlin gezogen war und Familien trennte, vom großen Kaufhaus *KaDeWe*, vom Kudamm, Checkpoint Charlie und den Berlinern mit Schnauze.

Ein Klischee nach dem anderen füllte ihre Erzählungen. Max hörte kaum zu, während Helene mit zusammengepressten Lippen aus dem Fenster schaute. Anna war wie ein kleines Mädchen, das zum ersten Mal einen Schulausflug gemacht hatte. Diese Situation sollte sich immer wiederholen, wenn sie von einer ihrer Reisen, die sie später alleine zweimal im Jahr unternehmen würde, zurückkehrte. Dass Max besonders schweigsam war, fiel ihr nicht weiter auf.

Kurz darauf packte Anna Max in den hellblauen Audi 60, hielt fünf Minuten später vor Magdas Haus gegenüber der Kirche, stieg aus und war bald mit Nikolas zurück. Sie trug ihn auf dem Arm, was sie eigentlich schon seit einiger Zeit nicht mehr getan hatte, da die Jungen ihr zu schwer geworden waren.

Sie setzte Nikolas auf den Beifahrersitz und stieg ins Auto. Er sagte kein Wort und starrte nur vor sich hin. Der vereiste Max saß auf der Rückbank. Schweigend fuhren sie die paar Minuten nach Hause.

Anna drehte sich zu Max: »Max, steig aus, mach das Garagentor auf und warte vor der Haustür.«

Er tat wie befohlen, wissend, dass etwas passiert sein musste, denn er hatte seine Mutter noch nie so verwirrt gesehen. Er wartete einige Minuten vor der Haustür, bis Anna mit Nikolas auf dem Arm kam. Noch immer hatte Nikolas kein Wort gesagt. Fragend schaute Max ihn an, doch sein Blick blieb unerwidert. Sie aßen kurz zu Abend, putzten sich die

Zähne und mussten ins Bett, schließlich war am nächsten Tag Schule.

Die Brüder hatten ein so genanntes Stockbett. Max schlief oben, Nikolas unten. Es war ruhig im Zimmer, Max beugte sich nach unten und fragte endlich, was los sei, wie es bei der Tante und im Zoo gewesen war. Nikolas antwortete nicht, drehte sich zur Seite. Max war verstört, kletterte aus dem Bett, um seine Mutter zu fragen, ob etwas passiert sei. Sie beruhigte ihn und meinte, Nikolas hätte wohl etwas Fieber und bekäme eine Erkältung. Max wusste, dass sie log. Sie schickte ihn zurück ins Bett. Im Dunkeln kletterte er die Holzleiter hoch und erschrak. Nikolas lag in seinem Bett und schaute seinen Bruder mit großen Augen an. Max legte sich neben ihn und sofort klammerte sich Nikolas an ihn an und weinte. Max weinte mit, wusste nicht warum, und fühlte nur, dass irgendetwas Schlimmes passiert war und dass es nie mehr so sein würde wie früher. Irgendwann schliefen sie fest umschlungen und völlig erschöpft ein.

Am nächsten Morgen musste Max allein in die Schule. Nikolas hatte Fieber, erbrach sich. Anna meinte, er hätte einen grippalen Infekt, Max sollte nicht zu ihm und in den nächsten Tagen bei seiner Schwester schlafen. Am nächsten Tag hatte Max ebenfalls einen heißen Kopf und wollte nicht zur Schule. Anna sagte, er solle nicht so ein Theater machen, band ihm einen Schal um und schickte ihn in die Grundschule.

In der ersten Pause um 10 Uhr mussten alle raus auf den Schulhof, es war ein schöner Septembermorgen und die Kinder spielten Gummitwist an der Mauer, die an Magdas Garten grenzte. Alle schrien und redeten laut.

Plötzlich erschien Magda an der Mauer. »Seid ruhig, ihr Blagen, das ist ja nicht zum Aushalten«, keifte sie. Dann sah sie Max. Sie starrte ihn an, murmelte etwas und schon war sie verschwunden.

Nach einigen Tagen ging es Nikolas etwas besser, aber er verhielt sich seltsam. Er aß nicht, selbst den geschmorten Wirsing, sein Leibgericht, das es immer mittwochs gab, verschmähte er. Er wand sich in den abendlichen Kuschelminuten aus den Armen seiner Mutter und redete nur das Nötigste. Jede Nacht kletterte er zu Max ins Bett, weinte, sagte aber kein Wort.

Max wusste nicht, was er tun sollte, lag bei seinem Bruder, bis er einschlief, und hielt ihn nur fest. Nikolas wachte oft in der Nacht auf und fing an zu schlafwandeln.

Nach einigen Wochen hatte er ein paar Kilo abgenommen. Herrmanns Strafpredigten und die Pflege seiner Mutter konnten ihn nicht aus seiner Sprachlosigkeit erlösen. Selbst als der Vater den Gürtel aus seiner Hose zog und Nikolas zum Reden prügeln wollte, erreichte er nichts damit. Nikolas starrte apathisch vor sich hin.

An einem windigen Freitagnachmittag Anfang November ging Anna mit den Zwillingen über die Brücke ins Dorf. Im ersten Haus auf der linken Seite hatte Dr. Betrail seine Praxis. Nikolas musste sich auf den Behandlungstisch legen. Der Arzt drückte mit großen Händen auf seinem Bauch herum und stellte Fragen, die Max nicht verstand. Dann erklärte er, dass Nikolas eine Blindarmentzündung hätte und ins Krankenhaus müsste. Der Arzt flüsterte Anna etwas zu und sie verließ mit Max den Raum. Nach einigen Minuten wurden sie wieder hereingerufen. Nikolas starrte den Mann im weißen Kittel entsetzt an.

Am nächsten Tag brachte Anna ihn ins Bezirkskrankenhaus. Sie konnte nicht bei ihm bleiben, denn das war gegen die Vorschriften. Drei Tage später besuchte sie ihn. Nikolas sprach kein Wort und weinte auch nicht. Er lag regungslos im Bett. Nach zwei Wochen wurde er mit einer großen Narbe am Bauch entlassen.

Tags darauf hörte Max seine Eltern im Schlafzimmer reden. Er presste sein Ohr an die Tür, als er seinen Namen hörte. Anna weinte, Herrmann sprach in kaltem Ton von schwer erziehbaren Kindern, die Probleme machten, und dass er mit seinem Latein am Ende wäre. Er habe heute mit Erich und Magda gesprochen und die hätten ihm geraten, Nikolas in ein Kinderheim zu schicken, damit er wieder richtig essen würde und nicht so bockig wäre. Max' Hals wurde trocken. In fünf Wochen war Weihnachten.

Unvermittelt riss Herrmann die Tür auf. »Was erdreistest du dich und lauscht hier an der Wand? Dir werd ich zeigen, wer hier der Herr im Haus ist. Eine Unverschämtheit!« Und schon hatte er den Gürtel aus seiner Hose gezogen und schlug auf Max ein, der in sein Zimmer floh.

Herrmann folgte ihm Wut schnaubend, ein bebender Fleischberg von 120 Kilo, das Gesicht rot vor Wut. Marie und Nikolas sahen die beiden kommen und fingen ebenfalls an zu schreien. Marie hing sich an den Arm ihres Vaters, um ihn davon abzubringen, Max weiter zu verprügeln, Nikolas schrie und zog sich in die Ecke des Zimmers zurück.

Anna schaffte es schließlich, Herrmann zu beruhigen. Marie und Max wurden leise, nur Nikolas stand in seiner Ecke und schrie. Er schrie, ohne Luft zu holen und lief blau an. Seine Augen verdrehten sich nach oben, so dass fast nur das Weiße zu sehen war. Kurzerhand schnappte sich Herrmann seinen schreienden Sohn, ging ins Bad und stellten den Schlauch der Dusche an. Eiskaltes Wasser spritzte zu allen Seiten und er hielt Nikolas' Kopf in den Wasserstrahl. Max starrte die beiden an, Nikolas bekam einen Schock, verschluckte sich, fing an zu husten und hörte auf zu schreien.

Laut schnaufend stellte Herrmann Nikolas hin, drehte den Wasserhahn zu und schaute Anna an: »Magda hatte Recht. Das wirkt und wir hätten es schon viel früher machen sollen! Morgen meldest du beide Jungs für das Kinderheim an. Es reicht mir.«

Drei Tage später brachte Anna die Zwillinge im wilden Schneegestöber des ersten Wintereinbruchs in ein katholisches Kinderheim, wo sie vier Wochen von Nonnen zum Essen und zur Gehorsamkeit erzogen wurden. Sie mussten die Betten selber machen, morgens um fünf aufstehen, Haferschleim und Joghurt essen. An den Nachmittagen wurde gebastelt. Nikolas war immer an Max' Seite, sprach aber nach wie vor nicht. Max gewöhnte sich daran.

Am 22. Dezember war die Zeit im Heim vorbei. Anna holte ihre Söhne am Busbahnhof in Lüdow wieder ab. Sie kam eine halbe Stunde zu spät und erklärte, dass der Schnee und die Straßenverhältnisse daran Schuld hätten. Max wusste es jedoch besser. Sie stiegen ins Auto und fuhren zurück ins Dorf. Es schneite, Anna konnte nur sehr langsam fahren. Während der Fahrt, die vielleicht eine halbe Stunde dauerte, schaute Anna die Jungen immer wieder an und beteuerte, wie froh sie sei, dass beide wieder zu Hause seien. Sie glaubten es ihr nicht.

Zu Hause angekommen, lief ein dick vermummtes Mädchen auf sie zu, völlig mit Schnee bedeckt. Marie drückte erst Max und wandte sich dann zu Nikolas. Er schaute sie an, sagte kein Wort, drehte sich um und ging zur Haustür.

Er hatte seit dem Besuch bei Magda kein Wort gesprochen. Er würde für eine sehr lange Zeit nicht mehr sprechen.

14

Ad Absurdum

Max hatte im Laufe seines Lebens eine wunderbare Technik entwickelt, sich gegen alles zu schützen. Die Schneekönigin kam und legte einen Ring aus Eis um sein Herz und er fühlte nichts mehr.

Als er seinen Vater in Magdas Wohnung nach zwanzig Jahren wiedersah, funktionierte der Schneeköniginmechanismus wie immer hervorragend.

Herrmann starrte ihn fassungslos an. Das alte Gesicht vereiste, wurde hart und verschlossen. Nichts hatte sich geändert.

»Maximilian, ich wusste nicht, dass du in der Stadt bist.«

Max bemerkte, dass sich der Umschlag, den sein Vater sich in die Brusttasche gesteckt hatte, etwas wölbte. Offensichtlich war mehr als ein Dokument darin. »Ob da wohl das Testament drin ist?«, dachte er beiläufig.

Herrmann reichte Max seine Hand mit ausgestrecktem Arm entgegen. Max hasste diese ausgestreckte Hand, die nicht zu seinem Vater zu gehören schien, sondern die er wie einen Fremdkörper zwischen sich und andere stellte. Marie konnte er ohne weiteres in den Arm nehmen, aber bei Nikolas und Max kam dies einer Unmöglichkeit gleich. Wenn Nikolas wieder einmal aus einer Klinik oder von einer Sonderbeobachtung nach Hause kam, tätschelte Herrmann ihm kurz das Haar, als ob die Berührung seiner Haut ihm zu persönlich schien.

Max ignorierte die Hand. Sie war alt und faltig geworden, leblos.

Sie standen sich wie zwei Statuen aus Eis gegenüber. Max dachte, dass er wirklich dringend etwas zu trinken brauchte, um diese ganze Scheißsituation wegzuspülen. Hier stand er mit seinem Vater im Schlafzimmer seiner Tante, dabei sollte er doch auf einer Karibikinsel Bademode fotografieren, am Abend heftig Rum trinken und dann das Model vögeln. Die Situation war so absurd, dass er lachen musste.

Herrmann starrte ihn entgeistert an. Max schüttelte den Kopf: »Keine Angst, hat nichts mit dir zu tun«, log er, obwohl ja alles was mit ihm zu tun hatte.

»Was machst du denn hier?«

»Ich sortiere die Kleidung von Magda und Erich und werde sie morgen an die Kleiderkammer der Kirche weitergeben, es ist ja nichts beschädigt. Die Beerdigung ist übermorgen, die Leichen sind freigegeben. Sie werden in der Familiengruft beigesetzt.«

Falls er trauern sollte, so merkte man ihm nichts an. Herrmann gehörte zu der Sorte Menschen, die ihre Gefühle niemals zeigten, bis auf eine Ausnahme: unter Alkoholeinfluss.

Das einzige Mal, als er Max in den Arm nahm, war er so besoffen, dass es Max anwiderte. Bis heute konnte er seine Fahne riechen, seine glasigen Augen sehen, seine gestammelten Worte: »Komm doch mal her und gib deinem Vater einen Kuss«, hören und alles wand sich in ihm.

Bis zu seinem 21. Lebensjahr hatte er keinen Alkohol getrunken. Insofern war es gut, dass sein Vater ein funktionierender Alkoholiker war: Er bewahrte Max zumindest eine Zeit lang vor einem zu frühen Tod.

»Warum hat Nikolas das getan? Ist er durchgeknallt, hat er neue Medikamente bekommen?«

»Das kann ich dir nicht sagen. Woher soll ich das wissen? Er wohnt nicht bei mir und ist schließlich ein erwachsener Mann.«

Max starrte seinen Vater fassungslos an, obwohl er dessen Reaktionen nur zu gut kannte. »Aber er wohnt doch im gleichen Haus wie du.«

»Was nicht bedeutet, dass ich weiß, was er treibt, oder verantwortlich für ihn bin, er hat sich von mir abgewandt und …«

Wütend entgegnete Max: »Er hat sich von dir abgewandt? Das ist ja wohl das Letzte. Wie kannst du nur so etwas behaupten, das stimmt doch so nicht. Du hast ihn allein gelassen, hast ihn verprügelt und dann ständig in Sanatorien und Psychoheime gesteckt.«

»Das geschah nur zu seinem und eurem Besten. Er war schließlich ein schwer erziehbares Kind und wurde ja später auch als Autist diagnostiziert. Was sollten deine Mutter und ich tun? Wir haben versucht, euch gleich zu behandeln und das Beste aus der Situation zu machen. Er hat sich von uns abgewandt, nicht wir uns von ihm.«

Max konnte nicht glauben, dass sein Vater sich selbst nach diesen Morden noch weiter belügen konnte, ohne mit der Wimper zu zucken. Er glaubte anscheinend wirklich, richtig gehandelt zu haben.

»Du bist immer noch ein selbstgefälliges Arschloch, daran hat sich wohl nichts geändert. Lieber die Kinder opfern, als sich selbst zu hinterfragen«, entgegnete er achselzuckend. Er verspürte keine Wut mehr, die Schneekönigin hatte ihn wieder fest im Griff.

»Wie kannst du es wagen, so mit mir zu reden. Wo bleibt dein Respekt vor mir?«, schnaubte Herrmann.

»Den Respekt musst du dir woanders holen, probier es mal bei deiner Tochter.« Max drehte sich um und ließ ihn stehen. Offensichtlich musste er sich weitere Informationen woanders besorgen. Ohne ein weiteres Wort verließ er die Wohnung.

Er ging zurück zu Frau Weise, die noch immer in der Küche im Erdgeschoß saß, und reichte ihr den Schlüssel.

»Max, was ist los, du bist ja ganz weiß im Gesicht?«, fragte sie erschrocken.

»Ich habe meinen Vater oben getroffen. Ich melde mich morgen bei Ihnen, ich muss erstmal schlafen.«

Er verabschiedete sich und verließ das bleierne Totenhaus.

Der Himmel war inzwischen dunkelgrau geworden und das heranziehende Gewitter kündigte sich durch den ersten Donner an. Max lief die Hauptstraße hoch, gelangte zu seinem Wagen und fuhr zurück ins Dorf. Dort entdeckte er, wo früher ein Fachwerkhaus die alte Dorfkneipe beherbergt hatte, einen scheußlichen Betonklotz, in dem sich neben Arztpraxen und Büroräumen auch ein Hotel befand. Er ging hinein, mietete ein Zimmer, das an Unpersönlichkeit kaum zu überbieten war, packte seine Tasche aus und sah hinunter auf die Hauptverkehrskreuzung des Dorfes. Nur ein paar Spätzügler rannten noch herum, die Geschäfte hatten gerade geschlossen, es war nach 18 Uhr.

Er brauchte dringend etwas zu trinken. Er zog seine Jacke an, lieh sich an der Rezeption einen Regenschirm und steuerte auf die Kneipe, die gegenüber dem Haus seiner Tante lag, zu.

Der Name hatte sich wie so vieles nicht geändert. *Roberts* stand in altdeutscher Schrift, die Gemütlichkeit und ein gutes Bier versprach, über der Eingangstür. Hier hatten sie Familienfeiern, von der Kommunion über Taufen bis hin zum Leichenschmaus, erlebt. »Was soll's?«, dachte er und ging hinein.

Der Geruch von Kneipen, so wie im *Roberts*, ist auf der ganzen Welt gleich. Es ist eine Mischung aus kaltem und warmen Rauch, Parfum, Schweiß, dummen Gesprächen, unerfüllten Lebenswünschen und Alkohol.

In der Kneipe hatte sich nichts geändert. An der Wand hingen die Glücksspielautomaten, dahinter ein altersschwacher Flipper, neben der Theke eine Sparbox der örtlichen Sparkasse.

Er ging an den Tresen. Frau Roberts stand wie damals mit einer dunkelbraun gefärbten und mit Haarspray gefestigten Hochsteckfrisur dahinter. Die Augenbrauen waren perfekt nachgezogen, der Mund leuchtend rot übermalt, die Falten waren tief eingegraben. Sie schaute ihn an und war keineswegs überrascht, ihn zu sehen, so schien es. Wahrscheinlich hatte sie genug in ihrem Leben in diesem Dorf mitbekommen.

»Was soll's denn sein, Max, oder muss ich jetzt Herr Wilde zu dir sagen?«

»Max ist schon in Ordnung, Frau Roberts, aber ich heiße schon seit zwanzig Jahren Remark. Haben Sie was Kräftiges, einen Scotch auf Eis?«

Sie griff zur Flasche, schenkte einen Doppelten ein und schrieb den Betrag auf den eingetrockneten Bierdeckel.

»Da kann ich ja noch einiges trinken heute Abend, bei den Preisen«, versuchte Max zu witzeln. Sie zog die aufgemalte Augenbraue nach oben, nahm ihr Tablett und ging auf die andere Seite des Raumes, wo ein älterer Mann ein Bier und einen Korn bestellte. Ansonsten war es leer in der Kneipe, was Max nur recht war. Er hatte keine Lust, Menschen aus seiner Vergangenheit zu treffen, außerdem war ihm inzwischen bewusst, dass jeder hier im Dorf Bescheid wusste.

Frau Roberts kam zurück hinter den Tresen und zapfte das Bier.

»Seit wann bist du wieder da?«, fragte sie.

»Heute Morgen bin ich gelandet.«

»Und, hast du schon jemanden getroffen?«

»Oh ja, meinen Vater.«

Diesmal sah sie Max direkt an und zog nicht nur eine, sondern beide Brauen nach oben.

»Ich habe ihn zufällig in der Wohnung meiner Tante getroffen, als ich mir den Tatort anschauen wollte. Er war auch da, allerdings konnte er mir wie immer nichts erklären. Wissen Sie, wo Nikolas steckt? Auf welchem Revier ist er untergebracht oder wo ist das Untersuchungsgefängnis?«

»Sie haben ihn nach Lüdow gebracht, dort gibt es seit einiger Zeit ein UG, anscheinend wird er verhört. Dein Vater war gestern Abend hier und hat sich ordentlich die Kante gegeben und dann wird er ja gerne etwas gesprächiger. Er hat Nikolas aber noch nicht besucht und sich eher darüber ausgelassen, dass man ihn schon viel früher hätte einsperren sollen. Gegen 11 hat Renate ihn dann abgeholt. Laufen konnte er nicht mehr alleine.«

Sie stellte ihm einen weiteren zweifachen Whiskey vor die Nase, mit einem Ausdruck der professionellen Wirtin, die weiß, wann man einen Drink brauchte. Max kippte den Drink zu schnell, verschluckte sich an dem harten Zeug und verschüttete den Rest auf der Theke und seiner Hose. »Scheiße«, fluchte er und versuchte, zwischen dem Husten noch Luft zu holen.

Frau Roberts nahm ein Wischtuch, kam um den Tresen herum. Sie streute etwas Salz auf seinen Oberschenkel und drückte das feuchte Tuch darauf.

»Magda, wo bleibt mein Bier?«, rief der Gast am anderen Ende des Raumes.

Max schloss die Augen und merkte, wie er ganz plötzlich von innen nach außen vereiste. Es war wie eine plötzlich auftretende Lähmung, die ihn ergriff. Er konnte sich nicht bewegen, seine Kehle war wie zugeschnürt.

»Ich komme sofort, du siehst doch, dass wir hier einen kleinen Unfall hatten«, rief sie hinüber und presste das feuchte Tuch weiter auf Max' Oberschenkel.

Um Max herum wuchs eine Mauer aus Stahl, er starrte auf die alte Frau, die ihm die Hose trockenrieb und hatte das Gefühl, dass die Schneekönigin Tausend Eisringe gleichzeitig um sein Herz und seinen Hals legen würde.

»Max, was ist mit dir, ist dir schlecht? Gott, Junge, du bist ja ganz blass geworden«, sagte die Wirtin, ihr Gesicht kam näher.

Max sah, dass sich der Lippenstift in die kleinen Fältchen in ihren Mundwinkeln gegraben hatte. Bevor die Lähmung vollständig Besitz von seinem Körper ergriffen hatte, schaffte er es, einen Laut aus seiner Kehle zu bringen. Er versuchte, vom Barhocker zu steigen, schob ihre Hand, die immer noch auf seinem Oberschenkel war, weg und starrte sie an.

»Nichts, ich weiß nicht, vielleicht ist der Whiskey zu stark, entschuldigen Sie, ich brauche frische Luft«, stammelte er, legte einen Schein auf die Theke und taumelte aus der Kneipe.

Der Gast am anderen Ende des Raumes schüttelte den Kopf und sagte: »Genauso verrückt wie sein Bruder, die gehören beide eingesperrt!«

Es hatte inzwischen angefangen zu regnen und Max lief ohne den Schirm, den er in der Kneipe vergessen hatte, über die menschenleere Straße in Richtung Hotel. Der Nachtportier hatte seinen Dienst angefangen und las Zeitung. Als Max völlig durchnässt in der Lobby ankam, schaute der Mann kurz auf und schreckte förmlich zurück. Ein kurzer Blick auf die Titelseite genügte Max zur Erklärung. Nikolas starrte ihn aus leblosen Augen an. In roter Schrift zwei Wörter: *Der Schlächter*.

Max seufzte und schüttelte nur unwirsch den Kopf: »Nein, ich bin nicht Nikolas Wilde, sondern sein Bruder. Bitte sagen Sie dem Zimmerservice, er möchte mir die Karte heraufschicken und einen doppelten Scotch auf Eis.«

Der Portier reichte ihm den Schlüssel. Max drehte sich um und verschwand im Aufzug.

15

Heimlicher Besuch

Alles hatte sich geändert. Jeder aus der Familie wusste es.

Anfang der siebziger Jahre in einem deutschen Provinznest. Sigmund Freud, C.G. Jung und Alice Miller waren hier nicht bekannt. Alles, was mit der Psyche zu tun hatte, wurde mit einer kreisenden Bewegung des Zeigefingers an der Schläfe erklärt und dass *die* nach Aplerbeck gehörten.

Aplerbeck war ein Vorort im Osten der Stadt und beherbergte zum Leidwesen seiner Bewohner eine Nervenheilanstalt. »Da wo die Bekloppten sind« hieß es im Volksmund.

»Kann man Nerven heilen?«, fragte Max sich als Kind. Nerven waren doch keine Wesen, sondern irgendwelche Stränge, die unter der Haut lagen. Und warum nannte man die Leute, die nach Aplerbeck gehörten, *Bekloppte*? Wer hatte sie denn bekloppt, das heißt, geschlagen?

All das überstieg seinen Horizont als Junge und doch war die Angst, dass Nikolas nach Aplerbeck geschickt werden könnte, unaussprechlich groß. Seit der Rückkehr aus dem Kinderheim war er gar nicht mehr anzusprechen.

Drei Tage später war Weihnachten. Das Fest entwickelte sich zum Drama. Die Goldmarie bemerkte zwar die Veränderung an Nikolas, hatte aber instinktiv sehr schnell begriffen, dass, wenn sie nicht allzu sehr darauf einging, sich ihr auch keine Unannehmlichkeiten in den Weg stellen würden. Sie behandelte ihn wie immer und wenn er nicht reagierte, so machte das auch nichts.

Herrmann ließ sich nichts anmerken. Das Kind Nikolas habe wohl eine schlechte Phase, zumindest würde es ja nun essen und er, Herrmann, hatte seine eigenen Probleme.

Anna war total überfordert. Nikolas war plötzlich zum Problemfall geworden: verschlossen, wortkarg, distanziert, in seiner Welt lebend und, wie sich die Verwandtschaft später gerne ausdrückte, »eigenbrötlerisch«.

Wie alle Familien pflegten auch die Wildes Rituale zu Weihnachten. Die drei Weihnachtsfeiertage waren seit jeher festgelegt und unter den Verwandten aufgeteilt. Heiligabend bei Oma Wilde, der erste Feiertag gehörte der allmächtigen Helene und am zweiten Feiertag wurden Tante Ilse und danach *die Wildes*, Erich und Magda, besucht.

Nikolas war ruhig bis zum Morgen des zweiten Feiertags. Es war ein grauer Tag im Ruhrpott. Weiß war nur der bleierne Himmel, Nieselregen erfüllte die nebelige Luft. Gegen 11 Uhr fuhr die Familie schweigend im hellblauen Audi durchs Dorf Richtung Tante Ilse, um dort Mittag zu essen. Es gab Geschenke, Sauerbraten und *Dr. Oetker*-Zitronencreme.

Gegen 16 Uhr war es dunkel und sie fuhren weiter ins graue Haus an der Hauptstraße, um dort die Geschenke, den Kartoffelsalat und die Würstchen bei den Wildes abzuholen. Nikolas wollte nicht aussteigen.

Herrmann murmelte was vom heiligen Strohsack und Undankbarkeit und zerrte das schreiende Kind aus dem Wagen und lief wutentbrannt mit Nikolas auf dem Arm das Treppenhaus hoch, stieß Magda, die gerade die Tür öffnete, zur Seite und rannte ins Bad.

Er hielt Nikolas, der inzwischen blau angelaufen war, unter den eiskalten Wasserstrahl. Anna stürzte, die beiden anderen Kinder hinter sich herziehend, ins Bad. Sie drehte das Wasser ab und gab Herrmann zur Überraschung aller Anwesenden eine Ohrfeige. »Lass den Jungen jetzt in Ruhe, Herrmann!«, sagte sie mit ruhiger Stimme. Sie zog Nikolas an sich und trocknete ihm die Haare. Während er leise vor sich hin weinte, streichelte sie ihn und versuchte, ihn zu beruhigen. Magda kam ins Bad.

»Ich glaube nicht, dass das die richtige Methode ist, Anna. Der Junge braucht Disziplin und du verhätschelst ihn nur durch dein Gerede.«

Nikolas hielt sich die Ohren zu und vergrub das Gesicht in den Kaschmirpullover seiner Mutter. Anna sah ihre ältere Schwägerin erstaunt, doch mit ungewohnter Klarheit an. »Immerhin sind es meine Kinder und ich glaube, dass ich wohl am besten weiß, was ich zu tun habe. Herrmann, wir sollten Nikolas nach Hause bringen.«

»Jetzt hör doch endlich auf, so ein Theater um das Kind zu machen. Er war vier Wochen im Heim und hat immer noch nichts gelernt. Wir bleiben!«, fauchte er und versperrte ihr den Weg.

Anna schaute von ihm zu ihrer Schwägerin und dann zu Erich, der schweigend etwas abseits stand.

»Gib mir sofort den Wagenschlüssel, du kannst mit Marie hierbleiben.«

Herrmann schaute sie mit einem Blick an, der sie hätte töten können, gab ihr aber den Schlüssel, drehte sich um und ging wortlos ins Wohnzimmer. Magda und Erich folgten ihm.

Anna verließ schweigend mit den Zwillingen die Wohnung. Zwei Stunden später kamen Herrmann und die Goldmarie nach Hause. In dieser Nacht schliefen die Brüder bei Anna im Bett, Herrmann nahm eine Wolldecke und blieb auf dem Sofa.

In den nächsten Monaten begann eine lange Odyssee für Nikolas. Ohne Herrmanns Hilfe schleppte Anna Nikolas von Arzt zu Arzt, Max immer dabei.

Nikolas ging nicht mehr zur Schule und schlief weiterhin im Ehebett. Er gewöhnte sich an, im zitronengelben Nachthemd seiner Mutter zu schlafen.

Herrmann lebte im Zimmer der Zwillinge, rauchte und trank bis spät in die Nacht und ging morgens um sechs ins Bad, um sich zu duschen. Danach fuhr er zur Arbeit. Wenn er um 18 Uhr nach Hause kam, wurde gemeinsam zu Abend gegessen.

In den folgenden Wochen sprach Anna mit allen weiblichen Verwandten der Familie – außer mit Magda, deren Vorschlag sie ja bereits kannte –, um Rat zu holen, wie es weitergehen könnte. Doch außer einem Achselzucken oder den Vorschlägen, es mit Wadenwickeln oder einer Tracht Prügel zu probieren, war nichts zu holen. An einen erneuten Aufenthalt in einem Kinderheim war aus Kostengründen nicht zu denken.

Als letzten Ausweg rief Anna Jochen an, einen Freund der Familie. Er war ein überaus erfolgreicher Ingenieur, Junggeselle, schlank, hatte langes Haar, rauchte Kette und arbeitete viel im nahen Osten.

Anna traf Jochen, der Ende Januar von einem seiner Jobs wiederkam, heimlich bei *Lorenzo*, dem Eiscafé. Zum ersten Mal seit Wochen kam sie erleichtert nach Hause.

Eine Woche später, an einem düsteren, schneeverhangenen Mittwochnachmittag im Februar, zog Anna die Zwillinge warm an. Marie war jeden Mittwoch bis zum Abend in einer Bastelgruppe der katholischen Kirche.

Es klingelte und sie gingen hinunter auf die Straße. Dort wartete Jochen mit einem anderen Mann in seinem weißen VW-Käfer. Er begrüßte Anna mit einem Kuss auf die Wange. Auch der andere Mann küsste sie auf die Wange und strich den Zwillingen über den Kopf.

Er hatte blondes schütteres Haar, große Hände, trug einen Anzug mit einer Strickweste darunter und hatte freundliche blaue Augen. Sein Name war Klaus und Max mochte ihn sofort. Anna erklärte, dass Klaus ein Freund von Onkel Jochen sei und sie jetzt zu einem Doktor fahren würden, mit dem Nikolas sich unterhalten sollte.

Sie fuhren nach Bochum. Nach einer halben Stunde stapften die fünf über den Parkplatz durch den Schneematsch und gingen in ein großes weißes Gebäude. Im dritten Stock öffnete ihnen eine nette ältere Frau die Tür. Sie hatte blaues Haar, blaue Farbe auf den Augen und rosa Lippen. Sie führte die kleine Gruppe in ein Zimmer mit einer beigen Tapete und einem dicken braunen Teppich, wo sie warten sollten. Nach einigen Minuten bat sie Anna und Jochen in ein anderes Zimmer. Durch die offene Tür konnte Max einen Mann in einem weißen Kittel sehen, der ihn und Nikolas durch eine große Brille anstarrte. Nach einer Viertelstunde kam Anna aus dem angrenzenden Zimmer und nahm Nikolas mit sich. Max unterhielt sich weiter mit Klaus.

»Warum kann Klaus nicht mein Vater sein?«, dachte Max. Dann würde er vielleicht auch so eine weiche Strickjacke bekommen und Nikolas müsste keine Angst mehr haben, denn Klaus würde ihn bestimmt nicht schlagen oder zu Tante Magda zerren.

Max erfuhr nie, was in dem Zimmer nebenan vor sich ging. Nach einer halben Stunde kam Anna mit verweintem Gesicht und Nikolas auf dem Arm wieder zurück. Der Arzt seufzte, als er sich von ihnen verabschiedete. Sie fuhren schweigend zurück nach Hause.

Max hoffte, dass er Klaus bald wiedersehen dürfte. Die Trennung bereitete ihm einen kleinen Stich in seinem Kinderherzen. Er hatte ihn in den wenigen Stunden liebgewonnen.

Sie gingen nach oben und Anna brachte Nikolas ins Bett. Danach setzte sie sich mit Max in die Küche und nahm ihm das Versprechen ab, unter gar keinen Umständen jemanden zu erzählen, wo sie am Nachmittag gewesen wären. Feierlich schwor Max, hatte er doch nun ein geheimes Bündnis mit seiner Mutter.

Nikolas trug seit diesem Besuch nie wieder das gelbe Nachthemd.

16

Schützende Hand

Es klopfte. Die Kellnerin brachte den doppelten Scotch. »Hätte sie nur gleich eine ganze Flasche gebracht«, dachte Max. Er drückte ihr einen Schein in die Hand und sie sah ihn aus großen Rehaugen flirtend an.

Max hatte zwar schon graues Haar, aber einen kräftigen Oberkörper und das, was man Sexappeal nannte. Nicht dass es ihm eingefallen wäre, sich als erotisch zu bezeichnen. Aber viele Frauen dachten so und er nutzte dieses Wissen, um jede ins Bett zu zerren, und sie dort kurz und heftig zu beglücken. Im klaren Zustand hätte er es nicht getan, da interessierte ihn Sex überhaupt nicht.

Er hatte genug für zehn Leben gefickt, aber nach ein bis zehn Drinks oder einer Nase vom Schneemann, bitte sehr, je mehr desto lieber. Jetzt hatte er weiß Gott andere Sorgen und schlug der Kellnerin die Tür vor der Nase zu.

Schweigend stand er am Fenster. Es regnete in Strömen, aber die Luft war noch immer drückend und keine Kühlung in Aussicht.

Langsam kroch die Wut in ihm hoch und diesmal wollte er nicht dagegen angehen. Er war gerade zwölf Stunden in Deutschland und schon hatte ihn der Morast der Vergangenheit vollständig eingeholt. Er konnte nirgends hingehen, ohne dass ihn jemand erkannte und hatte dann auch noch den Menschen getroffen, den er am liebsten nur auf dem Friedhof wiedergesehen hätte.

Er sollte einen klaren Kopf behalten. Ins Bett gehen, den Jetlag auskurieren, klar denken! Es musste doch möglich sein, Nikolas zu helfen. Er würde ihn im Untersuchungsgefängnis besuchen.

Max legte sich aufs Bett und starrte die geschmacklose Einrichtung des 49 Euro teuren Hotelzimmers an.

Die Welle brach ohne Vorankündigung über ihn herein, sein Magen drehte sich um 180 Grad, sein Kiefer verspannte sich. Leider konnte er hier den Schneemann nicht erreichen. Er war Tausende von Kilometern entfernt und vertickte wohl gerade die ersten Tütchen auf der Upper West Side.

Max schaute auf die Uhr, es war inzwischen fast 21 Uhr. Der Regen ließ etwas nach, an Schlaf war nicht zu denken. Er hatte noch nicht viel getrunken und konnte noch Auto fahren. »Scheiß drauf«, dachte er, nahm die Wagenschlüssel und ging hinunter zur Rezeption.

Er gab dem überraschten Portier seine Zimmerschlüssel.

»Wann werden Sie wieder zurückkommen?«

»Kann ich nicht genau sagen.«

»Dann nehmen Sie doch bitte die Schlüssel mit, ab Mitternacht ist die Rezeption nicht mehr besetzt und Sie können mit dem Zimmerschlüssel auch die vordere Eingangstür öffnen.«

Na super, hatte Max doch glatt vergessen, dass man in diesem Ort die Jalousien herunterließ, die Bürgersteige hochklappte und die Haustüren verschloss, sobald es dunkel wurde.

Er stieg in seinen Wagen und fuhr los. Nur raus aus diesem furchtbaren Kaff.

Er fuhr über die Dörfer Richtung Innenstadt. Auf dem Weg in die Stadt, den er früher oft mit dem Bus machte, hatte sich nicht viel verändert. Im nächsten Ort hatte man aus dem einzigen Kino, in dem er mal *Der Exorzist* gesehen hatte, eine billige Pizzeria gemacht. Ansonsten überall die gleiche tödliche Stimmung eines verregneten Montagabends im Ruhrpott.

Er fuhr durch das Hafengebiet Richtung Hauptbahnhof. Man hatte einige protzige Gebäude um den Bahnhof aufgebaut, die anscheinend die Modernität und das wirtschaftliche Wachstum der Stadt demonstrieren sollten. Seitdem es keine Kohle, kein Bier und keinen Stahl mehr gab, passierte hier nichts mehr, die Gebäude standen halb leer. Er parkte das Auto, wo früher das Savoy-Kino gewesen war. Auch dort stand inzwischen ein Imbiss. Im ehemaligen Foyer schnitt jemand verbranntes Hammelfleisch vom fetttropfenden Dönergrill.

Max stieg aus und ging in die Richtung des ehemaligen Rotlichtbezirks der Stadt. Hier hatten früher schon die Dealer gestanden und Haschisch vertickt. Max hoffte, dass sich nichts daran geändert hatte. Nach einigen Metern sah er den ersten Schneemann. Als ob er es gerochen hätte, sah ihn der Dealer an. Zwei Minuten schlichen sie umeinander herum. In einer dunklen Ecke ging der Deal schnell vonstatten.

Max drückte ihm hundert Euro in die Hand und der Mann nahm zwei in Plastik verschweißte Kügelchen Koks aus seinem Mund. Der Stoff war teurer als in New York, unglaublich!

Max nahm die Kügelchen und ging weiter. Es war kaum jemand zu sehen. An der nächsten Kreuzung sah er auf der anderen Straßenseite das Ziel seines nächtlichen Ausflugs.

Er setzte seine Baseballkappe auf, um nicht gleich erkannt zu werden, ging auf die eiserne Tür mit dem kleinen Fenster zu und klingelte. Nach einem kurzen Check wurde er eingelassen.

Die Bar sah genauso aus wie damals. Als Abiturient hatte Max hier mal einige sehr lustige Abende mit seinem Schulfreund Thomas verbracht. Erste Gehversuche hatte er es genannt.

Ein schwerer Eichentresen, dahinter ein schlecht blondierter Wirt mit Plauze. Auf den Barhockern eine Handvoll Männer, die das beste Alter bereits überschritten hatten. In den kleinen Nischen trieben sich einige Damen des horizontalen Gewerbes herum, aus der Musikbox quälte sich irgendeine Schlagertussi zum tausendsten Mal durch den einzigen Hit, den sie vor Jahrzehnten mal hatte.

Max durchquerte den Raum und ging zur Toilette. Der kleine Raum war gelb gefliest und es stank nach Urin. Mit seinem Taschenmesser öffnete er eines der Plastikkügelchen. Aber außer zerkleinerten Tempos war nichts in der verschweißten Kugel. Er öffnete die zweite Packung, aber auch hier kein erlösendes weißes Pulver. Er war auf einen Scheißdealer hereingefallen und wie ein Junkie von der Straße betrogen worden. Wütend schmiss er alles ins Klo, dann machte sich eine unendliche Leere in ihm breit.

Er ging zurück in die Bar, setzte sich an den Tresen und bestellte Whiskey, Christian Anders besang den *Zug nach Nirgendwo*. Max kippte den Drink in einem Zug und bestellte den nächsten.

Am Ende des Tresens saß ein Mann, der ihn anstarrte. Max drehte sich in die andere Richtung und starrte auf die Tanzfläche, die nicht größer als ein Fünf-Euro-Schein war, und wo eine kleine Nutte, die eher wie eine polnische Landarbeiterin aussah, die Hüften kreisen ließ. Sie zwinkerte ihm lustlos zu.

Max wusste nicht, wie es jetzt weitergehen sollte. Vielleicht sollte er sich hemmungslos besaufen, es der Nutte auf dem Klo besorgen, mit einem Taxi ins Hotel fahren und morgen den Flieger nach New York zurücknehmen. Vielleicht konnte er den Job in der Karibik noch retten und sich mit der Erklärung eines plötzlichen Todesfalls in der Familie herausreden.

Plötzlich saß der ältere Mann, der ihn vorhin angestarrt hatte, neben ihm.

»Max?«

Gottverdammt, kannte ihn denn jeder in dieser Stadt? Kein Wunder, prangte doch Nikolas' Foto auf der Titelseite sämtlicher Zeitungen im ganzen Ruhrgebiet. Max schaute den Mann ungläubig an.

Es war Klaus, Onkel Jochens Freund aus Kindertagen. Aus dem schlanken jungen Mann mit den damals schon schütter werdenden Haaren war ein fülliger Mann Mitte sechzig geworden. Über dreißig Jahre hatte er ihn nicht gesehen, doch das Gefühl der Sympathie und des Vertrauens war sofort wieder da.

»Ich wusste, dass du kommen würdest, aber, dass ich dich schon heute und ausgerechnet hier treffen würde, hätte ich nicht gedacht.«

»Dass ich heute Abend in dieser gottverdammten Bar sitzen würde, hätte ich mir vor einigen Tagen auch nicht gedacht.«

Klaus sah ihn fragend an.

»Nein, ich habe Nikolas noch nicht gesehen, bin erst heute Morgen gelandet. Ich war in Schwarzhausen und habe mich umgesehen. Ich habe meinen Vater getroffen, aber außer den üblichen dummen Sprüchen habe ich nichts weiter erfahren. Außer dass die Geschichte der neue Medienknüller zu sein scheint, bin ich noch nicht weitergekommen und ehrlich gesagt weiß ich auch nicht, ob ich nicht morgen zurückfliegen werde. Vielleicht war es nicht richtig zu kommen.«

Max konnte es immer noch nicht glauben, dass er neben Klaus saß. Er war der netteste Mann, den er in seiner ganzen Kindheit getroffen hatte. Nachdem er fast zwei Jahre immer wieder mit Onkel Jochen zu Besuch kam, verschwand er eines Tages spurlos und es wurde nicht darüber gesprochen. Herrmann klammerte alle Fragen nach Klaus rigoros mit seinem Lieblingsspruch »Keine Diskussion« aus.

»Du fragst dich bestimmt, warum wir uns so lange nicht mehr gesehen haben?«

Max nickte und nahm eine Zigarette aus der verknitterten Packung, die in seiner Jeans steckte. Klaus gab ihm Feuer.

»Es tut mir leid, besonders jetzt, nachdem das Ganze so eskaliert ist. Damit hatte ich nicht gerechnet, keiner hatte das erwartet. Ich bin damals, nachdem ich mich von Jochen getrennt hatte, auch ins Ausland gegangen, hatte aber weiter Kontakt mit deiner Mutter. Dein Vater durfte nichts davon wissen. Ich war sowieso nur geduldet, weil Jochen ein alter Schulfreund von ihm war.«

Max schaute ihn an und hatte Schwierigkeiten aufzunehmen, was er da hörte. Klaus war Onkel Jochens Liebhaber gewesen.

Natürlich, das erklärte das Verhältnis der beiden und die schweigsame Art, mit der sein Vater Klaus bedacht hatte. Eine schwule Beziehung in Schwarzhausen und das zu Beginn der Siebziger, wer hätte das gedacht?

»Was weißt du?«, fragte Max. »Es ist, als ob ich ein Brett vor dem Kopf habe. Ich verstehe gar nichts mehr. Warum hat Nikolas Magda und Erich erschlagen? Ich wusste, dass er sie nicht mochte, aber sie deswegen zu töten? Was ist hier passiert?«

»Kannst du dich daran erinnern, dass wir damals zu Ärzten und Neurologen gefahren sind, als Nikolas diese Schwierigkeiten hatte? Ihr wart ja gerade erst sieben Jahre alt.«

»Ja, wurde da nicht festgestellt, dass Nikolas Autist ist, dass sich die Krankheit später verstärkte und er deswegen so oft ins Heim musste?«

Klaus sah ihn fassungslos an. »Das ist also die Version, die man dir erzählt hat? Warum denkst du, hat sich dein Bruder damals so schlagartig verändert?«

Die weiße Welle kam mit so einer Gewalt, dass Max beinahe vom Barhocker gefallen wäre. Klaus fing ihn erschrocken auf.

»Lass nur, ich muss mal kurz verschwinden.« Max stand auf und ging auf die Toilette. Kaum hatte er die Tür hinter sich geschlossen, hing er auch schon über der Schüssel und kotzte. Er hatte den ganzen Tag nicht viel gegessen und der Alkohol tat sein Übriges. Aber es war nicht der Alkohol allein. Klaus kannte die ganze Wahrheit.

Max wischte sich den Mund sauber, trank einen Schluck Wasser, schaute in den Spiegel und wusste, dass er mit dem Saufen aufhören musste.

Dann ging er zurück in die Bar. Klaus hatte seine Jacke angezogen.

»Ich wohne nicht weit von hier. Lass uns zu mir gehen und ich erzähle dir, was ich weiß.«

Max nickte und sie verließen das Lokal.

17

Familie des Schweigens

»Ich gehe schon mal duschen. Wenn du gleich kommst, bring die Seife mit.«

Herrmann stieg aus dem blauen Becken des Schwimmbades, zog sich seine grünen Gummischlappen an und ging in Richtung Duschbad. Er hatte seit einigen Monaten beschlossen abzuspecken. Anna verbrachte ihre Zeit öfter mit Jochen und dessen Freund Klaus. Sie waren in seinem Alter, aber schlank.

Herrmann hätte sich nie eingestehen können, dass er eifersüchtig war. Aber tief in seinem Inneren wollte er sein wie die beiden anderen Männer, bei denen sich Anna so wohlfühlte.

Jeden Abend lief er 15 Minuten auf der Stelle. »Joggen« gab es noch nicht und so lief er auf der Stelle vor dem Bett, da er sich so nicht öffentlich zeigen wollte. Nachdem die ersten 15 Kilo verschwunden waren, verzichtete er auf Butter, Blutwurst und seine geliebten Frikadellen und ging zweimal die Woche schwimmen. Max sollte ihn begleiten. Anna hatte das vorgeschlagen, damit sie sich in der Zeit besser um Nikolas kümmern konnte. Das ging einige Monate gut.

Nachdem Herrmann in der Dusche verschwunden war, trödelte Max noch einige Minuten im Becken herum, nahm dann die Seife und folgte ihm.

Herrmann stand schweigend unter der Dusche, außer ihm war kein anderer im Raum. Max reichte ihm die Seife. Er nahm sie und packte ihn plötzlich am Arm, seine Hand wie ein Schraubstock.

»Wo bist du gewesen? Wie kannst du es wagen, mich hier so lange warten zu lassen?«, schnaubte er wütend. Die Ader an seinem Hals schwoll drohend an. »So langsam reicht es mir, mein lieber Freund. Ich habe die Nase voll von deinen Anstalten. Ich glaube, ich muss dir einmal deutlich zeigen, wer der Herr im Hause ist.«

Während er sprach, hatte er seinen grünen Plastikschlappen vom Fuß genommen. Max versuchte, sich zu befreien, doch er konnte sich der Hand, die seinen Arm eisern umschloss, nicht entziehen.

»Warum bist du so ungezogen und befolgst meine Anweisungen nicht? Ich mache mich für euch kaputt und du und dein Bruder, ihr macht nichts als Ärger.«

Max wurde panisch, wollte nur fort aus der Dusche und aus dem Schwimmbad, doch es gab kein Entrinnen und keinen, der ihm helfen konnte. Herrmann schlug auf ihn ein und schrie nur die Worte »Undankbarkeit«, »schwer erziehbar« und »Bastard«. Dann stellte er die Dusche auf eiskalt und hielt Max darunter.

In dem Moment kam ein Mann in den Duschraum. Er ging auf Herrmann zu. »Lassen Sie mal den Jungen in Ruhe, der kann sich doch gar nicht wehren.«

Herrmann hielt ein und keuchte: »Kümmern Sie sich um Ihre eigenen Angelegenheiten«, aber er hörte auf zu schlagen und drehte den Duschhahn zu. Max stand zitternd vor ihm.

»Geh sofort in die Kabine, trockne dich ab und zieh dich um. In fünf Minuten treffen wir uns am Ausgang. Wage es nicht, zu spät zu kommen.«

Weinend lief Max in die Umkleidekabine der Jungen und hoffte, dass dort niemand war. Er hatte Glück, zog sich immer noch zitternd an und lief zum Ausgang.

Herrmann kam kurze Zeit später und sie gingen, ohne ein Wort zu sagen, zum Auto. Max konnte nicht aufhören zu weinen und kletterte zitternd auf den Rücksitz. Die Tränen kamen ihm aus den Augen, aus der Nase, aus dem Mund. Sein Vater ließ den Wagen an und schnauzte, er solle aufhören zu flennen, es reichte schon, einen Weichling als Sohn zu haben. Max versuchte es, doch es gelang ihm nicht.

An der nächsten Ampel hielt Herrmann, drehte sich um und schlug Max links und rechts ins Gesicht. »Hör auf zu heulen, du Memme. Sonst steigst du hier aus und läufst nach Hause«, setzte er hinzu.

Max erstarrte und die Schneekönigin fiel ihm ein. Er hörte auf zu weinen und starrte aus dem Fenster. Plötzlich fühlte er nichts mehr.

»Du glaubst, alle täuschen zu können mit deiner Masche des lieben Jungen. Aber ich durchschaue dich. Glaube nicht, dass ich nicht weiß, warum du die Treppe für deine Mutter putzt. Du willst dich nur bei den Nachbarn beliebt machen, es ist alles nur eine Show. Und dein dummes Geplapper, wenn wir zum Schwimmen fahren. Das hat dir wohl deine Mutter aufgetragen, damit ich nicht darüber nachdenke, was sie treibt, wenn wir weg sind. Für wie dumm haltet ihr mich eigentlich? Und deinen Bruder stecke ich bald ins Heim, das blöde Verhalten erträgt ja kein Mensch mehr. Warum könnt ihr nicht sein wie andere Jungs? Marie ist doch auch ganz normal. Und wehe, du kommst nach Hause und erzählst, was vorgefallen ist. Du bist Schuld an der ganzen Sache, das hast du dir selbst zuzuschreiben. Haben wir uns verstanden, Freundchen?«

Max sagte kein Wort und nickte. Was sollte er tun? Der Mann neben ihm war ihm fremder als je zuvor.

Zu Hause angekommen lag ein Zettel auf dem Tisch. Anna wäre im Dorf, um einzukaufen. Sie hatte Nikolas mitgenommen.

Max hängte die nassen Badesachen im Bad auf und deckte den Abendbrottisch, während Herrmann und Marie ihre Lieblingssendung im Fernsehen schauten. *Die kleinen Strolche*, eine Filmreihe aus dem Hollywood der zwanziger Jahre, in der sechs

Kinder und ein Hund ihr Unwesen trieben. Herrmann lachte wie ein kleiner Junge, als er die Sendung sah.

Anna kam kurz darauf mit Nikolas nach Hause, hatte aber keinen Einkaufskorb in der Hand. Max wusste, dass sie wieder bei einem Arzt gewesen waren, der Nikolas dumme Fragen gestellt hatte. Er ließ sich nichts anmerken, sein Vater ließ sich nichts anmerken, seine Mutter ließ sich nichts anmerken.

Sie aßen zu Abend und danach brachte Anna den wie immer schweigsamen Nikolas und Max zu Bett. Nikolas drängte sich wieder dicht an Max.

Der Gummischlappen seines Vaters hatte blutige Striemen auf Max' Rücken hinterlassen und jede Berührung tat weh. Max wollte und konnte seinen Bruder nicht wegdrängen, also erklärte er ihm vorsichtig, was passiert war, erzählte jedoch nicht, was Herrmann über ihn und das Heim gesagt hatte.

Nikolas hörte zu und strich mit seiner Hand über Max' Gesicht, dabei weinte er leise. Max hoffte, dass Nikolas sprechen würde, aber kein Wort kam aus ihm heraus. Sie waren gerade acht Jahre alt.

Das nächste Jahrzehnt seines Lebens lebte Max wie unter einer gläsernen Kuppel. Nach außen schienen die Wildes eine normale Familie zu sein, bis auf Nikolas, aber Doktor Betrail, der Hausarzt mit der gelben Haut und den nikotinverfärbten Fingern, diagnostizierte fortschreitenden Autismus und fand den Grund dafür in einem Medikament, das Anna angeblich während der Schwangerschaft zu sich genommen hatte.

Warum davon nur Nikolas zu Schaden gekommen war und nicht auch Max, schien keinen zu interessieren. Man hatte eine Erklärung und stellte den Arzt und seine Diagnose nicht in Frage.

Während Max mit elf Jahren aufs Gymnasium kam, blieb Nikolas weiterhin auf der Sonderschule, die Goldmarie ging zur Realschule.

In der neunten Klasse blieb Max sitzen, denn ab der siebten Klasse, Max war zwölf Jahre alt, blieben die schulischen Erfolge aus. Herrmann und Anna reisten in dieser Zeit häufiger, unternahmen Städtetouren, nie länger als fünf Tage.

Nikolas kam während dieser »Studienreisen« oft zur »weiteren Beobachtung« in ein Heim, die Goldmarie war wie eh und je bei Tante Ilse und Max wurde im ständigen Wechsel bei den verschiedenen Verwandten abgeliefert.

Es fiel ihm weiterhin schwer, von Nikolas getrennt zu sein. Noch hatte das Eis der Schneekönigin es nicht ganz geschafft, die Brüder zu trennen. Sie kamen in die Pubertät und schliefen immer noch zusammen in einem Bett. Nikolas hatte fast jeden Kontakt zu seiner Umwelt abgebrochen, wollte aber nicht alleine schlafen und schrie oft wie am Spieß, wenn Max nicht neben ihm lag. Um ihn vor Herrmanns Schlägen und kalten Duschen zu schützen, gab Max nach.

Als die Eltern im September 1977 nach einer Studienreise aus Rom zurückkamen, wollte Max alleine schlafen, denn die Berührung und körperliche Nähe zu seinem Bruder waren ihm plötzlich unerträglich geworden.

Max schien es, als ob Nikolas ihn anders ansah, als ob er etwas begreifen würde, was er selber nicht verstand. Irgendwann kam er nicht mehr zu Max ins Bett.

Nachdem Max sitzen geblieben war, änderte sich vieles. Er wechselte die Schule, war beliebt. Seine Leistungen wurden besser, er wurde Klassensprecher, später sogar Schulsprecher und hatte seine erste Freundin. Er fühlte sich freier und verbrachte mehr Zeit in der Schule und mit seiner Clique als zu Hause.

Seine erste Freundin hatte den wundersamen Namen Indira Mocker. Sie war ein Jahr älter, trug indische Kleider, Samtschuhe und rauchte selbst gedrehte Zigaretten. Sie erschien ihm sehr erwachsen und hielt ihre wohlgeformte Hand mit den langen Fingernägeln schützend über ihn. Sie machten lange Spaziergänge und diskutierten viel über den Sinn des Lebens. Sie war die Einzige aus Max' Clique, die von Nikolas' Existenz wusste.

Mit 16 schliefen sie das erste Mal miteinander. Sie hatten gekifft und Max fühlte sich frei und voller Lust. Er gierte förmlich nach Sex, den er bisher nur von Beschreibungen aus der Bravo kannte. Er machte mit Indira all die Dinge im Bett, über die er so viel gelesen hatte. Sie schien völlig erstaunt und glaubte ihm nicht, dass das sein erstes Mal gewesen wäre.

Danach ging es bergab mit der Beziehung. Der erste Sex löste bei Max ein ungewöhnliches Verlangen aus. Er wollte nicht nur Sex mit Indira, sondern auch mit anderen. Da er ein hübscher blonder Junge war, groß gewachsen und muskulös, liefen ihm die Mädchen hinterher.

Er machte sein Abitur mit 19 Jahren und zog am nächsten Tag von zu Hause aus. Marie war bereits in eine andere Stadt gezogen und Anna hatte vor einigen Jahren wieder angefangen zu arbeiten. Missbilligend willigte Herrmann ein.

Sie wurde die Privatsekretärin eines hohen Tieres der katholischen Kirche und reiste mit ihm nach Samoa, auf die Philippinen und nach Thailand. Sie brachte seltsame Geschenke mit und ließ sich in Asien teure Kleider schneidern, die sie dann zu Hause in den Schrank hängte und nie anzog. Sie blühte auf und ihr Job nahm sie so in Anspruch, dass sie sich außer Stande sah, sich wie bisher um Nikolas zu kümmern.

Max blieb bis zu seinem Auszug weiterhin seine engste Bezugsperson und übernahm die Aufgabe, mit Nikolas zu den Terminen zu gehen, die Anna bei den Ärzten gemacht hatte.

Max ging mit ihm ins Kino, auf die Kirmes und kochte für ihn das Mittagessen, wenn er aus der Schule kam. Er liebte seinen Bruder, aber der Druck der Verantwortung lastete schwer auf ihm. Oft fühlte er sich wie gevierteilt zwischen seinen verschiedenen Leben. Sexeskapaden, Bruderpfleger, Sohn und Musterschüler, säuberlich getrennt.

Der Rest der Familie war ihm fremd. Ein Austausch von Informationen, nicht mehr. Marie war in das katholische Paderborn gezogen und studierte Sozialarbeit. Sie lernte Ingo kennen, den sie später heiratete.

Anna war oft auf Geschäftsreise, Herrmann rauchte seine Zigarren, ging in den Kirchenvorstand und den Kirchenchor. Er übernahm den Vorsitz der Begräbnishilfe, deren Aufgabe es war, Leute davon zu überzeugen, Geld für ihre Beerdigung zu sparen. Am Wochenende betrank er sich bei *Roberts*.

In einer Frühjahrsnacht demolierte Nikolas in der Abwesenheit seiner Eltern die Wohnung. Max hatte die Nacht vorher bei Indira verbracht und war erst morgens nach Hause gekommen. Die Wohnung glich einem Schlachtfeld, Herrmann und Anna waren nicht mehr in der Lage, Nikolas zu bändigen. Drei Tage später entschlossen sie sich, ihn in die psychiatrische Abteilung einzuweisen.

Er verbrachte die nächsten Jahre in Aplerbeck, Max vermisste ihn, doch das Gefühl endlich frei zu sein, war stärker.

Nachdem er sein Abitur gemacht hatte, zog er in ein katholisches Studentenwohnheim in die Nähe der Dortmunder Universität, um dort seinen Zivildienst anzutreten. Er schlief sich durch das gesamte katholische Wohnheim und ertrug die spießige Umgebung so gut es ging.

Nach 18 Monaten wurde er ohne Ehren oder Abschiedsgeschenk entlassen und zog nach Hamburg, um dort das wahre Leben zu genießen und zu studieren. Er hatte die Nase voll von der Provinz und seiner seltsamen Familie.

Seine Eltern gaben ihm kein Geld. Er löste sein Sparbuch auf und stieg mit 8000 DM und einem Koffer in den Zug Richtung Hansestadt. Er hatte einen Studienplatz für Literatur und Sprachen an der Uni, wohnte in einem ehemaligen Ladenlokal in Altona und teilte sich die Drei-Zimmer-Wohnung mit einem Medizinstudenten und einem ehemaligen Buchhändler, der lieber ins Showgeschäft wollte und auf Partys in Frauenkleidern Lieder von Zarah Leander und Judy Garland sang.

Max hatte durch Zufall einen Fotografen kennengelernt, der ein paar Testaufnahmen von ihm machte. Er schickte ihn damit zu einer Modelagentur, die Max zu seinem Erstaunen unter Vertrag nahm. Wenn er nicht in der Uni saß, reiste er durch die Republik und stand als Modell für Strickmoden und Polyacrylhemden vor der Kamera. Von den Honoraren konnte er gut leben und die Miete auch ab und zu mal für den Damenimitator im Zimmer neben sich bezahlen.

Reiner Johansen war ein paar Jahre älter als Max, stammte aus einem kleinen Heidedorf und hatte auch keine besonders schöne Kindheit gehabt. Max traf später in seinem Leben viele Dragqueens. einige gnadenlos schlecht, andere talentiert und professionell. Doch keiner konnte ihn je wieder so in den Bann ziehen wie Reiner. Der hatte die einzigartige Gabe, auf der Bühne zu stehen, mit nichts als einem einfachen schwarzen Kleid und roten Lippen und konnte doch spielend jeden berühren, der im Zuschauerraum saß. Seine eigene Traurigkeit und unerschütterlicher Glaube an die Liebe kamen aus seinem übervollen Herzen und zielten sofort in das der Zuschauer.

Seine ersten Auftritte waren nicht gut besucht, manchmal saßen sie nur zu siebt oder acht in den verrauchten Lokalen, den Wirt mitgezählt. Und doch waren es wunderbare Momente für Max.

Reiner war der Einzige, der das Eis in Max zum Schmelzen brachte. Gesagt hatte er es ihm nie, aber wenn Reiner pleite war, bezahlte Max die Miete und packte den Kühlschrank voll. Seine Art, Liebe zu zeigen.

Kam er nachts bekifft von einer seiner Sextouren nach Hause, die in Hamburg Besorgnis erregende Ausmaße angenommen hatten, kroch er zu Reiner ins Bett und fühlte sich beschützt.

Reiner stellte keine Fragen, strich Max über den Kopf und machte am Morgen einfach das Bad sauber, wenn dieser nachts mal wieder neben die Kloschüssel gekotzt hatte. Aber selbst Reiner erfuhr nichts von Nikolas, der reisewütigen Anna, dem prügelnden Herrmann oder Marie und ihrem provinziellen katholischem Eheleben.

Max kam aus dieser Familie des Schweigens und durfte den Bann nicht brechen.

18

Kalter Mond

Es war endlich kühler geworden und regnete nicht mehr. Schweigend ging Max neben Klaus durch die leeren Straßen. Die frische Luft tat ihm gut, nach all dem Alkohol, den er heute bereits in sich hineingeschüttet und wieder ausgekotzt hatte.

Der Wind hatte die Wolken weggeweht und ein kalter Vollmond stand am Himmel. Nach fünf Minuten standen sie vor einem alten Stadthaus mit Jugendstilportal, dem Relikt einer besseren Zeit, die es nicht mehr gab.

»Ich wohne schon über zwanzig Jahre hier, seitdem ich aus London wiedergekommen bin.«

Max wusste nichts von Klaus' Leben, wer er war, was er beruflich gemacht hatte. Lebte er mit jemandem zusammen oder war er ein einsamer, alter Mann geworden, der an Montagabenden in üblen Lokalen seine Zeit verbrachte? Max stieg hinter ihm die Treppen hoch, Klaus schloss die Wohnungstür im vierten Stock auf und ließ dem Jüngeren den Vortritt.

Als Jugendlicher hätte Max diese Wohnung beeindruckt. Altbau, gut eingerichtet, Andenken aus aller Welt, *Bang und Olufsen* Hi-Fi, alles vom Feinsten.

Er scannte mit geschultem Blick Bücher, Statussymbole und in Silberrahmen verewigte Schnappschüsse aus Klaus' Leben. Er war wirklich ein schöner Mann gewesen, mit strahlend blauen Augen, durchtrainiert, kantige Gesichtszüge, er erinnerte Max an Armin Müller-Stahl. Doch der Genuss von Zigaretten und Johnny Walker hatte über die letzten Jahre seine Wirkung nicht verfehlt.

Max hatte sich mit den Jahren abgewöhnt, Menschen durch einen verklärten Blick der Kindheit anzuschauen. Wenn er jemanden aus der Vergangenheit traf, verschmolz das alte Bild nicht mit dem veränderten Gesicht, das er sah. Durch seine Kamera sah er Menschen so, wie sie in dem Moment waren, unbarmherzig, entlarvend.

Aber mochte sich Klaus auch verändert haben und dem Schönheitsideal nicht mehr entsprechen, strahlte er noch immer die Güte und das Verständnis aus, um derentwillen Max ihn vor einer Ewigkeit so gemocht hatte. Schweigend wartete er darauf, dass Klaus anfing, ihm zu erklären, was er wusste.

Klaus stellte eine Flasche Wasser auf den Tisch, er wusste, dass Max nicht auf Small Talk wartete.

»Wo soll ich anfangen, ich weiß nicht, was du schon alles weißt.«

Und plötzlich war Max wieder ein kleiner Junge. Der Sprung in die Vergangenheit vollzog sich innerhalb einer hundertstel Sekunde. Er saß auf der Couch im Wohnzimmer seiner Eltern und brachte kein Wort hervor. Was wusste er? Sein Bruder ist komisch, er schreit, er will weg, er klammert, Max bekommt keine Luft, sein Vater schlägt ihn, kaltes Wasser auf seinem Kopf, er hat Angst, er liebt seinen Bruder, Nikolas fackelt mit Streichhölzern, er weint.

Eine Woge umfasste ihn und zog ihn tief in einen leeren Raum, das Schweigen mächtig und er musste gehorsam sein, durfte nicht sprechen. Eine Armee von weißen Ratten mit roten Augen, die in einer Eishöhle auf den Befehl zum Angriff warten. Dahinter eine Gestalt, eine Frau aus Eis. Es war die Schneekönigin, doch Max konnte ihr Gesicht nicht erkennen. Sie streckte den Arm aus und deutete auf ihn.

Eine Träne lief ihm die Wange herunter, während er schweigend auf der Couch neben Klaus saß. Der schaute ihn nur an und Max wusste, dass er ihn früher, als er ein Kind war, schon oft so traurig gesehen hatte.

»Ich habe über die Jahre ein bisschen deinen Werdegang verfolgt, du hast eine tolle Karriere gemacht und in deinen Fotos zeigt sich auch heute noch das Gefühl, das dich schon als Kind charakterisiert hat. Du hattest immer eine Aura des Mitgefühls um dich, eine starke Empathie für Menschen.«

Max starrte ihn an und hatte das Gefühl, als ob man ihm Zement in den Mund geschüttet hätte. Sein Kiefer tat weh, er presste die Zähne aufeinander. Was lief hier ab? Er hatte doch sonst zu allem etwas zu sagen und riss den Mund weit auf.

Die Bilder verschwammen in seinem Kopf. Es schneite und er saß mit Klaus, Onkel Jochen, Nikolas und seiner Mutter im VW-Käfer und sie fuhren zu Ärzten, die Nikolas mit Fragen quälen würden.

Klaus hielt Max ein Glas Wasser vors Gesicht. »Trink Junge, was ist los mit dir?«

Max zuckte wortlos mit den Schultern und zündete sich eine Zigarette an, rieb sich über die müden Augen.

Klaus setzte sich neben ihn: »Ich habe Jochen in Saudi-Arabien kennengelernt. Er war dort auf Montage für die Saudis und stand von Hitze und Sand verschmiert in der Wüste, um eine Raffinerie aufzubauen. Ich arbeitete damals für den *National Geographic* und hatte vom Londoner Büro den Auftrag erhalten, über das Projekt zu berichten. Wir verliebten uns sofort ineinander.

Er war ein wunderbarer Mann, intelligent, liebevoll, aber leider ein Arbeitstier, der es nicht lange an einem Fleck der Welt aushielt. Wir verbrachten vier Wochen zusammen in der Wüste, dann musste ich zurück nach Deutschland. Ich schrieb meinen Bericht und wir trafen uns einige Zeit später hier wieder.

Jochen lebte ja damals allein in Schwarzhausen, wenn er in Deutschland war. Dieses Kaff brauchte er als Gegenpol zu seinem Nomadenleben. Ich glaube, deine Mutter war die einzige Frau, die er je geliebt hat. Die beiden waren wie Geschwister und vertrauten sich sehr. Er lebte etwas, von dem sie damals nur träumte. Reisen, ferne Länder, immer neue Menschen, eigentlich all das, was sie in ihrem Leben nicht hatte. Versteh mich nicht falsch, sie liebte ihre Kinder, besonders euch Zwillinge. Marie ist ja schon immer eher ein Papakind gewesen. Anna war eine tolle Frau, ich konnte Jochen verstehen.

Sie wusste, dass Jochen und ich ein Paar waren und freute sich, dass wir uns gefunden hatten. Damals gab es ja noch den Paragraphen 175 und wir konnten nicht offen schwul leben.

Dein Vater gab sich blind für die Situation und ich konnte verständlicherweise nie so richtig warm mit ihm werden. Es kam mir immer vor, als ob er versteinert wäre, innerlich vereist. Nach ein paar Monaten musste Jochen erneut auf Reisen, denn länger als ein paar Wochen war er ja nie vor Ort. Ich übernahm den Part des guten Freundes und verbrachte Zeit mit deiner Mutter.

Als sie mir dann eines Tages erzählte, dass sie nach Berlin fahren würde, um dort mit der Kolpingfamilie das Wochenende zu verbringen, war sie furchtbar aufgeregt.

Ich weiß noch, dass ein Problem auftauchte und ihr zwei Jungs getrennt werden musstet. Ein Riesentheater, denn ihr wart ja immer zusammen. Als sie von der Reise zurückkam, war alles anders. Nikolas war komplett verändert und deine Mutter vollkommen aufgelöst.

Die Situation steigerte sich so, dass deine Eltern euch in ein Kindererholungsheim schickten. Ich weiß noch, es war Ende November und ich fand es damals schon sehr befremdlich, euch beide für eine längere Zeit gerade vor Weihnachten zu wegzuschicken. Aber gut, ihr wart nicht meine Kinder und ich dachte, dass Anna schon wusste, was sie tat.

Nach dem Weihnachtsfest war Jochen auch wieder in der Stadt und wir trafen uns. Er war erschrocken über die Veränderungen in Nikolas' Verhalten und bat mich um Hilfe.

Dein Vater verschloss vor allem die Augen und reagierte wütend auf die Situation. Jochen erzählte mir, dass Herrmann mit der Situation überhaupt nicht zurechtkam. Ein guter Freund von mir war damals Psychologe im Bochumer Unikrankenhaus und bei einem gemeinsamen Abendessen erzählte Jochen von den Veränderungen in eurer Familie. Du musst bedenken, es war eine andere Zeit. Man sprach nicht viel über Psychologie, schon gar nicht in eurer Familie. Dein Vater glaubte, mit Zucht und Ordnung würde alles seinen normalen Gang gehen. Er war kein Intellektueller und alles Neue machte ihm Angst.

Auf jeden Fall meinte mein Freund, wir sollten doch Anna überzeugen, mit Nikolas mal vorbeizuschauen, damit er sich ein Bild von ihm machen konnte. Auf der Fahrt zur Klinik habe ich euch dann zum ersten Mal gesehen.

Ich hätte euch am liebsten mitgenommen und für immer beschützt. Die Realität sah leider anders aus. In den darauffolgenden Monaten haben wir weitere Ärzte aufgesucht, um herauszufinden, was mit Nikolas passiert war. Irgendein Erlebnis musste ihn total schockiert haben, heute würde man von einem Trauma sprechen.

Die Ehe deiner Eltern litt in dieser Zeit extrem. Deine Mutter wollte unbedingt herausfinden, was mit Nikolas passiert war und dein Vater reagierte mit konsequenter Abwehr dagegen. Ein paar Monate darauf war ich mit Jochen bei euch zu Hause und wir brachten gegen den Willen deines Vaters meinen Freund Thomas, Dr. Steffens, mit. Er war durch seine Gespräche mit Nikolas zu dem Ergebnis gekommen, dass jemand deinen Bruder tief verängstigt und durch Drohungen zum Schweigen gebracht hatte.«

»Schweigen«, dachte Max, »natürlich, die Familie des Schweigens, bei uns durfte man nie sagen, was man dachte, geschweige denn, was man fühlte.«

»An dem Abend waren zufällig auch Magda und Erich bei euch, ich glaube, sie kamen gerade aus einem Urlaub zurück und machten einen Kontrollbesuch.

Ich mochte die beiden nie. Dein Onkel war der typische Mitläufer, der alles machte, was seine Frau ihm sagte. Sie war einfach nur ein schlechter Mensch. Eine durchtriebene, böse Frau Anfang vierzig, die dich anlächelte und dir danach den Dolch in den Rücken stieß.

An diesem Abend platzte der Knoten. Wir saßen bei euch im Wohnzimmer und Magda machte den ganzen Abend schlüpfrige Bemerkungen über *175-ger*, denen nur die richtigen Frauen fehlen würden, damit sie wieder normal wären.

Ich hätte ihr am liebsten den faltigen Hals umgedreht. Plötzlich stand Nikolas in der Tür. Er hielt seinen Teddy im Arm und starrte uns an. Ich weiß noch, wie es vollkommen still wurde im Raum. Dann drehte sich Magda zu ihm um und Nikolas fing an zu zittern und pinkelte in seine Schlafanzughose. Er verdrehte die Augen und fing an zu schreien, wollte gar nicht mehr aufhören. Dein Vater schnappte sich deinen Bruder und trug ihn ins Bad.

Ich rannte mit deiner Mutter und Thomas hinterher und sah, wie er Nikolas' Kopf unter eiskaltes Wasser hielt. Anna schrie, er solle ihn herunterlassen. Wir zerrten an deinem Vater herum, der nur wütend schrie, er wolle endlich Ruhe in seinem Hause haben. Irgendwie bekam ich Nikolas zu fassen, zog ihn aus dem Bad und rannte in die Küche. Dort versuchte ich, ihn zu beruhigen. Durch den ganzen Lärm waren Marie und du wach geworden und ihr standet heulend bei mir. In dem Moment kam Magda in die Küche.

Ich hatte nie vorher und habe auch nie danach so einen Ausdruck vollkommen Triumphes gemischt mit Hass im Gesicht eines Menschen gesehen. Sie war eine böse Frau, die sich an dem Schmerz der anderen weidete. Ich schaute sie verständnislos an, sie hob eine Augenbraue und lächelte. Nikolas zitterte wieder, als er sie sah, und mir war in dem Moment klar, was hier vorgefallen war.

›Was hast du mit ihm gemacht?‹, fragte ich sie. Sie drehte sich wortlos um und ging zurück ins Wohnzimmer.«

Max erinnerte sich plötzlich an die Situation an jenem Abend, das Chaos und die Angst.

»Es gab kein klärendes Gespräch mehr in dieser Nacht. Irgendwie verließen wir alle die Wohnung. Mir war klar, dass Magda irgendetwas mit deinem Bruder gemacht hatte. Die Vermutungen waren zu ungeheuerlich, als dass wir sie ausgesprochen hätten.

Schweigend fuhren Jochen, Thomas und ich in die nächste Kneipe. Thomas war der Erste, der sprach. Diese Frau hatte etwas Schlimmes getan, das war uns allen klar. Er sprach es aus. Missbrauch. Ein schweres Wort, ein furchtbarer Gedanke. Aber warum sollte dein Bruder sonst so reagieren? Alle Zeichen deuteten darauf hin.«

Missbrauch? Max verstand nicht und dennoch hatte alles auf einmal Sinn. Die Angst, die Nikolas vor Berührungen hatte, sein Rückzug in die Einsamkeit, die Wutanfälle, die Apathie, ein schweres Trauma, das nie gelöst wurde. Und dennoch wollte er es nicht glauben.

»Warum hätte sie das tun sollen?«, fragte er. »Was hat sie davon gehabt? Er war doch nur ein kleiner Junge.«

Alles sträubte sich plötzlich in ihm. Er hatte sich noch nie mit diesem Gedanken bewusst auseinandergesetzt. Er wollte plötzlich raus aus dieser Wohnung, weg von diesem Mann, weg vor dieser Erklärung, die Sinn hatte und die er nicht verstehen wollte. Nikolas war doch Autist, er war krank, er hatte verdrehte Gene oder nicht genug Gene, zu viel oder zu wenig Sauerstoff bei der Geburt bekommen, was wusste denn Max.

»Los, hau ab hier«, dachte er, »geh nach New York, scheiß auf Nikolas und diesen Gott verdammten Mord, scheiß auf die Vergangenheit, diese Familie, Magda und ihren stinkenden Hund.«

Das musste er sich alles nicht anhören. Er sprang auf und lief zur Tür. Klaus kam hinterher und wollte ihn zurückhalten.

»Max, komm zurück, Junge, komm zurück.«

Doch er wollte nichts hören, wollte nur weg. Plötzlich war er auf der Straße. Alles war fremd. Irgendwie fand er sein Auto, stieg ein und brauste mit 160 über die B1 in Richtung Hotel.

Er lief die Treppe hinauf, schlug die Tür zu seinem Zimmer hinter sich zu und schloss zweimal ab. In seiner Reisetasche fand er zwei Valium. Das Dorf vor seinem Fenster umgab ihn wie ein riesiger schwarzer Krake.

Irgendwann schlief er ein, versank in ein tiefes schwarzes und traumloses Loch.

19

Lust

Sie schaute aus dem Fenster. Es war Viertel nach drei an diesem heißen Nachmittag. Vor zehn Minuten hatte die Anna die beiden abgeholt.

Ein kalter Blick hatte genügt und der Junge hatte sich nichts anmerken lassen. Da war die Angst in seinen Augen, die sie genoss. Sie hatte ihm ein Schweigen aufgezwungen. Er war immer schon der Schwächere der beiden gewesen.

Ihr Mann würde gleich kommen und merken, was los war. Irgendwie merkte er es immer, wie vorsichtig sie auch war.

So langsam war es ihr egal, sollte er doch alles mitkriegen. Sie war diejenige, die hier den Ton angab, nicht er. Schließlich war es ihr Haus, ihr Erbe, ihr Geld. Was war er schon? Ein kleiner Angestellter, der es zu nichts gebracht hatte.

Früh hatte sie herausgefunden, dass er es genoss, wenn sie ihn schlecht behandelte, ihn vor anderen demütigte. Er ließ sich zwar nichts anmerken, aber sie bemerkte das Glitzern in seinen Augen und die Wölbung in seiner Hose, wenn sie ihn vor anderen herunterputze. Wenn sie später alleine waren, hatten sie Sex.

Liebe konnte man es nicht nennen, was zwischen ihnen stattfand. Sie hatten noch vor Ende des Krieges geheiratet. Es hätte ja sein können, dass die Russen ihn erschießen würden. Sie hatte eingewilligt, denn sie mochte ihn.

Er war lustig, eher ein kleiner Mann, aber er brachte sie zum Lachen und beide hatten Spaß an rauerem Sex. Oft riss sie ihm die Haut auf dem Rücken wund, wenn er sie fickte. Außerdem wollte sie unbedingt weg von ihrer Mutter, ihrer treuen, kuhäugigen verdammten Mutter, die vor jedem Konflikt die Augen verschloss.

Jetzt schien dieser Teil ihres Lebens eine Ewigkeit zurückzuliegen. Sie erinnerte sich an die Bilder, aber sie fühlte nichts dabei. Sie fühlte fast nichts mehr, selbst beim Sex nicht. Sie schnaubte verächtlich, denn sie hatte kaum noch Sex, nur wenn sie mit der Reitgerte auf ihn einschlug, war es wie früher.

Er kam unversehrt aus dem Krieg zurück. Sie hatte inzwischen geerbt. Ihre Mutter hatte vor einigen Jahren noch mal einen angesehenen Mann aus dem Dorf geheiratet, nachdem der Mann und Vater an Krebs gestorben war.

Der neue Vater war nicht besser als der alte. Liebe hatte sie von beiden nicht bekommen. Der erste schlug sie und der zweite hatte angefangen, an ihr rumzugrabschen, als sie noch nicht einmal neun Jahre alt war. »Altes Schwein«, dachte sie.

Ihm gehörte die Metzgerei im Erdgeschoß des Hauses, das sie später geerbt hatte. Hinten im Kühlraum musste sie ihm einen blasen, als sie elf Jahre alt wurde, und dort nahm er sie auch einmal in der Woche ran, am liebsten von hinten.

Sie wandte sich vom Fenster ab. Es war ein heißer Tag, doch ihr Körper fühlte sich kalt an.

Das Ganze lief bis zu ihrem 16. Lebensjahr, einmal pro Woche. Nach der Schule musste sie mittwochs in der Metzgerei des neuen Vaters helfen. Während die Angestellten Mittagspause machten, fand er immer einen Grund, mit ihr ins Kühlhaus zu gehen. Sie wusste, dass ihre Mutter alles mitbekam, aber schwieg. So war es in diesem Dorf. Man sah und schwieg.

Mit 15 wurde sie schwanger. Für den Stiefvater war das kein Problem. Seine Schwester machte ihr das Kind weg und verstümmelte sie dabei gründlich. Sie konnte keine eigenen Kinder mehr bekommen.

Dann hatte der Metzger-Vater an einem Mittwochnachmittag einen Unfall im Kühlhaus. Der Riegel war versehentlich zugefallen und er war erfroren. Das war vor dem Krieg gewesen.

Unglaublich, wie einfach es für sie dann doch gewesen war, sich zu befreien. Sie hatte ihn einfach vereisen lassen. Bei lebendigem Leib. Keiner hatte etwas geahnt. Am wenigsten ihre kuhäugige Mutter.

Kurz darauf hatte sie Erich dann kennen gelernt, ein halbes Jahr später war sie verheiratet, ihre Mutter war drei Jahre danach bei einem Bombenangriff der Alliierten gestorben.

Sie hatte das Haus, den Garten und die Fleischerei geerbt. Es gab drei Mietparteien im Haus, die genug Geld einbrachten, und sie musste nicht mehr arbeiten.

Während des Krieges hatte sie oft Sex mit Juden, die dann deportiert wurden. Sie wusste nicht, wohin die armen Teufel gebracht wurden, aber der Gemeindevorsteher – einer der gläubigsten Nazis, die sie kannte – zahlte ihr dreißig Reichsmark für jeden, den sie anzeigte aufgrund der Belästigung, die sie angeblich erfuhr.

Das war das erste Mal, dass sie Lust an der Macht verspürte. Wenn die Männer ihre Schwänze in sie hineinstießen, ließ sie das kalt. Aber der Gedanke, dass sie die Macht hatte, um über das weitere Schicksal der Männer zu entscheiden, erregte sie. Zwar wurden die Juden irgendwann alle deportiert, aber die Anzeige einer angesehenen Arierin des Dorfes beschleunigte alles. Sie war Anfang zwanzig.

Nach dem Krieg änderte sich nicht viel. Ihr Mann kam zurück, doch sie hatten kaum etwas gemeinsam. Aber sie waren nun mal verheiratet und mussten zusammenbleiben.

Das Dorf war klein und das Getratsche groß. Sie war sehr vorsichtig mit dem, was sie tat und auf wen sie sich einließ.

Einmal in der Woche fuhr sie in die Stadt und flanierte hinter dem Bahnhof in der Nordstadt. Sie trug eine schwarze Perücke über ihren dünnen blonden Haaren, Schuhe mit hohen Absätzen und traf immer einen armen Teufel, dem sie ihre Fingernägel in den Rücken graben konnte. Doch nach einigen Jahren der Lust, ausgelebt in schlechten Hotels, wurden ihr die Männer mehr und mehr zuwider. Selbst das Auspeitschen machte ihr keinen Spaß mehr. Der Kick war nicht mehr da.

Ende der sechziger Jahre hatte sie die Fleischerei erneut vermietet. Ein nettes Ehepaar bezog die Wohnung unter ihr. Die Fleischergattin war schwanger und brachte später ein Mädchen zur Welt.

Ihr eigenes Leben war öde, sie langweilte sich. Sie spann ihre Intrigen im Dorf, ihre Augen wurden immer enger und die Mundwinkel zogen sich herunter.

Seit Jahren war Anna, die Frau des jüngeren Bruders ihres Mannes, der Mittelpunkt der Familie. Sie war jünger, schöner und hatte drei Kinder in die Welt gesetzt. Diese dumme Pute hatte keine Ahnung vom Leben und flirtete bei jeder unpassenden Gelegenheit. Sie leckte sich die Lippen, ihre Kehle war trocken.

Sie mochte sich selbst nicht im Spiegel anschauen. Um ihre Augen herum wuchsen kleine Warzen. Sie war nicht mehr jung, die Vierzig waren überschritten.

Sie ging zum Kühlschrank und nahm die Flasche *Bluna* heraus, gierig trank sie, es war einfach zu heiß.

Der Terrier drehte sich auf den Rücken und schmatzte, auch für ihn war die Hitze nichts. Sie musste das Tier baden, es war alt und stank, das Fell war verfilzt. »Ich mache es morgen, wenn es kühler wird«, dachte sie nebenbei.

Sie holte Eiswürfel und tat sie zur Bluna ins Glas. Einen nahm sie in den Mund und lutschte darauf herum. Sie dachte an die Szene, die sich vor einer Stunde in dieser Küche ereignet hatte. Ihre Hand wanderte automatisch in ihren Schritt.

Die beiden waren so unterschiedlich, obwohl sie doch wie eins erschienen. Der Ältere, Meister gerufen, war der Anfüh-

Uhr vom Dienst. Seufzend legte sie sich auf das Sofa in ihrer Küche. Sie stellte sich vor, was sie demnächst mit ihm machen würde.

Sie müsste ihn alleine im Haus haben. Ihrer Phantasie waren keine Grenzen gesetzt. Nach kurzer Zeit hatte sie den ersten richtigen Orgasmus seit langer Zeit.

Als ihr Mann um 16 Uhr nach Hause kam, fand er sie schlafend auf dem Sofa. Die rechte Hand war noch immer zwischen ihren Schenkeln.

20

Das Zeichen

Das Telefon hörte nicht auf zu klingeln.

Max öffnete mühsam die Augen, tastete mit der Hand voran und fand das Handy auf dem Nachttisch neben sich. Benebelt vom Valium brummte er in den Hörer: »Remark.«

»Hallo Max, bist du das?«

»Ja, wer ist denn da?«

»Max, hier ist Marie, wo bist du?«

Er versuchte zu antworten, aber noch gehorchte seine Zunge den Gedanken nicht.

»Ich ruf dich gleich zurück, zehn Minuten, okay?«

Sein Schädel brummte. Die Träume der Nacht waren noch da. Er setzte sich auf die Bettkante und starrte auf die zugezogenen Vorhänge, deren Muster an blaue Kotze erinnerte.

Auf dem Schreibtisch stand ein Tauchsieder, daneben drei Tütchen mit Pulverkaffee. »Im Schockverfahren, Gefrierschockverfahren«, dachte er und musste an die *Nescafé*-Werbung aus den siebziger Jahren denken. Eingeäscherte Kaffeebohnen, die nichts mehr mit Kaffee zu tun hatten. Das war es: tote Bohnen.

Er gab den Inhalt der drei Tütchen in eine halbe Tasse Wasser.

»Da bleibt ja ein Löffel drin stehen«, hörte er Helene sagen.

»Na endlich mal keine Rennfahrersuppe«, tönte Herrmann.

»Das sieht aus wie Spülwasser«, schnauzte Magda.

Er hätte laut schreien können. Alle waren wieder da, alle dummen Sprüche, alle Gespenster.

Er trank den ekelhaften Sud aus toten Kaffeebohnen, ging ans Fenster und zog die Vorhänge zurück. Es war 11.33 Uhr an diesem Morgen. An diesem Dienstag. Die Sonne schien auf die Kreuzung, an der das Hotel lag. Das Zimmer lag im vierten Stock und Max schaute auf Schulkinder, die an der Ampel warteten, auf Hausfrauen, die Besorgungen machten.

Die Kinder hatten keine Tornister aus Leder auf dem Rücken, sondern riesige bunte Apparate, die fast größer schienen als sie selbst. Die Hausfrauen trugen keine Röcke, sondern Jeans und hatten durch zu viel Farbe ruinierte, bunte Strohköpfe.

Die Geschäfte waren die gleichen. Das Uhrengeschäft an der Ecke, daneben die Eisdiele, die Post, eine Kneipe und ein Zeitungsladen. Nur die Penner und Arbeitslosen, die ihre leeren Bierflaschen zum nächsten Kiosk schleppten, waren neu. Früher hatte man die Kinder geschickt.

Max stand am Fenster als Betrachter einer fremden Welt, aus der er vor zwanzig Jahren geflohen war. Die Zeit war aufgehoben. Die Vergangenheit war zur Gegenwart geworden.

Plötzlich ging ihm Klaus durch den Kopf. Er musste ihn unbedingt anrufen und sich entschuldigen. Es war alles zu viel. Zu viele Informationen, zu viel Alkohol, zu viel Vergangenheit. Zu viel Wahrheit.

Max ging ins Bad und stellte sich unter heißes Wasser. Dann nahm er zwei Aspirin. Sein Kopf wurde klarer. Er wählte die Nummer seiner Schwester und sie vereinbarten ein Treffen in der Stadt am späten Nachmittag.

Gegen 13 Uhr verließ Max das Hotel mit Kappe und Sonnenbrille und ging am grauen Haus vorbei Richtung Volksgarten zu Helene. Leere Straßen, die Läden waren geschlossen, es war Mittagsruhe bis 15 Uhr.

Sein Handy klingelte. Erschrocken zuckte er zusammen. Er schaute auf das Display. Das hatte ihm gerade noch gefehlt. Carole. Während er durch das mittagsschlafende Dorf ging, saß sie um diese frühe Zeit schon in New York im Office, um den Henker für ihn zu bestellen. Er drückte auf die grüne Taste auf seinem Handy.

»Max, fuck, endlich! Wo steckst du? Ich komme gerade von den Hamptons und jeder hier denkt, du bist tot. Was ist passiert? Bloomingdales ist außer sich, die glauben, du bist mit dem Flieger abgestürzt. Auf welchem Airport bist du?« Sie kreischte es wütend ins Telefon.

»Na, immerhin keine Morddrohung«, dachte er und erklärte ihr kurz die Situation, berichtete vom Mord und Nikolas, wobei er nicht erwähnte, dass sie Zwillinge waren.

»Ich muss ein paar Tage hierbleiben und die Sache klären, okay?«

Carole war zum ersten Mal in ihrem Leben etwas sprachlos, dann quäkte sie: »Du hast einen Bruder? Er hat jemanden ermordet? Warum? Wann kommst du zurück?«

Max konnte sehen, wie sie dabei ihre Augenbrauen bis zum Haaransatz nach oben zog, aber ihre Stimme war jetzt seltsamerweise mehr besorgt als ärgerlich, trotz des finanziellen Verlustes, der ihr nun aufgrund des geplatzten Jobs bevorstand.

»Hör zu, Darling. Tu, was du tun musst, aber du solltest am Wochenende wieder in New York sein. Vielleicht kann ich noch was retten, immerhin ist das eine Situation, die nicht jeden Tag passiert. Ich versuche, den Job zu verschieben, ich rufe dich später an. Wenn du Hilfe brauchst, melde dich bitte, mein Handy ist jederzeit an. Und pass auf dich auf.«

Sie legte auf. Anscheinend hatte sie doch irgendwo ein jüdisches mütterliches Herz.

Die Sonne brannte vom Himmel, aber über die Trostlosigkeit des Dorfes konnte auch das schöne Wetter nicht hinweghelfen.

Max bog in die Sternstraße ein und gelangte nach fünfzig Metern zum Haus seiner Großmutter. Er betrat den Vorgarten und erreichte die in den sechziger Jahren eingebaute und damals als todschick empfundene Eingangstür aus hellem Holz.

Er klingelte. Nichts tat sich. Er versuchte es noch mal. Immer noch keine Regung aus dem Haus.

Er ging zurück auf die Straße und versuchte, durch den Garten an den Rückeingang zu gelangen. Doch wo früher ein Weg war, stand jetzt eine Garage aus gelb angestrichenem Beton.

Max sah nach oben, da öffnete sich im ersten Stock ein Fenster. »Wer ist denn da? Es ist Mittagszeit«, rief eine klare Stimme.

Er nahm Mütze und Sonnenbrille ab und schaute nach oben. Helene stand am Fenster, starrte ihn an und bewahrte wie immer die Fassung. »Ich komme runter, bitte geh zur Eingangstür«, sagte sie.

Er ging erneut um das Haus herum und bemerkte, dass sich die Gardine im Haus gegenüber bei Frau Hatz bewegte. Auch sie wohnte hier seit über siebzig Jahren. Max nickte der Gardine freundlich zu. Nichts blieb unbemerkt in dieser Nachbarschaft.

Helene öffnete die Tür. Ihr weißes Haar war im Nacken kunstvoll nach oben toupiert, ihr Twinset aus grauem Kaschmir saß tadellos, an den Fingern funkelte es.

»Komm schnell herein, damit die Hitze nicht so ins Haus strömt. Ich vertrage das Wetter nicht mehr so gut. Ich dachte erst, du wärst einer von diesen lästigen Reportern, die seit dem Unglück ständig hier herumlungern.«

»Unglück«, dachte Max, »so kann man das auch nennen.«

Sie sah unverändert aus. Ein paar Falten mehr, der Rücken nicht mehr ganz so gerade, dennoch die gleiche stolze Haltung und einen allwissenden Blick, der keinen Widerstand duldete.

Sie gingen in die Küche und setzten sich an den alten Eichentisch. Helene faltete die Hände und spielte dabei mit ihren Fingern, eine über Jahrzehnte gepflegte nervöse Eigenschaft.

Schweigend musterte sie Max. »Du trinkst!«, sagte sie.

Er war sprachlos. Ein Mord war geschehen und das war der erste Kommentar aus ihrem Mund.

»Aber um das zu hören, bist du wohl nicht gekommen.«

»Es scheint wohl keinen zu erstaunen, dass ich hier bin«, entfuhr es ihm.

Verständnislos schaute sie ihn an. »Für uns alle war es klar, dass du hier auftauchen würdest. Wer hat dir Bescheid gegeben? War es deine Schwester?«

Max nickte.

Helenes Augenbrauen gingen nach oben. »Das hätte ich mir denken können. Sie hat nie verstanden, warum du damals über Nacht die Stadt verlassen hast, nachdem deine Mutter gestorben war. Was rede ich da, die Familie hattest du ja schon viel früher verlassen und deinen Bruder hast du alleine gelassen. Nun schau, was passiert ist. Es war eine Frage der Zeit. Man hätte ihn nie alleine lassen sollen. Er wäre im betreuten Wohnen gut aufgehoben gewesen, aber nein, er musste ja in das Haus deiner Eltern zurückziehen und dort in der Dachwohnung hausen. Ich habe es deinem Vater Tausend Mal gesagt, aber er hört ja nie zu. Kein Wunder bei der Frau, die er da geheiratet hat.«

Max funkelte sie an. »Du machst doch wohl mich nicht für das verantwortlich, was hier passiert ist?«

»Maximilian, ich mache niemanden dafür verantwortlich, nur denjenigen, der diese Tat begangen hat, deinen Bruder. Aber aufgrund seiner Krankheit wird man ihn wohl letzten Endes als unzurechnungsfähig einstufen und in eine Anstalt einweisen. Das ist wahrscheinlich das Beste für ihn und für uns alle und hätte schon viel früher geschehen müssen.«

»Ja, so einfach könnte es für euch alle sein. Schick den Jungen in ein Heim und schon ist das Problem gelöst. Bloß nicht damit befassen, die Wahrheit könnte herauskommen und ihr müsstet Konsequenzen ziehen und vielleicht darüber nachdenken, was ihr falsch gemacht habt. Möchtest du nicht vielleicht erfahren, warum er so gehandelt hat? Es muss doch einen Grund geben, aus reinem Vergnügen hat er sie wohl nicht getötet.«

»Dass es ein Vergnügen für ihn war, möchte ich ihm auch nicht unterstellen, aber dass Nikolas krank ist, steht doch eindeutig fest. Er ist Autist, nimmt Psychopharmaka und hat starke depressive Züge.«

»Willst du mir erzählen, du wüsstest nicht, was passiert ist? Meinst du nicht, dass es auch noch andere Ursachen haben könnte als diesen angeblichen Autismus?«

Helene sah ihn mit ihren stahlblauen Augen an. Sie trug eine Brille, die Wangen waren eingefallen. Sie trug wohl ein Gebiss und spielte ständig mit ihrer Zunge am Gaumen und spitzte den Mund, ein weiterer nervöser Tick.

Sie war ungeschminkt. Sie hatte nie Make-up getragen, noch nicht einmal Lippenstift. Ein Leben ohne Farbe im Gesicht.

»Maximilian, du solltest nicht in der Vergangenheit herumbohren, das liegt doch alles mindestens 35 Jahre zurück. Du weißt, wie die Leute im Dorf sind, und du kennst deine Familie. Wühl nicht alles auf, was hier schon vergessen ist.«

»Ich bin nicht zurückgekehrt, um meinem Bruder die Hand bei seiner Verurteilung oder Einweisung zu halten, sondern um zu erfahren, wie so etwas passieren konnte. Aber anscheinend bin ich bei dir nicht am richtigen Platz, um Hilfe zu bekommen.«

Helene seufzte. »Ach Kind, natürlich bist du hier am richtigen Platz, wo willst du denn sonst hin? Zu deinem Vater? Gott, der benimmt sich ja inzwischen, als ob er älter wäre als ich. Und deine Schwester kommt gleich nach ihm. Willst du einen Kaffee?«

Max nickte.

Etwas mühsam stand sie auf, um Kaffee zu kochen. Wie alt mochte sie jetzt sein? Achtzig? Nein, sie musste älter sein.

»Na, was denkst du? Wie alt ich aussehe? Das Leben hinterlässt seine Spuren, mein Lieber.«

Ernst schaute sie ihn an. »Max, ehrlich gesagt weiß ich nicht, ob ich diese ganze Geschichte wissen will. Ich mag es nicht, in der Vergangenheit herumzuwühlen. Ich weiß, in New York geht wohl jeder Zweite zum Psychiater, aber dazu bin ich zu alt. Ich habe damals deine Mutter zu Grabe getragen, nachdem sie so überraschend schnell gestorben war. Vielleicht liegt ein Fluch auf der Sippe.«

»Ich glaube, von Fluch kann kaum die Rede sein, ich habe gestern Abend Klaus getroffen.«

Der Kaffeelöffel fiel ihr aus der Hand. Das braune Pulver lag verstreut auf der Anrichte und dem hellen Teppich. Max hatte es noch nie erlebt, dass Helene aus der Fassung geriet. Sie drehte sich langsam um.

»Klaus? Du meinst Annas Klaus, Jochens Freund?«

Sie wusste also Bescheid. Max nickte stumm. »Genau den.«

»Was hat er dir erzählt?«

»Er hat mir die wahre Geschichte erzählt. Er hat mir gesagt, dass Nikolas von Magda missbraucht wurde.«

Da war es. Er hatte es ausgesprochen. Müde rieb Max sich die Augen. Die Tränen kamen einfach und er hielt sie nicht zurück.

Max stand plötzlich im Flur von Magdas Wohnung, er war ein kleiner Junge. Es war Mittag und er sollte schlafen. Es war heiß, er hatte Durst und ging in die Küche, um etwas zu trinken. Er sah den Kopf seines Bruders zwischen Magdas Schenkeln.

»Max, Max, was ist los mit dir?«

Jemand schüttelte seine Schulter. Das Bild verflog so schnell, wie es gekommen war. Helene sah ihn an. Alle Distanz war aus ihrem Gesicht gewichen. Sie goss schweigend den Kaffee ein.

»Du wusstest es also?«, fragte er sie.

»Ich habe es vermutet. Gewusst habe ich es nicht, aber es hat Sinn. Ich habe mich oft gefragt, warum sich alles damals so verändert hatte, nachdem ihr die drei Tage getrennt wart. Was damals genau passiert ist, kann ich nicht sagen. Es war eine andere Zeit. Aber dass Magda so etwas gemacht haben soll, ist schwer nachvollziehbar, selbst jetzt. Und damals war der Gedanke so abwegig ... Nicht auszudenken, wenn das an die Öffentlichkeit käme.«

Sie schaute Max jetzt direkt an: »Ich wusste, dass Anna deinen Bruder jahrelang zu Ärzten brachte und dass Klaus und Jochen ihr dabei halfen. Das waren gute Freunde und bessere Männer als dein Vater je sein wird.« Helene schaute aus dem Fenster in den Garten und seufzte.

»Was sie an ihm gefressen hatte, ich weiß es nicht. Er wollte immer nur seine Ruhe und nicht gestört werden. Ich glaube, er hat euch nie verstanden. Aber er hatte ja seine Tochter, die ihm heute noch nach dem Mund redet, weil sie Angst hat, dass er sie nicht mehr liebt, wenn sie mal ihre Meinung sagt. Und so einen hat sie dann auch noch geheiratet. Kennst du Ingo eigentlich?«

Max schüttelte den Kopf.

»Da ist auch einiges im Argen in dieser Ehe, glaube mir. Wann triffst du dich mit ihr?«

Max schaute auf die alte Wanduhr. »In einer Stunde in der Stadt.«

»Komm danach wieder zu mir. Du musst hier sehr vorsichtig sein, wenn du solche Behauptungen aufstellst. Magda und Erich sind tot und können sich nicht mehr wehren und du bist jetzt ein Fremder in diesem Dorf. Lass mich nachdenken. Ich sehe dich später.«

Mit diesen Worten führte ihn Helene zur Tür. Die Sonne stand immer noch hoch am Himmel. Er hatte seine Sonnenbrille im Haus liegengelassen. Er drehte sich um und wollte an die Tür klopfen. Im ersten Moment konnte er nicht glauben, was er sah.

Jemand hatte, während Max bei Helene war, mit roter Farbe ein Kreuz an die Tür gemalt. Darunter stand in großen Buchstaben ein Wort: Mörder.

21

Paris

Max blieb zwei Jahre in Hamburg, studierte im Philosophenturm der Universität, verführte seine Kommilitoninnen der Reihe nach und distanzierte sich weiter von seiner Familie.

Er zog mit Reiner auf die Reeperbahn und genoss das Nachtleben. Am Ende des vierten Semesters verführte er seine Professorin. Dies bescherte ihm ein Stipendium an der Sorbonne in Paris. Im September fuhren Max und Reiner in dessen alten Renault R4 in die französische Metropole.

Reiner wollte es in einem der vielen Clubs am Montmartre versuchen, Hanna Schygulla und Marlene treffen. Leben! Max fand in den ersten Wochen eine Modelagentur und finanzierte seinen Lebensunterhalt weiter durch Posieren in den unvermeidlichen Pullovern, Lycra- und Leinenhemden.

Bald darauf schickte ihn seine Agentur zu den Castings für die Fashion Week und er lief für *Yamamoto*, *Saint-Laurent* und *Lanvin* über den Laufsteg. Sein Typ war gefragt, er machte Geld und hatte plötzlich großen Erfolg. Ein Objekt der Begierde, die ideale Projektionsfläche.

Wenn er Zeit hatte, ging er zur Uni, lernte die französischen Philosophen kennen, italienische Bildhauer und das Leben der Pharaonen. Madame de Stael, Zola, Balzac und Voltaire waren seine neuen Freunde. Er verschlang die Werke der französischen Literatur. Die eigene Vergangenheit verblasste.

Nach den Vorlesungen ging er mit Reiner in den *Jardin de Luxembourg*. Sie schlenderten über die großen Boulevards, stöberten durch die Buchläden, diskutierten über Sartre und Ionesco. Das Leben war gut. Der Kohlenpott und das Heidedorf weit entfernt.

Reiner trat bald mit einer französischen Theatergruppe in Sartres Klassiker *Geschlossene Gesellschaft* in einem kleinen Theater am Montmartre auf. Er wurde zum Bruder. Mit Nikolas konnte Max nicht durch Paris ziehen und die existentialistischen Theorien diskutieren, denn der saß immer noch in der psychiatrischen Abteilung. Max hatte den Kontakt abgebrochen. Das letzte Mal hatte er Nikolas vor seiner Abreise besucht, war aber nach einer halben Stunde des Schweigens wieder gegangen.

Es schien, als steckte Nikolas in einer Glaskugel. Als Max mit ihm sprach, spielte er mit einem Faden oder einem Stück Papier, das anscheinend wichtiger war als alles andere.

»Du hast jetzt ein Jahr Zeit, aus deiner Glaswelt herauszukommen«, sagte Max. »Wenn ich wiederkomme, hole ich dich raus und du kannst mit mir in Hamburg leben.« Er sagte es und meinte es nicht. Nikolas würde sich nicht ändern.

Reiner war fünf Jahre älter und hatte seinen eigenen Teil an Schmerz schon früh im Leben erfahren. Der Tod seines geliebten Vaters und seines Bruders, als er noch ein Kind war, hatten eine nie wieder zu füllende Leere in seine Seele gebrannt.

Doch in diesem gemeinsamen Jahr in Paris fühlten sich beide frei, wirklich frei. Sie dachten nicht darüber nach, sie diskutierten nicht darüber, sie fühlten es nur.

Max trank nicht mehr und dachte kaum an seine Familie. Zwar telefonierte er mit seiner Mutter, aber außer belanglosen Worten und den neuesten Informationen über Maries langweiliges Leben und Nikolas' unveränderten Gesundheitszustand erfuhr er nicht viel. Es war ihm nur recht. Je weniger er erfuhr, desto besser ging es ihm.

Nach einem Jahr endete diese Zeit der Unbekümmertheit. Reiner hatte das Angebot einer Theatergruppe angenommen und würde bald auf eine sechsmonatige Tournee gehen.

An jedem Montag landeten die beiden Freunde meistens in einem der kleinen Programmkinos im Quartier Latin, das die Retrospektive von längst vergessenen Filmen einer alten Hollywoodlegende zeigte. An jenem Abend sahen sie *A stolen Life* mit Bette Davis, einen Pseudothriller der sechziger Jahre, in dem sie die Davis-Zwillinge portraitierte. Der eine Zwilling erschießt den anderen, nimmt ihren Platz in der High Society ein. Der Mord wird entdeckt und die Mörderin muss auf den elektrischen Stuhl.

Reiner wusste nichts von Nikolas. Max hatte ihn nie erwähnt.

Sie verließen das Kino und eine Welle aus Schmerz brach über Max hinein. Sie gingen in ihr Lieblingscafé in der Rue du Bac, wo Madame de Stael der französischen Revolution erfolglos getrotzt hatte.

Die Erinnerung an Nikolas übermannte ihn plötzlich. Er wollte Reiner gerade von Nikolas erzählen, da platze dieser mit der Neuigkeit seiner Tournee heraus. Er war glücklich und er würde weggehen, den Zauber des Jahres in Paris zerstören. Keine Diskussionen, keine Spaziergänge in den Tuilerien, keine Montagabende in alten Kinos. Kein Bruder mehr.

Max bestellte Champagner und stieß mit ihm an, dabei vereiste er innerlich. Die Schneekönigin hatte das Zepter in der Hand und Max war ihr dankbar.

Zwei Wochen später reiste Reiner mit leuchtenden Augen in die französische Provinz. Für die Zeit, in der Reiner auf Tournee sein würde, nahm Max einen neuen Mitbewohner in der Wohnung am Place de la République auf. Sein Name war Jean-Marie und er war im Modebusiness tätig.

Max hatte Jean-Marie auf einer Fashionshow kennengelernt und von da an schleppte dieser ihn zu sämtlichen Empfängen der Modebranche mit. Sie feierten wilde Nächte mit

Montana und Mugler im berüchtigten *Bains-Douches* und dem *Palace.*

Max vergaß Sartre, Madame de Stael und den montäglichen Kinobesuch. Jetzt, da Reiner nicht mehr auf ihn aufpasste, sondern die Ines aus *Geschlossene Gesellschaft* vor französischem Provinzpublikum spielte, hielt ihn nichts mehr. Er ließ die Uni sausen und zog mit Jean-Marie tagelang um die Häuser.

Die Komödie der Verführung hatte wieder begonnen. Sie machten einen Sport aus dem Abschleppen von Models, soffen bis zur Besinnungslosigkeit und nicht selten fanden sie sich am Tag nach einer langen Nacht in Schlafzimmern wieder, deren Besitzerinnen sie nicht kannten.

Max' Modelkarriere litt darunter. Er hatte Schatten unter den Augen und kam oft müde oder gar nicht zu den Shootings. Seine Agentur hatte schnell die Nase voll von seinen Eskapaden und setzte ihn vor die Tür. Er fand eine andere und nahm sich vor, sich zu bessern.

An einem Samstagmorgen klingelte sein Telefon. Es war Anna. Sie klang nervös. Nach dem üblichen Austausch von Nebensächlichkeiten kam sie zum wahren Grund ihres Anrufes.

»Max, wir wollen Nikolas wieder nach Hause holen. Er hat große Fortschritte gemacht und es geht ihm besser. Er redet wieder mit mir.«

Wie durch eine Wand erreichte ihn diese Neuigkeit. Nikolas, noch ein Bruder, der ihn verlassen hatte. Sollte er doch bleiben, wo der Pfeffer wächst. Er kam also nach Hause, wer hätte das gedacht. Max wollte nichts davon hören.

»Deiner Schwester geht es auch gut. Und ich werde dann kurz nach Weihnachten auf die nächste Reise gehen.« Sie erzählte von Samoa und den philippinischen Inseln, dass sie sich auf Weihnachten freuen würde, dass das Wetter ihr Kopfschmerzen bereitete. Sie plapperte, bis Max es nicht mehr aushielt.

»Warum rufst du mich wirklich an, Mama? Was ist los mit dir? Irgendetwas ist doch nicht in Ordnung. Du weißt, dass mich Marie und das Wetter nicht interessieren. Hast du geweint?«

Da war nur Schweigen am anderen Ende der Leitung. Er spürte, wie seine Mutter versuchte, die Fassung zu bewahren. Sein Kopf tat weh, der Alkohol der letzten Nacht war noch in seinem Blut und irgendjemand duschte im Bad nebenan. Er konnte sich nicht erinnern, mit wem er letzte Nacht nach Hause gekommen war.

Wütend schnauzte er ins Telefon: »Entweder du redest jetzt mit mir oder ich lege auf.« Zum ersten Mal in seinem Leben drohte er seiner Mutter. Alle unsinnigen Kontrollanrufe ihrerseits hatte er nun jahrelang ertragen und einfach keine Lust mehr.

»Max, entschuldige, es ist nicht so einfach, darüber zu reden, aber dein Vater meinte, ich sollte dich und deine Schwester informieren. Nikolas versteht ja nicht so ganz, um was es geht. Ich muss nächste Woche ins Krankenhaus. Ich habe Brustkrebs und man wird mir eine Brust amputieren.« Die letzten Worte verschwanden fast in ihrem Schluchzen.

Max hatte Mühe zu begreifen, was sie gerade gesagt hatte. »Krebs? Seit wann weißt du das? Warum müssen sie amputieren?«, stammelte er.

»Ich war vor zwei Monaten bei der Routineuntersuchung und alles war in Ordnung. Aber vor einigen Wochen habe ich beim Duschen einen Knoten in der Brust entdeckt. Der Arzt war selber verwundert und nach neuen Untersuchungen meinte er, er wäre bösartig.«

Sie war seltsamerweise ganz ruhig geworden und sprach nun von sich wie von einer anderen Person. Sie habe alles vorbereitet und sie wäre ja auch nur zehn Tage im Krankenhaus und danach wäre alles wie gewohnt. Außerdem stünde ja auch die Reise bevor. Er solle sich keine Sorgen machen, sie wolle ihn nicht belasten. Wie denn das Wetter in Paris sei und ob es ihm gut ginge und was die Arbeit machen würde.

Er hörte ihr zu und verstand sie nicht. Sie erzählte von Krebs und wollte dann wissen, wie das Wetter war?

Er versprach, in den nächsten Tagen zurückzurufen, hängte auf und starrte die Wand an.

Sie kotzten ihn an mit ihrer Spießigkeit, ihren holzvertäfelten Wohnzimmern, ihren nicht funktionierenden Ehen, den freitäglichen Besäufnissen, den Butterfahrten, den billigen Plastikmöbeln, die im Garten standen, den Familienfeiern, auf denen über nichts gesprochen wurde, was wirklich Bedeutung hatte. Er konnte die sonntäglichen Kirchgänge nicht ertragen, wenn die Frauen ihre neuen Pelzmäntel zur Schau stellten und die Männer nur auf den Frühschoppen warteten. Bürgerliche Rituale. Jämmerlich.

Die Badezimmertür ging auf und ein junges Mädchen mit nassen Haaren und nur mit einem Slip bekleidet lächelte ihm entgegen. Er kochte ihr einen Kaffee, gab ihr einen Kuss und versprach, sich zu melden. Sie wussten beide, dass sie sich nie wiedersehen würden, aber auch das war Max egal. Ihr wahrscheinlich auch.

Er ging nur noch aus und betrank sich, Jean-Marie führte ihn in dunkle Kellerlokale und schäbige Stundenhotels. Sie rauchten schwere Joints und trieben es mit den billigsten Huren. Max war alles egal, solange er nicht an seine Familie denken musste.

Nach zwei Wochen im tiefsten Sumpf kam er vollkommen erschöpft nach Hause und wollte am liebsten sterben. Er versuchte, Reiner anzurufen. Er musste in Lyon sein. In diesem Moment klingelte das Telefon. Automatisch hob Max ab.

»Maximilian, hier ist dein Vater.«

Eine Halluzination.

»Ja, was ist los?«, war alles, was er unter größter Anstrengung sagen konnte.

»Deine Mutter ist tot. Die Beerdigung ist in drei Tagen.«

Schweigend hielt Max den Hörer in der Hand und starrte aus dem Fenster. Das musste ein Traum sein. Sie konnte nicht tot sein. Sie hatten doch vor einigen Tagen miteinander telefoniert, die Operation war gut verlaufen. Nein, er musste bereits eingeschlafen sein und träumte diesen absurden Anruf.

»Maximilian, verdammt noch mal, hast du mir zugehört? Nimm den Nachtzug, wir sehen uns morgen früh. Alles Weitere dann.«

Ohne abzuwarten, legte Herrmann auf.

22

Eskalation

Max zündete sich eine Zigarette an. Er stand vor seinem Elternhaus, das noch den gleichen verblassten ochsenblutroten Anstrich hatte wie in seiner Kindheit. Es war halb acht abends und immer noch unerträglich heiß.

Herrmann hatte für heute Abend einen Familienrat einberufen, um über die weitere »Vorgehensweise«, wie er sich ausdrückte, im Fall Nikolas zu sprechen. Im Klartext bedeutete das, dass er die Familie darüber informieren würde, wie sie sich seiner Meinung nach weiter verhalten sollte.

Max hatte die Nase voll von der Bevormundung seines Vaters. Es war Zeit, dass die Familie die ganze Wahrheit erfuhr. Er hatte Helene vom Hotel aus angerufen und sie über dieses Treffen informiert. Sie willigte sofort ein, ihn zu begleiten.

Nachdem Max das Kreuz an der Tür seiner Großmutter entdeckt hatte, klingelte er sie erneut aus dem Haus. Kommentarlos nahm sie das Geschmiere zur Kenntnis, gab ihm seine Kappe und die Sonnenbrille und machte sich schweigend daran, die Haustür zu säubern. Ihre Gelassenheit erstaunte ihn. Es war wohl nicht das erste Mal, dass die Nachbarn ein derartiges Souvenir hinterlassen hatten.

Max ging zurück zum Hotel und stieg in seinen Wagen. Im Berufsverkehr gefangen, fuhr er in der Karawane über die B1 in die Innenstadt. Er wollte Marie in einem Café nahe der Oper treffen. Nach einer schier endlosen Autofahrt erreichte er die City, fand keinen Parkplatz und fluchte über die Stadt, die Menschen und die Hitze.

Sein Handy klingelte. Marie war am Apparat. Sie erzählte etwas von den Kindern und dass sie es nicht schaffen würde, rechtzeitig in der Stadt zu sein, um ihn zu treffen. Sie würde aber auf jeden Fall später da sein, denn Herrmann hätte eine Zusammenkunft der Familie für heute Abend angeordnet. Sie würde zusammen mit Ingo dorthin kommen und außerdem wären noch alle anderen Familienmitglieder eingeladen. Man müsse gemeinsam beraten, was zu tun wäre und eventuell eine Pressemitteilung verfassen, hätte Herrmann gesagt. Außerdem wäre Mittwoch die Beerdigung. Die Familie sollte auf alles vorbereitet sein. Gemeinsam beraten? War sie wirklich so naiv?

Max' Frage, ob auch Helene geladen sei, wusste sie nicht zu beantworten. Dass Herrmann ihn nicht eingeladen hatte, erstaunte ihn nicht.

Max war also umsonst an diesem heißen Nachmittag in die City gefahren. Konnte Marie nicht einmal ihre Verabredungen einhalten? Er hätte sie lieber alleine als im Kreise der Familie gesehen. Unentschlossen ging er allein in das Café an der Oper. Es herrschte die gleiche biedere Atmosphäre wie zu seiner Schulzeit.

Er bestellte einen doppelten Espresso bei dem Besitzer, dem auch die *Rote Marlene* gehörte, ein Nachtclub mit einer Bühne, nicht größer als ein Servierteller. Sein Name war Engelbert, das wusste Max noch.

Als er den Espresso brachte, musterte er Max intensiv. Dann sah Max die Tageszeitungen, die an einem Ständer in der Ecke hingen.

»Entschuldigen Sie, kann es sein, dass wir uns kennen? Sie kommen mir bekannt vor. Sie waren doch als junger Mann öfter hier, nicht wahr?«

Max nickte. Er hatte oft mit Indira hier gesessen und über die Zukunft philosophiert.

Das Lokal war fast leer und Engelbert setzte sich neben ihn.

»Ich habe die Geschichte mit Ihrem Bruder verfolgt, na ja, wie jeder hier. Es ließ sich ja nicht vermeiden. Wie geht es ihm denn?«

Irgendetwas an der Art, wie er fragte, rührte Max. Es war wirkliches Interesse und keine Sensationshascherei. »Ich weiß es nicht, ich habe ihn noch nicht gesehen. Ich lebe schon lange nicht mehr hier.«

Max wusste nicht warum, aber es tat ihm gut, mit diesem Fremden zu reden, dessen Freundlichkeit er früher nicht wahrgenommen hatte.

Engelbert hörte zu und erzählte von sich. Er hatte selbst in New York gelebt, aber das war vierzig Jahre her. Irgendwann war er dann hier gelandet und hatte neben dem Café an der Oper und der *Roten Marlene* seit einigen Jahren ein Privattheater, das inzwischen ein beliebter Treffpunkt deutscher Showgrößen geworden war.

Sie quatschten wie zwei alte Bekannte und Max vergaß die Zeit. Irgendwann schaute er auf die Uhr. Es war inzwischen 18.30 Uhr und er musste sich beeilen, um nicht zu spät zum Familientreffen zu kommen.

»Der Kaffee geht aufs Haus. Es wäre schön, wenn wir uns noch mal wiedersehen würden, solange Sie in der Stadt sind.« Engelbert lächelte ihn freundlich an.

Max wusste nicht, wie lange das noch sein würde. Der heutige Abend würde alles entscheiden.

»Ein paar Tage werde ich wohl noch hier sein.«

»Na, wenn Sie Lust haben, am Mittwochabend ist eine besondere Premiere im Hansa-Theater. Ein Freund von mir tritt zum ersten Mal dort auf. Ich werde für Sie eine Karte an der Abendkasse hinterlegen.«

Väterlich klopfte er Max auf den Rücken und drückte ihm einen Flyer mit dem Programm in die Hand. Max steckte ihn ungelesen in seine Hosentasche, dankte ihm und ging zum Parkhaus.

Er entschied sich, nicht über die B1 zurückzufahren, sondern »über die Dörfer«, wie seine Mutter immer gesagt hatte. Kurze Zeit später klebte ihm das Haar im Nacken und sein Hemd am Ledersitz des Autos, die Hitze ließ nicht nach. Kurzerhand hielt er an einem Kiosk und kaufte eine Cola. Beim Bezahlen fiel ihm der Flyer aus der Hosentasche. Ein Gesicht lächelte ihm entgegen, das er fast zwanzig Jahren nicht gesehen hatte und trotz der Schminke und der blonden Perücke sofort erkannte. *Gloria Mondo – ein unvergesslicher Abend. Live zum ersten Mal im Hansatheater.* Reiner lächelte ihm aus schwarz bewimperten Schlafzimmeraugen entgegen. Sein Blick war geübt, der Mund wie früher rot geschminkt. Der Fotograf hatte das Foto einmal durch die digitale Retusche geschickt. Keine Falte war auf dem makellosen Puppengesicht zu erkennen. So war wohl doch nichts aus seiner von Sartre geprägten Theaterkarriere geworden. Auf der Rückseite entdeckte Max einige Daten zu Gloria Mondo. Sie schien ein großer Star in Deutschland zu sein, mit einer eigenen Personalityshow auf einem Privatsender.

So traf Max seinen Freund Reiner unerwartet an einer verlotterten Vororttankstelle des Ruhrgebiets wieder. Auch wenn morgen die Beerdigung von Magda und Erich war, so würde Max doch alles daransetzen, Gloria Mondo am Abend auf der Bühne zu sehen.

Im Hotel angekommen duschte er schnell und zog sich um. Dann nahm er das Telefon, wählte die Nummer der Auskunft und ließ sich mit dem Untersuchungsgefängnis in Lüdow verbinden. Max wollte mit dem zuständigen Untersuchungsleiter sprechen.

Ein Polizist knurrte unwillig ins Telefon, dass Kommissar Kunaut morgen Nachmittag gegen 14 Uhr im Hause und dann zu sprechen sei.

»Dann richten Sie bitte Kommissar Kunaut aus, dass ich um 15 Uhr da sein werde, um über den Fall zu sprechen und danach meinen Bruder zu sehen.«

Max entschied sich, die paar hundert Meter bis zu seinem Elternhaus zu Fuß zu gehen. Als er die Brücke überquerte, die das Dorf von der Straße trennte, in der das Haus seines Vaters stand, blieb er stehen.

Es fuhren kaum noch Züge über die Gleise, alles war verwuchert und in den kleinen Schrebergärten, die an die Bahnlinie grenzten, hatte man versucht, Eigenheime zu bauen. Der Bauherr musste wohl Bankrott angemeldet haben, denn nur eines der drei Häuser hatte ein Dach, bei dem dritten hatte man nur den Keller ausgehoben und der war inzwischen voller Wasser. An der Oberfläche schwamm eine tote aufgedunsene Ratte.

Jetzt sah Max Helene strengen Schrittes die Straße herunterkommen. Ein großer Hut mit Schleier umrahmte gnädig das alte Gesicht. Unglaublich, dass sie fast neunzig war.

Sie nickte ihm zu. »Bist du bereit für diese Farce?«, fragte sie.

Ihr sarkastischer Ton erstaunte ihn. Max zuckte mit den Schultern. Welche Alternative hatte er denn?

Sie gingen über den leeren Hof zum Haus und klingelten. Die Eingangstür öffnete sich und sie gingen über die Treppe, ausgelegt mit rotem, leicht zu pflegenden Linoleum, hinauf in den ersten Stock.

Renate stand in der Eingangstür und starrte sie mit erschrockenem Blick an. Dass sie Helene nicht mochte, war klar. Aber dass Max hinter ihr auftauchte, hatte sie nicht erwartet. Offensichtlich war Marie noch nicht gekommen, um eine Warnung auszusprechen.

»Helene, guten Abend, komm doch herein«, stammelte sie und starrte Max an. »Du natürlich auch, Max, wir hatten nicht mit dir gerechnet. Ich wusste gar nicht, dass du in der Stadt bist.«

Es hatte sich kaum etwas verändert. Die gleichen Glasbausteine, die das Fenster ersetzten, die mit Folie beklebten Glasfenster der Eingangstür, die Max immer an halbleere Biergläser erinnerten, die bedrückende Atmosphäre im Flur mit seinen 16 Ecken, von denen alle Zimmer der Wohnung abgingen. Alles erschien ihm kleiner als in seiner Kindheit.

Max' Zimmer, das er mit Nikolas geteilt hatte, war zu Herrmanns Arbeitszimmer geworden. Hier arbeitete er wohl immer noch die Verträge für die Begräbnishilfe aus. Helene und Max gingen an der Küche vorbei ins Wohnzimmer.

Der Zeitsprung war perfekt. Renate hatte zwar die Einrichtung verändert, aber unter der Zimmerdecke klebten immer noch die Styroporplatten, die vergeblich die Illusion einer Holzdecke heraufbeschwören sollten. Es gab ein neues Sideboard, eine Schrankwand aus Kirsche und eine apricot Couchgarnitur.

In den Regalen standen Herrmanns Zinnsammlung, kleine Keramikfiguren und die *Reader's Digest*-Hefte der letzten zwanzig Jahre. Gardinen verhinderten den freien Blick nach draußen.

Marianne Koch hatte mitsamt ihrer *ADO*-Gardine und Goldkante konsequent ihr Anliegen herübergebracht und selbst dreißig Jahre später konnte Herrmann keiner in die Fenster schauen. Dass man sich im ersten Stock eines Hauses gegenüber einer Gartenanlage befand, die seit Jahren nicht bewirtschaftet wurde, interessierte die Bewohner dieser Wohnung anscheinend nicht. Vielleicht hatte er vorausschauend gehandelt, immerhin standen ja jetzt Bauruinen vor seinem Haus.

Aufgrund der Hitze und als Schutz vor der Abendsonne hatte man zudem noch die Jalousien halb heruntergelassen.

Der Raum war von heißer, verbrauchter Luft erfüllt. Es waren fast alle da.

Herrmann nahm den Hauptsitz auf einem braunen Sessel ein, der das einzige Möbelstück aus der Zeit seiner ersten Ehe war, was er in die neue *IKEA*-Wohnzimmerwelt der zweiten Ehe hatte retten können. Er hatte eine Zigarre im Mund, auf dem Beistelltisch stand eine Flasche Bier, nicht die erste an diesem Tag.

Max sah plötzlich seinen Großvater Paul im Morgenmantel, Korn trinkend und Zigarren rauchend, vor sich. Herrmann, der seinen Vater nie gemocht hatte, war zu dessen Ebenbild geworden, nur trug er keinen Morgenmantel und trank Bier anstatt Schnaps. Er sagte nichts und nickte nur kurz. Sein Blick verriet kein Gefühl.

Auf der Couch ihm gegenüber saß Tante Ilse, seine ältere Schwester. Sie war im Laufe der Jahre noch kleiner geworden, verwitwet, stark ergraut und trug keine Perücke mehr. Sie lächelte Max freundlich an, freute sich aufrichtig, ihn nach all den Jahren wiederzusehen.

Daneben ihre Kinder Karin, Wulf und Siegfried, die jedoch niemand in der Familie mit diesen Namen ansprach. Sie hießen immer schon Rina, Stemmi und Fiffi. Max hatte nie viel Kontakt zu den dreien gehabt, sie waren 15 Jahre älter als er.

Neben Fiffi saß seine Frau Gerlinde, sie hatte sich überhaupt nicht verändert. Wie immer perfekt geschminkt und frisiert. Auch sie lächelte Max freundlich an.

Es klingelte und kurze Zeit später kamen Marie und ihr Mann, gefolgt von Knut, dem Bruder von Max' Mutter, und seiner Frau Greta, in das Wohnzimmer mit der Styropordecke.

Da waren sie also, die Goldmarie und ihr Gatte. Maries Pagenkopf war dunkelbraun gefärbt. Sie hatte zugenommen. Schwarze Leggings schienen ihre Beine schlanker zu machen.

Sie trug unförmige schwarze Schuhe mit Plateausohlen, da sie nur 1,63 Meter groß war. Was war aus der kessen Motorradbiene geworden, die vor nichts zurückschreckte? Ihre stark geschminkten Augen wurden von einer schmalen, violettfarbenen Brille verdeckt, die Lippen blutrot angemalt.

Ingo hielt Max seine tellergroße Hand entgegen, um ihn zu begrüßen. Auch er trug eine kleine Brille und hatte zu viele schlecht gemachte Kronen im Mund. Die halslosen Ungeheuer, wie er seine Kinder nannte, waren in Obhut einer Studentin geblieben, die als Au-pair im Haus der Familie wohnte.

Marie gab Max die Hand. Dann ging sie zu Herrmann und drückte ihm einen Kuss auf die Wange. Onkel Knut und Tante Greta verbreiteten wie immer ein Gefühl von Wärme und Vertrautheit. War Not am Mann, konnte man sich auf die beiden verlassen und Tante Greta, selbst zu ihrem eigenen Verdruss kinderlos geblieben, war eines der wenigen Familienmitglieder, dem Nikolas' »bedauernswerte Krankheit«, wie sie sich ausdrückte, aufrichtig leid tat. Auch jetzt waren ihre Augen bereits tränenfeucht und sie zerknüllte ein mit ihrem Monogramm besticktes Taschentuch an ihrer Brust.

Herrmann unterbrach abrupt mit rauem Ton die Begrüßung. »So, ich glaube wir sind vollzählig. Renate, hol mir noch ein Bier aus der Küche.« Er zog an seiner Havana und leerte den Rest seines Glases.

»Ich habe euch heute hierher zitiert, damit wir uns einig sind über den weiteren Verlauf in dieser Angelegenheit. Morgen, am Mittwoch, ist die Beerdigung von Magda und Erich und es wird Presse anwesend sein. Ich halte es für das Beste, wenn nur ich mit den Reportern sprechen werde, denn es laufen inzwischen die wüstesten Spekulationen über diesen Unfall.«

Max konnte nicht glauben, was er da hörte. Unfall? Was redete sich der alte Mann denn da wieder ein?

»Ich möchte nicht, dass unser Ansehen, das Ansehen dieser Familie, in den Schmutz gezogen wird. Ihr wisst ja, diese Blätter tun alles, um eine Sensationsstory zu drucken. Ich befürworte diese Art von Schmiererei überhaupt nicht und ich glaube, ich spreche für alle. Unsere Familien leben seit über einem Jahrhundert in diesem Dorf und ich wünsche nicht, dass irgendwelche Informationen über Nikolas nach außen getragen werden. Dazu fühle ich mich als sein Vater und rechtlicher Betreuer verpflichtet. Er ist nicht zurechnungsfähig. Das habe ich der Polizei bereits gesagt. Auch sein Anwalt ist unterrichtet und baut seine Strategie auf diesen Fakten auf. Wir hoffen, ihn nach der Verhandlung in eine geschlossene Anstalt einweisen zu können, wo gut für ihn gesorgt werden wird.«

Max hatte die Nase voll von diesem absurden Theater und unterbrach Herrmann: »Es ist wirklich unglaublich, wie du dich über Nikolas stellst. Meinst du nicht, dass es einen Grund gibt, warum er Magda und Erich ermordet hat? Was sage ich, ermordet. Hingerichtet hat er sie. Aber wie du gestern schon so treffend bemerktest, hattest du ja nicht viel mit Nikolas zu tun, obwohl er dein Sohn ist und im gleichen Haus wohnte. Es ist wirklich absurd, wie du dich verhältst.«

Marie starrte ihn entsetzt an.

»Maximilian, ich glaube nicht, dass es dir zusteht, mich und meine Handlungen in irgendeiner Form zu kritisieren«, zischte Herrmann und wurde rot im Gesicht.

»Ich habe immer alles Erforderliche für euch getan. Ich habe Nikolas trotz seiner Schwierigkeiten und seines Gesundheitszustandes wieder in dieses Haus aufgenommen. Wir haben uns den Umständen entsprechend um ihn gekümmert, selbst Renate, obwohl das nicht ihre Aufgabe war. Du bist doch derjenige, der sich damals sang- und klanglos verabschiedet hat, nachdem deine Mutter gestorben war.«

Der Hieb saß, Herrmann hatte den Degen gezielt in Max' offene Wunde gestoßen.

»Ich glaube, du kennst am besten den Grund dafür«, entgegnete Max warnend.

Herrmann zuckte mit den Schultern und sah seinen Sohn mit einer Beiläufigkeit an, die ihm zu verstehen geben sollte, dass Max wie immer nur ein lästiger Störfaktor für ihn war. Selbstgefällig zog der alte Mann an seiner Zigarre und verpestete die Luft.

»Ich weiß nicht, inwiefern die wahren Zusammenhänge über den Tod von Mama oder Nikolas hier bekannt sind.« Max sagte es ruhig, wohlwissend, dass diese Ruhe die größte Bedrohung für seinen Vater war.

»Ich warne dich, Maximilian, ich warne dich zum letzten Mal.«

Alle schauten Max erwartungsvoll an.

»Als ich zu Mamas Beerdigung aus Paris zurückkam, war ich genauso geschockt über ihren plötzlichen Tod wie ihr alle. Zuerst hatte mich die Erklärung des Arztes, dass sie aufgrund der Komplikationen nach der Operation gestorben sei, zufriedengestellt. Ihr habt euch wahrscheinlich gewundert, warum ich frühzeitig abgereist bin und mich bis gestern von diesem Dorf und dieser Familie distanziert habe.«

»Untersteh dich, weiterzusprechen«, schnauzte Herrmann wütend aus seinem Sessel.

Erstaunt wandten sich alle Gesichter zu ihm. Diesen emotionalen Ton hatte keiner von ihm erwartet.

»Herrmann, ich glaube, du solltest Max ausreden lassen. Es ist wirklich an der Zeit, dass wir Dinge klären«, sagte Tante Ilse mit erstaunlich fester und bestimmter Stimme. Ihr Blick duldete keine Widerrede.

Herrmann wand sich im Sessel, gehorchte seiner älteren Schwester aber, wenn auch widerwillig.

»Es gibt einige Fakten, die ihr wissen solltet«, fuhr Max fort. »Nach der Beerdigung bin ich mit Papa zurück in die Wohnung gekommen. Er war in keiner guten Verfassung und fing an zu trinken. Wir waren alleine in der Wohnung, denn Nikolas war in der Anstalt und Marie war nach Hause gefahren. Ich ging zu Bett, aber gegen Mitternacht wachte ich auf und sah, dass noch Licht in der Küche brannte. Papa saß betrunken auf der Eckbank. Ich ging zu ihm und setzte mich an den Küchentisch. Ich merkte, wie verzweifelt und wütend er über den Tod von Mama war und wollte ihn trösten. Er griff nach meiner Hand und lallte, dass er mich lieb habe und dass ihm alles so leidtäte. Dann zog er mich an sich und wollte mir einen Kuss geben. Er widerte mich an, ich sagte ihm, er solle sich zusammenreißen.

Dann wurde er richtig wütend und meinte, ich hätte ja keine Ahnung, was er durchmachen würde. Ob ich nicht wissen wolle, was wirklich mit meiner Mutter passiert wäre? Sie hätte einen Brief hinterlassen, in dem stehen würde, dass sie sich selbst das Leben genommen hatte.«

Ein Stöhnen ging durch den Raum. Helene saß noch steifer auf ihrem Platz, den Mund aufeinandergepresst.

»Er stand auf und torkelte aus dem Zimmer. Kurze Zeit später schmiss er mir den Brief vor die Füße und schnauzte, dass da die ganze Wahrheit stehen würde. Ich erkannte die Handschrift meiner Mutter. Sie schrieb, dass sie das Leben nicht mehr ertragen würde.

Sie hatte im Jahr vor ihrem Tod Geld von ihrem Arbeitgeber unterschlagen, nicht viel und sie hatte es auch längst wieder zurückgezahlt, aber Tante Magda hatte es irgendwie herausbekommen. Sie hat meiner Mutter gedroht, dass sie alles öffentlich erzählen würde, und als der Krebs bei Mama diagnostiziert wurde, hatte sie allen Lebensmut verloren. Vielleicht glaubte sie, für ihre Sünde bestraft worden zu sein, ich weiß es nicht.

Magda hatte sie nach der Operation im Krankenhaus besucht und ihr gesagt, dass es besser für sie wäre, gleich zu sterben. Sie habe es ja auch nicht anders verdient. Zudem sei sie eine schlechte Mutter gewesen und hätte ein behindertes Kind in die Welt gesetzt. Von dem anderen schwer erziehbaren Jungen ganz zu schweigen. Mama hat kurz darauf Tabletten geschluckt und ist daran gestorben und nicht aufgrund irgendwelcher medizinischen Komplikationen, die von der Operation hervorgerufen wurden. Ich war entsetzt und sagte Papa, dass er dies doch nicht einfach verschweigen könne. Ob er denn schon zu Magda gegangen wäre, um sie zur Rede zu stellen? Er ging ohne ein Wort ins Bett, hoffnungslos betrunken.

Ich konnte die ganze Nacht nicht schlafen. Als ich am nächsten Tag aufstand, fragte ich ihn, wie er weiter verfahren wolle. Er sagte mir, dass er den Brief zerrissen habe und dass es so am besten für alle Beteiligten sei. Die Wahrheit würde keinem weiterhelfen. Daraufhin bin ich abgereist. Ich wollte nichts mehr mit ihm zu tun haben. Deswegen habe ich auch Mamas Namen angenommen. Wilde zu heißen schien mir damals wie heute unerträglich.«

Es herrschte vollkommen Stille im Zimmer.

Herrmann starrte ihn an. Dann spie er förmlich die Worte heraus: »Du hast ja schon immer gerne Geschichten erzählt, aber jetzt gehst du eindeutig zu weit. Wie kannst du behaupten, deine Mutter hätte Geld unterschlagen und sich das Leben genommen? Anscheinend ist Nikolas nicht der einzige kranke Sohn, den ich habe.«

»Ich glaube nicht, dass das stimmt.« Helene stand auf und ging ans Fenster. Sie ließ die Jalousien nach oben und schaute auf die Bauruinen auf der anderen Straßenseite.

»Max hat Recht. Bevor Anna ins Krankenhaus kam, war sie bei mir. Sie hat mir die Geschichte erzählt und auch, dass Magda sie erpresste. Wie diese Erpressung genau aussah, hat sie mir nicht gesagt. Ich bin nie das Gefühl losgeworden, dass Magda mehr mit ihrem Tod zu tun hatte. Aber ich schämte mich so sehr für meine Tochter, dass ich nichts für sie getan habe. Deshalb schwieg ich. Seit zwanzig Jahren lebe ich mit dieser Schuld. Max hat Recht, es ist an der Zeit, dass wir die ganze Wahrheit aussprechen.« Eine Träne lief über die alte faltige Wange.

Der Schock hatte alle versteinert.

Max fuhr fort: »Ich habe gestern einen alten Bekannten von Mama getroffen, Klaus, den ehemaligen Freund von Onkel Jochen. Ich weiß nicht, wer ihn von euch kennt. Er hat mir etwas erzählt, das wahrscheinlich ein weiterer Schock für euch sein wird, aber ihr solltet es wissen.« Max sah seinen Vater an und wich dessen Blick nicht mehr aus. »Nikolas hat sich damals so verändert, weil Tante Magda ihn sexuell missbraucht hat.«

Marie sprang vom Sofa auf. »Max, jetzt reicht es aber. Sag mal bist du vollkommen übergeschnappt? Magda hat Nikolas missbraucht? So ein Unsinn! Wie kann denn ein kleiner Junge Sex haben? Du machst dich ja lächerlich, wenn du so etwas sagst. Seid ihr denn alle auf einmal übergeschnappt?«

»Nun, ich habe nicht gesagt, dass Nikolas Sex mit Magda gehabt hat, sondern dass sie ihn missbraucht hat. Das sind zwei völlig verschiedene Dinge. Und ich glaube …«

Sie unterbrach ihn: »Mein Gott, Tante Magda war doch verheiratet. Warum sollte sie denn was mit einem kleinen Jungen machen? Was hätte ihr das gebracht? Die Frau ist tot und kann sich nicht mehr wehren. Du machst es dir ziemlich einfach, aber das kennen wir ja bereits.«

Fassungslos starrte Max seine Schwester an und konnte nicht glauben, was er da hörte.

»Diese Hexe«, war alles, was Tante Ilse sagte. Alle schauten sie an.

»Marie, du weißt, wie lieb ich dich habe, aber warum sollte Max so etwas sagen, wenn es nicht stimmen würde?«, murmelte Herrmanns Schwester. Sie räusperte sich und sah alle aus wässerigen Augen an. »Wir haben alle Leichen im Keller und dass Magda ein böser Mensch war, brauche ich wohl keinem hier zu erklären. Ich habe es am eigenen Leib oft genug erfahren. Es ist wirklich unfassbar, aber wir müssen hier die Wahrheit ergründen und uns nicht von unseren Gefühlen hinreißen lassen.«

Keiner hatte erwartet, dass ausgerechnet Tante Ilse so etwas sagen würde. Alle waren geschockt. Es waren gleich zwei Katastrophen, mit denen keiner der Anwesenden gerechnet hatte.

Herrmann stierte Max aus feindseligen Augen an. »Ich will, dass du sofort mein Haus verlässt, Maximilian«, zischte er. »Du hättest nie wieder herkommen sollen, du zerstörst mit deinen infamen Lügen diese Familie. Ich weiß nicht, warum du das tust, außer du hast eine Vorliebe für Zerstörung. Geh jetzt oder ich rufe die Polizei wegen Hausfriedensbruch. Und jeder, der mit mir nicht einer Meinung ist, kann ebenfalls diese Wohnung verlassen und braucht nicht wiederzukommen.«

Mit diesen Worten erhob er sich und wollte das Zimmer verlassen. Helene stellte sich ihm in den Weg.

»Herrmann, du solltest dich mal hören! Max ist doch kein Kind mehr und deine eigene Schwester räumt ein, dass an der ganzen Geschichte etwas wahr sein könnte. Ich denke, wir sind hier, um etwas zu klären, und nicht, um dir nach dem Mund zu reden. Und wenn du hier etwas nicht ausdiskutieren willst, bezichtigst du nicht nur Max, sondern auch mich einer Lüge.«

»Keine Diskussionen, Helene, geh mir aus dem Weg.«

»Ich denke nicht daran, du bleibst hier und hörst uns zu. Ist dir nicht klar, um was es hier geht? Willst du deine beiden Söhne verlieren?«

Im ersten Moment dachte Max, dass Herrmann sie erschlagen würde. Es gibt Momente, da ist die Tragik eines Dramas der griechischen Antike ganz nah und real. Stattdessen lehnte er sich an die Wand und schaute alle demonstrativ an. Er holte tief Luft.

»Ich wollte es zwar nicht zur Sprache bringen, aber ihr lasst mir keine andere Wahl. Ich habe keine Lust, hier als Sündenbock dargestellt zu werden. Auch Anna war nicht unschuldig an dieser Situation.« Jetzt sah er Max direkt an. »Nikolas und du, ihr wart nicht das, was man Wunschkinder nennen könnte. Besser gesagt, ihr wart ungewollte Kinder eurer Mutter.«

Ungläubig starrte Max ihn an, fasste es nicht, mit welcher Unverfrorenheit er diese Lüge in den Raum stellte. Es tat weh, es brannte, die Schneekönigin konnte nicht helfen.

»Nimm das sofort zurück, du elender Lügner«, schrie er.

Endlich hatte Herrmann Max aus der Reserve gelockt: »Ich denke gar nicht daran!« Erhobenen Hauptes ging er um Helene herum, die immer noch in der Tür stand und nicht glauben konnte, was sie da gerade gehört hatte, und verließ den Raum.

Max sah in die Runde der geschockten Gesichter.

»Es tut mir leid, aber ich konnte euch diese Dinge nicht verschweigen. Ich glaube, Nikolas hatte einen Grund für diese Tat und der Grund liegt in diesem Missbrauch. Ich werde herausfinden, was da wirklich passiert ist. Papas Lügen sind mir zuwider. Es ist unglaublich, er verpisst sich einfach!«

Niemand sagte ein Wort, noch saß der Schock zu tief. Marie starrte Max an, sie platzte förmlich vor Wut, sagte aber kein Wort, der Mund zu einem dünnen Strich verkommen.

»Hat sie ihre große Klappe verloren?«, fragte sich Max oder hatte er das früher fälschlicherweise für Willens- oder Charakterstärke gehalten? Im Moment gab es nichts weiter zu sagen.

Helene nahm ihre Tasche und verließ mit Max die Wohnung. Sie fluchte während des ganzen Heimweges.

»Oh, dieser Dickkopf, er wird es nie lernen. Er war schon als junger Mann so und hat mich mit seiner Art zur Weißglut gebracht. Und in den ganzen siebzig Jahren, die er auf dieser Welt zugebracht hat, hat er immer noch nicht gelernt, Verantwortung für das zu übernehmen, was er tut. Immer zieht er den Schwanz ein und macht aus Angst andere für das verantwortlich, was um ihn herum passiert. Erst Nikolas, dann Anna, jetzt du. Er opfert lieber Menschen um sich herum, als dass er sich selbst mal in Frage stellt. Er wird es nie lernen.«

Sie schüttelte den Kopf und schaute Max wütend an. »Und ich werde es nie lernen, mich nicht davon aus der Ruhe bringen zu lassen. Selbst auf meine alten Tage nicht.«

Max lächelte ungewollt und versicherte ihr, dass sie das nur sympathischer machte. Es war höchste Zeit, dass sie alle aus der Ruhe gebracht wurden, denn die Ruhe war tödlich geworden.

Sie lächelte ihn mit schiefem Mund an.

23

Das Hinterhaus

Es war September. Seit einigen Wochen hatte sich nicht viel ereignet. Keine kleinen Skandale, keine Intrigen, keine Männer in der Nordstadt. Sie schien fast zu platzen und wusste nichts mit sich anzufangen. Alles schien sie zu stören, nichts machte ihr Spaß.

Sie saß in der Küche, es war 11 Uhr an diesem warmen Dienstagmorgen, sie trug nur ihren Slip und den BH und hatte sich gerade die Fußnägel lackiert.

Sie hasste unlackierte Fußnägel. Ekelhaft, es widerte sie an, wenn sie die ungepflegten Füße der Frauen in ihren Sandalen im Sommer ertragen musste. Bei Männern guckte sie lieber erst gar nicht hin.

Sie schaute auf ihren faltigen Bauch. Sie wurde alt, erst kürzlich hatte sie ein graues Haar in ihrer Scham entdeckt. »Scham, was für ein lächerliches Wort«, dachte sie. Sie schämte sich nicht, warum auch. Sie stand auf und lief unruhig auf und ab.

In diesem Moment hasste sie ihr Leben, dieses gottverdammte Dorf, ihre tote Mutter, die immer weggeschaut hatte, wenn der Stiefvater sie in der kalten Wurstküche durchfickte.

Sie ging ins Wohnzimmer, zog ihren Hauskittel an und starrte aus dem Fenster hinunter auf die Straße. Einige Autos fuhren vorbei, der Kirchplatz gegenüber war frisch gepflastert worden und der Küster fegte die ersten gefallenen Blätter weg, Vorboten des Herbstes.

Aus dem Leim gegangene Frauen mit ergrautem Haar und Einkaufskörben auf Rollen machten lustlos ihre täglichen Besorgungen. War das ihre Zukunft, die ihr da entgegenstarrte?

Das Telefon klingelte. Sie nahm nach dem vierten Klingeln ab, nie vorher, es sollte bloß keiner denken, dass sie darauf wartete, angerufen zu werden.

Es war Anna. Aufgeregt brabbelte sie davon, dass am nächsten Wochenende endlich die lang ersehnte Fahrt nach Berlin stattfinden würde und wie aufgeregt sie sei und dass sie die beiden Kinder dann am Freitag bei ihr abliefern würde. Wie froh sie sei, endlich mal rauszukommen, und wie dankbar, dass Magda ihr die beiden Kinder abnehmen würde.

Den Telefonhörer am Ohr dachte sie nur daran, dass sie der Jüngeren am liebsten den Hals umgedreht hätte. Stattdessen versprach sie, die beiden am Freitagnachmittag wie besprochen bei sich aufzunehmen. Zwar passte es ihr nicht ganz, da ihr Mann am Wochenende zu Hause sein würde, aber sie war sich sicher, dass sie einen Moment finden würde, um sich zu amüsieren.

Die Aussicht auf das Wochenende erregte sie. Sie beendete das Gespräch mit dem Vorwand eines Arztbesuches und legte auf. Das beklemmende Gefühl wollte nicht verschwinden. Sie fühlte sich wie ein Tiger im Käfig. Sie lief vom Wohnzimmer ins Schlafzimmer, zurück in die Küche, der Hund schnarchte, sie starrte in den betonierten Innenhof.

Die Nachbarin, Frau Salo, eine krummnasige Frau Mitte fünfzig, verließ das Hinterhaus, um sich anscheinend in den Einkaufskotillon einzureihen. Frau Salo schaute nach oben. Sie winkte und bedeutete ihr, das Fenster zu öffnen.

»Guten Morgen«, schnaubte sie ächzend und wischte sich mit einem großen Taschentuch die verschwitzte Stirn. »Bleiben Sie heute Morgen zu Hause? Ich warte auf den Elektriker, aber mein Sohn rief gerade an. Meine Enkelin hat sich den Arm gebrochen und ich muss sie ins Krankenhaus bringen. Könnten Sie den Handwerker reinlassen?«

Das hatte ihr gerade noch gefehlt. Diese dumme Pute glaubte wohl, sie hätte nichts Besseres zu tun, als auf den Elektriker zu warten.

»Aber natürlich«, lächelte sie hinunter auf den Hof, »geben Sie mir den Schlüssel und ich lasse ihn herein. Wann werden Sie denn wieder da sein?«

»Nicht vor heute Nachmittag, es kommt darauf an, wie lange die im Krankenhaus brauchen.«

»Kleinen Moment, ich bin gleich unten.«

Sie zog den Kittel aus und streifte ihr grünes Hauskleid über. Sie mochte dieses Kleid, es hatte zehn Perlmuttknöpfe, sie ließ die unteren zwei geöffnet, das brachte ihre Beine zur Geltung.

Sie ging hinunter auf den Hof, nahm den Schlüssel entgegen, versprach, auf den Elektriker zu warten und sah Frau Salo auf die Straße watscheln.

Eine seltsame Frau, die eher wie ein hässlicher Mann aussah. Die dünnen Beine steckten in flachen Schuhen. Sie trug keine Strümpfe. In der Woche trug sie fast immer eine ärmellose Kittelschürze. Nur sonntags zur Kirche wechselte sie den Kittel und trug blau-graue Kleider oder Kostüme, die sie bei Woolworth in der Stadt kaufte. Ihr Mann hatte als Fotograf für Passbilder und Hochzeiten gearbeitet, allerdings war er nicht sonderlich erfolgreich.

Um die Haushaltskasse aufzubessern, hatte Frau Salo vor einigen Jahren damit begonnen, auf fremde Kinder aufzupassen und sich somit etwas Geld zur Rente zu verdienen. Es waren nicht viele, denn die meisten Mütter waren nicht berufstätig oder hatten Verwandte, die im Notfall auf die Kinder aufpassten. Da Frau Salo aber in der Kirchengemeinde als Küsterin tätig war, hatte der Pfarrer ihr öfters Kinder aus sozialschwachen Familien und von Spätaussiedlern anvertraut und sie dafür bezahlt. Zweimal in der Woche kamen vor allem kleine Jungen in das Hinterhaus, um einige Stunden bei Frau Salo zu verbringen.

Magda schaute in die Sonne, die bereits hoch am Himmel stand. Schnell lief sie die Treppen hinauf, um Mecki zu holen. Der alte Hund ächzte bei jeder Stufe, die er sich herunterquälte, aber im Garten würde er sich wohler fühlen als in der heißen Wohnung.

Sie ging durch die Garage in den Garten, hin zur alten Remise, die als Gartenlaube diente, aber es roch muffig hier. Die alten Holzplanken mussten bald mal erneuert werden.

Sie hörte das Geschrei der Schulkinder auf der anderen Seite der Mauer und es machte sie krank. Warum musste ausgerechnet ihr Grundstück an das der Schule grenzen?

Sie ließ den Hund im Garten und wollte zurück in die Wohnung, als sie den Schlüssel in der Tasche ihres Kleides spürte. Sie war noch nie allein in Frau Salos Wohnung gewesen. Warum sollte sie nicht auf eine kleine Entdeckungstour gehen?

Sie betrat den Eingang des Hinterhauses, in dem neben Frau Salo nur noch der italienische Metzgergeselle ein Zimmer bewohnte. An diesem eitlen Pfau hatte sie schnell das Interesse verloren, denn er war hinter jedem Rock im Dorf her. Sie ging an seinem Zimmer vorbei und stieg die Treppe zur Wohnung hinauf.

Es war lange her, dass sie in diesem Teil ihres eigenen Hauses gewesen war. Sie hatte es nie sonderlich gemocht, denn es lag direkt über der Wurstküche der Fleischerei und die Gerüche des gekochten Fettes und des toten Fleisches hingen immer in den Wänden. Es erinnerte sie an die Treffen, die sie mit ihrem Stiefvater vor ewigen Zeiten hatte. Besonders im Sommer war der Gestank des toten Fleisches kaum auszuhalten.

Das Hinterhaus war enger gebaut und diente vor dem Krieg eigentlich nur zur Behausung der Angestellten der Fleischerei.

Frau Salo war vor einigen Jahren hier eingezogen, nachdem ihr Mann gestorben war und ihr Sohn geheiratet hatte.

Es war still im Hinterhaus. Die Fenster gingen zum Innenhof und in der Schule nebenan war die Mittagspause vorbei, die Schulkinder lärmten nicht mehr. Sie stand jetzt vor der Wohnungstür ihrer Mieterin und starrte auf die Milchglasscheibe im oberen Drittel der Tür. Licht fiel hindurch.

Sie betrat die fremde Wohnung und stand in der Wohnküche, eine Uhr tickte laut. Sie hasste das Geräusch einer Uhr, wenn sie zu laut tickte.

Obwohl die Wohnung sauber war, machte sie einen düsteren Eindruck. Die Fenster waren von schweren Vorhängen verborgen und das wenige Tageslicht, was vom Innenhof hereindrang, erhellte die Wohnung nur mühsam. Die Luft war schwer und staubig.

Auf der linken Seite des dunklen Flures, der von der Wohnküche abging, lag das fensterlose Bad, es war relativ groß. In der Badewanne standen verschiedene Plastikbehälter und zwei mittelgroße Kanister. Sie nahm es unbewusst wahr. Neben dem Bad gab es eine Abstellkammer.

Auf der rechten Seite waren zwei weitere Zimmer. Sie betrat das erste, das Schlafzimmer mit einem alten Doppelbett und einem Eichenschrank. Daneben ein weiterer Raum, der im äußersten Teil des Hauses lag und direkt an das anliegende Schulgebäude grenzte, nur getrennt von einem schmalen Durchgang. In dem Raum stand ein großes Sofa, ein Tisch, ein Sideboard, auf dem Boden lag ein altes Fell. Die Gardinen, die das Fenster ganz einnahmen, waren so dicht, dass sie im ersten Moment nicht erkennen konnte, was vor dem Fenster lag. Der Raum hatte eine seltsame Atmosphäre und ihre Erregung steigerte sich. Sie leckte sich unwillkürlich die Lippen.

Sie zog die Vorhänge zurück, um mehr Licht in den Raum zu lassen. Was machte die Salo in diesem Zimmer? Auf einmal wurde ihr klar, dass sie sehr wenig über die Frau wusste, die seit einigen Jahren in ihrem Haus wohnte. Nur gut, dass sie jetzt die Gelegenheit hatte, mehr herauszufinden. Anscheinend gab es einige Dinge zu entdecken.

Am Ende des Ganges war ein Schrank, dahinter eine Wandbespannung aus dunklem Samt.

Der Klingelton zerriss die Stille. Sie schreckte unwillkürlich zusammen, die dunkle Atmosphäre der Wohnung hatte sie vollkommen eingenommen. Das musste der Elektriker sein.

Rasch verließ sie die Wohnung und stieg die Treppen herunter. Er durfte sie auf keinen Fall in der Wohnung antreffen. Betont freundlich begrüßte sie den schwitzenden Mann im Hausflur und erklärte ihm, dass ihre Nachbarin nicht im Hause sei, sie ihn aber hereinlassen sollte.

Sie gingen zurück in die Wohnung, sie vor ihm her, wobei sie darauf achtete, dass sich auch der dritte Perlmuttknopf ihres Kleides öffnete, um Teile ihres Oberschenkels zu entblößen.

Sie spürte, wie der Elektriker einen Blick auf ihre Beine warf. Er durchquerte den Flur, verrückte fluchend den Schrank am Ende des Ganges, um den hinter der Wandbespannung liegenden Stromkasten freizulegen und überprüfte die Sicherungen, konnte aber wohl keine Fehler entdecken.

Sie wurde ungeduldig, spürte plötzlich wieder die ungewöhnliche Hitze des Septembertages und den Gestank aus der Fleischküche im Erdgeschoß. Sie merkte, wie unbefriedigt sie seit einigen Wochen war, und presste unwillkürlich die Oberschenkel zusammen.

Der große, nach Schweiß riechende Elektriker machte sie wütend, da er anscheinend das technische Problem nicht lösen konnte und wenig Interesse zeigte, sie zu befriedigen. Die wildesten Phantasien schossen ihr durch den Kopf, am liebsten hätte sie eine Peitsche genommen und den Mann gezüchtigt. Sie versuchte, sich nichts anmerken zu lassen und ging in den Raum mit dem Sofa, dem alten Fell, dem Sideboard und dem Tisch.

Irgendetwas war hier! Sie wusste, dass sie etwas übersehen hatte. Der Mann im Korridor hörte nicht auf, vor sich hin zu fluchen, und sie hätte ihn am liebsten angeschrien, den Mund zu halten und sie zu ficken. Sie schloss die Tür und sagte ihm, er solle ihr Bescheid geben, wenn er fertig wäre, und setzte sich auf das Sofa. Sie lehnte sich zurück und schloss die Augen, es war ein bequemes Sofa, in dem man fast versinken konnte.

Die Zimmerdecke lag etwas im Dunkeln, doch jetzt sah sie es. Wie dumm von ihr, es beim ersten Mal zu übersehen. Schnell stand sie auf, schob nun auch die vergilbten Gardinen etwas zur Seite und schaute erneut nach oben. Es war eine alte Einstiegluke zum Dachboden, der genau über dem Zimmer lag. Es gab keine Treppe, der Dachboden gehörte nur zu dieser Wohnung. Er war niedrig, das wusste sie aus ihrer Kindheit, sie war einmal mit ihrer Mutter dort oben gewesen. Ließ man die Luke herunter, öffnete sich automatische eine kleine Leiter.

Sie schaute auf ihre Uhr. Die Salo war seit einer Stunde weg und würde sicher nicht so bald wiederkommen. Sie musste nur den Handwerker loswerden. Sie ging auf den Flur hinaus und starrte ihn an. Ihr Interesse an ihm war plötzlich verloren.

»Haben Sie das Problem gelöst oder wird es noch lange dauern?«

»Ich glaube, es liegt an der Hauptleitung, wir werden die Wand aufstemmen müssen. Sind Sie die Hausbesitzerin?«

Sie nickte. Das hatte ihr gerade noch gefehlt. Die Wand aufstemmen, neue Kosten.

»Warum machen Sie mir nicht einfach einen Kostenvoranschlag und schicken ihn mir per Post zu? Ich nehme an, dass Frau Salo noch Strom haben wird?«

»Ja, aber es könnte problematisch werden und einen Kurzschluss geben und dann könnte das Haus niederbrennen.«

Sie wollte nur auf den Dachboden, alles andere war ihr im Moment egal.

Mit der Zusage eines Kostenvoranschlags brachte sie ihn zur Tür. Sie lief zurück in das Zimmer mit der Dachbodenluke, stellte sich auf die Sofalehne und erreichte den Haken an der Decke. Das Schloss schnappte auf und die kleine Leiter, die in der Luke verankert war, senkte sich herunter. Sie hielt sich mit den Händen fest und kletterte über die wackeligen Stiegen nach oben. Es war dunkel und sie ärgerte sich, dass sie nicht an eine Taschenlampe gedacht hatte. Fluchend kletterte sie wieder herunter, ging in die Küche und fand das Gerät in einer Schublade. Als sie wieder auf der obersten Sprosse der Leiter stand, leuchtete sie in den dunklen Raum.

Sie hatte Spinnweben und Staub erwartet, doch der Raum war sauber. Eine Matratze lag auf dem Boden, daneben zwei Kunstlichtlampen, die man für Fotoaufnahmen benutzte, sowie ein Flokati und eine Pappwand mit Stoffbespannung.

Eine Kamera lag auf einem kleinen Tisch, daneben ein Umschlag. Sie öffnete ihn. Sie erkannte die Kinder auf den Fotos. Es waren die Spätaussiedler, die kleinen Polenkinder, die zweimal die Woche zu Frau Salo kamen.

Die Kinder waren nackt. Auf einem Foto war ein kleiner Junge zu sehen. Er lag auf dem Rücken und zog mit beiden Händen sein Hinterteil auseinander. Ihr Atem ging schneller.

Auf dem nächsten Foto sah man erneut den kleinen Jungen. Mit beiden Händen umfasste er den überdimensional groß wirkenden Schwanz eines Mannes mit haarigem Bauch. Das

Gesicht des Mannes konnte man nicht erkennen. Auf anderen Fotos erkannte sie den Mann mit dem großen Schwanz wieder, diesmal war es ein kleines Mädchen, mit dem der Mann beschäftigt war. Sie hatte genug gesehen.

Sie nahm ein Foto mit dem Mann und dem kleinen Jungen an sich, steckte es in die Tasche ihres Hauskleides. Dann legte sie alles an den Platz zurück, schloss die Luke, legte die Taschenlampe in die Schublade, verschloss die Wohnung von Frau Salo und ging durch den Gang zurück auf den Hof.

Sie ließ den Hund im Garten und ging in ihre Wohnung. Im Wohnzimmerschrank stand die Flasche mit dem Likör. Sie war kein Freund von Alkohol, doch jetzt goss sie sich ein Glas ein. Sie setzte sich in einen Sessel und lächelte.

Sie wusste, dass sich alles verändern würde. Sie musste nur ganz genau überlegen, wie sie vorgehen sollte. Seit langer Zeit hatte sie sich nicht mehr so ruhig und klar gefühlt. Die Benommenheit, die sie im ersten Moment nach ihrer Entdeckung gespürt hatte, war verschwunden.

Als ihr Mann gegen 15 Uhr von der Arbeit kam, saß sie immer noch lächelnd in ihrem Sessel. Sie hatte nicht bemerkt, wie schnell die Zeit vergangen war.

Die Salo hatte einiges zu erklären, wenn sie den Schlüssel abholen würde.

24

Am Tag, als Conny Kramer starb

Max hatte nicht daran gedacht, schwarze Kleidung mitzunehmen. Er stand in der prallen Sonne. Warum fanden Beerdigungen auf dem Dorf immer in der Mittagszeit statt? Weil man im Sommer schneller in Ohnmacht fiel? Oder damit im Winter die Augen durch den Wind gerötet waren und man leichter weinen konnte?

An diesem Mittag weinte keiner am Grab von Magda und Erich Wilde. Dennoch waren viele gekommen. Einige alte Damen der Kirchengemeinde, die Max nicht kannte. Von den Vorständen der Verbände, in denen die beiden Mitgliedschaft gezahlt hatten, waren gelangweilte Vertreter anwesend. Ansonsten viel Presse und die unvermeidlichen Schaulustigen. Das halbe Dorf war auf den Beinen.

Max stand auf der rechten Seite des Grabes mit Helene und dem Rest der Familie mütterlicherseits. Der Wilde-Clan stand ihnen gegenüber. Nach dem Treffen am gestrigen Abend waren die Fronten in der Familie nur allzu deutlich.

Max war früh ins Bett gegangen und hatte nicht gesoffen, denn er wollte an diesem Morgen bei klarem Verstand sein. Das hatte aber nicht ganz funktioniert. Er erwachte trotzdem wieder mit einem bleiernen Kopf und schweren Lidern.

Er quälte sich in die Plastikdusche und starrte den vergilbten und durch Kalkablagerungen ziemlich unansehnlichen Schlauch an. Wo der schon überall gesteckt hatte, wollte er gar nicht wissen, aber perverse Bilder quälten sich durch seine Hirnrinde. Er drehte die Temperatur auf eiskalt, die Bilder versanken dorthin, wo sie hergekommen waren.

Gott, wo war er hier gelandet? Immer die gleichen Fragen. War er wirklich aus New York in dieses Kaff zurückgekommen? Was wollte er hier? Vielleicht gab es heute einen freien Platz auf dem Flug von Düsseldorf nach New York?

Vermissen würde ihn keiner. Lieber im Rinnstein der Fifth Avenue enden als in diesem Scheißkaff dahinzuvegetieren. Auch wenn die Fifth keine Rue du Bac war … Mme de Stael hätte es genauso gemacht. Seiner Familie war eh nicht zu helfen – und ihm? Er hatte doch seine Arbeit, seinen Erfolg, seinen Schneemann, das reichte. Plötzlich wollte er raus aus diesem Zimmer, diesem Hotel, diesem Ort, diesem Leben.

Hatte sich Nikolas so gefühlt? Hatte er auch deswegen die Morde begangen? Wie oft hatte er im Zimmer auf dem Dachboden im roten Elternhaus gegenüber von den Bahngleisen gesessen und sich gewünscht wegzulaufen?

Wer war Nikolas, was war aus ihm geworden, was dachte er? Max wusste nur, dass er halbtags auf dem Friedhof arbeitete und zweimal in der Woche Wurst bei Frau Weise kaufte. Mehr nicht. Und dennoch: Würde er einfach feige den Schwanz einklemmen und abhauen, dann wäre er wie sie, die anderen der Wilde-Sippe. Er musste bleiben. In Filmen haben solche Momente etwas Heroisches: die Erkenntnis, dass man etwas Gutes und Besonderes tut und einen Schritt weiter im Leben geht. Aber kein Orchester schwoll an und keine Kamera ging zum Close-up auf sein lädiertes Gesicht, auf dem dann ein hoffnungsfrohes Lächeln seine Lippen umspielen würde.

Reality bites! In diesem Moment biss sie verdammt kräftig zu.

Er schaute in den Spiegel und alles, was er sah, war ein Mann mittleren Alters mit den Spuren von zu vielen Exzessen. Wann war er so schnell so alt geworden? Letztes Wochenende in New York war er doch noch fast jugendlich hoch auf dem weißen

Ross auf einer Schneespur durchs Leben und die Clubs geschlittert. Widerwillig schüttelte er den Kopf, schob alle Gedanken beiseite. Er hatte gleich einen Termin mit der Janos-Sippe.

Hastig zog er sich an und ging hinunter in den Frühstücksraum, um vorher noch einen Espresso allein zu trinken. Aber natürlich saßen sie alle schon da und waren sich darüber einig, dass etwas unternommen werden sollte. Tante Ilse, als Älteste, bat ihn, so, wie sie sich ausdrückte, »im Namen aller« Nikolas aufzusuchen und mehr Licht in die Angelegenheit zu bringen.

»Dein Vater hat sich gestern nicht korrekt verhalten, da sind wir uns wohl einig. Ich habe mich auch nicht immer so verhalten, wie man es von mir hätte erwarten können, und wir hätten alle viel früher etwas unternehmen müssen. Vielleicht wäre dann diese furchtbare Sache nicht passiert. Aber es ist geschehen und der liebe Gott hat es vielleicht so gewollt.«

Max' Cousine Karin, mit feuerrotem Haar, zu starkem Make-up, ausladenden Hüften und Schmollmund, musterte ihn über ihr Honigbrötchen.

»Lassen wir Gott mal für einen Moment aus dem Spiel, Mutter. Wenn das alles nicht stimmt, was Max gestern erzählt hat, gibt es hier ein Theater. Wenn ich gleich an diesen Zirkus auf dem Friedhof denke, reicht es mir schon. Mir ist bereits ein Kamerateam zum Hotel gefolgt! Die werden nachher auf dem Friedhof sein und du, Max, bist das gefundene Fressen für die. Ein Zwilling! Besser geht's nicht. Dem Mörder wie aus dem Gesicht geschnitten. Gestern kam so ein Journalist und hielt mir ein Foto von euch beiden unter die Nase: Wir wären doch miteinander verwandt und so weiter. Gott, wenn das noch mehr Kreise zieht, kann ich den Laden wohl schließen«, seufzte sie und biss in ihr Brötchen.

Karin war Inhaberin eines Frisiersalons in der Stadt und hatte somit den Familienbetrieb praktisch weitergeführt.

Freundlich schaute Max sie an: »Na, das ist doch in gewisser Weise eine unbezahlbare Werbung für dich, liebste Karin.«

Sie starrte entsetzt zurück. »Max, bist du vollkommen übergeschnappt? Was soll denn das heißen? Traust du mir so etwas zu? Denkst du, ich würde diese Situation ausnützen, um mich daran zu bereichern? Nur zu deiner Information: Gestern hat mir dieser Journalist viel Geld gegen Informationen und Bilder aus eurer Kindheit geboten. Und ich habe abgelehnt.«

»Das hättest du nicht tun müssen«, erwiderte Max.

Sie starrte ihn fassungslos an, öffnete den Mund, schloss ihn wieder. Dann legte sie den Kopf in den Nacken und fing an, schallend zu lachen. »Unfassbar, wirklich. Das gefällt mir.«

Der Rest der Tafelrunde starrte Max entgeistert an.

»Was soll ich euch sagen? Soll ich mich verstecken? Soll ich diese ganze Geschichte im Geheimen ausarbeiten, damit die Familie weiß, was passiert ist, und darauf hoffen, dass in zwei Monaten alles wieder vergessen ist? Sorry, aber darauf lasse ich mich nicht ein. Ich habe den Mund lange genug gehalten!

Als ich ging, hat das damals anscheinend niemanden von euch interessiert, denn keiner hat sich die Mühe gemacht herauszufinden, warum ich verschwand. Ich kann mich nicht erinnern, dass mich einer von euch angerufen oder mir mal geschrieben hat. Ich werde gleich zur Beerdigung gehen und danach ins Untersuchungsgefängnis fahren, um Nikolas zu sehen. Es reicht mit der Geheimniskrämerei. Wenn die Presse was wissen will, nur zu. Papa möchte uns zwar den Mund verbieten, aber ehrlich gesagt kann er mich mal kreuzweise! Nikolas hat zwei Morde begangen und ich werde nicht tatenlos danebenstehen und zuschauen, wie mein Vater ihn mitsamt seinem Anwalt mundtot macht und für den Rest seines Lebens in eine Anstalt steckt. Außer Nikolas möchte das gerne, aber das bezweifele ich.«

Max war sich nicht ganz sicher, ob dem so war, denn vielleicht würde sich Nikolas besser fühlen, wenn er von diesem ganzen Schlamassel nichts mehr mitbekommen würde. Er würde es am Nachmittag herausfinden.

Max entschuldigte sich und ging auf sein Zimmer, um sich umzuziehen. Der Appetit war ihm vergangen.

Es klopfte. Mit der Zahnbürste in der Hand und den Mund voller Schaum öffnete Max die Tür. Tante Ilse fragte lächelnd, ob sie kurz hereinkommen könnte.

»Kann ich dir noch irgendwie behilflich sein, bevor wir fahren?«

»Lieb von dir, aber da ich keine Krawatte trage, die du binden könntest, brauche ich keine Hilfe. Also, was willst du wirklich?«

Er wusste sofort, dass sein Ton völlig unangebracht war und es tat ihm leid. Da stand er, den Mund voller Schaum, in diesem Hotel, an dem Ort, wo früher ein alter Gasthof stand, in dem Juliane Werding ihm vor Ewigkeiten ein Autogramm gegeben hatte. *Am Tag, als Conny Kramer starb, und alle Glocken klangen.* Er hätte das Lied immer noch auswendig mitsingen können. Conny war tot, hatte Pech, die Drogen hatten ihn gekillt. Und er, Max? Wieviel Conny war in ihm? Warum war er zum, wenn auch funktionierenden, Junkie geworden? Unliebsame Gedanken, die ihn noch mehr nervten, wenn er wach war. Müde wischte er sich über die Augen. Und überhaupt … der Originaltext von Robbie Robertson, den Joan Baez dann sang, hatte eh nichts mit Conny am Hut und was wusste schon Juliane? Die Zahnpasta tropfte auf den Boden.

Plötzlich sah er sich selbst als kleinen Jungen in diesem Dorf, das keine Zukunft hatte, zumindest nicht für ihn. Was war aus ihm geworden? Erfolgreicher Fotograf? Ja! New York, die Welt, Erste-Klasse-Flüge und das Loft in Soho. Models,

Fashionshows, Sex, Drugs und Rock'n'Roll in allen Lagen, wann und mit wem er wollte, und genug Kohle. Das beeindruckte diejenigen, die immer an der Oberfläche schwammen.

Zum zweiten Mal an diesem Morgen, spürte er, dass er sich selbst belog. Die alte Wunde platzte wieder auf. Er war einfach weggerannt, damals, hatte geglaubt, alles hinter sich zu lassen, vor allem Nikolas. Er hatte sich geirrt. Die Vergangenheit war wieder zur Gegenwart geworden.

Vielleicht hatten sie neue Häuser auf die Ruinen gesetzt, aus dem Edeka-Laden einen Plus gemacht. Vielleicht sahen sie alle anders aus, hatten graue Haare bekommen und waren zu Erwachsenen geworden. Unbemerkt hatten sich nicht nur Jahre, sondern Jahrzehnte eingeschlichen. Alles war teurer, alles anders, alles neu. Alles gleichgeblieben.

Er steckte immer noch da, wo er früher gewesen war. Es wurde Max vollkommen klar in diesem Augenblick und erschreckte ihn zutiefst.

Weggehen, um anzukommen. Zum ersten Mal machte dieser Stickerspruch der siebziger Jahre Sinn. Ja, vielleicht musste er solange weg sein aus diesem Biotop derjenigen, die alles unter den Tisch kehrten. Es ging nicht nur darum, Nikolas zu befreien, sondern letzten Endes auch um ihn selbst. Vielleicht war dies die Chance, hier wirklich herauszukommen.

Max ging auf seine alte Tante zu, die mit den Tränen kämpfte, und nahm sie einfach in den Arm.

Auf dem Weg zur Kirche warteten bereits die Reporter. Als sie Max entdeckten, ging ein Blitzgewitter los. Irgendjemand hielt ihm ein Mikrofon ins Gesicht und fragte, wie er sich fühlte. Er hob beide Arme und erklärte, dass er am folgenden Tag um 11 Uhr eine Pressekonferenz im Hotel geben würde, dann ging er in die Kirche.

Helene saß schon mit der Remark-Sippe im linken Bereich des Kirchenschiffs, Herrmann und der Wilde-Clan hatten auf der rechten Seite Platz genommen. Tante Ilse, hin und her gerissen wie eh und je, begrüßte Helene, setzte sich dann aber doch zu Herrmann. Wohlwollend nickte er ihr zu. Max setzte sich hinter Helene und behielt die Sonnenbrille gleich auf, denn schon drängten sich Fotografen in den Seitenflügel, um ein gutes Foto von den Anwesenden zu bekommen.

Der Trauergottesdienst war wie in einem schlechten Film, den man erst gar nicht in die Kinos bringen würde, sondern gleich auf DVD, nein, noch besser, sofort auf YouTube veröffentlichen musste, um wenigstens die Produktionskosten einspielen zu können. Wer kaufte heute noch DVDs? Der Pastor quälte die Versammlung mit Lügen über das Leben der Verstorbenen und bat um die Vergebung derer Sünden.

Schon als Kind hatte Max immer den Eindruck, dass die Dorfbewohner am Sonntag nur in das Hochamt gingen, um an einem öffentlichen Schauspiel teilnehmen zu können, dem der Pfarrer in seinen bunten Kostümen als Regisseur vorstand und wo Pelzmäntel und neue Hüte gezeigt werden konnten. Eine Art dörfliche, katholische Modenschau.

Vielleicht sollte Max auf dem Friedhof ein paar Worte sagen. Es wäre zumindest das gefundene Fressen für die Presse und Herrmann würde einen Anfall bekommen.

Nach dem Gottesdienst ging Max die einen Kilometer lange Strecke zum Friedhof zu Fuß. Der Rest der Familie fuhr mit dem Auto. Die Journalisten waren ihm egal, plötzlich war jemand an seiner Seite. Die Frau sprach ihn an.

»Entschuldigung, hätten Sie vielleicht einen Moment Zeit für mich?«

Hatte er nicht gerade eine Pressekonferenz für morgen angekündigt?

»Nein, ich bin keine Journalistin, keine Angst. Ich weiß, es ist nicht der passende Moment, aber ich wusste nicht, wann ich es sonst hätte tun sollen. Ich bin Martina Weise.«

Ungläubig starrte Max sie an. »Martina Weise? Sind Sie mit der Familie Weise verwandt, die eine Fleischerei im Hause meiner Tante hat?«

»Ja, Elisabeth Weise ist meine Mutter.«

Verwundert musterte Max die Frau. »Ich hätte dich nicht erkannt, wie auch, es ist ja lange her«, war alles, was er sagen konnte.

Sie lächelte ihn an. Sie hatte grüne Augen, hellbraunes lockiges Haar und lange Beine. Unter ihrer schwarzen Kleidung zeichnete sich ein Körper ab, bei dem Max' Jagdinstinkt sofort erwachte.

»Max, ich würde gerne mit dir reden. Wir kennen uns ja nur als Kinder, aber ich habe Nikolas ab und zu gesehen, wenn ich im Dorf war und meine Mutter besuchte. Ich lebe jetzt in Düsseldorf. Als ich erfahren habe, was passiert ist, dachte ich, dass ich vielleicht helfen könnte. Ich bin Anwältin. Vielleicht kann ich etwas für Nikolas tun. Ich muss heute Abend zurück nach Düsseldorf, aber hier ist meine Handynummer. Wenn du noch Zeit hast, ruf mich doch bitte an.«

Sie hatten den Friedhof erreicht. Sie drückte ihm ihre Visitenkarte in die Hand und winkte ihrer Mutter zu, die schon an der Gruft mit den anderen Trauergästen stand. Mit einem Lächeln drückte sie seinen Arm.

»Ich mag deinen Bruder sehr gern und würde wirklich gerne behilflich sein.«

Max versprach, sich zu melden und steckte die Karte in seine Hosentasche.

Jetzt stand er seit zwanzig Minuten blinzelnd in der prallen Sonne und merkte, wie ein Schweißtropfen seinen Rücken herunterrann.

Der Friedhof lag an der Stadtgrenze zu Lüdow neben dem Wasserturm, schräg gegenüber vom Sportplatz. An einem sanften Hang gelegen, konnten die meisten der Verstorbenen den Blick auf ein Feld genießen, falls sie das durch das vorgeschriebene zwei Meter dicke Erdreich, das über ihnen angehäuft war, hätten tun können.

Max schaute auf die Uhr, es war fast eins. Der Geistliche besprengte die Särge mit Weihwasser und es hätte Max gefreut, wenn die beiden Leichen aufgestöhnt hätten, waren sie doch Vampire, die das Blut und das Leben aus seinem Bruder herausgesaugt hatten.

Einige Meter hinter ihm standen Journalisten und die Kameras der Fotografen klickten unaufhörlich. Glaubten sie wirklich, Trauer auf den Gesichtern der Anwesenden einfangen zu können? Auch die Kamerateams der sensationslüsternen Magazine im Vorabendprogramm der TV-Sender waren anwesend und ließen die Kameras laufen. Max kam sich vor wie ein schlechter Soapdarsteller.

Er bemerkte, dass Herrmann ihn anstarrte, als dieser ein paar Erdklumpen auf die Särge warf, die inzwischen zwei Meter unter der Oberfläche verschwunden waren. Sie spuckten Nikolas ins Gesicht, indem sie Magda in Ehren, mit allen Ritualen der katholischen Kirche, begruben.

Spontan ging Max an das Fußende der offenen Gruft, nahm seine Sonnenbrille ab, dann den Spaten aus Ingos Hand und schmiss ihn auf den Sarg. Atemlose Stille. Max sah in die Runde der Journalistenmeute und dann auf seinen Vater. Der starrte ihn fassungslos an.

Einige Meter hinter der Trauergemeinde entdeckte Max Klaus. Er nickte ihm aufmunternd zu und deutete mit seinem Kopf auf die Pforte, die vom Friedhof aus auf eine kleine Seitenstraße führte.

Ohne weiter zu zögern, sagte Max laut und für alle deutlich hörbar: »Hier liegen keine Opfer, sondern Täter.«

Dann spuckte er hinunter auf die Särge.

25

Schnapp – Schuss

Es war Samstagnachmittag im Oktober. Sie war alleine zu Hause und wartete. Ihr Mann hatte Wochenenddienst und würde nicht vor 19 Uhr wieder zu Hause sein.

Es klingelte. Sie stand auf, um die Türe zu öffnen. Die Salo stand in ihrem grauen Hauskittel und in Pantoffeln vor der Tür. Ein Windstoß fuhr durch ihre dünnen Haare.

»Kommen Sie doch herein, Frau Salo«, sagte sie freundlich.

»Nein, das ist nicht nötig«, erwiderte die Nachbarin. »Ich habe nicht viel Zeit.« Sie kramte in ihrer Kittelschürze und zog einen Briefumschlag aus ihrer Tasche. »Hier bitte, ich glaube, Sie haben darauf gewartet.«

Sie nahm den Umschlag mit ruhiger Hand entgegen. »Na, dann wünsche ich Ihnen noch einen schönen Abend.«

Frau Salo nickte und ging schnell die Treppe herunter. Kurz darauf hörte sie, wie die Tür im Erdgeschoss ins Schloss fiel.

Sie verschloss die Tür. Mit dem Briefumschlag in der Hand ging sie in die Küche und setzte sich auf das Sofa. Der Hund sah sie mit großen Augen an und wedelte träge mit dem Schwanz.

Sie hatte die Fotos vor einer Woche mit einer Plastikkamera gemacht. Der automatische Blitz hatte hoffentlich gereicht. Niemals hätte sie den Film in ein öffentliches Labor zur Entwicklung geben können. Wie gut, dass sie das Equipment bei Frau Salo gefunden hatte.

An dem Tag, als sie den Elektriker in die Wohnung der Nachbarin gelassen hatte, machte sie die Entdeckung, die ihr Leben verändern sollte. Sie hatte sich eine Kopie des Wohnungsschlüssels beim Schuster nebenan machen lassen. Am folgenden Tag hatte sie gesehen, wie der Pastor zwei kleine

Spätaussiedler zu Frau Salo gebracht hatte. Kurze Zeit später war sie leise in den Hausflur des Hinterhauses geschlichen und hatte vorsichtig die Tür zu Salos Wohnung geöffnet. Ein Blitzlicht tauchte das Wohnzimmer in helles Licht. Vorsichtig stieg sie die kleine Falltreppe hoch. Die beiden kleinen Jungen saßen nackt auf dem alten Fell. Wieder ein Blitz.

»So, und jetzt steckst du deinen Finger in den Popo von deinem Bruder, sonst sage ich dem Herrn Pastor, dass ihr ungezogen wart, und dann gibt es Haue.«

Die Salo sprach mechanisch und unbeteiligt. Der Junge gehorchte.

Magda räusperte sich leise, aber vernehmlich. Erschrocken drehte sich die Nachbarin um.

»Oh bitte, Frau Salo, lassen Sie sich nicht stören. Ich warte am besten in der Küche«, sagte sie leise. Der Junge vor der Kamera fing an zu weinen.

Sie ging in die Küche und setzte sich auf einen unbequemen Stuhl. Einige Minuten später kam die Salo. Sie war kreidebleich. Sie setzte sich auf den anderen Stuhl und starrte ihre Vermieterin an.

»Keine Angst, Frau Salo, ich wollte Sie nicht erschrecken und habe nicht vor, Sie zu verraten. Es sind ja nur kleine Kinder, die kriegen ja noch nichts mit und spielen nur. Man muss ihnen eben manchmal ein wenig drohen, um das zu bekommen, was man braucht. Nicht wahr?«, fügte sie lächelnd hinzu.

»Ja«, räusperte sich die ältere Nachbarin, leckte sich über die trockenen Lippen, »da haben Sie wohl Recht.«

»Etwas anderes wäre es natürlich, wenn die Kinder mit einem Erwachsenen zusammen fotografiert würden und dabei nackt wären. Da könnten manche Leute auf dumme Gedanken kommen und Ihnen etwas Böses wollen. Besonders dann, wenn die Erwachsenen auch nackt wären.« Genüsslich weidete sie sich an entsetzten Blick der anderen. Sie nahm das Foto, das sie vor zwei Tagen mitgenommen hatte, und legte es auf den Küchentisch.

Das genügte. Frau Salo hatte verstanden.

»Was wollen Sie von mir?«

»Nun, ich nehme an, dass sie die Filme hier in ihrem Badezimmer entwickeln. Ich habe zufällig die Arbeitsutensilien Ihres verstorbenen Mannes entdeckt, als ich den Elektriker vorgestern in Ihre Wohnung ließ. Und ein paar andere Kleinigkeiten. Sie können sich meiner Diskretion sicher sein. Als Gegenleistung bitte ich Sie vorerst lediglich, einige Filme von mir zu entwickeln, wenn ich Bedarf danach habe.«

»Das ließe sich machen.«

»Ich wusste, dass wir uns verstehen würden. Ich werde dann jetzt wohl besser gehen, bevor die Kinder mich sehen könnten. Wir wollen sie doch nicht verstören.« Sie erhob sich und ging zur Tür. »Gute Nacht und verschließen Sie Ihre Wohnungstür. Sie möchten doch nicht, dass noch jemand hereinkommt.«

Es war einfach gewesen. Am Tag darauf hatte sie ihre Schwägerin angerufen und ihr mitgeteilt, dass sie nur eines der beiden Kinder aufnehmen könnte. Beide zusammen wären zu gefährlich gewesen. Vielleicht könnte sich ja Annas Mutter mal um den anderen Enkel kümmern und nicht nur wie eine Mutter Oberin durch das Dorf stolzieren. Ach ja, ihr Herz wäre nicht in Ordnung, sie hätte es ja schon immer an der Pumpe gehabt.

Anna war vollkommen aufgelöst und wollte die beiden nicht trennen, aber sie war hart geblieben. Am folgenden Nachmittag hatte sie den Kleinen bei ihr abgeliefert. Er war verschüchtert, aber sie hatte ihm einen Haferbrei mit viel Honig gemacht und er durfte fernsehen. Ihr Mann war an diesem Abend zu Hause geblieben und sie wollte noch nichts riskieren. Es war noch zu früh, um ihn mit einzubeziehen. So war es auch viel erregender.

Am nächsten Tag war er mittags zur Arbeit gegangen und sie hatte den ganzen Nachmittag Zeit gehabt, um sich dem *Kleinen* zu widmen. Sie hatte die Hefte auf den Küchentisch gelegt und war unter dem Vorwand, mit dem Hund Gassi zu gehen, kurz verschwunden. Als sie wieder in die Küche kam, blätterte er in den Heften. Er schämte sich, weil sie ihn bei etwas Verbotenem erwischt hatte.

Sie befahl ihm, sich auszuziehen. Dann hatte sie die Fotos gemacht. Irgendwann hatte sie sich ausgezogen und ihm befohlen, mit dem Kopf zwischen ihre Beine zu kriechen.

Sie hatte immer weiter fotografiert. Seine Angst erregte sie. Sie hatte nicht bemerkt, wie die Zeit verging. Als sie ihn anpisste, war ihr Mann nach Hause gekommen. Doch ihr war es inzwischen egal. Sollte er ruhig mitbekommen, was sie brauchte.

Sie nahm die Bilder aus dem Umschlag und betrachtete sie, Fotos waren so viel besser als Erinnerungen. Es würde noch viele Bilder geben. Schließlich gab es viele Kinder und noch mehr Menschen, die diese Fotos wollten und dafür bezahlen würden.

26

Angst essen Seele auf

Die Sensation war perfekt. Eine Schockwelle ging durch die Trauergemeinde und die Journalistenmeute.

Max hatte die Katze aus dem Sack gelassen. Trotz des Adrenalinstoßes, der seinen Körper durchfuhr, war er klar und beobachtete wie in Zeitlupe die Reaktionen seiner Familie.

Herrmann konnte offensichtlich nicht glauben, dass Max seine Anweisungen der Zurückhaltung und des Schweigens nicht befolgt hatte und sogar den Nerv besaß, sich ihnen zu widersetzen. Er starrte seinen Sohn ungläubig an und wurde knallrot, so dass Max vermutete, dass er einem Herzinfarkt auf offenem Friedhof erliegen würde. Aber das Gegenteil war der Fall.

Herrmann vergaß seine Haltung und wäre Ingo nicht dazwischen gegangen, hätte er wohl versucht, Max wie vor 25 Jahren in der Dusche des Hallenbades mit seinem Schuh, in Ermangelung eines in diesem Moment nicht zur Verfügung stehenden grünen Badeschlappens aus Plastik, zu züchtigen.

Max machte unwillkürlich einen Schritt rückwärts. In diesem Moment ging das Blitzlichtgewitter der Kameras auf ihn herunter und brach den Bann der Vergangenheit.

»Wage es nicht!«, war alles, was er Herrmann entgegenbrachte.

Marie giftete ihn von der Seite an. Cousine Karin brach zur Freude der Journalisten in ein unkontrolliertes Gelächter aus.

Max blickte zu Helene, deren Blick ihm zeigte, dass sie mit seiner Aktion einverstanden war. Dann fiel sein Blick auf Martina Weise, die mit ihrer Mutter in der zweiten Reihe am Grab stand. Sie hielt ihre Hand an ihr Ohr und gab Max zu verstehen, dass er sie anrufen sollte.

Die Journalisten hielten ihm ihre Mikrofone entgegen. Was er gemeint hätte, warum Täter? Wie er dazu käme, am offenen Grab solche Andeutungen zu machen. Er hatte die Ruhe der Toten wahrhaftig gestört!

Max drehte sich um, die Journalisten verfolgten ihn wie ein lästiger Bienenschwarm. Er verließ den Friedhof im Laufschritt und erreichte die kleine Seitenpforte, die zur Feldstraße führte. Er erkannte den Fahrer des alten Mercedes, der mit laufendem Motor auf ihn wartete, öffnete die Seitentür und stieg ein. Damit hatte die Journalistenmeute nicht gerechnet, einige liefen noch dem Wagen hinterher, aber erreichten ihn nicht.

Klaus sah Max von der Seite an: »Und wohin?«

»Egal, nur erst mal weg von hier, sonst bringt mein Vater mich noch um.«

»Na, Gott sei Dank hast du verstanden, was ich vorhin meinte. Ich hätte allerdings nicht mit so einem Staatsstreich gerechnet. Das ist ja das gefundene Fressen für die Presse.«

Max starrte auf die Straße und war plötzlich müde, seine Augen brannten. Hatte er wirklich gerade auf das Grab gespuckt?

»Ich hoffe, du nimmst mir nicht übel, was ich dir vorgestern Abend gesagt habe. Wie kommst du mit all diesen Dingen zurecht?«, fragte Klaus.

»Es ist alles ein bisschen viel auf einmal und am liebsten würde ich mich zurück nach New York beamen und dieses ganze gottverdammte Nest samt meiner Familie vergessen. Aber es geht nicht und vielleicht muss ich etwas klären, um Nikolas' Willen. Vielleicht bin ich ihm das schuldig. Schließlich habe ich mich seit zwanzig Jahren nicht um ihn gekümmert.«

Max berichtete von den Ereignissen der letzten 36 Stunden, vom Familientreffen, der Reaktion seines Vaters. Geduldig hörte Klaus zu, während er durch die Feldstraßen hinter dem

Friedhof fuhr. Die Landschaft war schön, das hatte Max früher nicht so wahrgenommen.

An einem Wald hielt Klaus an und schlug vor, ein bisschen spazieren zu gehen.

Max holte tief Luft. »Weißt du, dass wir hier früher oft gewesen sind? Hinter dem Wald liegen ein Schwimmbad und ein kleiner Zoo, Gysenberg. Der Name klingt wie aus der nordischen Mythologie … Gysenberg. Nikolas hat sich hier immer wohlgefühlt.«

Er wurde traurig und merkte, wie ihm die Tränen in die Augen stiegen. Das hatte ihm gerade noch gefehlt. Er wollte weder weinen noch traurig sein, er wollte stark bleiben.

»An einem Sonntag, nach einem dieser Familienspaziergänge, gab es im Auto wieder Krach, ich weiß nicht mehr, worum es ging. Vielleicht hatte ich Nikolas in Schutz genommen, vielleicht ging es auch wieder um etwas anderes mit unserem Vater, ich kann mich nicht mehr genau erinnern.« Seine Stimme stockte. »Er hat das Auto dann irgendwo an einem Feldweg an den Straßenrand gestellt und mich rausgeschmissen. Er hätte keine Lust auf mein Theater, schrie er, ständig gäbe es Scherereien mit uns, das Übliche. Ich kannte das ja. Meine Mutter redete zwar auf meinen Vater ein, doch der fuhr weiter. Sollte ich doch sehen, wie ich nach Hause komme, hatte er mir noch hinterhergeschrien, als er losfuhr, dann war das Auto verschwunden.

Das Ganze geschah an einem regnerischen Novembernachmittag, das weiß ich noch, und obwohl ich alleine war und es mindestens zehn Kilometer bis nach Hause waren, fühlte ich mich irgendwie erleichtert. Endlich war ich weg von ihnen, weg von meinem Vater. Ich war höchstens elf oder zwölf Jahre alt, aber zum ersten Mal in meinem Leben fühlte ich mich frei. Am liebsten wäre ich abgehauen, aber dazu war ich zu jung oder zu feige. Also ging ich in Richtung nach Hause. Nach zehn Minuten kam mir das Auto meiner Eltern entgegen. Meine Mutter hatte sich durchgesetzt und mein Vater musste mich wieder einsammeln. Was hätte ich dafür gegeben, ihn nie wiedersehen zu müssen.« Max hatte sich auf einen Baumstumpf gesetzt, während er Klaus die Geschichte erzählte. Der Schmerz ging langsam vorbei. Die Wut blieb. Klaus setzte sich neben ihn.

»Du hast heute etwas sehr Mutiges getan, Max, auch wenn dir das nicht so bewusst ist. Du hast dich gegen deinen Vater und für deinen Bruder entschieden. Auch darfst du nicht zu hart mit dir selbst sein. Vergiss nicht, du warst damals ein Kind und konntest weder fliehen noch Nikolas alleine retten. Aber jetzt bist du zurückgekehrt, um für ihn da zu sein. Ich glaube, du musst hier nicht nur für Nikolas etwas tun, sondern auch für dich selbst. Deine Familie hat dich vollkommen ausgeschlossen, aus Angst, dass die ganze Wahrheit ans Licht kommt. Und jetzt stehst du wieder hier und lässt eine Bombe am Grab platzen und das vor der versammelten Presse. Ich würde dir gerne helfen, wie immer das auch aussehen mag. Vielleicht hätte ich das viel früher tun sollen. Wir hätten alle viel früher etwas tun müssen«, seufzte er. »Verzeih mir, mein Junge, dass ich euch im Stich gelassen habe, aber ich war zu beschäftigt mit mir selbst und als sich Jochen von mir trennte, habe ich alles, was mit ihm zu tun hatte, aus meinem Leben entfernt.«

Es gab nichts zu verzeihen, nur zu gut konnte Max den Mann neben ihm verstehen.

»Vielleicht gibt es eine Möglichkeit, dass du mir helfen kannst, oder, besser gesagt, Nikolas. Wir müssen Beweise finden für das, was damals geschehen ist. Stehst du noch in Kontakt zu dem Arzt, der Nikolas damals behandelt hat? Es muss doch Unterlagen über die Gespräche geben, die er mit ihm geführt hat. Das wäre doch zumindest ein Anfang. Und was den Tod meiner Mutter angeht. Wenn Magda sie damals erpresst hat, muss das doch beweisbar sein. Und woher hatte sie die Pillen, mit denen sie sich umbrachte, irgendwo mussten die ja auch hergekommen sein? Und was wusste Nikolas von der ganzen Geschichte? Mein Vater will ihn wahrscheinlich für unzurechnungsfähig erklären lassen, damit nicht alles ans Licht kommt.«

»Das wird sich wohl nach deinem Auftritt vorhin auf dem Friedhof als schwierig erweisen«, bemerkte Klaus lakonisch. »Der Arzt, der Nikolas damals behandelte, war Dr. Thomas Steffens, ein Freund. Er lebt immer noch in Bochum. Ich werde ihn nachher anrufen, er wird ja durch die Presse von der Sache erfahren haben, falls er sich noch an den Fall erinnert. Ich habe ihn seit einigen Monaten nicht gesprochen. Um zu beweisen, dass Magda am Tod deiner Mutter beteiligt war, stehen wir schon vor größeren Schwierigkeiten. Und auch, dass Nikolas missbraucht wurde, wäre kein Grund, ihn freizusprechen. Missbrauch ist in Deutschland zehn Jahre nach der Tat verjährt und die Beschuldigten können nicht mehr dafür belangt werden, außer es gibt Zeugen oder stichfeste Beweise.« Er sah ihn an. »Deutsches Recht! Du siehst, ich habe meine Hausaufgaben gemacht.«

Max war geschockt. Zwar konnte keiner mehr Magda für ihre Taten zur Rechenschaft ziehen, sie war ja bereits hingerichtet worden, aber dass Missbrauch in Deutschland nach zehn Jahren verjährte, hatte er nicht gewusst. Wie sollten denn die Opfer, Kinder, traumatisiert wie sie waren, gegen ihre Peiniger angehen, wenn sie selbst noch nicht erwachsen waren? Das Recht schien auf der Seite der Täter und nicht der Opfer zu sein. Dass die Folgen von Missbrauch in der Psyche der Opfer nicht verjährten, hatte sich durch Nikolas' Tat gezeigt.

Max schaute auf die Uhr. Es war halb drei.

»Ich muss unbedingt nach Lüdow. Ich habe um drei einen Termin mit dem Kommissar, der die Untersuchungen leitet, und wenn es geht, wollte ich Nikolas heute noch sehen. Kannst du mich hinfahren oder am besten mitkommen?«

»Das wollte ich dir gerade vorschlagen.«

In diesem Moment klingelte Max' Telefon. Eine unbekannte Nummer.

»Hallo, hier ist Martina, Martina Weise, bist du es, Max?«

»Ja, hier ist Max, das ging aber schnell. Woher hast du meine Nummer?«

»Entschuldige bitte, dass ich dich störe, ich habe die Nummer von deiner Agentin.«

Max war beeindruckt, dass Carole ihr nicht den Hals durch das Telefon umgedreht hatte, schließlich war es ziemlich früh in New York.

»Max, ich muss dich sprechen, wann kann ich dich sehen? Was du vorhin am Grab gesagt hast, lässt mich nicht los. Was genau meintest du damit? Warum waren die Wildes deiner Meinung Täter und nicht Opfer? Was hast du herausgefunden?«

»Das kann ich dir jetzt auf die Schnelle nicht erklären und heute habe ich keine Zeit mehr. Aber wir können uns morgen früh vor der Pressekonferenz sehen. Nach der Szene vorhin kann das ja ein lustiges Schauspiel werden«, seufzte er.

»Ich muss dich unbedingt vor der Pressekonferenz sehen. Es gibt da einige Dinge, von denen du wahrscheinlich nichts weißt. Es geht um Kindesmissbrauch, ich arbeite da an einem Fall.«

Max war sprachlos. Konnte Martina was von Nikolas' Geschichte wissen? Er schwieg.

»Ich wollte dich nicht damit überfallen, weil ich nicht ahnte, wie weit du bereits über dieses Thema Bescheid weißt. Wenn es dir recht ist, komme ich morgen früh gegen 9.30 Uhr in dein Hotel und wir können reden.«

Sie verabschiedeten sich.

Klaus schaute ihn fragend an, während sie zum Auto zurückliefen. Max erzählte ihm, was Martina gesagt hatte.

»Wer ist sie denn überhaupt?«, fragte er.

»Sie ist die Tochter von den Weises, die im Hause meiner Tante den Fleischerladen haben. Sie hat als Kind in dem Haus gewohnt. Jetzt ist sie Rechtsanwältin und in einen Fall involviert, der mit Missbrauch zu tun hat.«

»Aber das ist doch großartig«, rief Klaus.

Max musste ihm zustimmen. Vielleicht konnten sie gemeinsam etwas erreichen.

Sie waren inzwischen auf dem Weg nach Lüdow. Man hatte den Ortskern in eine verkehrsberuhigte Zone verwandelt, die alten Häuser waren liebevoll restauriert und es gab immerhin eine Buchhandlung und einige Dekor-Geschäfte. Die Kirche stand noch schön im Dorf.

Das Untersuchungsgefängnis lag am Ortsausgang. Es war ein Gebäude aus der Jahrhundertwende, das Max in unangenehmer Erinnerung hatte. Sie waren damals öfters daran vorbeigefahren und sein Vater machte sich einen Spaß daraus, ihn zu erschrecken, wenn er von den blutdürstigen Verbrechern erzählte, die hinter diesen Mauern ein erbärmliches Dasein fristeten. Alles Menschenfresser und Halsabschneider. Jetzt war Nikolas mitten unter ihnen und konnte sich hoffentlich wehren.

»So ein Quatsch«, schimpfte Max innerlich mit sich selbst. »Nikolas ist kein Kind mehr und weiß, dass es keine Menschenfresser gibt.« Nein, höchstens Seelenfresser. *Angst essen Seele auf.* Der Titel des alten Fassbinderfilms gewann plötzlich neue Bedeutung für ihn.

Max' Angst war im Moment eher, wie Nikolas reagieren würde, wenn er ihn sah.

Kurz darauf stiegen sie aus dem Wagen und gingen die Stufen zum Eingang des Gebäudes hoch. Max' Hände waren feucht und er fror ein bisschen trotz der hochsommerlichen Temperaturen, es waren mindestens dreißig Grad.

Die Stufen schienen unendlich und alle Verlockungen schossen ihm bei jedem Schritt durchs Gehirn. Bilder von heißen Orgien, JM, Thierry, Barneys und die überteuerten Kaschmirpullover im sechsten Stock, die zu kaufen er nie widerstehen konnte, das letzte Shooting für *Harpers Bazaar* mitten auf der Kreuzung der 57. Straße und der Fifth Avenue, Caroles Geschrei im Hintergrund, dass er sich beeilen solle, Zeit sei Geld, der Straßenlärm während der Rushhour in New York, die Wohnung in Soho, Partys, Partys, Partys und über allem immer wieder die Eisglocke des Schneemanns mit den unvermeidlichen Rutschpartien.

Sie hatten die oberste Stufe erreicht. Gleich würde er Nikolas sehen. Der Entzug traf ihn hart in diesem Moment. Seit vier Tagen hatte er nichts genommen und seit 36 Stunden nicht gesoffen. »Nur jetzt nicht«, dachte er, »bitte bloß jetzt nicht, lieber Gott, lass mich hier nicht umkippen.«

Max war kreidebleich geworden. Klaus sah ihn besorgt an. »Alles okay, murmelte Max, »es ist nur die Hitze und die Aufregung.« Doch er konnte ihm nichts vormachen. Klaus, der selbst oft genug zu tief ins Glas geschaut hatte, sah ihn an und erkannte die Zeichen. Er öffnete die Tür und sie verschwanden im kühlen Gebäude. Max' Knie zitterten bei jedem Schritt.

Die Aufseher der Menschenfresser und Halsabschneider trugen noch immer grüne Uniformen, doch es waren nicht nur Männer, sondern auch Frauen.

»Kann ich Ihnen weiterhelfen?«, fragte einer der grünen Aufseher weiblichen Geschlechts, ohne von ihrem Computer aufzusehen. Max konnte nicht sprechen, sein Mund war trocken und seine Zunge so dick wie die eines Stiers. Klaus räusperte sich: »Ich hoffe es. Wir sind hier, um Kommissar Kunaut zu sprechen. Es geht um den Fall Nikolas Wilde. Dies ist sein Bruder Max Remark. Es geht ihm gerade nicht gut. Der Jetlag und die Hitze.«

Die grüne Dame starrte Max an. »Ja, er ist sein Zwillingsbruder, keine Angst. Wenn Sie jetzt den Kommissar verständigen würden.«

Sie nickte und ging in ein angrenzendes Zimmer. Max sackte immer mehr in sich zusammen, hörte Stimmengemurmel und ein Beamter musterte ihn von oben bis unten.

Sein Magen knurrte. Kein Wunder, er hatte seit dem Frühstück nichts mehr gegessen. Er musste nur aufpassen, dass sein Blutzucker nicht in den Keller sackte und er hier einen Ohnmachtsanfall hatte. Ein Mars würde reichen. Oder eine Line. Gottverdammt, ständig waren die Drogen in seinem Kopf. Er fing schon an, Thierrys Nummer zu rezitieren. 646 477 5638, 646 477 5638, 646 …

Die grüne Dame kam mit einer Tasse Kaffee zurück, stellte sie neben Max und schüttete ein weißes Pulver auf einen Teelöffel. War er jetzt wirklich auf einem schlechten Trip oder gab es bei der deutschen Polizei inzwischen frei Koks, wenn man sich nicht wohlfühlte?

»Bitte schlucken Sie das, es ist Traubenzucker, der wird Ihren Kreislauf wieder stabilisieren.«

Sie hielt ihm den Löffel vor den Mund, doch er bezweifelte, dass Traubenzucker ihn auf den Pfad der Genesung bringen würde.

Die Tür des Nebenzimmers öffnete sich und eine Frau mit halblangen blonden Haaren, bekleidet mit Jeans und einer Lederjacke, deren Knöpfe über ihren üppigen Busen spannten, betrat den Empfangsraum. Max' Visionen schienen kein Ende zu nehmen.

Das war doch die Mutter seiner Schulkameradin Petra Roth, die ihnen Zigaretten der Marke HB gegeben hatte, als sie erst 15 waren. *Wer wird denn gleich in die Luft gehen, greife lieber zur HB.*

Das Letzte, was er wahrnahm, war das kleine schwarzhaarige HB-Männchen, das jedes Mal vor Wut in die Luft ging, weil nichts klappte, dann sackte er zusammen und wurde ohnmächtig.

27

Menschenfresser und Halsabschneider

Benommen öffnete Max die Augen. Sein Arm schmerzte, er lag auf irgendetwas Hartem. So unbequem hatte er das Bett im Hotelzimmer an der Hauptstraße gar nicht in Erinnerung. Und da stand immer noch Petra Roths Mutter mit Klaus. Alles fiel ihm wieder ein.

»Ich glaube, er ist wieder zu sich gekommen«, sagte Petras Mutter und kam auf ihn zu.

»Max, geht es dir besser, kannst du dich hinsetzen?«, fragte Klaus.

Langsam richtete er sich auf.

»Du hast einen leichten Schwächeanfall erlitten. Kein Wunder, du hast im Laufe des Tages nicht genug gegessen und wahrscheinlich nichts getrunken und das bei der Hitze.«

Max wusste es besser und Klaus auch.

Er stand auf. Petras Mutter oder die Frau, die er dafür hielt, reichte ihm einen Kaffee, nicht gut, aber stark. Dann hielt sie ihm eine Schachtel HB unter die Nase und lachte.

Es war Petra und natürlich nicht ihre Mutter, die musste ja an die siebzig sein. Was machte die denn hier? Gott, auf welchem Trip war er denn vorhin hängengeblieben?

Petra war in der Schulzeit für ihre wirren blonden Haare, ihren Busen und ihre Schlagfertigkeit berüchtigt gewesen. Dass sie zudem extrem intelligent war, machte sie ihm damals mehr als sympathisch. Sie gehörte nie zur Indira Mocker-Clique, aber Max hatte einige Kurse in der Oberstufe mit ihr zusammen, sie knutschten ab und zu, spielten Billard mit Thomas und Regina und rauchten HBs in der Pause. Ein weiteres Gespenst der Vergangenheit, wenn auch von der angenehmen Sorte.

Er nahm eine Zigarette aus der knitterigen Schachtel, die Petra anscheinend immer noch in der Gesäßtasche ihrer Jeans aufbewahrte.

»Hallo Max. Ich hätte nie im Leben erwartet, dich wiederzusehen. Und dann gleich zweimal am selben Tag.«

Sie lächelte immer noch und registrierte seinen erstaunten Blick. »Du warst bereits in den 3-Uhr-Nachrichten auf RTL, ProSieben und SAT.1 und wir konnten live und in Farbe miterleben, wie du auf das Grab der beiden Ermordeten gespuckt hast. War ein bisschen spooky, man hätte meinen können, dass wir Nikolas einen Kurzurlaub gegeben hätten. Doch der Reporter bemühte sich schnell zu erklären, dass du sein Zwillingsbruder bist. Gut für ihn«, fügte sie knurrend hinzu.

Petra hatte schon in der Schule keine Angst vor irgendjemandem gehabt und sich auch öfters mit älteren Jungs geprügelt.

»Komm in mein Büro, da können wir ungestört reden.«

Max verstand nicht.

»Mann, Mann, Max, auf welchem Trip bist du? Ich bin Kommissar Kunaut. Du erinnerst dich an Thorsten Kunaut aus der Parallelklasse? Wir haben nach ewigem Überlegen dann doch noch vor ein paar Jahren geheiratet, ergo nicht mehr Roth, sondern Kunaut.«

Sie ging in ihr Büro und bedeutete Max und Klaus, ihr zu folgen. »Ich möchte in der nächsten halben Stunde nicht gestört werden«, bellte sie der kleinen grünen Menschenfresseraufseherin hinterher, bevor sie ihre Bürotür schloss.

»Bitte, nimm Platz. Sie auch Herr … ?«

»Necker, Klaus Necker, ich bin ein alter Bekannter von Max und auch von Nikolas.«

»Herr Necker, angenehm, Petra Kunaut, leitende Kommissarin im Mordfall Magda und Erich Wilde.« Die drei nahmen Platz. »Ich habe Nikolas letzte Woche verhaftet. Er hatte selbst die Polizei gerufen und ich hatte an diesem Abend Dienst. Wir sind für Schwarzhausen zuständig, dort gibt es ja keine Polizeistation. Dass die noch eine eigene Post haben, ist ein Wunder, in dem Kaff ist ja gar nichts mehr los«, sagte sie kopfschüttelnd.

»Wie geht es ihm?«, fragte Max.

»Nun ja, den Umständen entsprechend. Ich wusste bis dahin ja nicht, dass du einen Bruder hast. Aber da er Wilde heißt und dein Zwilling ist, war das nicht schwer herauszufinden. Außerdem sagte er mir, dass Max kommen würde. Max, Max, immer wieder Max. Das ist allerdings alles, was er bisher von sich gegeben hat. Dein Vater war letzte Woche auch hier und meinte, dass Nikolas krank sei, erzählte etwas von Autismus und anderen schwerwiegenden Störungen. Der Psychologe, den wir beauftragt haben, deinen Bruder zu untersuchen, hat da wohl eine andere Diagnose. Ich bin zwar keine Ärztin, aber dass etwas mit ihm nicht stimmt, kann jeder sehen. Im Moment steht er unter starken Beruhigungsmitteln, denn vor zwei Tagen ist er ausgeflippt und hat seine Zelle demoliert.

Was kannst du mir zu der ganzen Geschichte sagen? Dass er die beiden erschlagen hat, hat er ja bereits zugegeben. Aber mir fehlen die Motive. Meiner Meinung nach hat er wohl nicht aus der Lust am Töten zwei alten Menschen den Schädel eingeschlagen. Aber er hat gezielt getötet und dann die Polizei angerufen, Max. Das hört sich für mich nicht nach geistiger Umnachtung an. Es war kein sehr schönes Bild, was ich am Tatort gesehen habe.«

Auf dem Schreibtisch stand ein Bild. Petra war mit zwei Kindern zu sehen.

»Ich nehme an, das sind deine Söhne?«

»Ja, Carl und Jonas.«

»Wie alt sind sie?«

»Carl ist sechs und Jonas wird nächsten Monat acht.«

Hätte man nur Petras Stimme gehört und nicht ihr Gesicht gesehen, so wäre es auch dann vollkommen klar gewesen, wie sehr sie ihre Kinder liebte.

»Kann ich Nikolas sehen?«, fragte Max und war froh, dass Petra die leitende Kommissarin war. Sie schaute ihn an: »Er steht unter starken Beruhigungsmitteln. Warum erzählst du mir nicht erst, was du weißt, und dann gehen wir zusammen hin und sehen, ob er aufnahmefähig ist.«

Max erzählte ihr, was er in Erfahrung gebracht hatte. Dass Nikolas als Kind von Magda und Erich missbraucht worden war, dass er lange in einer Anstalt untergebracht gewesen war und sie sich seit zwanzig Jahren nicht mehr gesehen hatten. Er erzählte von den Spannungen innerhalb der Familie, dem Treffen am vorangegangenen Abend und dass sein Vater Nikolas für unzurechnungsfähig erklären lassen wollte. Von den Umständen bezüglich des Todes seiner Mutter sagte er nichts, auch den Anruf von Martina Weise erwähnte er nicht.

Petra hörte aufmerksam zu. »Dass dein Vater deinen Bruder am liebsten in die Klapsmühle stecken will, davon konnten wir uns hier alle persönlich überzeugen. Am Samstag tauchte er hier mit deiner Schwester und dem Anwalt auf, der Nikolas vor Gericht vertreten wird. Ein sehr unsympathischer Genosse aus der City. Die beiden versuchten gar nicht erst, mit Nikolas zu reden. Sie wollten nur eine Unterschrift von ihm. Was auf dem Papier stand, konnte ich nicht erkennen, aber es wird wohl ein Geständnis gewesen sein oder so was. Nikolas reagierte weder darauf noch auf deine Schwester und deinen Vater hat er nicht einmal angeschaut. Deine Schwester habe ich kaum wiedererkannt. Was ist denn mit der passiert? Na ja«, sie hob ihre Augenbraue, »Frauen in der Midlife-Krise, kennt man ja. Der Missbrauch wirft natürlich ein anderes Licht auf die ganze Sache und auf ein mögliches Motiv. Ich meine, ob ein

Gericht deswegen mildernde Umstände walten lässt oder ihn für schuldunfähig erklärt, ist abzuwarten, auch wenn Nikolas' Tat eine Folgeaktion des Verbrechens gewesen ist, das man ihm eventuell angetan hat. Schlimm, dein armer Bruder, aber dennoch muss doch irgendwas seine Tat ausgelöst haben. Normalerweise braucht es ein erneutes Trauma, um ein altes aus dem Unterbewusstsein hervorzuholen.«

Max blickte Petra erstaunt an. Daran hatte er noch nicht gedacht, aber es hatte Sinn. Was war also in den Tagen vor dem Mord passiert?

»Wie wird es denn jetzt weitergehen, ich meine, von eurer Seite aus? Wer kann einen Anwalt bestimmen, wann wird es zur Verhandlung kommen? Hast du schon weitere Ermittlungen machen können?«, fragte Max.

Sie stand auf, ging zur Tür und rief der grünen Dame im Vorzimmer zu, dass sie Nikolas' Akte und frischen Kaffee bräuchte. Dann lehnte sie sich an ihren Schreibtisch, zündete sich eine HB an und schaute aus dem Fenster auf den Parkplatz. Es war schwül in ihrem Büro und kleine Schweißperlen standen auf ihrer Oberlippe, verfingen sich in dem leichten Flaum, den sie schon als junges Mädchen gehabt hatte.

»Dein Vater ist der rechtliche Betreuer und bestimmt somit den Rechtsbeistand.«

»Wer bestimmt die Ärzte?«, fragte Klaus. »Entschuldigen Sie, wenn ich Sie unterbreche, Frau Kunaut, aber Nikolas ist so oft untersucht worden und ich denke es wäre fatal, wenn sein Vater den Arzt bestimmen würde.«

»Da stimme ich vollkommen mit Ihnen überein. Deswegen ist es gut, dass du gekommen bist, Max. Vielleicht kannst du dich um einen geeigneten Psychologen bemühen. Das Gericht wird natürlich einen offiziellen Gutachter bestimmen, aber andere Ärzte können als Zweitgutachter und Entlastungszeugen auftreten. Vielleicht solltest du der rechtliche Betreuer von Nikolas werden, das wäre die beste Lösung und sollte möglich sein.«

Die grüne Dame aus dem Vorzimmer betrat das Büro und stellte eine frische Kanne Kaffee auf den Tisch. Dann überreichte sie Petra eine Akte mit dem Titel *Mordfall Wilde* und verließ wortlos das Zimmer. Petra öffnete die Akte und gab sie Max.

»Eigentlich streng vertraulich, aber du bist sein Bruder und willst ihm helfen. Ich warne dich, die Bilder sind nicht sehr appetitlich.«

Er öffnete die Akte und sah Nikolas auf dem Einlieferungsfoto. Er sah anders aus. Kein Wunder nach zwanzig Jahren und nach dem, was er gerade getan hatte, aber was am schlimmsten war – er sah anders aus als Max. Bei dem letzten Treffen war er ein schöner, junger Mann mit blonden Locken und ebenmäßigen Zügen gewesen.

Aus dem Foto schaute Max ein fülliger Mann mit tiefen Stirnfalten, grauem Bürstenschnitt und Dreitagebart an. Er trug ein weißes, unmodernes Hemd, auf dem einige dunkle Flecken, Blut vermutete Max, zu sehen waren. Der Ausdruck in seinen Augen war abweisend. Seine ehemals vollen Lippen waren schmal geworden. Alles in seinem Gesicht deutete nach unten. Keine Hoffnung in seinen Augen, eher Unbeweglichkeit.

Wir sehen uns alle selber jeden Tag im Spiegel und bemerken den schleichenden Verfall, das Älterwerden, nicht. Es fällt uns nur dann auf, wenn wir Menschen nach langer Zeit wiedersehen und bemerken, dass sie gealtert sind. Hier stand Max im Büro der leitenden Kommissarin in der Mordanklage gegen seinen Bruder und die Tatsache, dass auch er ein Mann mittleren Alters war, konnte nicht mehr negiert werden. Während in seinem New Yorker Leben die Lügen ein Tuch über die Wahrheit gelegt hatten und er sich dadurch alterslos wähnte, schaute ihn hier sein Bildnis des Dorian Gray an.

Er blätterte weiter. Ein langes Protokoll über die Ereignisse in der Mordnacht folgte. Dann sah er die Bilder. Magda mit gespaltenem Schädel im Bad, die Leiche seines Onkels an den weißen Einbauschrank gelehnt.

Max reichte Klaus die Akte und fragte Petra, ob sie ihm die Unterlagen bis morgen ausleihen könnte, da er am nächsten Tag eine Anwältin treffen würde.

»Natürlich nicht, das wäre gegen das Gesetz«, sagte sie und nahm Klaus, der protestieren wollte, die Akte aus den Händen. Dann ging sie zum Kopierer, der in der Ecke ihres geräumigen Büros stand, lächelte und fing an, Seite für Seite daraufzulegen. Manchmal war es gut, dass Menschen sich nicht änderten.

Sie steckte die Blätter in einen großen Umschlag und gab ihn Max. Dann ging sie zur Tür und sagte: »So, vielleicht sollten wir mal nach Nikolas schauen.«

Max nickte. Die beiden Männer folgten ihr über die Gänge in den zweiten Stock des Gebäudes und über eine kleine Brücke, die das Haupthaus mit dem Nebenhaus verband.

Petra drückte auf verschiedene elektronisch gesicherte Schlösser und sie befanden sich in einem Flur, von dem vier Zellen abzweigten. Drei Zellen waren leer. Ein Wächter kam auf sie zu. Er nickte, als er Petra sah.

»Das ist Herr Simon, er hat Dienst hier im Trakt. Herr Simon, das sind Max Remark und Klaus Necker, ein Freund. Wie Sie wissen, ist Max Nikolas' Bruder, ist ja auch offensichtlich«, bemerkte sie.

Der Beamte nickte Max lächelnd zu, er erwiderte die freundliche Geste. Klaus, der bemerkte, wie nervös er geworden war, legte ihm eine Hand auf die Schulter. Max war froh, nicht alleine zu sein. Petra ging in den Überwachungsraum, in dem sich die Kameras und Monitore befanden. Von hier aus konnte man unbemerkt das Innere jeder Zelle sehen. Max folgte ihr. Über der Tür hing eine der großen alten Uhren, deren Ticken jeden Laut übertönte.

Auf Monitor Nr. 4 sah er ihn. Nikolas lag auf seiner Pritsche, die Beine angewinkelt, beide Arme umschlangen seinen Oberkörper. Wer war der Mann, der dort in der Zelle lag? Die Monitore der anderen Zellen waren nicht eingeschaltet. Auf den dunklen Spiegelflächen sah Max sein Gesicht, es war starr wie eine Maske, glatt wie Eis. Er erschrak über sich selbst.

»Möchtest du zu ihm?«, fragte Petra.

»Ich weiß nicht, es sieht so aus, als ob er schläft.«

»Ich glaube nicht. Warum gehst du nicht rein? Ich öffne die Tür von hier. Ich kann alles auf dem Monitor verfolgen. Wenn du uns brauchst, kommen wir.«

Max verließ den Überwachungsraum. Zehn Meter trennten ihn von der Zelle. Es hätten auch zehn Kilometer sein können. Er wollte nicht hineingehen. Die große Uhr tickte, die Sekunden verrannen und Max stand da, bewegte sich nicht. Der Schneemann stand vor der Zelle und lachte ihn aus. »Na, meinst du nicht, es wäre besser, wenn du eine Nase nehmen würdest, das hilft doch sonst immer«, hörte er ihn sagen. Langsam ging er auf die Zelle zu, doch der Schneemann bewegte sich nicht. Sein spöttisches Grinsen wurde breiter und er fing an zu lachen. Es wurde lauter und lauter, bis Max das Ticken der Uhr nicht mehr hören konnte.

Ein lautes Klicken riss ihn in die Realität zurück. Petra hatte vom Kontrollraum aus die Tür zur Zelle geöffnet.

Max betrat den Raum, das Fenster war geöffnet, davor die Gitterstäbe. Ein leichter Luftzug strömte ihm entgegen. Nikolas lag unverändert auf der Pritsche. Er bewegte sich in kleinen Abständen, so, als ob er sich selber in den Schlaf wiegen wollte.

Seine Augen waren geschlossen. Neben der Pritsche standen ein Stuhl und ein Pappbecher mit Wasser. Max nahm den Stuhl und setzte sich. Am Fußende der Pritsche stand der Schneemann und lächelte spöttisch. »Warum gehst du nicht weg«, dachte Max. »Lass mich doch wenigstens jetzt in Ruhe, merkst du nicht, dass du störst?« Doch er ließ sich nicht vertreiben.

Nikolas war aufgedunsen, seine Lippen und die Augäpfel unter den geschlossenen Lidern bewegten sich unaufhörlich. Dann öffnete er die Augen und sah Max an. Er musterte ihn von Kopf bis Fuß, dann schaute er ihm direkt ins Gesicht. Es war klar, dass man ihm Beruhigungsmittel gegeben hatte.

Mühsam richtete er sich auf, sein Körper schwer und träge. Max sah seine Hände: groß, beruhigend, schön. Dann stand er auf.

Max war auf einmal müde, todmüde. Die letzten Tage hingen wie schwere Gewichte an ihm und drohten, ihn zu erdrücken. Nikolas ging einen Schritt auf ihn zu, lächelte, streckte seinen Arm aus und berührte zögernd Max' Haar.

Stille Tränen liefen jetzt über Max' Gesicht. »Es tut mir leid«, war alles, was er sagen konnte. Nikolas nahm ihn in den Arm, die Zeit löste sich auf. Für einen Moment verschmolzen die Zwillinge, waren eins. Nikolas löste sich aus der Umarmung und setzte sich wieder auf sein Bett. Schweigend saßen sie sich gegenüber, der Schneemann war plötzlich verschwunden.

Max hörte Schritte. Petra und Klaus kamen in die Zelle. Nikolas bewegte sich nicht. Klaus stand jetzt hinter Max.

»Hallo Nikolas, es ist lange her, ich bin es, Onkel Klaus, erinnerst du dich an mich?«

Er nickte mit dem Kopf, um Klaus zu verstehen zu geben, dass er ihn erkannt hatte.

Petra sprach ihn an: »Nikolas, Ihr Bruder und Klaus sind hier, um Ihnen zu helfen.« Nikolas sah aus dem Fenster und nickte.

»Nikolas, kannst du etwas sagen? Bitte, ich habe deine Stimme lange nicht gehört und ich muss mit dir über einige Sachen unbedingt sprechen.«

»Morgen«, sagte er. »Morgen. Lass uns morgen über alles sprechen. Ich bin müde.« Max verstand. »Ich treffe morgen früh einige Leute und kann dann nach dem Mittag wieder hier sein.«

Nikolas nickte und Max drückte seine schöne Hand, die Fingernägel waren wie früher gepflegt. Stundenlang hatte er früher seine Nägel gefeilt und die Nagelhaut beschnitten.

Er legte sich wieder hin. »Morgen, lass uns morgen sprechen«, sagte er noch einmal und schloss die Augen.

Sie verließen die Zelle, mit einem lauten Surren schloss sich die Tür. Der Beamte ließ sie aus dem Sicherheitstrakt und sie gingen über die kleine Luftbrücke zurück in den Empfangsraum im Hauptgebäude. Schweigend betraten sie die Station.

»Max, was machst du denn hier?« Maries Stimme war schrill. Wütend stand sie plötzlich vor ihm und starrte ihn an. »Ich glaube es nicht. Erst verschwindest du vor zwanzig Jahren, gestern machst du eine Szene beim Familientreffen, dann spuckst du auf das Grab und jetzt schleichst du dich zu Nikolas. Bist du noch bei Verstand oder ist der dir in New York vollkommen abhandengekommen?«

Max ging langsam auf sie zu. Ihre Augen hinter der schmalen Brille verfolgten argwöhnisch jeden seiner Schritte.

»Marie, ich hatte hier nicht mit dir gerechnet. Darf ich vorstellen: Das ist Kommissarin Kunaut, die Ermittlerin in Nikolas' Fall. Und das ist Klaus Necker oder, besser gesagt, Onkel Klaus. Du erinnerst dich noch an ihn?«

Sie starrte Klaus feindselig an und nickte. Dann wandte sie sich an Petra. »Na, das passt ja wunderbar zusammen. Ich hoffe nicht, dass Sie mit den beiden unter einer Decke stecken.«

»Ich glaube nicht, dass das ein angemessener Ton ist, Frau Kretscher«, entgegnete Petra kalt. »Ihr Bruder ist hier, um bei den Ermittlungen zu helfen.«

Marie schnaubte verächtlich. »Helfen? Max? Da kennen Sie ihn aber schlecht. Aus dem Staub gemacht hat er sich, nachdem unsere Mutter gestorben war. Meinen Vater alleine gelassen mit Nikolas, das hat er gemacht, nichts weiter.« Wütend drehte sie sich wieder zu Max. »Und jetzt tauchst du hier auf, erzählst was von Missbrauch und willst dadurch Nikolas' Verbrechen entschuldigen. Wie praktisch, dass überall die Presse wartet, das ist bestimmt gut für deine Karriere, du Starfotograf. Ein bisschen Publicity kann ja nie schaden. Ich dachte, du kämst, um uns zu unterstützen, nur deswegen habe ich dich letzte Woche angerufen. Hätte ich bloß auf Papa gehört und es nie getan.« Max konnte nicht glauben, was er da hörte. »Und die lächerliche Behauptung, dass Mutti Selbstmord begangen haben soll, weil Magda sie erpresst hat! Dafür gibt es überhaupt keine Beweise, genauso wenig wie für diesen angeblichen Missbrauch. Wie soll denn ein kleiner Junge mit einer erwachsenen Frau schlafen? Außerdem war Magda nett zu uns, als wir Kinder waren, und erst vor ein paar Wochen war sie bei uns in Paderborn und hat Fotos von meinen Kindern gemacht. Wie kannst du das alles in den Dreck ziehen, Max? Vielleicht solltest du endlich akzeptieren, dass Nikolas krank ist, dass seine Gene nicht normal sind, dass er Autist ist.«

»Entschuldigen Sie, Frau Kretscher, was haben Sie da gesagt? Ihre Mutter sei von Ihrer Tante erpresst worden und hat sich dann das Leben genommen? Ich dachte, sie sei an Krebs gestorben?«, fragte Petra.

»Ist sie auch, das mit der Erpressung ist eine Erfindung von Max, damit er eine Erklärung für sein Verschwinden nach Amerika hat. Dir ist ja überhaupt nicht bewusst, was du damit angerichtet hast. Papa alleine zu lassen, nachdem Mutti gestorben war! Du weißt ja gar nicht, was es für ihn bedeutete, ein krankes Kind zu haben, und wie sehr er unter eurem schlechten Verhältnis leidet. Und jetzt fängst du wieder an, alles kaputt zu machen. Ich hoffe nur, dass er sich einigermaßen von dem Schock auf dem Friedhof erholt hat. Wir mussten ihn mit Herzrhythmusstörungen nach Hause bringen und einen Arzt holen. Nur gut, dass Ingo da war, auf ihn ist wenigstens Verlass.«

»Frau Kretscher, darf ich fragen, warum Sie hier sind?«, unterbrach Petra die immer lauter werdende Marie.

»Nein, das dürfen Sie eigentlich nicht. Aber zu Ihrer Information, Nikolas ist immer noch mein Bruder und ich wollte nur wissen, wie es ihm geht und ob er etwas braucht. Aber wie ich sehe, hat Max sich ja bereits darum gekümmert. Ein bisschen zu spät, meinst du nicht?« Marie griff nach ihrer Tasche und strebte auf den Ausgang zu. »Du hast alles kaputt gemacht«, schrie sie in Max' Richtung, Tränen schossen in ihre Augen. Dann knallte sie die Tür hinter sich zu.

Fassungslos starrte er ihr hinterher. Mit dieser Reaktion hatte er nicht gerechnet. Petra sah ihn fragend an. »Na, das ist ja eine reizende Person, ein gutes Beispiel für wahre Geschwisterliebe. Hat sie dich früher auch nie zu Wort kommen lassen?«

Max zuckte die Achseln und wusste nicht, was er sagen sollte. Dass Marie auf der Seite seines Vaters stehen würde, war ihm durchaus bewusst gewesen. Aber dass sie den Missbrauch und die Todesursache ihrer Mutter einfach nicht wahrhaben wollte, überraschte ihn doch.

»Wo ist deine Mutter gestorben, Max?«

»Zu Hause. Vorher lag sie erst einige Tage auf der Intensivstation des Elisabeth-Krankenhauses hier in Lüdow, dort wurde sie auch damals operiert. Dann hat man sie nach einer weiteren Woche entlassen. Sie sollte sich zu Hause erholen.

Am nächsten Morgen hat mein Vater sie gefunden und einen Arzt gerufen, aber es war zu spät, man konnte ihr nicht mehr helfen.«

Petra nickte: »Wir brauchen das genaue Datum und Angaben über ihren Arzt. Es müsste auch herauszufinden sein, wer sie damals im Krankenhaus besuchte und wann. Ich werde mal die Verantwortlichen befragen, vielleicht weiß die Oberschwester mehr. Und dann sollten wir herausfinden, von wem der Totenschein ausgestellt wurde. Die Todesursache muss ja vermerkt sein. Wenn es Tabletten waren und auf dem Totenschein etwas anderes steht, hat der Arzt ein großes Problem. Ich werde gleich mal ins Krankenhaus fahren und mich erkundigen. Vielleicht könntest du herausfinden, wer deine Mutter außerhalb des Krankenhauses betreut hat. Es wird wohl euer Hausarzt gewesen sein, nehme ich an. Wir sollten uns morgen treffen, wenn du zu Nikolas kommst. Wann ist deine Pressekonferenz?«

»Falls meine Schwester mich nicht bis dahin umbringt, um 11 Uhr im Hotel in Schwarzhausen. Ich könnte gegen 13 Uhr hier sein, wenn es dir passt.«

»Wunderbar. Wie lange wirst du in Deutschland bleiben?«

Nachdenklich sah er sie an und zuckte mit den Schultern. Er hatte Carole versprochen, spätestens am Freitag nach New York zu fliegen, das würde bedeuten, er hatte keine 48 Stunden mehr, um alles zu regeln. Er schaute auf die Uhr. Es war Viertel vor fünf, er hatte immer noch nichts gegessen. Außerdem war heute Abend die Vorstellung von Gloria Mondo.

Klaus nahm seinen Arm. »Komm, Junge, ich bringe dich erstmal ins Hotel. Willst du nicht mal zu einem Arzt? Deine Stirn sieht nicht so gut aus. Wie lange muss denn diese Klammer noch drinbleiben?« Er deutete auf Max' Kopf.

Diese Klammer hatte er ganz vergessen. Die Klammer in seinem Kopf, die alles zusammenhielt, Gott sei Dank. Müde winkte Max ab. »Morgen gehe ich zum Arzt, ist halb so schlimm.«

»Wenn du willst, bin ich morgen bei der Pressekonferenz dabei, bringe dich zum Arzt und danach hierher.« Er lächelte Max liebevoll an.

Sie verabschiedeten sich von Petra. Max schlief schon im Wagen ein. Seine Träume waren wild. Immer wieder tauchte Magda darin auf. Aus dem gespaltenen Schädel drang Blut und lief ihr das Gesicht hinunter, doch das schien ihr nichts auszumachen. Sie lächelte hinterlistig und kam auf ihn zu. Er saß auf dem Sofa und konnte sich nicht bewegen, so sehr er es auch versuchte. Als sie vor ihm stand, lächelte sie immer noch, aber das Gesicht war inzwischen zu einer Fratze verzogen. Sie hob ihren Rock und stellte ihren Fuß auf das Sofa. Ihr altes haarloses Geschlecht war jetzt direkt vor seinem Gesicht. Max schrie, doch er hörte nichts.

28

Briefe

Er wachte auf, seine Blase drückte, aber er hatte keine Lust aufzustehen. Seit einigen Jahren konnte er nicht mehr richtig schlafen. Jede Nacht wachte er auf.

Die Vergangenheit hatte ihn eingeholt. In den letzten Tagen seit dem Mord war es noch schlimmer geworden. Renate lag neben ihm, er hörte, wie sie in gleichmäßigen Abständen ein- und ausatmete. Er konzentrierte sich auf ihre Atmung und dachte, so wieder einschlafen zu können. Selbst die fünf Flaschen Bier nach dem Abendbrot um 18 Uhr hatten es nicht geschafft, ihn müde zu machen. Er schaute auf den Wecker. Es war halb drei. Um Mitternacht hatte er sich leicht benommen hingelegt.

Es hatte keinen Sinn, sich etwas vorzumachen, er war hellwach. Leise stöhnend setzte er sich vorsichtig auf, um Renate nicht zu wecken. Er stand auf, suchte nach seinen Pantoffeln und zog seinen Bademantel an, obwohl es viel zu heiß war.

Das Fenster war leicht geöffnet, aber die heruntergelassenen Jalousien ließen keine frische Luft in das Schlafzimmer. Er ließ immer die Jalousien herunter, wenn es dunkel wurde. Offiziell hatte er immer verkündet, dass dies dem Schutz vor Einbrechern diente, doch es war mehr die Angst, gesehen zu werden. Er hatte es immer gehasst, angestarrt zu werden, konnte sich oft selbst nicht im Spiegel ansehen, aus Angst, dass jemand hinter ihm stand.

Er ging um das Bett herum und wäre beinahe auf den Hund getreten, der jetzt erschreckt hochfuhr, unsanft aus seinem Traum gerissen. Der alte Labradorrüde rappelte sich auf und wedelte träge mit seinem Schwanz. Er tätschelte den kindsgroßen Kopf des Hundes, verließ leise das Schlafzimmer und ging durch das angrenzende Wohnzimmer und den Flur in die Küche, der Hund folgte ihm. Er öffnete den Kühlschrank und nahm eine Flasche Bier heraus. Seine Augen brannten, er trank zu viel.

Er nahm einen Schluck aus der Flasche. Der Hund sah ihn mit großen Augen an und wartete auf ein Leckerli. »Das ist auch das Einzige, was du willst«, murmelte Herrmann, nahm eine Kaustange und gab sie dem Hund, den er sich vor einigen Jahren als Gefährten für seine Spaziergänge angeschafft hatte. Die Spaziergänge waren die einzige Zeit, in denen er sich frei und unabhängig gefühlt hatte, aber auch diese kleinen Fluchten waren in letzter Zeit weniger geworden. Seine Knochen machten nicht mehr mit und statt wie früher zwei bis drei Stunden durch die Wälder zu gehen, die an der Nordseite des Dorfes lagen, kam er jetzt meist schon nach einer Stunde nach Hause.

Irgendetwas stimmte nicht mit ihm. Er hatte das Gefühl, nicht mehr richtig atmen zu können. Nach außen hin konnte er den Schein bisher aufrechterhalten. Renate hatte noch nichts bemerkt, sie lebte in ihrer eigenen Welt. Ihre Ehe war schon immer eher eine Zweckgemeinschaft gewesen. Sie aßen zusammen, fuhren in den Urlaub und kümmerten sich um die Enkelkinder. Zwei von Maries Kindern waren noch so jung. Lena war jetzt 16 und hatte ihr eigenes Leben und Martina, die Älteste, war aus dem Haus und lebte in München. Himmel, sie war schon 22 und er hatte sie seit Weihnachten nicht gesehen. Sie schien sich nicht mit Marie zu verstehen. Renate mochte sie überhaupt nicht.

Renate. Was für eine Ehe führte er bloß mit ihr? Sex hatten sie schon lange nicht mehr, aber das war ihm nicht wichtig. Sex wurde vollkommen überbewertet.

Renate war zehn Jahre jünger als er. Er hatte sie noch vor Annas Tod kennengelernt, das war vor über zwanzig Jahren gewesen. Renate war damals mit einem Investmentbanker verheiratet. Sie hatten viel Geld, waren aber unglücklich. Die Ehe wurde bald geschieden. Die Freundschaft zu Renate wurde durch Anna aufrechterhalten. Nach ihrem plötzlichen Tod war Herrmann sehr einsam und Renate bot sich als Gefährtin an.

Er fuhr sich mit der Hand durch das weiße Haar. Und jetzt dieses Theater mit Max, er hasste diesen Aufruhr. Bevor Nikolas anfing, sich wie ein Vollidiot zu benehmen, hatten sie immer alle drei Kinder in den Urlaub mitgenommen, später nur Marie und Max. Nikolas war in einem Heim unterbracht worden. Er hätte es nicht ertragen, seinen Sohn drei Wochen lang 24 Stunden am Tag sehen zu müssen.

Er presste die Zähne aufeinander. Dann ging er in sein Arbeitszimmer, das gegenüber der Küche lag. Früher war es das Kinderzimmer der Jungen gewesen. Er setzte sich an den Schreibtisch, der Hund legte sich zu seinen Füßen und hechelte laut.

Marie hatte geheiratet und Max war über alle Berge, der Nichtnutz. Er hatte nie ein Geheimnis daraus gemacht, dass er seinen Vater nicht respektierte, geschweige denn ehrte.

In Herrmanns Elternhaus war es anders gewesen. Er hatte seinen Vater respektiert, respektieren müssen. Der hatte es so verlangt und keine Widerrede geduldet. Sein Wort war Gesetz. Einmal hatte er gegen ihn aufbegehrt, um seine Mutter zu schützen. Das war kurz vor Ausbruch des Zweiten Weltkrieges gewesen. Eine Woche später hatte man ihn weggeschickt und er musste einige Jahre auf einem Bauernhof im Münsterland leben.

Zwar hatte er genug zu essen, aber er schlief mit dem Knecht auf Strohmatratzen, hatte ständig Läuse und musste jeden Morgen eine Stunde zur Schule laufen. Wenn seine Mutter dann einmal im Monat kam, war der anschließende Abschied von ihr jedes Mal wieder furchtbar für ihn.

Am schlimmsten waren die Nächte. Der Knecht schnarchte entweder laut neben ihm oder wichste ungeniert. Ein paar Mal zwang er ihn, seinen Schwanz anzufassen. Herrmann spülte den Gedanken mit einem Schluck Bier herunter.

Der Hund stupste ihn an die Wade. Herrmann setzte sich schwerfällig an den Schreibtisch. Und jetzt dieses Chaos um ihn herum, seitdem Nikolas diese wahnsinnige Tat begangen hatte. Sein ganzes Leben war auf den Kopf gestellt worden und die Presse machte so ein großes Ding daraus.

Nach dem Auftritt von Max auf dem Friedhof während der Beerdigung waren sie wie Hornissen auf ihn eingestürmt: »Was meinte Ihr Sohn damit, dass er von Tätern spricht? Können Sie uns Näheres dazu sagen? Werden Sie morgen zur Pressekonferenz erscheinen? Wie ist das Verhältnis zu Ihren Söhnen?« Sie hatten ihm ihre Mikrophone vors Gesicht gehalten, nur gut, dass Ingo da war, um ihn abzuschirmen. Er schätzte seinen Schwiegersohn eigentlich nicht sonderlich, der Gauner ging fremd und betrog Marie.

Irgendwie gelang es ihm, sich den Journalisten zu entziehen. Er war nach Hause gekommen, hatte die Jalousien heruntergelassen und saß lange im abgedunkelten Zimmer, obwohl es bis 22 Uhr noch hell war.

Er wusste nicht, auf welchen seiner Söhne er wütender war. Auf Nikolas, weil er ein Verbrechen begangen hatte, oder auf Max, weil er zurückgekommen war und sich als Rächer der Familie aufspielte. Warum nur war er so gestraft mit diesen Söhnen, der eine verrückt, der andere ein Taugenichts und Säufer. Gesund sah er nicht aus, aber das sollte ihn nicht weiter kümmern.

Herrmann wusste, dass er an dem Abend nach Annas Beerdigung eine Dummheit begangen hatte, als er Max von dem Brief erzählte. Für die beiden Söhne wäre es besser gewesen, wenn sie nie erfahren hätten, dass ihre Mutter sich umgebracht hatte. Natürlich hatte er Annas Brief nicht weggeschmissen, er hatte nie etwas von ihr vernichtet.

Verdammt, das war damals eine private Familienangelegenheit. Der Skandal im Dorf wäre nicht auszudenken gewesen. Vielleicht hätte er sogar wegen der Schande fortziehen müssen. Eine furchtbare Vorstellung. Als Witwer mit einem kranken Sohn, die Frau ein Krebsopfer, das hatte seinen Ruf in der Gemeinde als Mann, der vom Leben hart geprüft wurde und dennoch weiter machte, nur gestärkt.

Und jetzt war Max wieder da und erzählte der ganzen Familie, dass Magda und Erich Nikolas missbraucht hätten und dass er deswegen den Mord begangen hätte. Max wollte ihn zerstören, aber das würde er nicht zulassen. Schließlich lebte er seit über siebzig Jahren in diesem Ort. Es war sein Zuhause und weder Max noch Nikolas würden das ändern.

Hätte ihm jemand vor zwei Wochen erzählt, dass Nikolas missbraucht worden war, er hätte nur darüber gelacht. Missbrauch in seiner Familie! Vollkommen ausgeschlossen. Und dann von einer Frau. Eine absurde Idee, Frauen konnten gar nicht missbrauchen, das war gegen ihre Natur. Er musste zugeben, dass seine Schwägerin nicht einer der sympathischsten Menschen gewesen war, die er kannte. Sie hatte ihre Probleme gehabt, sicher, aber dennoch konnte man ihr so etwas Ungeheuerliches nicht unterstellen. Offiziell jedenfalls nicht. Aber das war vor zwei Wochen …

Er öffnete den alten Schreibtisch. Hinter der rechten und linken oberen Schublade gab es jeweils ein Geheimfach. Er nahm einen kleinen Schlüssel aus seinem Portemonnaie und öffnete das Schloss hinter der linken Schublade. Seit zwei Tagen befand sich ein verknitterter DIN-A4-Umschlag darin.

Er nahm ihn heraus und hielt ihn in den Händen. Er musste ihn morgen in seinem Safe bei der Sparkasse deponieren, hier war es zu gefährlich. Wenn Renate den Inhalt in die Hände bekommen würde – es wäre nicht auszudenken.

Er hatte den Brief am Montag in Magdas Wohnung gefunden, als er die Kleidung sortierte, die er später zur Kirche bringen wollte. In der Innentasche eines alten Wollmantels, den er schon lange nicht mehr an seiner Schwägerin gesehen hatte, steckte der verknitterte Umschlag. Erst hatte er gar nicht begriffen, was auf den Fotos war, die in dem Umschlag steckten. Und dann war Max aufgetaucht und sie hatten sich gestritten.

Er öffnete den Umschlag und nahm eine Handvoll alter Schwarz-Weiß-Fotos heraus. Nikolas saß auf einem Fell. Er war nackt. Er war höchstens sechs Jahre alt. Auf dem nächsten Foto konnte er Nikolas von hinten sehen. Jemand hatte seinem Sohn einen Dildo ähnlichen Gegenstand in den Anus gesteckt. Auf den anderen Fotos steckte Nikolas Gesicht zwischen den Schenkeln einer Frau. Er stöhnte, schloss die Augen und steckte die Fotos wieder in den Umschlag.

Es war still im Raum. Er war müde und fühlte nichts, er wollte nur seine Ruhe haben. Niemand durfte jemals diese Fotos sehen. Nikolas war für die Außenwelt gestört, ein Fall für den Psychiater und das sollte auch so bleiben. Er legte den Umschlag mit den Fotos zurück in das Geheimfach. Morgen würde er ihn im Safe deponieren oder besser noch vernichten.

Dann steckte er den kleinen Schlüssel in das Geheimfach hinter der rechten Schublade. Der Schlüssel hakte erst, doch dann ging die Schublade auf, ohne dass er den Schlüssel drehen musste. Er nahm die ganze Schublade heraus. Jemand hatte das Schloss aufgebrochen.

Der Brief, den Anna vor ihrem Tod geschrieben hatte, lag neben dem Umschlag. Jemand hatte ihn gelesen.

29

Wenn ich mir was wünschen dürfte

Es war kurz nach neun, als der Wecker klingelte. In einer halben Stunde würde Martina Weise im Frühstücksraum auf ihn warten. Unter anderen Umständen hätte Max die Vorstellung, mit Martina zu frühstücken, durchaus erfreut, aber dies würde kein Sektfrühstück mit anschließendem Koitus werden. Sie hatten andere Dinge zu tun, als zu poppen.

Gestern Nachmittag hatte Klaus eigentlich vorgehabt, Max im Hotel abzusetzen, war aber bei dem Anblick der Journalisten, die wie Geier um das Hotel kreisten, gleich weitergefahren. Max war bereits in einen Tiefschlaf versunken und Klaus weckte ihn erst, als sie vor seiner Wohnung angekommen waren. Irgendwie schaffte er es, Max in den vierten Stock hinaufzuschleppen.

Gegen 19 Uhr wachte Max auf, duschte eiskalt und aß Rühreier mit Speck, die Klaus ihm zubereitet hatte. Das weckte seine Lebensgeister. An die Träume von der alten Magda wollte er nicht denken.

Er klebte ein neues Pflaster auf die geklammerte Stirn, lieh sich ein frisches Hemd von Klaus und verabredete sich mit ihm für den nächsten Morgen zur Pressekonferenz im Hotel. Dann fuhr er mit einem Taxi zum Theater. Er wollte Reiner sehen.

Engelbert hatte sein Versprechen gehalten und wirklich eine Karte für ihn hinterlegt. Jetzt stand er mit einer Gruppe von Freunden auf der großen Treppe im Foyer und sah Max freudig an. »Max, wie schön, Sie zu sehen. Sie haben es wirklich geschafft. Wie geht es Ihnen?«

»Fragen Sie mich nicht, dann muss ich Ihnen auch keine Lügen erzählen«, lächelte er zurück.

Ohne große Probleme wechselte Max in das Fach des Charmeurs, der alle Tricks im gesellschaftlichen Spiel kannte. Engelbert stellte ihn einigen kulturbeflissenen Herren und Damen vor, die trotz aller Versuche nur provinziell daherkamen.

Nach Max' Auftritt während der Beisetzung schien seine unfreiwillige Popularität noch zugenommen zu haben, viele der Premierengäste starrten ihn voller Neugier an. Engelbert zog ihn mit sich an die Bar. »Ich habe bereits mit Reiner gesprochen. Er weiß, dass Sie heute Abend wahrscheinlich kommen und hat mich gebeten, Ihnen auszurichten, dass er nach der Vorstellung in seiner Garderobe auf Sie wartet.«

Wunderbar, zumindest hatte Reiner ihn nicht vergessen. Wie konnte er auch, nachdem Max ihn damals in Paris mit der Miete hatte sitzen lassen.

Nach der Beerdigung seiner Mutter war Max nur für ein paar Tage nach Paris zurückgefahren. Er wollte für einige Monate weg, am besten raus aus Europa. Amerika schien ihm der passende Ort zu sein. Das Land der unbegrenzten Möglichkeiten. Wenn Reiner zurückkommen würde, könnte er sich die Wohnung mit JM teilen. Max schrieb einen kurzen Brief an Reiner, dass er beruflich nach New York müsse. Dass es fast zwei Jahrzehnte dauern würde, bis sie sich wiedersehen würden, damit hatte er nicht gerechnet.

Drei Wochen nach Annas Tod flog Max von Paris nach New York. Seine französische Agentur hatte ihn an *Ford Models* weiterempfohlen. Max bezog ein Modelapartment in der Nähe von Gramercy Park auf der East Side und ein paar Tage später hatte er seinen ersten Job.

In Paris hatte er keine Adresse hinterlassen, E-Mails und Handys gab es noch nicht. Als Reiner einige Wochen später von seiner Tournee zurückkam, fand er die Wohnung ohne Max, dafür mit einem kurzen Brief und einem zugedröhnten JM vor. In den ersten Jahren hatte Reiner noch versucht, Max zu erreichen und ihm Briefe an die New Yorker Agentur geschickt, die jedoch unbeantwortet blieben.

Ein Klingelton zeigte an, dass die Vorstellung beginnen würde. Engelbert hatte Max einen Platz neben sich in der besten Loge des Theaters gegeben. Jetzt stand er auf der Bühne und begrüßte die Zuschauer. Der Saal war restlos ausverkauft. Es mussten an die Tausend Menschen gekommen sein, um Gloria Mondo live zu erleben.

Max erinnerte sich an die kleinen Kneipen, in denen Reiner in den Hamburger Zeiten aufgetreten war. Wenn damals dreißig Leute im Publikum saßen, war er schon happy, denn dann hatte er die Unkosten raus. »Und wenn ich nur einen Menschen im Publikum erreiche, dann hat sich der Abend gelohnt« war immer sein Motto. Nun, wenn Max im Publikum saß, konnte er sein Ziel immer erreichen.

Engelbert stand vor dem Vorhang und pries die Verdienste der Gloria Mondo, erzählte von ihren Erfolgen und überschlug sich fast vor Aufregung. Dann wünschte er einen schönen Abend und es wurde dunkel im Saal.

Ein einzelner weißer Spot richtete sich auf die Bühne. Von der Decke schwebte, an unsichtbaren Drähten befestigt, ein Phantasiewesen, eine Traumgestalt, Titania die Feenkönigin. Die Illusion war perfekt. Da war kein Mann um die fünfzig zu sehen und hätte Max nicht die Tricks von Schauspielern, Drag-Queens und Lichttechnikern gekannt, er hätte nie geglaubt, dass das Reiner auf der Bühne war. Früher war es einfach gewesen, er hatte sich ein Kleid übergeworfen, Lippenstift aufgetragen und war einfach auf die Bühne gegangen.

Schon damals hatte er eine Macht, einen Zauber, den Max sich nie erklären konnte. Über die letzten zwanzig Jahre hatte er seinen Look und seine Performance perfektioniert. Jede Bewegung, jeder Gag, die kleinen Unterhaltungen mit dem Publikum, alles stimmte. Er war wunderbar, selbst das New Yorker Publikum hätte ihn gefeiert.

Er machte keine Pause, spielte neunzig Minuten lang sein Programm. Das Publikum wollte mehr und ohne Zugabe würde Gloria nicht von dieser Bühne kommen.

Nach all dem Feuerwerk, »all that fire and music«, wie Bette Davis in Reiners Lieblingsfilm *Alles über Eva* sagte, richtete sich erneut der einzelne Scheinwerfer auf ihn. Das Orchester, die Bühne, der Saal, alles verschwand im dunklen Nichts des Theaters. Reiner nahm das Mikrofon und lehnte sich an den Flügel. »Ich danke Ihnen, dass Sie heute Abend hier sind. Dies ist ein besonderer Abend für mich, denn ich habe kurz vor der Vorstellung erfahren, dass ein alter Freund von mir hier sein wird. Ich möchte ihm das letzte Lied des Abends widmen. Ich habe ihn in den letzten Jahren schmerzlich vermisst und freue mich, dass er hier ist. Dicses Lied ist für dich, mon cher Max.«

Der Pianist stimmte die ersten Töne des Liedes an. Die bekannte Melodie des Friedrich Hollaender Songs *Wenn ich mir was wünschen dürfte* erfüllte den Raum. Reiner sang es wie damals: einfach und ehrlich, ohne Pathos, ohne Kitsch, nur vom Piano begleitet.

Max saß tief im Dunkeln des Theaters und fragte sich, ob Reiner oder er sich jemals getraut hatten, vollkommen glücklich zu sein. Hatte er es inzwischen geschafft? Die Tränen stiegen ihm in die Augen. Reiner hatte die Vereisung für einen Moment schmelzen lassen.

Das Publikum flippte vollkommen aus. Gloria Mondo verneigte sich und verließ ohne ein weiteres Wort die Bühne. Das Konzert war vorbei, auch wenn einige unermüdliche Fans nach weiteren Zugaben riefen.

Kurze Zeit später stand Max vor Reiners Garderobe. Während der sich früher oft auf der Damentoilette der Kneipen umzog und schminkte, so hatte er hier wahrhaft die Garderobe, die eines echten Stars würdig war. Die Presse, Freunde und die immer anwesenden Fans und potentiellen Starfucker waren bereits da. Mitten drin, Küsschen gebend und Komplimente erhaltend, Gloria Mondo.

Max betrat den Raum, Reiner lächelte, kam auf ihn zu und nahm ihn in den Arm. Kein Wort war nötig, die Verbindung der beiden wie damals, ungebrochen. Von Nahem konnte er die Illusion der alterslosen Feenkönigin nicht aufrechterhalten, aber das hatte Max auch nicht erwartet. Zwanzig Jahre Leben hatten ihre Spuren hinterlassen.

Einer der Fotografen hatte Max erkannt und fing an, Fotos zu machen. »Keine Angst und keine Szene, einfach lächeln«, raunte Reiner Max ins Ohr. »Jetzt ist es eh zu spät.« Max schaute ohne zu lächeln in die Kamera. Er hasste es, fotografiert zu werden.

»Aber meine Lieben, dies ist meine Premiere in eurer schönen Stadt. Ihr wollt mir doch wohl nichts versauen, oder? Max ist ein alter Freund und ihr geht jetzt und lasst ihn in Ruhe. Chop chop!« Mit einer lässigen Handbewegung verscheuchte er die Reporter nach draußen. Gloria Mondo hatte Präsenz, das musste man ihr lassen.

»Kannst du noch etwas bleiben? Ich muss nachher zur Premierenfeier mit Engelbert und den anderen, aber vielleicht können wir reden, während ich mich abschminke?«, raunte er Max zu.

Max nickte. Mit einem Augenzwinkern lächelte ihn Reiner liebevoll an. Dann klatschte er in die Hände. »So, meine Lieben, raus mit euch! Mein Hüfthalter bringt mich um. Ich treffe euch in einer Dreiviertelstunde im *Schwarzen Raben*. Und jetzt aber wirklich raus mit euch!« Er scheuchte alle aus der Garderobe. Sie waren allein.

Reiner setzte sich an den Schminktisch und nahm seinen »Parteihut«, wie er seine Perücke immer liebevoll genannt hatte, ab. Sein Haar war immer noch braun, kein graues Haar war zu finden. Dann nahm er einen Cremetopf in die Hand und schmierte sich die kalte Paste ins Gesicht. Max setzte sich neben ihn.

»Du bist ein Mann geworden, Max, der Junge ist nicht mehr zu sehen.« Er zündete sich eine Zigarette an, während er weiterhin die Spuren von Gloria abwischte. Ein älterer Reiner schaute Max aus dem Spiegel entgegen. Er musste viele Zigaretten geraucht und viele Drinks genossen haben seit der Pariser Zeit. Die letzten Spuren von Gloria verschwanden mitsamt der Abschminkcreme und den Kleenextüchern im Papierkorb. Ein älterer Mann mit hängenden Gesichtszügen und kleinem Bierbauch schaute Max liebevoll aus dem Spiegel entgegen.

»Ich schulde dir noch die Miete des letzten Monats in Paris.«

Reiner warf den Kopf in den Nacken und fing schallend an zu lachen. Max konnte nicht anders und lachte mit. Plötzlich saßen sie wieder in der Küche in Hamburg und lachten sich über einen dummen Witz, den irgendjemand gemacht hatte, kaputt.

Reiner wischte sich die Tränen aus den Augen und lachte, bis er nicht mehr konnte. »Der war wirklich gut. So habe ich lange nicht mehr gelacht. Die Miete des letzten Monats. Weißt du nicht mehr, wie oft du die Miete bezahlt hattest, weil ich pleite war, und wie oft du den Kühlschrank gefüllt hast? Ohne dich wäre ich verhungert. Na ja, später habe ich dann nicht mehr viel gegessen, habe mich von Alkohol und Zigaretten ernährt, um die Figur zu halten und trotzdem kann ich heute ohne Korsett nicht mehr auf die Bühne.«

Die alte Vertrautheit war immer noch da.

»Ich nehme an, du weißt, warum ich wieder in Deutschland bin?«

»Ich habe es erst heute Nachmittag erfahren, als ich die Nachrichten sah. Die Szene auf dem Friedhof wiederholen sie jede Stunde. Ein gefundenes Fressen für die Presse. Es würde mich nicht wundern, wenn sie unser Foto auf die Titelseite packen. Sorry, aber ein weiterer Skandal deinerseits hätte auch nichts gebracht. Besser sie schreiben *Alter Freund* als *Ausgeflippter Fotograf* unter das Foto. Es tut mir leid, was du im Moment durchmachen musst.«

»Mir tut es leid, dass ich dir nie von meinem Bruder erzählt habe.«

Reiner schaute in den Spiegel und entfernte sorgfältig kleine Klebereste der falschen Wimpern. »Jeder hat seine Geheimnisse. Vielleicht haben wir jetzt die Möglichkeit und können über einiges reden. Wie lange wirst du bleiben? Ich spiele jetzt hier die nächsten zwei Wochen. Tagsüber habe ich viel Zeit.«

Da war sie wieder, die Frage, wie lange er noch bleiben würde. »Es entscheidet sich morgen, nachdem ich mit einer Anwältin gesprochen habe.«

»Warum rufst du mich nicht danach an?«

Er gab Max seine Karte mit einer Handynummer. »Vielleicht kann ich dir helfen. Um der alten Zeiten willen. Du weißt, ich bin ein guter Zuhörer.« Reiner hatte sich inzwischen angezogen. Er trug immer noch einfache schwarze Klamotten und eine alte Lederjacke. Die Trends der letzten zwei Jahrzehnte waren offenbar an ihm vorübergegangen. »Du bist nicht allein, Max. Und was sind schon zwanzig Jahre im Leben einer unsterblichen Diva«, fügte er lachend hinzu.

»Es tut mir so leid, Reiner«, flüsterte Max und nun fing er doch an zu heulen, der ganze Druck der letzten Tage löste sich. Reiner hielt ihn einfach nur und sagte kein Wort, er verstand.

Nach einigen Minuten beruhigte Max sich wieder. Sie verließen gemeinsam das Theater und Reiner setzte ihn in ein Taxi.

»Fahr in dein Hotel und schlaf dich aus. Morgen ist ein wichtiger Tag. Mit der Presse ist nicht zu spaßen. Die suchen immer ihr nächstes Opfer. Ich spreche aus Erfahrung. Ruf mich an.«

In dieser Nacht schlief Max endlich.

Er schaute auf die Uhr und stand auf, es war allerhöchste Zeit, kurz nach neun.

Er duschte schnell und zog Jeans und T-Shirt an. Dann lief er die Treppen zum Frühstücksraum hinunter.

Martina saß an einem leeren Tisch und las in einer Akte. Außer ihr waren nur ein älteres Ehepaar und ein Mann anwesend. Max durchquerte den Raum und setzte sich zu ihr.

»Guten Morgen, Max. Ich habe dich gar nicht reinkommen sehen. Hast du gut geschlafen?«

»Ja, zum ersten Mal seitdem ich in Deutschland gelandet bin.«

»Es waren ja auch anstrengende Tage für dich«, stellte sie mitfühlend fest.

Max sah sie erstaunt an. »Anstrengend? Ja, schon, aber mein Leben ist ja sonst auch kein Spaziergang. An Stress bin ich gewöhnt.«

»Ich meinte eher emotional anstrengend.«

Darüber wollte er nicht reden. Augen zu und durch, Lippen zusammen, Zähne auseinander. Er schaute Martina an. Sie war eine sehr attraktive Frau, aber er hatte nicht vor, einen seelischen Striptease zum Frühstück hinzulegen. Die Kellnerin kam an den Tisch. Er war dankbar für die Unterbrechung.

»Bringen Sie mir bitte einen doppelten Espresso und Rühreier.« Max wandte sich zurück an Martina. »So, du bist also Anwältin.«

Sie sah ihn offen an. »Max, ich will dir nicht zu nahetreten, entschuldige, wenn ich da gerade eine Grenze überschritten habe. Ja, ich bin Anwältin und du hast auf dem Friedhof etwas gesagt, was mich stutzig gemacht hat. Magda und Erich wären Täter und keine Opfer. Kannst du das genauer beschreiben?«

Max neigte den Kopf und sah Martina direkt in die Augen: »Wir haben uns gerade erst wieder getroffen. Was ich dir sage, wird sich vielleicht seltsam anhören. Aber ich habe in den letzten Tagen herausgefunden, warum Nikolas seit seiner Kindheit gestört ist. Meine Tante und höchstwahrscheinlich auch mein Onkel haben ihn missbraucht. Sexuell missbraucht«, fügte er hinzu.

Martina sah ihn an, ihr Blick klar und ehrlich. »Das würde vieles erklären. Ein schweres Trauma.«

Max war erstaunt. Kein Aufschrei des Entsetzens? Kein: »Aber das ist doch lächerlich!«

»Ich habe mir oft Gedanken um ihn gemacht. Als junge Frau habe ich am Wochenende sozialen Dienst in der Psychiatrie in Aplerbeck gemacht. Nikolas war ja dort untergebracht. Es war noch vor dem Tod deiner Mutter. Während meines Dienstes ging ich dann mit ihm im Park der Klinik spazieren, das gehörte zu meinen Aufgaben. Er fasste Vertrauen zu mir, warum weiß ich nicht. Vielleicht weil ich so jung war und er keine Angst vor mir haben musste. Deinen Vater habe ich nie in der Klinik gesehen. Deine Mutter kam öfter und erzählte stolz, wie erfolgreich du bist. Sie starb dann so plötzlich und ich habe Nikolas einige Jahre nicht gesehen. Ich war mit meinem eigenen Leben beschäftigt, fing mein Studium an, lernte meinen zukünftigen Mann kennen und kurze Zeit später haben wir dann geheiratet. Ich habe einen Sohn, bin aber inzwischen geschieden, Morten ist jetzt 13 Jahre alt und er war früher am Wochenende oft bei meiner Mutter. Ich studierte ja damals noch und mein

Mann, na ja, das ist eine andere Geschichte. Wenn ich Morten am Sonntag abholte, sind wir in den Park gegangen. Ich habe Nikolas dort öfter getroffen, er ging immer viel spazieren. Wie dein Vater, aber zusammen habe ich die beiden nie gesehen. Nach dem Examen habe ich mich in den letzten Jahren auf Missbrauchs- und Gewaltopfer in Familien spezialisiert.«

Die Kellnerin stellte den Espresso auf den Tisch. »Kann ich noch etwas für Sie tun?«, fragte sie Martina. Sie schüttelte den Kopf und schaute traurig aus dem Fenster. »Der Grund, warum ich mich auf diesem Gebiet spezialisiert, habe ist Morten. Er ist missbraucht worden. Deswegen wurde ich hellhörig, als du gestern von Tätern sprachst. Ich arbeite außerdem mit der Staatsanwaltschaft in Düsseldorf seit einiger Zeit an einem Projekt. Wir verfolgen einen ganzen Ring von Pädophilen, die neben dem eigentlichen Missbrauch auch Fotos ins Internet gestellt haben. Seit Jahren ist das Internet der größte Umschlagplatz für Kinderpornographie.«

Max war froh, dass sie so offen mit ihm sprach. »Wie geht es deinem Sohn jetzt? Ist er okay?«

»Ja, den Umständen entsprechend, er ist immer noch in Behandlung, aber ich glaube, das Schlimmste haben wir überstanden. Er ist ein ganz wunderbares Kind. Gott sei Dank konnte ich frühzeitig reagieren und habe noch Schlimmeres verhindern können. Es wird sich zeigen.«

»Wer hat es getan?«

Sie schaute Max direkt an. »Sein Vater.«

Er wusste nicht, was er sagen sollte. Nicht nur der Mord, jetzt auch Missbrauch in und außerhalb der Familie. Max hatte sich bis vor einer Woche nie mit dieser Thematik auseinandergesetzt.

Natürlich war das Thema ab und zu in den Medien. Man las von Kindern, die verschwanden, von den Internetgeschichten, der Kinderpornographie. Aber seltsamerweise hatte ihn das nie berührt. Er wollte nichts mit dem Thema zu tun haben.

»Max, ich habe einige Freunde gebeten, zur Pressekonferenz zu kommen. Es sind angesehene Journalisten, keine Paparazzi. Vielleicht steht mehr hinter der Sache, als wir vermuten. Wie ich dir sagte, arbeite ich an einem Fall, der sich mit Kinderpornographie beschäftigt. Die Anfänge dieses Ringes gehen weit zurück und sind über Deutschland verstreut. Wir haben festgestellt, dass viel Bildmaterial aus den Niederlanden und Belgien kam, aber es gibt auch Bilder aus den siebziger Jahren aus Deutschland und die Spuren führen in diese Gegend des Ruhrgebietes.«

Die Kellnerin brachte die Rühreier. Max war der Appetit vergangen.

»Ja, schwer vorstellbar, dass so etwas hier passieren sollte, nicht wahr? Meine Mutter ist auch jedes Mal entsetzt, wenn ich davon anfange. Aber es ist so und lässt sich nicht von der Hand weisen. Wenn du dir die Statistiken anschaust, ist es auch nicht der fremde Mann, dem man nicht trauen sollte, sondern Mitgliedern in der eigenen Familie. Da sind die meisten Täter zu finden. Und zwanzig Prozent der Täter sind Frauen, die sich an Jungen vergehen. Ein Tabu im Tabu. Die Journalisten, die ich gebeten habe zu kommen, sind mit dem Thema vertraut und wollen mir helfen, mehr auf dieses Problem aufmerksam zu machen und so präventiv zu arbeiten, damit mehr auf die Zeichen geachtet wird, die ein missbrauchtes Kind setzt.«

Max fühlte sich plötzlich dem Ganzen nicht gewachsen.

Martina konnte anscheinend Gedanken lesen. »Es ist alles sehr viel für dich und du bist mit dem Thema auch nicht vertraut. Ich wollte dir anbieten, bei der Pressekonferenz dabei zu sein. Auch wenn das alles sehr plötzlich passiert und wir uns ja kaum kennen, so möchte ich dich doch bitten, mir zu vertrauen. Ich will deine Situation nicht ausnutzen, aber ich glaube, ich kann Nikolas und auch dir vielleicht helfen.«

Ein Mitstreiter im Gefecht konnte nicht schaden. Max willigte ein. Er schaute auf die Uhr, es war Viertel vor zehn.

»Ich gehe noch kurz auf mein Zimmer und putze mir die Zähne. Ich komme dann gleich in den Konferenzraum, ich glaube, er liegt im Erdgeschoß, warum wartest du nicht dort auf mich?«

Er nahm den Aufzug in den vierten Stock. Sein Kopf war leer. Er durfte das alles nicht so nah an sich rankommen lassen, sonst würde er diese ganze Nummer hier nicht überleben. Stark sein, cool sein, überlegen sein, das konnte er doch gut, das hatte doch immer funktioniert.

Er ging auf sein Zimmer, putzte sich die Zähne und sah sich im Spiegel an. Müde sah er nicht aus, aber er war unrasiert und seine Haare ähnelten einem aufgeplatzten Sofakissen. Die Freude würde er der Meute nicht machen. Er rasierte sich, gelte seine Mähne zurück und zog sich um. Dann klebte er ein dünnes Pflaster auf seine geklammerte Stirn und lächelte seinem glatt rasierten Spiegelbild entgegen. Er nahm nicht den Aufzug, sondern ging die Treppen herunter.

Im ersten Stock hörte er bereits die Journalisten. Anscheinend war noch kein anderes Kind in den Brunnen gefallen, über das sie hätten berichten können. Mit einem professionellen Lächeln betrat er die Höhle des Löwen, die von Geiern besetzt war.

30

Unerwartet

Herrmann hatte doch noch ein paar Stunden tief und traumlos geschlafen und war kurz nach sieben in der Früh mit dem Hund vor die Tür gegangen. Der Himmel war leicht bedeckt. Er ging zurück zum Haus und nahm die Zeitung mit. Auf der Titelseite sah er seinen Sohn: *Gloria Mondo und der Bruder des Mörders.*

Er traute seinen Augen nicht. Was hatte Max mit diesem Transvestiten zu tun? Er machte sich einen Kaffee und las den Artikel. Anscheinend kannten sich die beiden schon lange und Max war gestern in der Vorstellung dieses Paradiesvogels gewesen. Das passte ja wunderbar. Von der Beerdigung direkt ins Theater, Max hatte aber auch gar keinen Anstand, es fehlte nur noch, dass er so ein lauwarmer Bruder war! Nichts als Ärger mit seinen Söhnen. Er wünschte, er hätte die beiden nie gezeugt. Konnte man seine eigenen Kinder hassen?

Nach dem Familientreffen wusste er, dass die Familie nur bedingt hinter ihm stand. Seine eigene Schwester hatte Bedenken. Von Helene hatte er nichts anderes erwartet. Sie war ja schon immer gegen ihn gewesen. Seine selbstgerechte alte Schwiegermutter hatte ihm nie eine Chance gegeben. Die anderen waren immer besser als er gewesen, ihre eigene Brut ihm immer einen Schritt voraus.

Im Grunde hatte er selbst seine eigene Familie nicht gemocht, sie waren sowieso alle gegen ihn und hatten ihn damals während des Krieges weggeschickt. Als er vom Bauernhof in Paderborn zurückkam, war nichts mehr wie vorher. Seine Mutter trauerte um ihren ältesten Sohn, seine Schwester und sein Bruder waren verheiratet und er war dem Jähzorn seines Vaters ausgeliefert.

Auf der nächsten Seite war ein Artikel über die Beerdigung und ein Foto von Max und ihm. Von Hass erfüllt standen die beiden sich gegenüber, die Familie und der Pfarrer dahinter. *Was ist mit dieser Familie los?* lautete die Überschrift, darunter, etwas kleiner: *Bruder des Mörders spuckt auf das Grab der Ermordeten.*

Er dachte an Magda. Als er das erste Mal die Fotos von Nikolas gesehen hatte, die er im Mantel seiner toten Schwägerin gefunden hatte, war er geschockt. Dass sie eine böse Frau gewesen war, hatte er schon als kleiner Junge erfahren. Sie hatte immer gegen alle intrigiert und ihn schon verlacht, als er noch zu Hause wohnte. Einmal hatte sie ihn im Bad überrascht, als er duschte. Sie hatte auf seinen Schwanz geschaut, ihn daran berührt und hämisch gelacht. Er war erst neun Jahre alt und wusste nicht, was er tun sollte. Das Bild verschwand, er wollte nicht daran denken. Nach diesem Erlebnis hatte er sich außer Anna gegenüber niemandem mehr nackt gezeigt.

Er sonderte sich mehr und mehr ab. Die letzten Jahre war es friedlich gewesen. Die Familie ließ ihn in Ruhe. »Der ändert sich sowieso nicht!« lautete ihr Mantra. »Keine Diskussion« war seine Antwort auf die Fragen der anderen. Nur Marie ließ er an sich heran. Er spürte, dass sie ihn liebte und soweit er es zulassen konnte, erwiderte er diese Liebe. Doch auch mit ihr konnte er nicht offen sprechen, sich nicht so zeigen, wie er war. Wie es da drinnen aussieht, geht niemanden etwas an. Das Mantra seines allmächtigen Vaters. Er behielt alles für sich. Sie würden ihm eh nicht glauben.

Herrmann stützte sein Gesicht in die Hände und sah aus dem Fenster, der Hund hechelte. Als er Renate heiratete, wollte sie mit ihm lieber in ihr Haus nach Norddeutschland ziehen, doch die Vorstellung, aus seiner gewohnten Umgebung herauszumüssen, verursachte ihm Magenschmerzen. Also waren sie in der Wohnung geblieben. Renate hatte alles neu dekoriert und dennoch hatte sich das Gefühl nicht verändert. Das war gut so.

Erst jetzt bemerkte er, dass er nicht mehr allein war. Renate stand hinter ihm. »Wie lange stehst du denn schon da?«, fragte er und fühlte sich ertappt wie ein kleiner Junge.

»Lange genug«, erwiderte sie und ging zur Kaffeemaschine. Sie goss das heiße Getränk in eine Tasse und setzte sich zu ihrem Mann an den Tisch, ihre Miene war versteinert.

»Was ist los mit dir, hast du Migräne?«, fragte er.

Sie antwortete nicht. Dann sah er, dass sie weinte, die Tränen rannen ihr über die Wangen, aber kein Laut kam aus ihrem Mund. Erschrocken sah er sie an. Wortlos legte sie einen Brief auf den Tisch. Er erkannte das Kuvert.

»Wie konntest du nur?«, war alles, was sie sagte. Er wollte erklären, ihr widersprechen, sich verteidigen, doch er wusste, dass es nutzlos war. Sie hob die Hand, bedeutete ihm zu schweigen, ihr Blick voller Trauer und Verachtung. »Wie kannst du nur so grausam sein? Deine Söhne opfern, damit du deine Ruhe hast? Ich weiß nicht mehr, wer du bist.«

»Wie kannst du es wagen, an meinen Schreibtisch zu gehen, das ist meine Privatangelegenheit!«, schnaubte er wütend. Dennoch war ihm klar, dass es kein Entrinnen aus dieser Lage gab, in die er sich selbst gebracht hatte. Renate stand wortlos auf, nahm den Kaffee und den Briefumschlag und ging ins Schlafzimmer. Er blieb in der Küche sitzen. Der Hund war Renate gefolgt und er hörte ihn leise winseln.

Nach zehn Minuten kam Renate in die Küche zurück. Sie war angezogen, hatte sich noch nicht geschminkt. Sie hatte ihre kleine Reisetasche in der Hand. Fragend schaute er sie an und verstand nicht. »Was soll das, wo willst du hin?«

»Ich kann nicht bei dir bleiben«, erwiderte sie und ging zur Wohnungstür.

»Renate, was soll das, bleib gefälligst hier und erkläre mir, was dein Verhalten bedeuten soll. Und gib mir gefälligst den Umschlag mit den Fotos! Der gehört dir nicht!«, rief er.

Wütend drehte sie sich zu ihm um. »Herrmann, ich glaube, dir ist gar nicht bewusst, was du tust, und das macht es nur noch schlimmer. Wie lange geht das jetzt schon? Dein ganzes Leben? Max hatte Recht mit dem, was er vorgestern alles erzählt hat. Deine armen Kinder.« Und schon hatte sie die Wohnung verlassen. Leise schloss sich die Tür hinter ihr.

Er blieb am Küchentisch sitzen und schüttelte den Kopf. Das werden wir ja sehen, wer hier den längeren Atem hat. Sie würde schon wiederkommen, wo wollte sie auch hin, sie liebte ihn doch. Er ging in sein Arbeitszimmer. Das Licht brannte immer noch, er hatte wohl in der Nacht vergessen, es auszumachen. Er setzte sich hin und wartete. Sein Blick fiel erneut auf den Schreibtisch. Annas Brief und die Fotos! Hatte Renate wirklich beides mitgenommen?

Er stand auf und ging in die Küche an das Fenster, das zum Hof führte. Wenn er springen würde, könnte er sich höchstens die Beine brechen, es war nicht hoch genug. Er starrte auf die Garage und den Garten, hörte einen Vogel singen. Die dicke Nachbarin ging mit einem Korb beladen in den Garten, um die Wäsche aufzuhängen. Er hörte den Bus die Hauptstraße herunterfahren, ein Auto hupte. Die Zeit verging, doch er blieb am Fenster stehen. Er dachte an seine Söhne, an damals, als noch alles in Ordnung schien, es war so lange her.

Sie waren gerade in die neue Wohnung gezogen. Die Jungs waren schon früh im Garten und spielten Räuber und Indianer und die Nachbarin, damals noch nicht dick und grau, hängte ihre feuchte Wäsche auf. Er hatte sich ein paar Tage freigenommen, um Anna beim Umzug zu helfen. Als er die Zwillinge spielen sah, war er runter in den Garten gegangen. Es war nicht seine Art, mit ihnen zu spielen, doch am Abend vorher hatte er Max mit dem Gürtel verdroschen, weil er unerlaubterweise vor dem Essen eine Frikadelle stibitzt hatte und sich dann weigerte, es zuzugeben. Dabei hatte er noch darauf herumgekaut. Es hatte ihn auf die Palme gebracht, dass Max gelogen hatte. Dieser Bengel hatte ihm die Stirn geboten. Es war eine Unverschämtheit sondergleichen. Kinder hatten den Eltern bedingungslos zu gehorchen. Punkt. Keine Diskussionen. Basta.

Im Garten war er auf seine Söhne zugegangen. Sie hatten inzwischen einen Fußball aus der Garage geholt und balgten sich darum. Er hatte gefragt, ob er mitspielen könnte. Max hatte ihn bockig angeguckt und nichts gesagt. Nikolas hatte ihm den Ball zugeschossen und er hatte ihn darauf an Max weitergegeben. Doch Max stand nur regungslos da und der Ball rollte an ihm vorbei in eines der Blumenbeete. »Warum spielst du nicht?«, hatte er gefragt. Doch das Kind hatte beide Hände hinter den Rücken verschränkt und ihn nur dreist angeschaut, ohne ein Wort zu sagen. »Jetzt spiel gefälligst und stell dich nicht so an, du kleiner Quertreiber.«

Doch Max hatte sich nicht gerührt und ihn nur feindselig angestarrt. Wutentbrannt hatte er den Garten verlassen und sich geschworen, nie wieder mit seinem Sohn zu spielen. Bitte sehr, denn schließlich war ja Max derjenige, der sich gegen ihn, den Vater erhoben hatte.

Ja, so war es gewesen. Max hatte sich von ihm abgewandt, er, Herrmann, war nicht schuld an der ganzen Situation. Wer weiß, vielleicht waren die Zwillinge ja noch nicht einmal von ihm, vielleicht waren es ja Kuckuckseier, die ihm Anna da ins Nest gelegt hatte. Sie flirtete sowieso mit jedem Mann bei den Gemeindefesten, vielleicht hatte sie ja auch was mit Jochen. Er schüttelte den Kopf. Nein, das war nicht die Lösung des Problems. Jochen war vom anderen Ufer, ein warmer Bruder.

Max und Nikolas waren Herrmanns Söhne, daran bestand kein Zweifel. Er musste sie nur ansehen, die Ähnlichkeit war nicht zu leugnen.

Irgendwann hatte Jochen diesen Klaus, seinen Freund, auch noch mitgeschleppt. Anna hatte einen Narren an ihm gefressen. Er war nur froh, als sich die beiden Männer trennten und er sie nicht mehr sehen musste. Unmoralisches Pack, diese Schwanzlutscher.

Und jetzt würde Renate wahrscheinlich alles noch schlimmer machen. Es war offensichtlich, dass sich alle gegen ihn verschworen hatten.

Wenn er doch nur die Fotos und Annas Brief gleich zerstört hätte. Alles war doch schon so lange her und konnte nicht ungeschehen gemacht werden. Das mussten die anderen doch einsehen. Nichts konnte an der Vergangenheit verändert werden. Er musste jetzt ruhig werden und sachlich über alles nachdenken. Gefühle würden ihn hier nicht weiterbringen.

Entschlossen drehte er dem Fenster den Rücken zu und ging in sein Arbeitszimmer. Die Jalousien ließ er halb herunter, holte ein Blatt Papier und seinen alten Kugelschreiber aus dem Schreibtisch. Es war an der Zeit sich einen Plan zu machen. Auch diese Situation würde er überstehen. Kopf an, Herz aus. Das hatte immer am besten funktioniert. Hilf dir selbst, dann hilft dir Gott.

Gott? Er schnaubte verächtlich. Wenn die wüssten, was er von Gott hielt … Der hatte ihn eh verlassen, verraten, verkauft. Gott und der ganze Gemeindezirkus dienten ihm inzwischen nur dazu, die äußere Ruhe zu bewahren. Basta. Gott … was für ein schnödes Gespenst!

Eine Stunde später verließ Herrmann das Haus und fuhr ins Untersuchungsgefängnis nach Lüdow.

31

Unverhoffte Enteisung

Max betrat das Konferenzzimmer des Hotels und ein Blitzlichtgewitter ging auf ihn nieder. Der Mord war ein größerer Skandal, als er angenommen hatte. An die dreißig Journalisten und ein paar Kameraleute drängten sich in dem kleinen Konferenzzimmer. Er quetschte sich durch die Menge, legte ein charmantes Lächeln auf und dachte nur: »Fuck you all.« Aber er musste die Presse auf seine Seite bringen, wenn er Nikolas helfen wollte.

Martina saß bereits an einem Tisch aus Eichenimitat am Ende des Raumes. Max begrüßte sie noch einmal förmlich und bat um Ruhe. Die Kameras der Free-TV-Sender surrten und die Journalisten starrten ihn erwartungsvoll an.

»Guten Morgen allerseits. Mein Name ist Max Remark, ich bin der Bruder von Nikolas Wilde. Über die Tat muss ich Ihnen nicht viel erzählen, der Vorgang ist bekannt. Ich bin erst vor einigen Tagen nach Deutschland gekommen, um mehr über den Vorfall zu erfahren, und hoffe, dass Sie mir vielleicht helfen können, die wahren Umstände aufzudecken.« Er sah Erstaunen in einigen Gesichtern und fuhr fort. »Bevor ich Ihre Fragen beantworten werde, lassen Sie mich Ihnen kurz die Dame an meiner Seite vorstellen. Es ist Martina Weise, eine Bekannte meines Bruders und Rechtsanwältin aus Düsseldorf. Gestern habe ich Nikolas nach langer Zeit wiedergesehen und es geht ihm gut. Wie ich in den letzten Tagen erfahren habe, gibt es Umstände, die Ihnen noch nicht bekannt sein dürften, die zu der Tat meines Bruders geführt haben. Er hat nicht kaltblütig einen Doppelmord begangen, sondern sich meiner Meinung nach für ein Verbrechen gerächt, das vor langer Zeit an ihm begangen wurde.«

Es war still im Raum. Konnte und sollte er wirklich öffentlich von dem Missbrauch erzählen? Was hatte Magda wirklich mit Nikolas gemacht? War Erich daran beteiligt gewesen und wenn dann wie? Er hatte keine Beweise. Wie würde Nikolas empfinden, wenn er die Verbrechen, die an ihm begangen wurden, hier öffentlich besprechen würde?

Ein Bild erschien vor seinen Augen. Er sah Magda breitbeinig über Nikolas stehen. Das Bild verschwand so plötzlich, wie es gekommen war. Er fuhr fort. »Entschuldigen Sie, aber die Situation ist nicht leicht für mich, es haben sich viele Dinge ereignet, die ich selber erst einmal begreifen muss. Mein Bruder ist, wie ich erfahren habe, vermutlich von Magda und Erich Wilde sexuell missbraucht worden, als er ein Kind war.«

Ein Raunen ging durch den Raum.

»Das ist doch wohl ein Witz, oder?«, rief ein dicker Mann mit Bart, seinem Namensschild nach war er von der *Westfälischen Rundschau.* »Wann soll denn das passiert sein?«

»Meines Wissens ist es kein Witz, sondern eine Tatsache. In den nächsten Tagen werde ich mehr darüber erfahren, aber mein Bruder hat in seiner Kindheit ein schweres Trauma erlitten. Warum er den Mord gerade jetzt begangen hat, kann ich Ihnen nicht sagen, es müssen noch psychologische Gutachten erstellt werden.«

»Warum sind Sie erst jetzt nach Deutschland und zu Ihrer Familie zurückgekommen, Sie waren ja fast zwanzig Jahre nicht hier? Gibt es dafür bestimmte Gründe?«, fragte eine andere Reporterin.

»Das hat nichts mit dem Fall meines Bruders zu tun. Ich möchte auch hier nicht über mein Privatleben sprechen, sondern lediglich darauf hinweisen, dass ein Teil meiner Familie anderer Ansicht ist als ich. Wie Sie sich denken können, ist Missbrauch in der Familie nicht gerade ein beliebtes Thema.

Ich spreche dies auch nicht an, um die Tat meines Bruders zu entschuldigen, sondern um sie zu erklären.«

Die Reporterin gab sich damit offensichtlich nicht zufrieden. Sie war eine attraktive Frau Ende zwanzig mit braunen Augen, die sie durch grünen Lidschatten betonte. Ihre Haut war etwas unrein und eine tiefe Falte grub sich zwischen ihre Augen, was ihr einen kritischen Blick verschaffte. Sie hatte schöne Zähne und hätte sie gelacht, würde Max mit ihr ein Bier trinken gehen. Aber sie lachte nicht. Auf dem Namensschild stand *Frait* und sie war von einem der Klatschmagazine des Fernsehens.

Jetzt säuselte sie mit einem koketten Augenaufschlag. »Aber Herr Remark, Sie kommen nach zwanzig Jahren zurück, entdecken innerhalb von drei Tagen, dass Ihr Bruder missbraucht wurde, und behaupten, dass er aus diesem Grund Jahrzehnte später einen Doppelmord begeht. Das klingt wirklich unwahrscheinlich.«

»Da muss ich Sie leider berichtigen, Frau Frait«, warf Martina ein. »Es ist durchaus plausibel, dass ein Missbrauchsopfer sich erst nach langer Zeit an oder gegen den Täter wendet. Dass Nikolas seine Täter umgebracht hat, kann durch ein erneutes Trauma ausgelöst worden sein. Aber das ist Sache der Gutachter und so weit sind wir noch nicht mit den Nachforschungen.«

Frau Frait war das wohl nicht genug. »Aber gibt es denn Beweise für diesen angeblichen Missbrauch? Irgendwelche Zeugen?«

Beweise? War das alles, was diese Reporterin wollte? Beweise, Unterlagen, Zeugen? Max schaute sie direkt an, offensiv blickte sie zurück und er bemerkte ein kleines triumphales Lächeln. Natürlich hatte er keine Beweise, woher auch? Alles, was er hatte, waren die Erzählungen und Mutmaßungen von Klaus und Helene. War er wirklich so naiv gewesen und dachte, die Presse wäre auf seiner Seite, wenn er von Nikolas' Motiven berichten würde?

Martina bemerkte seine Unsicherheit. »Wie bereits erwähnt, befinden wir uns erst in der Phase der Nachforschung und Beweisaufnahme. Wir werden heute Nachmittag mit Nikolas Wilde sprechen und Ihnen mitteilen, wenn es neue Erkenntnisse gibt.«

»Also keine Beweise?«, hakte Frau Frait vom Klatschmagazin erneut nach.

»Sobald es Beweise gibt, werde ich Sie davon unterrichten. Ansonsten dürfte Ihnen und den anderen Mitgliedern der Presse bekannt sein, dass Missbrauch in der Familie leider nichts Ungewöhnliches ist und dass es selten Beweise im herkömmlichen Sinne gibt. Und in diesem speziellen Fall liegt der Missbrauch bereits Jahrzehnte zurück.«, entgegnete Martina erneut.

Frait ließ nicht locker. Erneut wandte sich die Reporterin an Max. »Hatte der Tod Ihrer Mutter etwas mit dem Verbrechen zu tun?«

Entgeistert starrte er die Frau an. Woher wusste sie etwas über den Tod von seiner Mutter? Wer war diese Frau? »Kein Kommentar!«, war alles, was er erwidern konnte.

»Warum haben Sie Ihren Namen geändert, Herr Remark? Sie hießen doch auch einmal Wilde?« Frau Fraits Blick aus den zu eng stehenden Augen durchbohrte ihn. Ein anderer Journalist, der am Ende des Raumes stand, hob die Hand, um eine Frage zu stellen. In diesem Moment bemerkte Max Renate, die in der Tür stand. Sie hatte offenbar schon länger versucht, seine Aufmerksamkeit zu erlangen, aber Frau Frait und ihre Fragen hatten ihn vollkommen in Beschlag genommen. Renate bedeutete ihm, nach draußen zu kommen.

»Entschuldigen Sie mich bitte einen Augenblick. Frau Weise wird Ihre Fragen beantworten. Ich bin sofort wieder zurück.« Max ging ruhig zur Tür, um keinen falschen Verdacht bei der

Meute aufkommen zu lassen. Renate wartete im schmalen Treppenhaus auf ihn.

»Ich muss mit dir sprechen, Max, es ist wichtig.«

Sein erster Gedanke war, dass sein Vater einen Herzinfarkt hatte. »Wir können auf mein Zimmer gehen, da wird uns keiner stören.«

Sie gingen durch das Treppenhaus mit den Stufen aus billigem Marmor, das Schweigen nur unterbrochen von dem fast unerträglichen Geräusch der klackenden Absätze von Renates Schuhen. Dann standen sie vor der Tür des Hotelzimmers. Max schloss auf und sie betraten den schäbigen Raum. In der Anwesenheit einer anderen Person erschien ihm das Zimmer noch unerträglicher, als es schon war.

»Also, was gibt es, Renate?«, fragte Max und sah sie prüfend an. Sie hatten sich nur einige Male gesehen und er war nie allein mit ihr gewesen. Sie war keine schöne Frau, höchstens 1,60 Meter groß und ein bisschen zu pummelig. Die Augen standen zu eng nebeneinander, sie trug kein Make-up. Traurig und ernst schaute sie ihn an.

»Max, ich weiß, wir kennen uns kaum, und ich habe bisher immer nur die Version der Familiengeschichte von deinem Vater gehört. Natürlich stand ich immer auf seiner Seite und habe gedacht, dass du deinem Vater oft vorsätzlich das Leben schwer gemacht hast. Als du vorgestern beim Familientreffen von dem Missbrauch erzähltest, konnte ich es nicht glauben. Aber ich kenne meinen Mann. Seine Reaktion war zwar nicht ungewöhnlich, doch als ihr alle weg wart, hat er noch nicht einmal mit mir gesprochen, sondern sich in sein Arbeitszimmer verkrochen. Ich weiß nicht warum, frag mich nicht wieso, aber gestern nach der Beerdigung habe ich in seinem Schreibtisch diesen Brief gefunden. Ich möchte dir nichts weiter über die Umstände sagen, aber ich glaube, du musst ihn haben, um

Nikolas zu helfen. Es tut mir so leid, ich hätte eher helfen müssen, aber ich war zu feige und wollte Herrmann schützen. Heute Morgen habe ich dann noch ein anderes Kuvert gefunden.«

Max verstand nicht, was sie meinte. Was für Briefe? Nein, es konnte nicht sein, dass es Mamas Brief war, den hatte sein Vater doch vernichtet.

Sie öffnete ihre Handtasche und zog zwei zerknitterte Umschläge heraus. »Max, glaub mir, wenn ich gewusst hätte …« Ihre Stimme versagte und sie fing an zu weinen.

Max öffnete den ersten Brief. Es war wirklich der Brief, den seine Mutter vor ihrem Tod geschrieben hatte. Er konnte es nicht fassen. Die ganze Zeit hatte sein Vater ihn behalten und ihn dennoch vor zwei Tagen vor der ganzen Familie als Lügner dargestellt. Es war ungeheuerlich. Fassungslos sah er Renate an und merkte doch gleichzeitig, wie ihm ein Stein vom Herzen fiel.

Sie schaute ihn nicht an. Dann öffnete er das zweite Kuvert und nahm einige Schwarz-Weiß-Fotos heraus. Es war, als ob jemand mit aller Macht einen Eispflock durch sein Herz stoßen würde. Der Schmerz war so groß, dass er laut aufstöhnte, ohne es zu wollen.

Es war eine Sache, über Missbrauch zu sprechen, aber auf den Fotos sehen zu müssen, was wirklich mit Nikolas gemacht worden war, erschien ihm kaum ertragbar. Er sah seinen Bruder, sein Spiegelbild, den kleinen Körper, der von großen Händen festgehalten wurde, während jemand einen Finger in seinen kleinen Hintern steckte. Sah sein Gesicht zwischen den Schenkeln einer Frau, sah seine Hände, die den steifen Schwanz eines Mannes umfassten, sah seinen leeren Blick, während jemand auf ihn urinierte.

Es waren ungefähr zwanzig Fotos, vergilbt, alt. Es war alles wahr. Man konnte kein Gesicht der Erwachsenen erkennen.

Eine unendliche Leere machte sich in ihm breit. Es war nichts da, es war einfach nichts mehr da. Kein Gefühl in seinem Kopf, kein Gefühl in seinem Körper. Regungslos stand er im Zimmer des Hotels. Er konnte nicht weinen, stand nur da im Raum, dann hob er die linke Hand und versetzte sich eine Ohrfeige. Es tat weh. Gut! Er träumte nicht. Er schlug sich mal auf die andere Wange.

Renate schrie auf und hielt seine Hände fest. »Max, hör auf.«

Das Handy klingelte, doch er nahm nicht ab. Renate nahm das Handy, das auf dem Schreibtisch lag und meldete sich. »Hallo? Nein, hier ist Renate Wilde. Wir sind in Max' Zimmer.« Sie hörte demjenigen zu, der am anderen Ende der Leitung war. »Ja, wir warten hier. Sagen Sie die Konferenz ab. Nein, er kann nicht mehr kommen.« Sie legte auf.

»Das war Martina, sie wird gleich hier sein. Max, so sag doch was.«

»Wo hast du diese Fotos her?«, war alles, was er herausbrachte.

»Aus dem Schreibtisch deines Vaters. Ich habe das Schloss aufgebrochen.«

»Woher hat er diese Fotos?«, krächzte Max.

»Ich weiß es nicht, glaube mir, ich habe keine Ahnung. Ich nehme aber an, er hat sie letzte Woche in Magdas Wohnung gefunden, als er dort aufräumte.«

Das Bild von Herrmann vor dem Schrank im Schlafzimmer, das hastige Verbergen des Umschlages, als Max ihn überraschte.

Renate stand vor ihm und legte ihm ihre Hand auf die Schulter. »Max, ich kann gar nicht erst anfangen zu begreifen, wie du dich fühlen musst, alles, was ich weiß ist, dass du Recht hast mit dem, was du herausgefunden hast. Aber du kannst deinem Bruder doch jetzt helfen.«

»Helfen?« Er schrie es fast hinaus und schüttelte ihren Arm ab. »Helfen? Wie soll ich ihm denn helfen, nachdem er das alles durchgemacht hat? Nachdem ihm keiner die ganzen Jahre geholfen hat. Glaubst du wirklich, dass Nikolas zu helfen ist?«

Max wurde schwindelig. Irgendwie schaffte er es, sich hinzusetzen. In diesem Moment klopfte es an der Tür. Renate machte auf und Martina stand im Raum. Entsetzt starrte sie Max an. »Max, was ist los? Was ist passiert?«

Max sah, dass seine Hände zittern. Er beobachtete sich und die beiden Frauen, die mit im Zimmer waren, doch alles lief ab wie ein Film und er war der Zuschauer. Auch dieses Gefühl kannte er und wusste doch nicht woher. Verzweifelt kramte er in den Schubladen seines Unterbewusstseins und konnte nichts finden.

»Max, komm zu dir, was ist denn los?«

Ach ja, Martina. Automatisch, wie ein Roboter, gab Max ihr den Umschlag mit den Fotos.

Martina nahm ihn entgegen. Stumm betrachtete sie das unfassbar Fassbare. Sie setzte sich zu ihm aufs Bett. »Woher hast du diese Fotos?«, fragte sie leise.

»Ich habe sie Max gegeben. Ich habe sie heute im Schreibtisch meines Mannes gefunden«, sagte Renate, weil Max nicht reagierte.

Max fühlte sich wie in einem Kokon, bewegungslos, still, zu keinem Gefühl, zu keiner Äußerung fähig. Sein Kiefer schmerzte. Er hatte die Zähne so hart aufeinandergepresst, dass sein ganzer Kopf anfing wehzutun. Er drehte sich zu Martina und sah sie an. Sie schüttelte nur langsam den Kopf und nahm seine Hand, drückte sie sanft. In ihren Augen sah er seinen Schmerz.

Das Eis zersplitterte. Aus seinem tiefsten Inneren kam ein Schrei, der ihn selber erschreckte. Schockiert sahen Renate und Martina ihn an. Er konnte nicht aufhören und zitterte am ganzen Körper. Martina nahm Max einfach in den Arm und hielt ihn fest.

Er versuchte, die Augen zu öffnen, doch sobald er Martina, das Zimmer und die völlig verängstigte Renate sah, wurde ihm erneut schwindelig und er musste die Augen wieder schließen.

Nach ein paar Minuten ließen der Schmerz und das Zittern langsam nach. Martina sah ihn besorgt an. »Geht es dir jetzt besser?«

Max nickte und fühlte sich, als ob er aus einem Alptraum aufgewacht wäre. Für einen Moment hatte er geglaubt, die Kontrolle verloren zu haben.

Und nun? Den Beweis, dass der Missbrauch stattgefunden hatte, hielt er in seinen Händen. Warum er mit einer solchen Heftigkeit darauf reagiert hatte, war ihm in diesem Moment nicht klar. Rechtfertigte das einen Doppelmord? Er konnte sich diese Frage nicht beantworten und wenn es so wäre, warum hatte Nikolas über drei Jahrzehnte gebraucht, um endlich in dieser Form aufzubegehren?

Max schaute auf die Uhr. Es war kurz vor zwölf. Eine Stunde war vergangen, seitdem er das Zimmer mit Renate betreten hatte. Er schaute sie an. »Bist du bereit, vor Gericht auszusagen?«, fragte er.

Erschrocken starrte sie zurück und zuckte mit den Achseln. »Max, ich weiß nicht. Ja, ich glaube schon. Ich muss das alles erstmal verarbeiten. Ich werde in mein Haus nach Norddeutschland fahren.«

»Was ist mit meinem Vater?«

»Dein Vater?«, wiederholte sie wie jemand, der noch Zeit braucht, um die Antwort zu finden. »Dein Vater, ich weiß nicht, ich habe einen Koffer gepackt und ob ich zurückkomme, wird sich zeigen. Er hat nicht nur dich und Nikolas betrogen, er hat auch mich hintergangen«, fügte sie hinzu.

»Wissen Sie, seit wann Ihr Mann im Besitz dieser Fotos ist? Seit wann er Bescheid weiß? Ich dachte, er hat alles, was mit den Erkenntnissen über den Missbrauch herausgekommen ist, verneint?«

»Das kann ich Ihnen nicht sagen. Ich muss jetzt gehen. Hier ist meine Handynummer, bitte rufen Sie mich an, sobald sich etwas Neues ergibt.« Schnell verließ sie den Raum.

»Wie soll es jetzt weitergehen?«, fragte Max und war froh, nicht alleine zu sein.

»Wir sollten jetzt zu Nikolas fahren und dann entscheiden, was zu tun ist.«

»Da ist noch etwas, was du wissen solltest, Martina. Es gibt noch einen Brief, den Renate mir gegeben hat. Es ist ein Brief meiner Mutter, den sie kurz vor ihrem Tod geschrieben und den mein Vater all die Jahre versteckt hat. Ich hatte ihn am Tag der Beerdigung von Mama gelesen. Sie sagt darin, dass Magda sie erpresst hat und sie freiwillig aus dem Leben geschieden ist.«

»Deine Mutter hat Selbstmord begangen? Worum ging es bei dieser Erpressung?«

»Anscheinend hat meine Mutter eine Dummheit begangen und Geld unterschlagen. Was da genau gelaufen ist, weiß ich nicht, aber das muss ja herauszufinden sein. Fakt ist, dass Magda wohl nach der Operation im Krankenhaus war.«

Das Handy klingelte. Es war Klaus. Sie mussten los.

32

Nikolas

Er lag auf der Pritsche und starrte an die Decke. Seitdem er im grauen Haus gewesen war, fühlte er sich besser. Er wusste, dass das, was er getan hatte, nicht recht gewesen war, aber er schlief besser. In seinen Träumen sah er zwar das Blut und die klaffende Wunde im Schädel der alten Frau, aber die Bilder des Moments, als das Licht in ihren Augen erlosch und der Tod eintrat, waren klarer und vorherrschend.

Es war gut so, es war vorbei. Sie konnte ihm nichts mehr anhaben und der Mann, der an ihrer Seite gewesen war, auch nicht. Er hatte schon damals, als es passiert war, irgendwie gespürt, dass sein Onkel von seiner Frau gezwungen worden war mitzumachen.

Nikolas hatte sich dem Onkel nahe gefühlt, als es passierte und immer gedacht, es wäre seine Schuld gewesen, dass Erich mit in die Sache hereingezogen wurde. Er wollte die Zeitungen gar nicht anschauen, die Tante Magda auf den Küchentisch gelegt hatte, aber die Bilder von den nackten Menschen hatten ihn fasziniert. Es war so neu, er hatte zu Hause nie nackte Menschen gesehen. Sein Vater hatte sich im Bad eingeschlossen, wenn er duschte.

Nacktsein war verpönt, Nacktsein war nicht erlaubt, Nacktsein war verboten. Nacktsein interessierte ihn. Die Menschen auf den Bildern in den verbotenen Zeitungen machten auch so seltsame Dinge und hatten seltsam verzerrte Gesichter, so als ob sie schreien würden. All das hatte er spannend gefunden, aber dann hatte die Tante all diese furchtbaren Dinge mit ihm gemacht.

Er hatte Angst, es tat weh, er wollte nicht an die haarige Stelle greifen, den Spalt zwischen ihren Beinen, doch dann hatte sie seinen Kopf an die Spalte geführt. Es hatte komisch gerochen, es ekelte ihn. Es hatte ein paar Mal geblitzt, so als ob ein Unwetter kommen würde, aber es war warm draußen und die Sonne hatte geschienen. Woher kamen die Blitze, er konnte es sich nicht erklären, sah nur Haare, Schenkel und Geschlecht von Tante Magda. Und dann war Onkel Erich gekommen. Viel mehr wusste er nicht, ihm wurde schlecht, der Gedanke an das, was passiert war, bereitete ihm immer Kopfschmerzen.

Er hatte auf das Regal im Flur gestarrt. Dort saß eine gehäkelte Puppe. Er hatte so lange auf die Puppe gestarrt, sie war aus brauner Wolle, eine Puppe mit schwarzen dicken Wollfäden als Haaren und einem Baströckchen. Irgendwann war er zur Puppe geworden und die Puppe hatte seinen Platz eingenommen.

Als der Onkel kam und sich auszog, musste die Puppe den Schwanz des Onkels anfassen und daran lecken. Onkel Erich sah nicht glücklich aus. Und irgendwann kam ein komischer Saft aus seinem großen Glied, der bitter schmeckte. Der Onkel verzog das Gesicht so wie die Menschen in den Zeitungen, die ihm die Tante auf den Tisch gelegt hatte. Hätte er bloß nicht in die Zeitungen geschaut, dann würde Onkel Erich nicht irgendetwas wehtun.

Nikolas würgte, immer, wenn er daran dachte, musste er würgen. Nein, Onkel Erich tat ihm nicht leid. Er hatte mitgemacht und auch später nie versucht zu helfen, als Nikolas all seinen Mut zusammengenommen hatte und zu dem grauen Haus gegangen war. Zweimal war er mutig gewesen und hatte es bis zur Wohnungstür geschafft. Er hatte nur mit ihr reden wollen. Eine Entschuldigung der Hexe hätte genügt und alles wäre gut gewesen.

Sie sollte doch nur den bösen Bann aufheben, der über ihm schwebte. Er wollte leben und Dinge tun wie andere Menschen:

in den Urlaub fahren, mehr lernen und nicht mehr in der Friedhofsgärtnerei arbeiten.

Obwohl er inzwischen groß und viel stärker als sie war, hatte er Angst gehabt, sie könnte ihm einfach wieder zwischen die Beine greifen. Die Erinnerung an das, was geschehen war, löste sofort Panik in ihm aus und er fühlte sich immer wie am ganzen Körper gelähmt.

Selbst in seinen Träumen kam das Gefühl der Lähmung immer wieder vor. Er träumte oft von Magda. Er wollte weglaufen, konnte sich aber nicht bewegen. Magda griff dann zwischen seine Beine. Dann lachte sie ihn aus. Oft wachte er nachts schweißgebadet auf und hatte Angst, wieder einzuschlafen.

Der Vater hatte ihn in eine Anstalt gebracht. Die Leute waren nett. Frau Dr. Windau wurde seine Therapeutin. Er mochte sie gerne. Sie hatte ihn nie gezwungen zu reden. Nur dann, wenn er wollte. Sie wusste, was passiert war, sie wusste, was die bösen Menschen mit der Puppe aus Wolle gemacht hatten.

Sein Vater hatte gedacht, dass er nicht sprechen könnte und das war auch gut so. Zu Hause hatte er fast nie gesprochen und wenn, dann nur mit seiner Mutter. Er musste genau überlegen, wie alles gewesen war, und die zeitliche Reihenfolge aufschreiben. Dann würde Max ihm besser helfen können.

Max. Er war wiedergekommen. Gestern war er hier gewesen und hatte geweint, aber Nikolas war nicht böse. Er hatte es ja auch für Max getan und irgendwann würde er es ihm auch erzählen. Max wusste ja nicht alles.

Seine Gedanken gingen zurück zu Anna. Sie hatten ihm gesagt, dass seine Mutter Krebs hatte, und sie war ins Krankenhaus gegangen, um sich die linke Brust amputieren zu lassen. Am Abend vor der Operation hatte sie noch einmal am Telefon mit ihm gesprochen. Er solle sich keine Sorgen machen, alles würde gut verlaufen und dann würden sie zusammen in den Urlaub fahren. Seine Mutter machte einmal im Jahr eine große Reise, meistens in ganz ferne Länder: Singapur, Thailand und Australien. Wenn sie nach Hause kam, roch sie nach Flugzeugen und Schweiß, aber sie war glücklich und lachte, sah dann aus wie ein kleines Mädchen.

Nach der Operation hatte er sie einmal besuchen können. Er war mit Doktor Windau ins Krankenhaus gefahren. Mama war zwar schwach, aber voller Hoffnung, den Krebs zu besiegen. In ein paar Tagen sollte sie wieder nach Hause kommen und er freute sich, denn das hieß, dass es ihr besser ging. Kurze Zeit später war sie tot.

Man hatte ihm von postoperativen Komplikationen erzählt, ein Wort, das er nicht gleich verstand. Sein Vater hatte ihm dann den Kopf getätschelt. »Das war das einzige Mal, dass er mich angefasst hatte«, dachte Nikolas. Sie hatten sich beide unwohl gefühlt dabei. Er durfte nicht mit zu Mamas Beerdigung. Er musste bei Frau Doktor Windau in der Anstalt bleiben. Er konnte sich nicht mehr genau erinnern. Irgendetwas passierte und es war, als ob ihn jemand in einen Raum schließen würde, weit weg von allen und auch von ihm selbst. Er hatte dann kein Gefühl für die Zeit.

Vielleicht lag das auch an den Pillen, die man ihm gegeben hatte. Es waren immer andere und die Farbe und die Größe änderten sich im Laufe der Jahre. Er nahm sie und dann fühlte er sich so, als ob man ihn in Watte gepackt hätte, es war wie eine Gummizelle im Kopf. Er wusste, dass er seine Mutter nie wiedersehen würde. Später, als er aus der Anstalt entlassen wurde, hatte sein Vater ihm den Raum auf dem Dachboden gemietet. Er hatte einen Fernseher, eine kleine Küche und ein eigenes Bad. Er sah nicht viele Menschen und wollte es auch gar nicht.

Zweimal in der Woche ging er spazieren und traf dabei am Wochenende manchmal Martina, die Tochter von Frau Weise aus der Fleischerei. Er mochte Martina, sie war nett zu ihm und hatte ein Baby.

Sein Leben verlief nach einem festen Plan. Das fühlte sich gut an. Er liebte die Strukturen: Arbeit, fernsehen, einkaufen, spazieren gehen. Seinen Vater sah er ab und zu und vermied es, ihm im Hausflur zu begegnen. Er mochte ihn nicht, er hatte ihn im Stich gelassen. Manchmal besuchte ihn Renate oder er ging hinunter in die Wohnung, um mit ihr einen Tee zu trinken.

Irgendwann, als der letzte Winter vorbei war, hatte er aufgehört, die Pillen zu nehmen. Er hatte sie einige Tage vergessen, weil er eine Grippe hatte und andere Tabletten nahm, die das Fieber senken sollten. Trotz der Erkältung merkte er, wie sein Kopf klarer wurde.

Es kreisten Gedanken in seinem Kopf, von deren Existenz er gedacht hatte, nichts mehr zu wissen. Nach außen hin veränderte sich sein Leben nicht. Er wurde rasch wieder gesund und ging weiterhin spazieren, arbeiten, einkaufen, saß lange am Fenster in seinem Zimmer und starrte auf das Dorf. Vergessene Erinnerungen kamen zurück. Er konnte das graue Haus jenseits der Gleise von seinem Fenster im dritten Stock aus gut sehen. Die Erinnerungen taten weh, oft war ihm schlecht. Dann saß er stundenlang einfach nur da und wiegte den Kopf von rechts nach links, das beruhigte ihn.

Jeden Morgen sah er die Tabletten auf seinem Nachttisch. Hätte er sie weiter eingenommen, wären die dunklen Gedanken verschwunden, vielleicht auch die Wut auf Magda. Hätte er alle auf einmal genommen, wäre vielleicht alles vorbei gewesen. Doch es ging ja nicht nur um ihn, sondern auch um Max.

Und dann kam der Tag, an dem er den Brief gefunden hatte. Er hatte mit Renate einen Tee getrunken und ihm war schlecht geworden. Seitdem er die Tabletten abgesetzt hatte, passierte ihm das häufig. Sein Vater hatte seinen monatlichen

Termin beim Hausarzt der Familie, Dr. Betrail, und würde nicht so schnell wieder nach Hause kommen. Der Arzt war inzwischen pensioniert und wohnte im Münsterland, aber einmal im Monat fuhr Herrmann ihn besuchen.

Nikolas hatte sich für einen Moment auf die Couch in das Arbeitszimmer seines Vaters gelegt, darauf wartend, dass das flaue Gefühl im Magen verschwinden würde. Das Telefon klingelte. Es war Renates Mutter und sie ging in das angrenzende Wohnzimmer, um in Ruhe zu sprechen.

Seine Blicke streiften im Zimmer umher, dies war einmal das Kinderzimmer von ihm und Max gewesen. Sein Blick fiel auf den Schreibtisch. Schon als Kind wussten er und Max von den Geheimfächern. Er stand auf und öffnete lautlos die alte runde Klappe des Möbels. Käseglocke hatte Max es früher mal getauft. Das Geheimfach im Schreibtisch war nicht verschlossen und Nikolas hatte Annas Brief gefunden und gelesen.

Er schloss die Augen. Zu viele Gedanken und manchmal hatte er Probleme, sie zu ordnen. Es war warm in der Zelle und sein Mund war trocken. Er schaute auf die Uhr. Es war halb elf, gleich würde Max kommen.

Was wusste Max? Nikolas war sich nicht sicher. Max hatte nie mit ihm über das gesprochen, was im grauen Haus passiert war. Nikolas wusste es auch so. Er hatte es in seinen Augen gesehen. Und dann gab es ja noch den Brief.

Je länger er im Frühjahr darüber nachgedacht hatte, desto klarer wurde sein Kopf und die Entscheidung stand fest. Die Tante musste sterben, der Onkel auch. Sie hatten den beiden Menschen, die er liebte, wehgetan. Wenn sie tot wären, wäre endlich alles vorbei und vielleicht käme dann auch Max zurück, weil er keine Angst mehr haben müsste, und würde ihn endlich hier herausholen. Sie würden weggehen, zusammen, vielleicht in eine große Stadt, wo ihn keiner kannte und er wäre nicht mehr alleine.

Er hörte Schritte auf dem Gang. Das musste Max sein, er hatte ja versprochen zu kommen und diesmal würde er sein Versprechen halten. Nikolas richtete sich auf und starrte auf die Tür. Doch es war nicht Max. Herrmann betrat mit strengem Gesicht die Zelle.

33

Download

Die Maschine landete pünktlich um 20.10 Uhr auf dem JFK. Es war Freitagabend.

Max war wieder in New York. Waren es nur fünf Tage gewesen? Es kam ihm vor wie Monate. Schon auf dem Flug nach New York hatte er ständig an den Schneemann gedacht. Während des Fluges zählte er die Stunden und sah sich schlechte Filme aus der Traumfabrik auf dem kleinen Monitor an, die ihn nicht interessierten. Seine Träume waren ausgeträumt.

Er musste bald zurück nach Deutschland fliegen und Nikolas helfen, daran bestand kein Zweifel. Die Verhandlung war für Ende Oktober festgelegt worden und bis dahin hatte er knapp vier Monate Zeit.

Warum zerbrach er sich gerade jetzt den Kopf darüber? Vielleicht sollte er für einige Zeit nach Deutschland gehen und sich während der Verhandlung einen Agenten in Düsseldorf oder Köln suchen. Vielleicht sollte er arbeiten, das würde ihn ablenken. Vielleicht …

Im Taxi schaltete er sein Handy ein und checkte seine Mails. Carole hatten ihm die Details für den Job geschickt. Am Montag würde er nach Miami fliegen und die Produktion für den Bademodenhersteller machen. Danach würde es weitergehen nach Jamaika, Boston und Los Angeles, viel Freizeit würde er nicht haben. Nie hatte er seinen Job mehr vermisst als im Moment. Er wollte am Strand stehen und hübsche Mädchen in knappen Bikinis fotografieren und nicht ständig an die vielen Gespenster erinnert werden, die aus der Vergangenheit gekommen waren, um ihn zu quälen.

Der Schneemann hatte angerufen und eine neue Nummer hinterlassen. Max wusste, dass es falsch war, als er die Nummer wählte. Die guten Vorsätze der letzten Tage waren vergessen.

Kurze Zeit später ein schneller Wechsel, Pulver gegen Geld, und Thierry war wieder verschwunden. Seine Gier war groß. Max nahm die erste Line und seine Nase brannte.

Der erste Moment war immer der beste. Er suchte immer wieder diesen ersten Moment, wenn das Gift in sein Gehirn eindrang und auf wundersame Weise alle Probleme für eine kurze Zeit verdrängen konnte. Max legte sich auf sein Bett und versuchte, seine Gedanken zu ordnen, die bereits auf Berg- und Talfahrt unterwegs waren. Ein Widerspruch in sich, der unweigerlich und natürlich völlig nach hinten losging.

Es war wie ein stiller Kampf, den er wie Don Quichotte gegen sich selber führte. Er war der Reiter und die Windmühlen, gleichzeitig. Aber diesmal würde er die Droge beherrschen und nicht von ihr beherrscht werden. Er würde die Windmühlen endlich besiegen!

Die Gedanken fingen an, sich in seinem Kopf zu überschlagen. Er merkte, wie die Droge stärker wirkte. Alles um ihn herum wurde klarer und gleichzeitig leichter. Er nahm alle Geräusche differenzierter wahr, den Lärm, der von der Straße heraufkam, seinen Atem. Bilder und Gedanken schossen wie Blitze durch sein Gehirn, doch nichts konnte an seinen erregten Synapsen andocken. Er fühlte sich wie vor einer riesigen Videowand mit hunderten von einzelnen Bildschirmen und auf jedem lief ein anderes Programm. Seine Unruhe nahm zu und er lief zum Fenster. Unbewusst fing er an, seine Zähne wie Mühlsteine aufeinander zu mahlen. Morgen früh würde ihm der Kiefer wehtun, schoss es ihm durch den Kopf. Keine Warnung konnte ihn aufhalten. *Don't stop me now, I'm having such a good time, I'm having a ball.* Freddy Mercury schrie sich den alten

Queen-Hit und die Seele aus dem Leib, Max drehte die Anlage auf volle Stärke.

Obwohl es schon fast 9 Uhr abends war, war es noch nicht ganz dunkel, die Stadt war in ein spätes goldenes Dämmerlicht getaucht. Es sah so aus, als ob der Himmel brennen würde. Er öffnete das Fenster. Ganz Soho schien auf den Beinen zu sein und zehn Stockwerke unter ihm liefen die Menschen wie Ameisen herum.

Er fühlte sich gut. Freddy sang jetzt von großärschigen Mädchen, die die Rock'n'Roll-Welt beherrschten, von der Killerqueen und dass sie alle Champions wären. Nach einer halben Stunde kam der erste Einbruch. Schnell zog Max die nächste Line. Normalerweise hätte er JM angerufen und sie würden jetzt die Stadt unsicher machen, auf die Pirsch gehen und ficken, was das Zeug hielt. Ihm stand der Sinn nicht nach Ficken an diesem Abend. Der Gedanke an Gesellschaft war ihm plötzlich zuwider.

Scheiß auf die lästigen Gedanken, sie hatten hier nichts zu suchen, was wollten sie? Er würde sie schon auf den nächsten Schlitten schicken und nahm die nächste Nase, die Line war diesmal breiter und länger. Er wurde unruhiger, zündete sich eine Zigarette an und merkte nicht, dass eine andere noch brannte. Die Bilder der letzten Tage gingen ihm nicht aus dem Sinn. Der Streit mit seinem Vater, als er ihn im Untersuchungsgefängnis traf, um mit Nikolas zu sprechen, nahm ohne Vorwarnung den ganzen Raum seiner geschundenen Hirnwindungen ein. Wie ein schnelles Rudel hungriger Bandwürmer fraßen sich die Bilder in sein Gehirn, das weiße Pulver schien alles nur noch zu verstärken.

Irgendetwas lief hier falsch, denn alles kam jetzt mit der geballten Macht eines Bumerangs zurück. Leicht schwindelig setzte er sich auf die Couch und legte einen Porno in den DVD-Player. Sex, virtuell. Wegballern!

Er nahm noch eine Line, größer, länger, breiter, weißer, so weiß wie Persil, porentief rein! Egal, bloß weiter, weiter, nicht anhalten, nicht denken. Der Porno lief, er stellte den Sound laut. Er starrte auf den Bildschirm, eine Hand blieb auf der Lehne, die andere in seinem Schritt.

Es klingelte. Er zuckte zusammen. Schnell drehte er die Musik leise und machte das Licht aus. Er wartete im Dunkeln, doch nichts passierte, vielleicht hatte sich jemand im Türschild geirrt? Er schaute auf die Uhr, es war fast Mitternacht.

Er hörte Schritte auf dem Gang, die näherkamen. Leise ging er zur Tür und schaute durch den Spion. Durch die kreisäugige Scheibe aus verzerrtem Glas konnte er auf den Gang schauen, doch niemand war zu sehen.

Er setzte sich auf die Couch und starrte auf die Tür. Die Schritte kamen zurück, wollten nicht enden, irgendjemand war da draußen. Er versteckte sich hinter der Couch, um die Tür besser im Auge zu haben, doch fand keine Ruhe. »Scheiße, wie viel Speed war in dem Koks«, dachte er oder war es Rattengift, das seine Hirnhaut zersetzte? Er wollte sich dem Porno auf dem Bildschirm zuwenden und konnte nicht. Sobald er den Blick von der Tür und dem schmalen Lichtstreifen, der vom Korridor durch die Ritzen in seine Wohnung fiel, abwandte, überkam ihn Panik. Er hatte Angst und wusste nicht wovor.

Von da an ging es bergab. Er nahm Line nach Line nach Line, hoffte auf Veränderung seiner Stimmung. Die Abstände dazwischen wurden kürzer, die Angst größer und jedes Mal mit einer neuen Ladung in der Nase dachte er, die Angst in den Griff zu bekommen.

Es gab keinen Raum, keine Zeit, keinen Sex, keine Erleichterung, keine Ablenkung, keinen Orgasmus. Er saß verängstigt auf der Couch und starrte auf die Tür.

Irgendwann in den frühen Morgenstunden, es wurde schon wieder hell, lag er verkrampft auf seinem Bett. Das Pulver war verbraucht. Ein Gedanke drang in sein Bewusstsein: Alles hatte sich verändert und er konnte es nicht aufhalten. Dann ließen die Drogen nach und er hörte keine Schritte mehr auf dem Gang. Noch niemals war er so paranoid auf einer Nasenschlittenfahrt von der Piste abgekommen.

Noch konnte er nicht schlafen, es würde noch dauern. Er stand auf und taumelte in den Wohnraum, die Sonne schien grell in das Zimmer. Wimmernd setzte er sich auf die Couch. Neben ihm stand eine halbleere Flasche Whiskey. Er setzte die Flasche an den Mund, rauchte, hatte kein Zeitgefühl. Dann kotzte er neben das Sofa. Der Whiskey vermischt mit seiner Magensäure brannte in seiner Kehle.

»Nie wieder«, dachte er und wusste, dass es eine Lüge war. Er nahm zwei Schlaftabletten. Irgendwann schlief er ein.

34

Konfrontation

Auf der Fahrt zum Untersuchungsgefängnis berichteten Martina und Max abwechselnd von den Dingen, die sich an diesem Morgen ereignet hatten. Als sie ankamen, parkte Klaus den Wagen, und Max zeigte ihm die Fotos. Schweigend betrachtete er sie.

»Wie kann man so etwas einem Kind antun? Und mit diesen Erinnerungen lebt Nikolas nun schon sein gesamtes Leben. Kein Wunder, dass er irgendwann ausflippen musste.« Er gab Max die Fotos zurück. »Zumindest gibt es jetzt Beweise, die vor Gericht zählen werden, auch wenn nicht eindeutig erkennbar ist, wer der Täter ist oder wer die Bilder gemacht hat. Dein Vater muss vor Gericht aussagen, wie er zu den Fotos gekommen ist.« Klaus wischte sich müde über die Augen. Die Ereignisse der letzten Tage hatten ihn nicht unberührt gelassen. Niemand der mit dieser Geschichte zu tun hatte, konnte sich ihr entziehen.

»Meinst du, deine Eltern haben damals etwas gewusst oder geahnt, was passierte?«, fragte Martina.

Max zuckte mit den Achseln.

»Vielleicht erfahren wir mehr, wenn wir mit Dr. Steffens gesprochen haben, du weißt, der Arzt, der Nikolas nach dem Missbrauch behandelt hat. Ich werde mich morgen mit ihm treffen«, sagte Klaus.

Morgen würde er zurück nach New York fliegen, dachte Max und eine Welle der Resignation schwappte über hinweg.

»Es gibt doch auch bestimmt noch andere Ärzte, die Nikolas später behandelt haben. Irgendeiner von denen muss doch etwas über den Missbrauch herausgefunden haben«, meinte Martina.

Sie stiegen aus und betraten gerade das Gebäudes, als sein Vater wütend die Treppe herunterstürmte. Als er sie sah, versteinerte sich seine Miene. Im ersten Moment wusste Max nicht, wie er reagieren sollte. An ihm vorbeigehen? Ihn ignorieren oder ihn zusammenschlagen?

In diesem Moment packte ihn die blanke Wut. Dieser elende alte Sack, dem Nikolas so unwichtig war, dass er die Wahrheit verschwiegen hatte. Was hatte er hier zu suchen? Was hatte er jetzt wieder mit Nikolas angestellt? Was würde er jetzt tun, um seine angebliche Ehre zu retten oder seine vermeintliche Ruhe zu haben?

Herrmann sah ihn aus seinen wässrig-braunen Augen an. Er wollte an ihm vorbeigehen, doch Max hielt ihn fest und ohne weiter zu überlegen, holte aus und gab ihm eine Ohrfeige. Herrmann schaute ihn entsetzt an und konnte es kaum fassen, dass sein Sohn ihn geschlagen hatte. »Wie kannst du es wagen, die Hand gegen mich zu erheben?«, rief er ungläubig.

»Gut«, dachte Max, »so viele Situationen, in denen er mich geschlagen hatte, so viele Momente, in denen ich mich nicht gewehrt hatte, nicht wehren konnte.« Er hätte ihn schon vor zwei Tagen bei dem Familientreffen zwingen müssen, Rede und Antwort zu stehen.

Auf einmal schien es ihm unbegreiflich, dass er jahrzehntelang nicht gegen seinen Vater aufbegehrt, ihm kein Paroli geboten hatte. Wovor hatte er Angst gehabt? In diesem Moment wurde ihm bewusst, dass er seinen Vater nicht mehr brauchte. Er brauchte weder seine Zustimmung noch seine Ablehnung.

Wütend stand er dem Mann gegenüber. »Wie ich es wagen kann? Sei froh, dass ich dich nicht verklage und vor Gericht bringe, du selbstgerechtes Arschloch.«

Herrmann drehte sich um und wollte gehen, doch Max hielt ihn weiter am Arm fest und schleuderte ihn herum, er wäre beinahe zu Boden gefallen. Martina schrie auf und Klaus versuchte, Max festzuhalten, doch er schüttelte ihn ab.

»Lass mich, ich werde ihn schon nicht umbringen, obwohl er es verdient hat. Ein Mordfall in der Familie reicht.« Max stieß seinen Vater in den nächsten Stuhl. »So, du hörst mir jetzt gefälligst zu. Ich weiß, welches Spiel du hier spielst. Deine Lügen kannst du bald einem Richter erzählen. Ich habe Muttis letzten Brief und ich habe die Fotos, auf denen Nikolas zu sehen ist.«

Es tat weh, es tat unglaublich weh. Max sah seinen Vater an und konnte es nicht begreifen, wie herzlos Herrmann mit Nikolas umgegangen war. »Er ist dein Sohn, verdammt noch mal! Wie lange hast du die Fotos schon und warum bist du nicht damit zur Polizei und warum lügst du die ganze Familie an und tust nichts? Warum? Ich begreife es nicht! Gott, wer bist du eigentlich? Warum tust du das?«

Max hielt inne, die Tränen waren nicht aufzuhalten. Der Mann war sein Vater. Hatte er denn überhaupt keine Gefühle?

»Papa, verdammt noch mal, so hilf uns doch. Nikolas hat dir doch nie etwas getan.« Der Schmerz brannte in ihm, loderte auf, war nicht zu bändigen. Max merkte, wie ihm die Tränen aufs Hemd tropften, und war in diesem Moment dennoch froh, etwas fühlen zu können. Der Schmerz war stärker als die Macht der Schneekönigin. Stärker als der Hass, der sich über die Jahre aufgestaut hatte.

Unbarmherzig sah Herrmann ihn an. »Du kannst nichts beweisen. Du bist genauso verrückt wie dein Bruder«, stieß er hervor.

Fassungslos starrte Max ihn an. Der Schmerz und die Hoffnung auf Hilfe verschwanden sofort und machten einer eisigen Klarheit Platz. Er ließ Herrmann los und trat ein paar Schritte zurück, angewidert sah er seinen Vater an: »Und ob ich das kann. Ich habe die Beweise und deine Frau hat mir die Briefe gebracht. Sie wird das vor Gericht bezeugen. Ich werde dich anzeigen. Du solltest vor Gericht stehen, nicht Nikolas. Oder hat dich auch jemand gefickt, als du ein kleiner Junge warst?«

Etwas veränderte sich in Herrmanns Gesicht, sein Atem wurde schwerer. Seine Gesichtsfarbe erinnerte Max an farbloses Wachs, aber er sagte noch immer nichts, presste nur die alten Lippen wie verknittertes Pergamentpapier aufeinander.

»Max, ich glaube, es ist besser, wenn du jetzt deinen Vater gehen lässt.« Petra Kunaut sah ihn eindringlich an. Wie lange war sie schon da und was hatte sie mitbekommen?

Herrmann stand auf und wollte gehen, ohne etwas zu sagen. Er vermied jeden Blickkontakt zu allen, die im Raum standen und ihn entsetzt anstarrten.

»Herr Wilde, einen Moment bitte.« Petra ging auf ihn zu. »Ich muss Sie bitten, die Stadt nicht zu verlassen. Ich habe einige Fragen bezüglich der Anschuldigungen, die Ihr Sohn gerade ausgesprochen hat. Ich möchte Sie bitten, noch einmal um 16.30 Uhr hier vorbeizukommen, damit ich Ihre Aussagen bezüglich der Umstände und der gegen Sie erhobenen Vorwürfe zu Protokoll nehmen kann.«

Herrmann nickte und murmelte etwas. Dann sah er Max an. Es gab nichts mehr zu sagen.

Max drehte sich um und ging zu Klaus, der mehr Vater war als sein eigener je hätte sein können. Herrmann verließ den Raum ohne ein weiteres Wort. Petra holte tief Luft. »Du wirst ihn nicht ändern können, Max. Ich hoffe, das ist dir klar.«

Er nickte. Nachdem er sich beruhigt hatte, erzählte er Petra von den Ereignissen an diesem Morgen, von der Pressekonferenz, von der Entdeckung, die Renate gemacht hatte, und zeigte ihr die Fotos. Als Beweis für ein Tatmotiv waren die Fotos vor Gericht nur bedingt akzeptabel, befürchtete auch Petra, da die auf ihnen gezeigten Erwachsenen nicht identifizierbar waren.

»Aber zumindest ist Nikolas erkennbar und das ist entscheidend«, meinte Martina.

Max wollte Gerechtigkeit, nichts anderes. Petra berichtete daraufhin von ihren Nachforschungen im Krankenhaus. Den Unterlagen nach hatte Magda Wilde wirklich Anna am Vorabend ihrer Entlassung besucht. Hatte sie ihr die Tabletten mitgebracht und war somit mitverantwortlich für Annas Entscheidung?

Der Selbstmord war Max immer noch ein Rätsel. Es konnte nicht um Geld bei der Erpressung gegangen sein, Geld hatte die alte Hexe ja angeblich genug. Irgendwie war da noch was anderes im Spiel, sie debattierten und vergaßen die Zeit und Nikolas.

»Scheiße, was wollte der Alte eigentlich bei ihm?«, fragte Max plötzlich die anderen. Ohne eine Antwort abzuwarten, sprang er auf, die anderen folgten ihm und sie liefen in das Nebengebäude, um nach Nikolas zu sehen. An seiner Zelle angekommen, schlug ihnen ein furchtbarer Gestank entgegen. Max sah Nikolas auf seiner Pritsche sitzen. Ausdruckslos starrte er vor sich hin.

Die Tür öffnete sich automatisch und schnell betrat Max die Zelle. Martina, Klaus und Petra blieben draußen. Der Gestank in der Zelle war fast unerträglich. Nikolas hatte sich in die Hose gemacht, ein dunkler Fleck zeichnete sich auch auf der Matratze ab, sie war mit Kot verschmiert.

»Nikolas, ich bin es, Max«, sagte er ruhig.

Nikolas sah ihn nicht an. Vorsichtig kam Max ihm näher. »Hallo. Tut mir leid, dass ich später komme, aber die Pressekonferenz hat länger gedauert, als ich gedacht habe.« Behutsam strich er ihm über das Haar.

»Max, du bist ja doch gekommen, Papa hat gesagt, du würdest nicht mehr zurückkommen und dass ich Mutti ins Grab gebracht hätte.«

»So ein Quatsch, ich habe doch versprochen, heute zu kommen. Komm, du brauchst eine saubere Hose.«

Wie oft hatte Max diese Situation erlebt. Oft, wenn Herrmann ihm früher gedroht hatte, hatte Nikolas sich in die Hosen gemacht und Max durfte ihn sauber machen. Er war nicht wütend. Warum hatte ihm der Alte jetzt wieder Lügen erzählt?

Nikolas richtete sich auf: »Mama hat sich umgebracht.«

Es war wie ein Fausthieb ins Gesicht. Woher wusste Nikolas das?

Er schaute wieder an die Wand. »Du wirst wieder gehen und ich muss hier bleiben.«

»Später, Nikolas, jetzt müssen wir dir erst einmal frische Sachen anziehen. Komm mit mir. Alles wird gut.« Max sprach beruhigend auf ihn ein, während er ihn in den Duschraum brachte. Petra und Martina waren verunsichert, ließen es sich aber nicht anmerken. Nikolas schien sie kaum wahrzunehmen. Herr Simon, der Wärter, reichte Max Seife und Shampoo. Klaus holte frische Handtücher.

Max zog Nikolas aus, packte die dreckigen Sachen in eine Plastiktüte, duschte und seifte ihn ein. Da es heiß war und seine Kleidung jetzt auch mit Kot verschmiert war, zog er sich gleich mit aus.

Sie standen beide nackt unter der Dusche, so wie sie vor vierzig Jahren gemeinsam in der Zinkbadewanne in Helenes Garten gebadet hatten. Irgendwann sah Nikolas Max an und fing an, mit dem Wasser herumzuspritzen. Er lachte und Max lachte mit. Für einen Moment waren sie eins.

Klaus brachte die Handtücher und sah sie entgeistert an. Da standen sie, zwei Männer Mitte vierzig, der eine des Mordes angeklagt, der andere in eine Welt zurückgeholt, die er längst vergessen glaubte, und lachten wie zwei Kinder. Sartre hätte seine Freude daran gehabt. Das Leben war absurdes Theater, sie waren der Beweis.

Max trocknete sich schnell ab und half dann seinem Bruder. In diesem Moment betrat eine Putzfrau den Duschraum. Max hörte Martina ihr noch hinterherrufen, dass sie warten sollte, aber energisch betrat sie den Raum. Vielleicht hatte sie es nicht gehört, vielleicht war es ihr egal, vielleicht wollte sie nur ihren Job machen. Nikolas war noch nackt, Max hatte ein Handtuch um die Hüften.

Sie war Anfang vierzig, hatte dünnes braunes Haar und einen schmalen Mund. Sie trug eine Art Kittelschürze, die vorne geknöpft war. Als sie die beiden Männer sah, blieb sie stehen und musterte sie entgeistert von Kopf bis Fuß. Sie erkannte Nikolas, schließlich war er Stadtgespräch.

Max war sie instinktiv unsympathisch, aber er hätte nicht sagen können, warum. Etwas an ihrer Art sich zu bewegen, kam ihm bekannt vor.

Ohne Vorwarnung fing Nikolas an zu zittern. Er krümmte sich und schrie: »Sie soll weggehen, macht, dass sie weggeht, sie ist doch tot.« Er schrie weiter, seine Augen verdrehten sich nach oben. Von einem Moment zum anderen war die Leichtigkeit des Seins der Panik gewichen. Nikolas schlug sich mit den Händen ins Gesicht.

Die Frau schaute Max entsetzt an und verließ fluchtartig den Raum. Max wusste, dass Nikolas Hilfe brauchte, aber er war plötzlich bewegungsunfähig. Sein Puls raste.

»Max, nun tu doch was und steh nicht einfach da«, rief Klaus, aber er starrte der Fremden hinterher und bewegte sich nicht. Eine längst vergessene Angst stieg in ihm hoch.

Jetzt wusste er, an wen sie ihn erinnerte. Sie sah aus wie Magda, als sie Kinder waren. Eine Welle des Ekels überkam ihn und ohne jede Warnung erbrach er sich. Er sah, wie der Wärter versuchte, den immer noch um sich schlagenden und schreienden Nikolas zu beruhigen, und starrte Klaus aus Augen an, die nicht zu ihm gehören zu schienen.

35

Entscheidung

Nichts war an diesem Tag so verlaufen, wie Max es sich vorgestellt hatte. Nicht die Pressekonferenz, die zum Reinfall geworden war, da er nicht mit den offensiven Fragen der Journalisten gerechnet, sondern auf naive Art angenommen hatte, sie würden ihn bedingungslos unterstützen. Nicht das plötzliche Auftauchen der Fotos von Nikolas, die Renate gebracht hatte. Nicht das endgültige Zerwürfnis mit seinem Vater, den er geschlagen hatte, und dann anschließend Nikolas und seine hysterische Reaktion auf die Putzfrau, die Magda ähnelte. Seine eigene irrational erscheinende Angst hatte ihm den Rest gegeben.

Er saß mit einem Bademantel bekleidet in Petras Büro. Klaus war ins Hotel gefahren, um trockene Kleidung zu bringen.

Nikolas war völlig ausgeflippt. Martina und Klaus hatten ihn in seine Zelle zurückgebracht und dann einen Arzt geholt, der ihm ein Beruhigungsmittel spritzte. Max fühlte sich vollkommen überfordert.

Vielleicht konnte er nichts machen, vielleicht war Nikolas nicht zu helfen, vielleicht war er am besten in einer Anstalt aufgehoben. Leere und Hilflosigkeit machten sich in ihm breit.

Wie häufig in den letzten Tagen stand er vor einer der vielen verschlossenen Türen seines Unterbewusstseins. Es schützte ihn vor dem Grauen, das dahinter lag. Das war ihm klar.

Petra meinte, man sollte Herrmann dazu bewegen, vor Gericht freiwillig für die Verteidigung auszusagen, die Familie müsste geschlossen hinter Nikolas stehen, die passive Täterschaft Magdas an Annas Tod könnte vielleicht bewiesen werden. Die Verteidigung sollte den Fall aufbauen, um ihn als

Fanal gegen Kindesmisshandlung und sexuellem Missbrauch in die Presse zu bringen. Martina, die zu dem Gespräch hinzugekommen war, nickte und bot an, mit ihrem Team die Verteidigung von Nikolas zu übernehmen.

Die Verhandlung würde höchstwahrscheinlich im Spätherbst beginnen und bis dahin könnte man viele Beweise zusammentragen, damit Nikolas nicht den Rest seines Lebens im Gefängnis oder mit Hilfe von beruhigenden Medikamenten vor sich hindämmernd in einer geschlossenen Anstalt verbringen müsste.

Max sah die beiden wie durch eine Kamera, zwei Schauspielerinnen in einem Stück, an dem er nicht beteiligt zu sein schien. Er starrte aus dem Fenster. Es wäre so einfach, in diesem Moment alles zu delegieren: Martina als Anwältin und ein von ihr empfohlener Gutachter als Psychologe für Nikolas. Petra konnte weitere Ermittlungen führen, man würde Ärzte aufsuchen, Zeugen befragen, Beweise für den Missbrauch ausfindig machen, mit den alten Ärzten von Nikolas reden. Klaus konnte als Zeuge auftreten, Helene, Renate, Ilse. Die Presse würde sich weiterhin auf Nikolas stürzen, egal ob Täter oder Opfer.

Ganze Talkshows und Diskussionsrunden würden sich mit dem Thema Missbrauch an Jungen in der eigenen Familie beschäftigen. Max sah bereits die Experten und B-Promis vor sich, die ihre Meinungen in jede ihnen zur Verfügung stehende Kamera plärrten. Wahrscheinlich würde man auch Nikolas irgendwann bitten, in diesen Shows aufzutreten, um die Einschaltquoten in die Höhe zu bringen. Oder besser noch den Bruder aus New York.

Max würde vernünftig sein, die Drogen und alle anderen bösen Leidenschaften ins Klo spülen, in die Kameras lächeln. Er könnte als geläuterter Held und Befreier in die Familiengeschichte eingehen. Nebenbei würde er allerdings den guten Ruf seiner Mutter entehren und sie als Selbstmörderin entlarven. Die katholische Kirche würde ihr das ewige Leben im Himmel verbieten.

Was für eine Geschichte! Die Zeitungsauflagen würden steigen, irgendjemand würde aufgrund der dramatischen Ereignisse in seiner Familie reich werden. Sein Vater würde vor Gram an einem Herzinfarkt sterben und seine Schwester nie wieder ein Wort mit ihm wechseln.

Der Schneemann stand hinter Petras Schreibtisch und lächelte Max an.

Und wozu das Ganze? Ging es nicht letzten Endes um Nikolas? Man würde ihn höchstwahrscheinlich am Ende der Verhandlung dennoch in eine geschlossene Anstalt einweisen. Man würde ihn bis ans Ende seiner Tage mit Psychopharmaka vollstopfen. Sein Wunsch nach Befreiung würde sich niemals erfüllen. Ein Freispruch schien ausgeschlossen. Und selbst, wenn es so wäre, wie stellte Nikolas sich das vor? Beide im New Yorker Sumpf, auf Fotoreisen, er als Assistent und im Privatleben der Ersatz des Spielkameraden JM? Max als persönlicher Pfleger? Oder sollte er seine Karriere aufgeben und mit ihm irgendwo aufs Land ziehen, wo sie keiner kannte? Der Schneemann lachte jetzt laut auf.

»… das ließe sich natürlich machen. Was hältst du davon, Max?« Petra schaute ihn erwartungsvoll an. Max starrte stumm zurück.

»Ich sagte: Was würdest du davon halten, wenn wir Nikolas hypnotisieren lassen, um mehr über seine Motive herauszufinden?«

»Ja, das wäre eine Möglichkeit. Sicher, kein Problem.«

Petra schaute ihn fragend an.

»Ich weiß nicht, was ihr erwartet, aber es wird kaum zu keinem Freispruch kommen und Nikolas' Erwartungen werden sich nicht erfüllen. Trotzdem würde ich Martina gerne die Verteidigung von Nikolas zusprechen, aber ich weiß gar nicht, ob ich das Recht dazu habe. Außerdem muss ich morgen nach New York zurückfliegen. Ich habe meine Arbeit bereits vernachlässigt und bin spät dran mit meinen nächsten Terminen. Ihr könnt mich aber jederzeit per E-Mail oder auf meinem Handy erreichen und ich werde natürlich auch zur Verhandlung kommen.«

Martina starrte Max entgeistert an. »Du kannst doch jetzt nicht abreisen, Nikolas braucht dich doch. Dein Vater wird alles tun, um ihn mit Hilfe eines Anwalts seiner Wahl einweisen zu lassen, damit er ihn ein für alle Mal los ist. Du musst hier bleiben!«, rief sie aufgebracht.

Die Vereisung hatte bereits begonnen und war nicht aufzuhalten. Mit verschränkten Armen stand der Schneemann im Raum, hob die Augenbraue und ermunterte Max weiterzusprechen.

»Was erwartest du denn von mir? Soll ich vielleicht hier bleiben und mein Leben für die nächsten Monate auf Eis legen? Ich bin seit langem für Jobs gebucht, ich habe Verpflichtungen und wenn ich die nicht erfülle, habe ich die Anwälte meiner Kunden am Hals. Ich habe schließlich keinen Mord begangen und muss dafür geradestehen. Soll ich wieder der Hüter meines Bruders werden und ihm den Hintern abputzen? Ich werde natürlich finanziell tun, was ich kann, und wenn ich Zeit habe, werde ich zwischendurch auch kommen, um Nikolas zu besuchen.« Max glaubte es fast selbst.

Für einen Moment saßen sie sich schweigend gegenüber. Seine Entscheidung war gefallen. In diesem Moment kam Klaus herein.

»Ich habe leider nur ein sauberes T-Shirt finden können und diese Hose. Wie geht's Nikolas?« Er stutzte, als er sie sah. »Was ist denn hier los?«

»Max reist morgen nach New York zurück«, sagte Petra.

»Und was wird aus Nikolas?« Klaus fragte es ohne Vorwurf in der Stimme.

Max drehte sich zu ihm um und nahm ihm die Kleidung ab. »Ich hoffe, Martina kann seine Verteidigung übernehmen. Nikolas wird wohl selbst bestimmen können, wer ihn vor Gericht vertritt. Er ist ja nicht entmündigt worden, oder? Nikolas kennt Martina ja und hat Vertrauen zu ihr. Das Finanzielle übernehme ich natürlich.« Er hatte nicht die Absicht, sich von den anderen gängeln zu lassen.

»Ich meinte auch eher, was emotional aus Nikolas werden soll, wenn du morgen wieder abreist.«

»Ich werde ihn heute Abend noch einmal besuchen und ihm alles erklären. Er wird wohl Verständnis dafür haben müssen, dass es nicht anders machbar ist. Ich kann ja jetzt nicht bis zur Verhandlung hier bleiben, das wäre ja absurd. Wenn ihr mich jetzt kurz entschuldigen würdet. Ich muss mich umziehen und dann noch mit einigen Leuten sprechen. Wenn es dir recht ist, Petra, würde ich so gegen 18.30 Uhr wiederkommen, dann hast du bestimmt mit meinem Vater gesprochen.«

Max verließ das Zimmer und ging auf die Herrentoilette, um sich umzuziehen. So war das nun mal im Leben und die anderen müssten sich daran gewöhnen. Trotzig schaute er in den Spiegel und erschrak. Abrupt drehte er sich weg. Er hatte Angst und wollte nicht mehr hier bleiben. Er würde verrückt werden und sah sich schon im Hause seines Vaters im Dachzimmer dahinvegetieren. Es gab keine Lösung, weder für Nikolas noch für ihn.

Auf einmal erschien ihm New York wie die rettende Insel. Nikolas war schließlich in den letzten zwanzig Jahren auch ohne ihn klargekommen.

Es klopfte an der Tür der Herrentoilette, er zog schnell sein T-Shirt an, öffnete und Klaus stand ihm gegenüber.

»Darf ich kurz mit dir sprechen?«

»Wenn du mich nicht überreden willst, hier zu bleiben, dann ja.«

»Du musst tun, was du für richtig hältst, Max, und ich verstehe natürlich, dass du dein eigenes Leben nicht aufgeben kannst. Ich wollte dir auch nur vorschlagen, dass ich bis zur Verhandlung hier für dich die Stellung halten kann und dich über alles informiere. Ich könnte mich auch um Nikolas kümmern, wenn du magst.«

Erleichtert schaute Max ihn an. »Das wäre super.«

Mehr gab es nicht zu sagen. Klaus nickte und sah Max nur an. »Okay, ich warte dann unten auf dich und teile es den beiden anderen mit. Willst du danach ins Hotel? Ich kann dich zurückfahren.«

»Ja, ich muss einige Telefonate führen, vielen Dank.«

Er nickte, murmelte: »Das wird schon«, und zog sich zurück.

Nachdem Max Petra und Martina seine Kontaktdaten gegeben hatte, verließ er kurze Zeit später das Untersuchungsgefängnis. Klaus brachte ihn ins Hotel und Max versprach ihm, sich aus New York zu melden. Danach rief er seine Großmutter an, berichtete ihr von den Ereignissen des Tages und sie versprach, bald nach Nikolas zu sehen. Sie stellte keine weiteren Fragen. Ohne Probleme konnte Max seinen Flug nach New York am nächsten Tag bestätigen. Es war inzwischen 17 Uhr, er hatte noch eine Stunde Zeit, bis er zu Nikolas musste. Er versuchte, noch Reiner anzurufen, aber nur die Mailbox sprang an.

Max legte sich auf sein Bett und schlief sofort ein.

36

Der Anruf

Sie legte den Hörer zurück und schaute auf das Telefon. Sie besaß zwar einen Computer und hatte gelernt, im Internet zu recherchieren und E-Mails zu verschicken, aber sie liebte ihr altes Telefon, mit dem sie ihre privaten Gespräche führte. Wie nannte sich das gleich noch? *Old School.* Sie hatte den Begriff neulich gehört. Er gefiel ihr.

Seufzend setzte sie sich in den Sessel, von dem sie einen guten Blick in den Garten hatte.

Alles hatte sich verändert. Nicht nur ihr Leben und das der Familie während der letzten zwei Wochen, nein, die ganze Welt hatte sich für sie verändert. Alles war zurückgekommen, die Wahrheit hatte sich nicht verdrängen lassen. Sie hätte es besser wissen sollen, schließlich war sie die Älteste in der Familie. Sie schloss die Augen, sie war müde. Müde vom Leben, denn irgendwie hatte sie sich selbst überlebt.

Sie hatte immer geglaubt, dass sie als Erste sterben würde, doch jetzt war sie seit dreißig Jahren Witwe und hatte bereits ihre älteste Tochter zu Grabe getragen.

Sie seufzte. Es war ein schöner Sommertag und der Garten war wie immer sauber, ordentlich und dennoch leblos. Früher hatten die Kirsch- und Apfelbäume geblüht und sie hatten Gemüse angebaut, die Hühner hausten im Stall im hinteren Teil des Gartens und die Kinder hatten herumgetollt und im Sommer in der alten Zinkbadewanne ihren Spaß gehabt. Wer hätte damals ahnen können, was ein paar Häuser weiter hier in ihrem Dorf, in ihrer Familie passieren würde? Dass sich Dinge abspielten, die so widerwärtig waren, dass man sie nicht aussprechen konnte. Der Gedanke allein, dass so etwas passieren konnte, war so absurd, dass er sofort verdrängt wurde. Über vieles wurde nie gesprochen. So hatte sie es gelernt, so waren damals die Zeiten.

Und immer war es Angst gewesen, die bestimmend war. Angst vor der Mutter, Angst vor dem Schicksal, Angst vor Hitler, Angst vor dem, was die Leute im Dorf sagen würden. Angst vor dem Leben.

Heutzutage war es anders. Der Garten war aufgeräumt, denn sie hatte einen Gärtner, konnte sich nicht mehr selbst darum kümmern. Viel Wiese, weil die alten Bäume vor langer Zeit gefällt worden waren. Kein Gemüse, die Hühner vor Jahren geschlachtet. Alles hatte seine Ordnung. Ihr Sohn achtete darauf und sie war froh, dass er sich um alles kümmerte. Sie wusste, dass ihr Körper schwächer wurde, kein Wunder nach fast neun Jahrzehnten.

Manchmal kam sie mit der Moral der neuen Zeit nicht zurecht. Es ging nur noch um Fortschritt, Wissenschaft und Sex. Gott war tot und seine Nachfolger, Sex, Profit und Technik, triumphierten. Sie war keine prüde alte Frau, aber oft war es ihr einfach zu viel. Neulich hatte sie im Internet zufällig eine *dieser Seiten* geöffnet und wünschte, sie hätte ihren Computer sofort wieder ausgeschaltet. Schamlosigkeit beherrschte die Gesellschaft.

Das Gute an der Sache war, dass man endlich in der Presse über Themen wie Missbrauch und Kindesmisshandlung sprach. Im Fernsehen, im Internet, in den Zeitungen. Das würde Nikolas bestimmt weiterhelfen, wenn es zu der Verhandlung kommen würde.

Und Max war zurückgekehrt. Sie hatte nicht damit gerechnet, ihn jemals wiederzusehen. Sie hatte es ihm nie gesagt, aber sein wortloser Abschied nach Annas Tod hatte sie gekränkt. Er war immer ihr Lieblingsenkel gewesen, mit dem Kopf durch die Wand.

Jetzt war er anders geworden, älter natürlich, aber das war es nicht, was sie berührte, wenn sie ihn ansah. Hinter seiner

Fassade brodelte etwas Ungeheuerliches, von dem er selbst noch nicht wusste, was es war. Ein Schatten der Erkenntnis hatte sich bereits über ihn gelegt, denn die Verletzung in seinem Blick und seiner Stimme war nicht zu übersehen. Es hatte sie nicht gewundert, dass er heute wieder abreisen würde. Wie eine Welle waren die Ereignisse innerhalb einer Woche praktisch auf ihn herabgestürzt und bevor er darin ertrinken würde, rettete er sich an Land und flog zurück nach New York. Sie nahm es ihm nicht übel. Hätte sie früher, vor ihrer Ehe, als sie noch mit ihrer Mutter zusammenleben musste, die Möglichkeit gehabt, wäre sie auch gegangen. Jetzt war es zu spät. Sie war zu alt und musste bleiben.

Sie war nie eine Frau gewesen, die ihre Gefühle gerne zeigte, es gehörte sich nicht. Aber Max hatte sie in seiner Verzweiflung und seiner Bemühung, etwas für seinen Bruder zu tun, sehr berührt. Sie wollte ihn dabei unterstützen, ihn vertreten, solange er in New York war.

Zu lang hatte sie gewartet. Sie wusste nicht, ob es Mut, Verzweiflung, Verantwortungsbewusstsein ihren Enkeln gegenüber oder einfach nur die Unruhe war, die sie tief in ihrem Inneren empfand und die sie nun dazu veranlasste, eine Entscheidung zu fällen. Ihr Entschluss stand fest.

Sie griff zum Telefon und wählte eine Nummer, die sie nach dreißig Jahren immer noch auswendig konnte. »Guten Tag, hier spricht Helene Remark, ich würde gerne mit Frau Doktor Windau sprechen.« Es entstand eine kurze Pause, Helene schürzte die Lippen. »Danke, ich warte.«

Nach einer Viertelstunde war das Telefonat beendet und sie hatte alles in Erfahrung gebracht, was sie brauchte. Ein Gutachten war Nikolas bereits sicher, das bei seiner Entlastung hilfreich sein würde.

Sie suchte in ihrem alten Adressbuch nach weiteren Nummern.

37

Zu!-Viel!

Marie saß im Zug. Sie konnte heute nicht mit dem Auto fahren, dazu fehlte ihr einfach die Konzentration. Der Schreck der letzten Tage saß zu tief.

Der Regionalexpress hielt an jedem Laternenpfahl und war nichts Besseres als eine Straßenbahn auf den Gleisen der Deutschen Bundesbahn. Sie hatte Zeit, um über alles nachzudenken. Der Zug war leer, es war bereits nach 19 Uhr und die meisten Menschen waren schon zu Hause und genossen ihr erstes Bier.

Auch sie würde sich ein kühles Bier einschenken, wenn sie an diesem Abend in ihrem Haus in der Siedlung am Stadtrand ankommen würde. Nur gut, dass die Studentin, die seit einigen Monaten in ihrem Haus lebte, sich um die Kinder kümmerte, wenn sie nicht da war. Ingo war schon am Morgen zurückgefahren, aber sie hatte noch Nikolas sehen und mit ihrem Vater sprechen wollen. Beides war zum Desaster geworden. Nachdem Herrmann gestern fast einen Herzinfarkt bekommen hatte, war er heute ganz anders als sonst gewesen. Er sprach nicht viel über sich, das hatte er nie getan, aber sie schaffte es fast immer, ihn aus der Reserve zu locken. Auch Renate hatte es nie geschafft, diese besondere Beziehung zwischen ihr und Herrmann zu trennen, aber das hätte Marie auch nie zugelassen.

Dennoch, so wie heute hatte sie ihren Vater noch nie erlebt. Er hatte sie nicht angeschaut und kaum mit ihr gesprochen. Sie schob es auf seinen körperlichen Zustand und dass er geschwächt war von den Ereignissen der letzten Tage.

Kein Wunder, seitdem Max aus New York aufgetaucht war, hatte es nur Ärger gegeben. Wut stieg in ihr auf. Sie hatte gehofft und erwartet, dass er sich in den letzten zwei Jahrzehnten verändert hätte, aber das war nicht der Fall. Arrogant und überheblich hatte er das Leben aller auf den Kopf gestellt, indem er behauptete, dass Nikolas missbraucht worden wäre und dass Anna Selbstmord begangen hatte. Sein Verhalten bei dem Familientreffen am Dienstag war unmöglich gewesen. Und wie er sie gemustert hatte. Von oben bis unten, in einer Art und Weise, dass sie sich wie unter einem Mikroskop beobachtet gefühlt hatte. Und Helene hatte ihm den Rücken gestärkt. Kein Wunder, sie hatte ihre Großmutter nie besonders gemocht, die immer auf ihrem hohen Ross saß, sich nie meldete und von der sie sich ihr ganzes Leben missbilligt gefühlt hatte.

Wütend schlug sie mit der Hand gegen die Scheibe. Ein Mann, der zwei Bänke vor ihr saß, drehte sich erstaunt um und warf ihr einen ärgerlichen Blick zu. Peinlich berührt schaute sie aus dem Fenster. Jetzt ließ sie sich auch noch in der Öffentlichkeit gehen, so weit war es schon mit ihr gekommen, so weit hatte Max sie gebracht.

Verdammt noch mal, warum war das alles passiert? Sie hatte kaum noch Zeit für ihre Kinder, weil sie sich ständig um ihren Vater kümmerte, auf Beerdigungen ging oder andere Dinge tat, die ihr nicht in den Kram passten und die in ihrem Leben eigentlich kein Platz hatten. »Es musste etwas mit seinen Medikamenten zu tun haben«, dachte sie, »vielleicht hatte Nikolas sie einfach nicht mehr genommen?« Er tat ihr leid, sie wusste, dass Herrmann ihn nie gemocht hatte.

Missbrauch, also wirklich, was Besseres fiel Max wohl nicht ein. Nur weil das Thema jetzt von den Medien so breitgetreten wurde, hieß es nicht, dass das der Grund des Übels war.

Allein die Vorstellung, dass Tante Magda so etwas gemacht hatte, war ihr zuwider. Ihre Tante war oft Gast in ihrem Haus gewesen, seitdem die Kinder auf der Welt waren, und hatte in den letzten Jahren mit den Kleinen gespielt. Gut, sie war immer mehr den beiden Jungs zugewandt und hatte Lena und ihre älteste Tochter nicht sonderlich beachtet. Besonders an Leo, ihrem jüngsten Sohn, schien Tante Magda einen Narren gefressen zu haben.

Manchmal war sie über Nacht geblieben, hatte die Jungs gebadet und ins Bett gebracht. Marie war froh über jede Hilfe im Haushalt und hatte nie etwas Böses gedacht. Auch hatte Tante Magda immer ihren Fotoapparat dabei gehabt und Bilder von den Kindern gemacht, aber auch darüber hatte sie sich nicht weiter Gedanken gemacht. Da sie selber keine Fotos machte, war sie froh, wenn sie mal ein paar Bilder bekam. Sie kramte in ihrer Tasche, da musste doch noch ein Umschlag mit Fotos sein, die Tante Magda ihr erst vorletzte Woche geschickt hatte. Sie fand den Umschlag und betrachtete die Fotos. Leo und Paul hatten im Garten getollt, es war der erste heiße Tag des Jahres gewesen und die beiden hatten nackt in ihrem aufblasbaren kleinen Schwimmbecken im Garten geplanscht. Es war ihr bisher nicht aufgefallen, dass die Jungen nackt gewesen waren, besonders Leo war oft auf den Fotos zu sehen und auf einem pinkelte er stolz an den Rand der Wiese. Vollkommen harmlose Fotos, da war doch nichts dabei. Er wurde im August sechs Jahre alt. Marie steckte die Fotos wieder in den Umschlag und verdrängte das komische Gefühl, das sich in ihrer Magengegend breitmachte.

Ungeduldig kaute sie auf ihrer Unterlippe. Sie hatte Renate den ganzen Tag nicht gesehen und auf ihre Frage, wo sie sei, hatte ihr Vater mit einem Achselzucken geantwortet. Der Besuch im Untersuchungsgefängnis vorgestern war auch nicht besser gewesen. Nikolas war nicht ansprechbar und dann hatte sie auch noch Max getroffen. Ihre heimliche Hoffnung, dass Max und ihr Vater sich auf wundersame Weise vertragen würden und die Familie endlich wieder Frieden hätte, war wie eine

Seifenblase zerplatzt. Unruhig stand sie auf, ging durch den Zug und starrte aus dem Fenster. Die Dörfer flogen an ihr vorbei. Alles sah friedlich und schön aus im Licht der untergehenden Sonne und sie sehnte sich nach ihrem Zuhause.

Als sie in das nächste Abteil kam, stand ein Mann auf, um den Zug bei der nächsten Haltestelle zu verlassen. Er ließ seine Tageszeitung auf dem Sitz liegen. Sie wartete, bis der Zug sich wieder in Bewegung gesetzt hatte, und schlug die Zeitung auf, um es sofort zu bereuen.

Max' Gesicht starrte ihr entgegen, darüber stand die Headline: *Bruder des Mörders spuckt auf das Grab der Opfer.* Im Hintergrund waren ihr Vater, Ingo und sie selbst zu erkennen. Maries Magen machte eine schmerzhafte Drehung und die Tränen schossen in ihre Augen.

Als der Zug zwanzig Minuten später im Bahnhof einfuhr, waren ihre Augen geschwollen und ihr Mund verzerrt. Trotz des Sommerwetters hatte sie die Baskenmütze tief in die Stirn gezogen und fuhr mit einem Taxi schnell nach Hause.

38

Der Flug in die Eiszeit

Am 30. Oktober verließ Max New York, um zum zweiten Mal in dem Jahr nach Deutschland zu fliegen. Fast vier Monate waren seit seinem letzten Aufenthalt vergangen. Was würde ihn erwarten? Der Prozess sollte am 7. November beginnen.

Die letzten Monate waren ein einziger Alptraum gewesen. Seine Verteidigungsmechanismen funktionierten nicht mehr. Er war, wie Carole vor kurzem so treffend bemerkte, ein nervöses Wrack.

Natürlich hatte Max vor der Welt die Ausrede, dass seine Unruhe mit der Verhaftung seines Bruders zu tun hatte, aber vor ihm selbst konnte er diese Lüge nicht aufrecht halten. Er wusste, dass etwas anderes der Grund für die Unruhe und Panikattacken war.

Nach der ersten Schlittenfahrt als Don Quichotte und den verschneiten Windmühlen am Abend seiner Rückkehr nach New York hatte er den Ausgang dieser katastrophalen Nacht auf seine Übermüdung und die Ereignisse der vorangegangenen Woche zurückgeführt. Zwei Tage später war er in die Karibik geflogen, hatte gearbeitet, den Job hingeschleudert, weil ihm die nötige Konzentration fehlte. Während sich halbnackte Mädchen in sündhaft teuren Bikinifetzen vor ihm im Sand räkelten, dachte er an die Leichen seiner Tante und ihres Mannes, an seinen Bruder, der mit Kot verschmiert vor ihm im Untersuchungsgefängnis stand, an die Pressekonferenz, den Friedhof, dachte an Reiner im Federkostüm auf der Bühne, an Pariser Kinoabende und an das Grab seiner Mutter. Er machte technische Fehler, stritt sich mit seinem Assistenten, konnte nicht schlafen und besoff sich jeden Abend an der Hotelbar.

Nach einer Woche war der Alptraum vorbei und er flog zurück in die Stadt, um wieder auf eine Schlittenfahrt zu gehen, in der Hoffnung, diesmal alles vergessen zu können.

Es funktionierte nicht. Nicht an diesem Abend und nicht an den folgenden, an denen er es versuchte. Jedes Mal hatte er Panikattacken, ständig hatte er das Gefühl, dass ihn jemand beobachtete. Er zog sich zurück und verbarrikadierte sich in seiner Wohnung.

Er wollte seine Freunde nicht sehen. Die Leere ihrer Existenzen wurde ihm deutlich vor Augen geführt. Er verpasste die gesamte Saison in den Hamptons. Keine Strandpartys, keine Barbecues bei den *Rich and Famous*, keine durchgemachten Nächte mit JM und den käuflichen Damen des horizontalen Gewerbes. Stattdessen Einsamkeit in seinem Loft in Soho. Aber ganz einsam war er nie. Die Gespenster der Vergangenheit boten ihm in aufdringlicher Weise ständig ihre Gesellschaft an.

Er fühlte sich wie eine Puppe, die er jeden Morgen anzog, deren trockenes Haar er kämmte und deren tote Augen fixiert waren. Vorbei die Zeiten, in denen er sich wie Mozart fühlte, ein Genie im Job und eine Schlampe, wenn es zu den Sinnesfreuden kam. Amadeus, der von Gott Geliebte. Er war zu einem Salieri geworden, dem Heiligen der Mittelmäßigkeit, der keinen mehr hochbekam.

Wo war seine Liebe zu New York geblieben? Ging er hinunter, um beim Deli Zigaretten zu kaufen, so starrten ihn maskenhafte Gesichter an, deren oberflächliche Freundlichkeit ihn gruselte. Jeder war am Handy, von Social Media aufgefressen.

Max wusste nicht mehr, wie er in einer Umgebung leben sollte, in der am Morgen anscheinend alle Menschen um ihn herum von einer unsichtbaren Hand aufgezogen wurden, um dann den Tag über zu funktionieren. Er wurde zu einem Zombie unter Zombies.

Das Kino wurde für einige Zeit zu seiner Geliebten. Wenn er aus dem Studio kam, fuhr er direkt zu einem der großen Filmpaläste am Broadway in die 42. Straße, kaufte sich eine Karte und glitt dann von Film zu Film, so, wie es die alten jüdischen Witwen auf der Upper East Side machten. Einmal bezahlen, vier Mal schauen. Er fühlte sich geborgen in der Dunkelheit und verfolgte gebannt das Leben der anderen auf der Leinwand, um sich nicht mit seinem eigenen Dasein beschäftigen zu müssen. Er konnte mit den Figuren auf der Leinwand weinen, kämpfen, lachen, Probleme lösen oder die Welt retten. Alles war möglich. Sein eigenes Schicksal schien unabänderlich.

Das Leben war weitaus härter als das Kino. Kam er dann spät nachts nach Hause, ignorierte er die Anrufe, die auf seiner Mailbox waren und aus Deutschland kamen. Martina, Petra, Klaus, die *BUNTE*, die *BILD*. Andere Klatschmagazine, Online-Shows und noch mehr Blutsauger, die die Story ausschlachten und vermarkten wollten. Er wollte nicht wissen, was sie ihm erzählten, und löschte die Nachrichten sofort. Seinen E-Mail-Account hatte er wochenlang nicht eingesehen.

In der Modebranche wurde er von einigen als Choleriker bezeichnet, andere sahen ihn als schwierigen Künstler, der einen wichtigen Prozess in seiner kreativen Entfaltung hin zum nächsten Level durchmachte. Es war Max egal, er wollte nicht reden und sich nicht erklären, er wollte nicht gesellschaftsfähig sein. Er hatte die Schnauze voll.

Im Grunde interessierte es auch keinen wirklich, wie es ihm ging, und erst recht nicht, was dahinter stand. Jeder war sich selbst der Nächste. Max hatte es auch nie interessiert, was mit anderen war, das Level seines Mitgefühls war in der New Yorker Zeit auf unter Null gesunken. Die Frage »Wie geht's?« war nie richtig ernst gemeint und zur Floskel verkommen. Es hätte auch zu lange gedauert, Menschen zu erklären, wie es einem ging, und die Zeit hatte keiner. Dafür hatte man ja einen Seelenklempner.

Das Leben wurde im September zu einer Mauer, glatt wie Marmor, kalt wie Eis, unüberwindbar. Sprachlos starrte er sich jeden Morgen im Spiegel an und wartete auf eine Erklärung, die ihm der Fremde, den er dort sah, nicht geben konnte.

Die Befriedigungen der anderen erfüllten ihn jetzt eher mit Grauen als mit dem Wunsch, Teil dieser Art von Erfülltheit zu werden. Der Gedanke an eine Eigentumswohnung erschreckte ihn. Kinder waren zu laut und zu fordernd. Bausparverträge, Autos und der jährliche Urlaub, der sich in Amerika auf zwei Wochen im Jahr beschränkte, wurden zu Symbolen der Abhängigkeit.

Das Wort *Fortschritt* ließ ihn speien, er entdeckte, dass es nichts Neues gab, sondern dass sich die Gesellschaft und ihre Themen nur permanent wiederholten.

Kokain machte ihn jetzt paranoid, Ecstasy wirkte nicht, vor Heroin hatte er Angst. Was blieb, war Alkohol. Er tat nicht weh und verschleierte nur seinen Blick. Johnny Walker hatte ein neues Zuhause gefunden.

Dann, Anfang Oktober, kam der Anruf, der ihn langsam aus seiner Lethargie reißen sollte. Es war an einem Sonntagmorgen und Max hatte den Abend vorher im Kino verbracht und *Vom Winde verweht* angeschaut. Aber sich anstatt wie Rhett Butler umzudrehen und zu sagen, dass er auf alles scheiße, belog er sich in der trügerischen Hoffnung, dass, in Scarlett O´ Haras Sinne, »morgen ein neuer Tag« sei.

Ruhig ging Max durch das nächtliche New York und zum ersten Mal seit Monaten fühlte er sich nicht wie ein Junkie. Der Schneemann stand nicht an der nächsten Ecke und winkte ihm mit einem Versprechen zu, das er nicht halten können würde.

Er traf seinen Freund Johnny Walker in seiner Hausbar und schlief bald ein. In dieser Nacht träumte Max von einem Treffen mit Magda, Erich und Nikolas. Sein Bruder und er waren erwachsen und wollten Magda im Traum zur Rede stellen. Es war hell draußen, früher Nachmittag, er konnte den Garten durch das Küchenfenster sehen. Es roch nach Farbe, denn die Hauswand wurde frisch gestrichen. Magda lachte sie aus und griff ihnen völlig unvorbereitet zwischen die Beine, während ihr Mann zuschaute. Max wollte Nikolas um Hilfe bitten, doch der war plötzlich verschwunden. Er erstarrte und konnte sich nicht bewegen, im Traum war jeder Muskel wie gelähmt. Magdas böse Augen ließen ihn nicht entkommen. Schweißgebadet wachte er auf.

Es war bereits hell. Max stand auf. Schweigend starrte er aus dem Fenster und dachte über den Traum nach, der keinen Sinn ergab. Er dachte an Nikolas, den er im Juni am Abend vor seiner Abreise noch einmal in seiner Zelle besucht hatte. Er hatte ihm nichts versprechen können, außer, dass sich Anwälte und Gutachter um ihn kümmern würden. Er hatte versucht zu erklären, dass er nach New York müsse, um zu arbeiten, aber ihm war klar, dass Nikolas diese Ausflucht durchschaut hatte. Max versprach, im Oktober wiederzukommen, um bei der Verhandlung dabei zu sein. Nikolas wirkte anders als am Vormittag.

Er war derjenige, von dem jetzt eine Ruhe ausging, die Max nicht verstand. Als Max ihm sagte, dass er nun wüsste, was Magda mit ihm gemacht hatte, und dass es eine Lösung geben würde, wenn das mit in die Verteidigung eingebaut werden würde, erwiderte er nichts, sondern sah ihn nur ruhig an. Sein Blick verwunderte Max, doch hatte er nicht den Mut und die Kraft, sich auf ein Gespräch mit Nikolas einzulassen.

Max' Telefon klingelte, er schaute auf das Display. Es war 10 Uhr an diesem Sonntagmorgen, er sah eine New Yorker Nummer, die er nicht kannte. Er nahm den Hörer ab.

»Hello, Max speaking.«

»Max, guten Morgen, hier ist deine Großmutter.«

Er war sprachlos.

»Max, hallo, bist du am Telefon?«

Er räusperte sich: »Ja, ich bin am Apparat.«

»Ich hoffe, ich habe dich nicht geweckt. Ich bin in New York, ich bin gestern angekommen und habe nur zwei Tage Zeit. Ich muss mit dir sprechen. Wann können wir uns sehen?«

Zu viele Worte, zu viele Informationen, zu viel nicht Gewolltes, was da in seinen Turm in Soho drang. Er starrte aus dem Fenster und konnte es nicht glauben: Seine Großmutter Helene, die Tochter der Undine Bartholomae, war in New York. Sie, deren entferntestes Urlaubsziel Rom, die heilige Stadt der katholischen Kirche, gewesen war, hatte sich in einen Flieger gesetzt und war in eine ihr unbekannte Welt geflogen.

»Max, hast du die Sprache verloren?«

»Entschuldige, ich bin nur überrascht, dass du in der Stadt bist. Wo bist du denn?«

»Ich bin im Soho Grand. Man hat mir dort gesagt, dass du gleich um die Ecke wohnst. Wann können wir uns sehen?«

Max blickte nach links runter auf den West Broadway und sah den roten Klinkerbau, in dem sich das Hotel befand. Sie hätten sich zuwinken können.

»Ich könnte dich in einer Stunde treffen, wenn du magst, das könnte …«

»Das passt wunderbar, ich komme am besten zu dir, es sind ja nur ein paar Minuten zu Fuß. Die Adresse habe ich, also bis gleich«, unterbrach sie ihn und legte auf.

Plötzlich wollte Max nicht, dass die Vergangenheit in Gestalt seiner Großmutter in seine Gegenwart drang. Er schaute sich um, alles sah verwahrlost aus. Die Putzfrau war seit Wochen nicht gekommen und er war noch nie einer der ordentlichsten Menschen auf diesem Planeten gewesen. Hektisch kämpfte er sich durch die Müllhalde, schnappte sich einen blauen Plastiksack und schmiss Flaschen, Pizzakartons, alte Zeitungen und was sonst noch Boden und Möbel bedeckte hinein.

Nach einer halben Stunde stand er unter der Dusche, rasierte sich und war gerade einigermaßen repräsentabel, als der Doorman Helene ankündigte.

Er fühlte sich wie ein kleines Kind, als er die Tür öffnete. Da stand sie, in einem dunkelblauen Wollkostüm, einen Hut auf den silbernen Haaren und wie immer ohne Make-up. Er ließ sie trotz aller Warnglocken in die Wohnung. Er wusste, dass sein Sicherheitsnetz aus Arbeit, Filmen und Johnny Walker so dünn wie ein Spinnennetz war, dass Helene mit einer kleinen Bewegung alles zerstören konnte.

Es gab keine Umarmung. Er hatte auch keine erwartet, aber seltsamerweise befremdete es ihn in diesem Moment zum ersten Mal, wie unpersönlich sie sich verhielt. Sie sah sich um und registrierte alles mit einem Blick.

»Kann ich dir etwas anbieten? Tomatensaft, einen Kaffee?« Einen Flug zurück in die Vergangenheit?

»Nein, danke, das ist nicht nötig, ich denke wir werden irgendwo hingehen, um zu Mittag zu essen. Vielleicht solltest du inzwischen das Fenster öffnen, um mal etwas frische Luft hier hereinzulassen.«

Das Aufräumen und Rasieren hätte er sich sparen können. Was hatte er denn gedacht? Helene konnte man immer noch nichts vormachen.

Sie gingen in ein französisches Restaurant am Ende des West-Broadway, dessen Namen er immer vergaß. Es war noch relativ leer und sie bekamen einen guten Tisch. Der Kellner nahm die Bestellung auf, dann schaute ihn Helene mit ihren blauen Augen aus ihrem welken, aber immer noch schönen und stolzen Gesicht an.

»Max, du bist sicher erstaunt, dass ich nach New York gekommen bin, und glaube mir, in meinem Alter ist das eine beschwerliche Reise und kein Vergnügen. Ich bin nicht gekommen, um mit dir Freundlichkeiten auszutauschen oder mir die Sehenswürdigkeiten dieser Stadt anzuschauen. Ich weiß nicht, wie du hier lebst, was du treibst, das ist deine Angelegenheit und geht mich nichts an. Du bist ein erwachsener Mann und meine Meinung dazu wird dich auch nicht interessieren. Aber ich halte es für meine Pflicht, diesmal zu dir und zu Nikolas zu stehen und nicht wie der Rest der Familie die Situation zu verdrängen. Wir beide sind da keine Ausnahme, auch wenn wir uns das manchmal einreden wollen.«

Erstaunt blickte Max sie an. Sie hatte Recht, aber es überraschte ihn, dass es ihr bewusst war.

»Ich habe mit Martina Weise Kontakt aufgenommen, mit Kommissarin Kunaut und natürlich mit Klaus. Du hast seit Ende Juni mit keinem von uns gesprochen und auch nicht auf die E-Mails reagiert, die wir geschrieben haben. Ich möchte das nicht beurteilen. Ich weiß, dass die ganze Situation nicht angenehm für dich ist, das ist sie für keinen von uns. Jeder muss so damit umgehen, wie er kann. Du kannst dir vorstellen, was die Leute reden, und dein Auftritt bei der Beerdigung sorgte nachhaltig für viel Wirbel. In vier Wochen ist die Verhandlung und dann geht der ganze Zirkus von vorne los.«

Es klang nicht wie eine Befürchtung, sondern wie eine Tatsache. Natürlich hatte sie Recht, es würde genau so sein wie im Juni, dazu war das Verbrechen einfach zu spektakulär.

Der Kellner brachte die Vorspeise. Max zwang sich zuzuhören.

»Ich habe Angst, dass du im November nicht zur Verhandlung kommen wirst. Das halte ich aber für unbedingt notwendig, denn, was ich herausgefunden habe, und nicht nur ich, sondern auch Martina, Klaus und Frau Kunaut, wirft ein anders Licht auf die Umstände. Dein Vater hat einen Anwalt beauftragt, der Nikolas verteidigen soll. Er wird darauf plädieren, dass Nikolas zur Tatzeit unzurechnungsfähig gewesen sei, und er will ihn danach in eine geschlossene Anstalt einweisen lassen, um somit das Problem ein für alle Mal aus der Welt zu schaffen. Auch rechnet dein Vater damit, dass du nicht wieder auftauchen wirst.«

Max starrte sie an. Er wollte nicht hören, was Helene zu sagen hatte.

»Du wirst vieles nicht wissen. Martina hat mir von den Fotos erzählt, die Renate dir gegeben hat. Ich habe sie übrigens auch gesehen«, fügte sie zögernd hinzu. »Sie hat deinen Vater verlassen, so viel Courage hätte ich ihr gar nicht zugetraut, aber das steht auf einem anderen Blatt. Zurück zu Herrmann. Rein rechtlich kannst nur du dagegen angehen, dass er den Anwalt bestimmt, indem du Nikolas' neuer rechtlicher Betreuer wirst. Nikolas hat mit meiner Hilfe den Wechsel beantragt. Ich habe die Papiere bei mir. Du musst sie nur unterschreiben. Dann kann Martina die Verteidigung offiziell übernehmen. Nikolas hat seine Einwilligung dazu gegeben, es liegt also an dir, wie der Fall weiter verlaufen wird. Er ist zurzeit in Betreuung von zwei Psychologen. Einer ist von deinem Vater beauftragt worden. Sein Name ist Doktor Betrail, er war mal euer Hausarzt und ist offiziell schon im Ruhestand, vielleicht erinnerst du dich an ihn. Dein Vater stand über Jahre mit ihm in Kontakt und Kommissarin Kunaut hat herausgefunden, dass Herrmann in den achtziger Jahren Geld an ihn überwiesen hat. Wir versuchen noch genau herauszufinden, warum. Dein Vater ahnt nichts von unseren Recherchen und das ist auch im Moment noch besser so. Wir werden so schnell wie möglich versuchen, diesen Betrail von Nikolas fernzuhalten. Ich habe mit Martina Weise erreicht, dass es einen zweiten Gutachter geben wird. Ihr Name ist Doktor Windau und sie hat Nikolas damals als junge Ärztin betreut. Ich hatte mich gleich am Tage deiner Abreise mit ihr in Verbindung gesetzt. Wir hatten ein paar Mal Kontakt, als deine Mutter so krank war und sie Nikolas nicht mehr in der Klinik besuchen konnte. Dr. Windau war schon damals der Meinung, dass der Grund für sein Verhalten nicht eine Form von Autismus war, sondern ein traumatisches Erlebnis, nämlich der Missbrauch. Ein drittes Gutachten wird ein vom Gericht bestimmter Psychologe erstellen.

Die Fotos, die du von Renate hast, beweisen den Missbrauch. Somit kann man zumindest die Verteidigung auf diese Umstände aufbauen. Dass Nikolas die Tat vorsätzlich begangen hat, steht außer Frage, nicht aber, ob er schuldfähig oder schuldunfähig ist. Und davon hängt das Urteil des Richters ab.«

Irgendetwas veränderte sich in Max, es war, als würde er aus einem Traum erwachen, der drei Monate gedauert hatte. Es war kein unangenehmes Gefühl. Er trank einen Schluck Kaffee, der inzwischen kalt geworden war. Der Kellner servierte den Hauptgang.

»Die Situation hat sich geändert und zwar zu Gunsten deines Bruders. Ich glaube, wir könnten einiges bewegen, wenn wir Zeugenaussagen aus der Familie bekommen könnten. Deine Tante Ilse habe ich letzte Woche besucht und sie hat mir Dinge über Magda erzählt, die an sich schon ein schlechtes Licht auf ihren Charakter werfen. Was war sie doch für eine böse Frau. Wusstest du, dass sie während der Nazizeit Juden verraten hat?«

Sie schüttelte den Kopf und Max merkte, dass sie auf einmal in ihre eigene Vergangenheit abtauchte. Sie hatten nie über diese Zeit der deutschen Geschichte gesprochen. Er wusste nicht, wie Helene sich in der Zeit des Dritten Reiches verhalten hatte. War sie ein Mitläufer gewesen? Hatte sie zur schweigenden Mehrheit gehört, hatte sie etwas gewusst?

Sie sah seine Fragen in seinen Augen. Plötzlich verstand Max, warum sie sich so für ihre Enkel einsetzte. Sie wollte verlorene Chancen wiedergutmachen.

»Ich möchte nicht wissen, in welchen Dreck wir unsere Nasen noch stecken müssen, um die ganze Wahrheit zu erfahren. Ich hoffe, dass diese neuen Informationen den Fall für dich in ein anderes Licht stellen. Auch soll ich dich von deinem Bruder grüßen, ich habe Nikolas regelmäßig besucht. Als Anna starb, hätte ich mich mehr um ihn kümmern sollen, aber wie wir alle habe ich einen Fehler begangen und kann das auch nicht rückgängig machen. Aber ich könnte es mir nicht verzeihen, jetzt wieder tatenlos danebenzustehen.«

Sie nahm Max' Hand und drückte sie. Ihm wäre beinahe die Gabel auf den Boden gefallen. In seiner Familie tat man so etwas nicht. Man berührte sich nicht liebevoll, zeigte keine Emotionen. Auch Helene hatte es nie getan.

Sie ließ seine Hand nicht los. »Maximilian, ich weiß nicht, warum du dich in den letzten Monaten so zurückgezogen hast, habe da nur meine Vermutungen. Wer weiß, welche Leichen wir noch in den Kellern dieser Familie finden werden. Jeder hat genug davon zu verbergen oder weiß nicht mehr, wo sie liegen. Du brauchst kein schlechtes Gewissen zu haben und auch keine Angst, dass du Nikolas im Stich gelassen hast. Es war nicht deine Aufgabe, dich um ihn zu kümmern, sondern in erster Linie die deines Vaters, nachdem deine Mutter gestorben war. Und sie hatte vorher alles probiert, was in ihrer Macht stand. Es war eine andere Zeit. Stell dir vor, sexueller Missbrauch in der eigenen Familie. Was jetzt alles endlich ans Licht gekommen ist, war lange unvorstellbar, ja, das war es für uns:

unvorstellbar. Ich wollte es nicht wahrhaben und es wäre ja meine Verantwortung gewesen, mich zu kümmern. Ich war schließlich Annas Mutter und hätte ihr helfen können.«

Sie schaute aus dem Fenster hinaus auf den Broadway, der sich mit Touristen füllte. Was steckte hinter der Fassade dieser Menschen? Hatten sie alle Leichen im Keller und wollten sich nicht damit beschäftigen? Max hatte sich immer für jemanden gehalten, der die Geheimnisse seiner Seele lüften konnte. An diesem Sonntagmittag in New York machte ihm Helene eindeutig klar, dass es nicht so war. Er war im Juni vor etwas weggerannt und hatte bis heute nicht herausgefunden, was es war.

»Wir können die Vergangenheit nicht mehr ändern, aber du kannst die Zukunft jetzt beeinflussen. Ohne dich kommen wir rechtlich nicht mehr weiter. Von den anderen weiß keiner, dass ich nach New York geflogen bin, aber ich hatte keine andere Wahl.«

Müde schaute sie ihn an. Max starrte auf ihre Hand, die seine noch immer festhielt. Sie war von vielen Falten und Altersflecken übersät, die Haut so dünn wie Pergament, die Knochen standen hervor. Wo nahm diese Frau den Mut her, das zu tun, was sie jetzt tat? Er bewunderte Helene aufrichtig in diesem Moment, vielleicht zum ersten Mal in seinem Leben. Helene sprach weiter.

»Es sieht so aus, als ob jemand, den du kennst, den richterlichen Vorsitz bei Nikolas' Verhandlung übernehmen wird. Erinnerst du dich noch an Silke Hähmann? Ihr wart doch alle in der gleichen Klasse in der Grundschulzeit.«

Silke Hähmann, natürlich, ihrem Vater gehörte damals das halbe Dorf. Max erinnerte sich, dass Herrmann immer eifersüchtig auf ihn war, weil dieser erfolgreicher war als er. Silkes Mutter war eine Schönheit, die ihre Kleider anfertigen ließ und gut in einen deutschen Film der sechziger Jahre gepasst hätte.

Silke war ein sehr hübsches Mädchen mit Kulleraugen, braunen Locken und etwas schiefen Zähnen, herzlich und liebevoll.

Max wusste nicht, dass sie Richterin geworden war, und nickte Helene zu, die immer noch auf eine Antwort wartete. Was sollte er ihr sagen? Dass er sich freute, dass sie nach New York gekommen war und ihm auf zugegebenermaßen nette Art und Weise zu verstehen gab, dass es ohne ihn nicht für Nikolas weitergehen würde? Jedenfalls nicht so, wie sie sich das vorstellte.

Max überlegte. Er hatte zwei Möglichkeiten. Entweder er würde in New York bleiben und darauf warten, dass sein Leben sich von alleine ändern würde. Oder er würde in ein paar Wochen nach Deutschland fliegen und sich darauf konzentrieren, dass Nikolas' Schicksal ein gutes Ende nahm und er irgendwie Ruhe finden würde. Spontan fasste er einen Entschluss.

»Ich werde die Papiere unterzeichnen und Ende Oktober nach Deutschland kommen. Ich weiß nicht, ob ich Nikolas helfen kann, ich kann mir ja im Moment nicht einmal selbst helfen.«

Helene drückte noch einmal kurz seine Hand. »Max, ich glaube, du vergisst manchmal, dass du in einer ungewöhnlichen und schwierigen Situation aufgewachsen bist. Natürlich sind sich Zwillinge immer näher als normale Geschwister, aber du hattest auch wenig Hilfe in deiner Familie. Von deinem Vater ganz zu schweigen, aber auch deine Mutter war einfach überfordert. Der Rest der Familie, und ich schließe mich damit ein, stand dir auch nicht gerade zur Seite, wir haben uns alle mitschuldig gemacht. Wir waren erwachsen, du aber warst ein Kind. Als du im Juni zum ersten Mal bei mir zu Hause warst, hattest du, glaube ich, einen Flashback. Du erwähntest den Missbrauch das erste Mal und wurdest völlig weiß im Gesicht. Kannst du dich daran erinnern?«

Max starrte auf den West Broadway, der inzwischen vollgepackt mit Menschen war. Das Bild kam ihm wieder in den Sinn. Das graue Haus in der Mittagshitze. Er war noch verschlafen, Nikolas und seine Tante in der Küche. Die Amseln machten aus einem unerklärlichen Grund ein Getöse im Garten und es roch nach totem Fleisch, das unten in der Wurstküche lagerte.

Ein unangenehmes Gefühl beschlich Max, innerhalb von Sekunden erstarrte er innerlich. Sämtliche Schutzmauern wurden wieder hochgefahren. Das Bild verblasste, ohne dass er gesehen hatte, wie es weiterging. War er feige gewesen und hatte Nikolas seinem Schicksal überlassen? War das der Moment gewesen, in dem er anfing, sich schuldig zu fühlen? Und wenn ja, warum hatte er ihn jahrzehntelang vergessen? Die Gedanken rasten durch seinen Kopf. War das nur eine Einbildung?

Ohne Vorankündigung packte ihn eine Welle der Trauer. Helene hatte Recht. Ein Kind war er nicht sehr lange gewesen. Nach der Trennung von Nikolas, damals, als seine Eltern ihren Ausflug nach Berlin gemacht hatten, war seine Kindheit vorbei gewesen. Seitdem hatte Max sich nie mehr unbeschwert gefühlt und immer geglaubt, er wäre schuld an dem gewesen, was Nikolas passiert war. Im Grunde aber hatte er sich jahrzehntelang schuldig gefühlt, weil er etwas gesehen hatte, weil er ahnte, was Nikolas passiert war, und es dann verdrängt hatte.

Max schaute auf die Uhr, es waren erst zwei Stunden seit dem Abflug vergangen. Es kam ihm vor, als ob er schon tagelang in der Maschine sitzen würde. Helene war am nächsten Tag nach Deutschland zurückgeflogen und hatte danach eine Woche lang den ersten Jetlag ihres Lebens auskuriert.

Max checkte seine Mails regelmäßig und stand wieder in Kontakt mit denen, die am »Projekt« Nikolas arbeiteten. Selbst

Nikolas hatte er angerufen. Was würde ihn erwarten, bei diesem zweiten Besuch in der Eiszeit?

Um 11.20 Uhr am nächsten Morgen würde die Maschine in Düsseldorf landen.

39

Spirito ex Machina

Martina saß im Stau. Sie hasste die Rushhour im Ruhrgebiet, es war halb fünf und sie musste ihren Sohn Morten bei ihrer Mutter abholen, die morgen für eine Woche nach Mallorca fliegen würde. Am liebsten hätte Martina alles stehen und liegen gelassen und wäre mitgeflogen. Bloß weg aus diesem Mistwetter. Der Oktober fühlte sich schon an wie November, es regnete seit Tagen und abends war es feucht und kalt.

Außerdem hatte sie heute Abend noch ein Treffen mit ihrer Gruppe, die der Kinderpornographie im Internet den Kampf angesagt hatte. Alles in allem ein Tag, der nicht gerade zu ihrer guten Laune beitragen konnte.

Gestern hatte sie zum ersten Mal ein Lebenszeichen via Mail von Max aus New York erhalten und er hatte sich für sein Verschwinden in den letzten Monaten entschuldigt. Sie war wütend auf ihn, hatte sie ihm doch unzählige E-Mails geschickt, um ihn über den Fall auf dem Laufenden zu halten, aber er hatte nie geantwortet, ihre Anrufe nicht entgegengenommen. Zwar hatte Martina eine Art traumatischer Reaktion bei Max erwartet, aber dass er sich dermaßen abkapseln würde, hätte sie nicht gedacht. Was steckte dahinter? Es konnte nicht nur das Verbrechen sein, das Nikolas begangen hatte, da war noch etwas anderes, davon war sie überzeugt.

Sie erinnerte sich an die Situation im Hotel, als Max die Fotos sah, die den Missbrauch an Nikolas eindeutig bewiesen. Da war noch etwas anderes als Schock, Trauer und vielleicht ein schlechtes Gewissen darüber, dass er sich von seinem Bruder distanziert hatte. Damals hatte sie gar nicht so darauf geachtet, aber sie konnte den Blick in Max' Augen nicht vergessen.

Glücklicherweise hatte sich Helene Remark bei ihr gemeldet und war in den letzten Wochen sehr aktiv geworden, hatte Informationen zusammengetragen, einen Gutachter für Nikolas ausfindig gemacht und wollte, dass Martina die Verteidigung übernahm. Ohne die alte Dame wäre sie mit ihrer Arbeit noch nicht so weit. Es war unglaublich, was Frau Remark an Energie aufbrachte, um ihrem Enkel zu helfen.

Martina hatte endlich die Autobahnabfahrt erreicht und verabschiedete sich von der Blechlawine auf der B1. Die Hauptstraße war relativ leer. Es war bereits kurz vor 18 Uhr und sie musste sich beeilen, ihre Mutter hatte nach Ladenschluss noch einen Termin mit einem Anwalt.

Sie wollte nicht mehr in dem Haus leben, in dem ein Doppelmord begangen worden war und in dem noch ganz andere Sachen stattgefunden hatten. Ihre Mutter hatte Max und Nikolas als Kinder gekannt und machte sich, so wie einige andere Menschen im Dorf, Vorwürfe, dass sie nichts mitbekommen hatte oder nichts hatte mitbekommen wollen. Seit den Ereignissen im Juni wachte sie wie ein Luchs über Morten.

Während Martina im Regen die Hauptstraße herunterfuhr, erschien ihr das ganze Dorf, in dem sie ihre Kindheit verbracht hatte, entsetzlich trostlos. »Das Grauen hinter deutschen Gardinen« kam ihr in den Sinn. Aber es waren ja nicht nur die deutschen Gardinen. Auf der ganzen Welt wurden Kinder missbraucht und schlecht behandelt. Sie würde ihren Teil dazu beitragen, dass sich das ändern würde.

Ihr Handy klingelte. Es war Peter Walscheck, der Oberstaatsanwalt aus Düsseldorf, mit dem sie gemeinsam die Gruppe gegen Kindesmissbrauch in Deutschland ins Leben gerufen hatte.

»Hallo Martina, wo steckst du?«

»Ich fahre zu meiner Mutter, um Morten abzuholen.«

»Du weißt, dass wir heute Abend ein Treffen haben? Es ist unbedingt notwendig, dass du erscheinst, ich habe heute Nachmittag eine sensationelle Entdeckung gemacht. Du arbeitest doch noch an diesem Fall mit dem Doppelmord, oder nicht?«

»Ja, die Verhandlung beginnt bald und wir tragen das Beweismaterial zusammen.«

»Na wunderbar. Sei bitte pünktlich heute Abend bei mir. Ich glaube, wir haben Material gefunden, das dir helfen wird.«

Nachdem sie aufgelegt hatte, parkte sie ihren Wagen vor dem grauen Haus. Unwillig ging sie hinein, sie hätte es am liebsten nie wieder betreten. Ihre Mutter schloss gerade die Eingangstür der Fleischerei zu. Gott sei Dank, sie war nicht allzu spät.

Zehn Minuten später hatte sie Morten ins Auto gepackt und fuhr schon wieder Richtung B1. Er plapperte aufgeregt von Fröschen, die er im Volkspark gesehen hatte, einer steckte in einem Einmachglas auf seinem Schoß. Sie betrachtete ihren Sohn. Nur gut, dass sie ihn gleich nach den furchtbaren Erlebnissen vor drei Jahren in psychiatrische Behandlung gegeben hatte und somit das Schlimmste hatte vermeiden können. Er würde seinen Vater hoffentlich nicht in zwanzig Jahren abschlachten.

Eine Stunde später war sie wieder in Düsseldorf, lieferte Morten bei ihrer Freundin Susanne ab, die sich heute Abend um ihn kümmern würde, küsste ihren Sohn, schwatzte fünf Minuten mit ihrer Freundin und machte sich auf den Weg zum Meeting.

Kurz vor acht erreichte sie die Wohnung des Staatsanwaltes. Die anderen Mitglieder der Gruppe waren bereits da, als sie Peters Appartement betrat. Die Stimmung knisterte förmlich, Peter musste ja wirklich eine besondere Entdeckung gemacht haben. Sie begrüßte die anderen und ließ sich in den nächsten

Sessel fallen. Peter hatte seinen Laptop so hingestellt, dass alle das Display sehen konnten.

»So, schön, dass jetzt alle da sind«, begann Peter und räusperte sich. »Wie ihr wisst, haben sich die Fäden in den letzten Monaten um den Pädophilenring in Nordrhein-Westfalen enger zusammengezogen. Heute hat die Polizei in Bochum ein Geständnis von einem Mann bekommen, den wir vor sechs Monaten aufgespürt haben. Sein Name ist Hans Eggert, er ist 59 Jahre alt und hat im Internet Daten mit eindeutig pädophilen Inhalten an Interessenten verschickt. Die Fotos sind allerdings schon älter, müssen so Mitte der siebziger Jahre entstanden sein. *Retro-Material* sozusagen, bei einigen Kennern der Branche heute ganz besonders beliebt und sehr teuer. Wie er in der Vernehmung heute Morgen zugab, hatte Eggert die Fotos und die Kontaktabzüge über einen Mittelsmann bekommen. Laut seiner Aussage gab es eine Adresse im Ruhrgebiet, über die man Bilder beziehen konnte. Die Fotos wurden mit der Post verschickt oder persönlich überbracht. Die ersten Fotos hat er nach eigenen Angaben Mitte der siebziger Jahre von seiner Kontaktperson gekauft. Wir versuchen gerade die Identität dieser Person herauszufinden. Eggert wurde Ende der achtziger Jahre verhaftet, weil er bereits damals Teile seiner Fotokollektion verkaufen wollte.« Peter hustete und trank einen Schluck Wasser. Er zündete sich eine Zigarette an und inhalierte tief. »Eggert wurde damals zu vier Jahren Freiheitsentzug verurteilt. Seit seiner Entlassung lebte er zurückgezogen, bezieht Rente und wir konnten ihm keine weiteren Straftaten nachweisen. Durch Zufall sind wir dann, wie gesagt, vor einem halben Jahr durch seine Internetaktionen auf ihn gestoßen. Er hat sich mit dem Vertrieb dieser alten Fotos, die er einscannte und digitalisierte, seinen Lebensunterhalt in den letzten Jahren verdient und ging dabei äußerst geschickt vor. Erst ein Hacker der Polizei konnte den Sicherheitscode zufällig knacken, dadurch kam alles ans Licht.«

Martina hörte gebannt zu. Es war ein großer Erfolg für die Gruppe, denn es war äußerst schwierig, die Geschichte von Fotos mit pädophilem Inhalt, in der Zeit bevor es das Internet gab, zurückzuverfolgen. Damals wurden die Fotos unter der Hand geschmuggelt oder in kleiner Auflage gedruckt. Erwischt wurde kaum jemand. Ein absolutes Tabuthema. Selbst Jürgen Bartsch war als Kindermörder bekannt und nicht als Pädophiler.

»Eggert sitzt bereits in Untersuchungshaft und hat ein weitläufiges Geständnis abgelegt. Das Interessante an der ganzen Geschichte ist, dass er persönlichen Kontakt zu den damaligen Drahtziehern hatte, auch zu den Leuten, die diese Fotos gemacht haben. Andere Käufer kannte er in den achtziger Jahren nicht, aber seine Kartei der Interessenten in den letzten Jahren ist groß und wird bereits von einer unserer Spezialeinheiten bearbeitet. Einige der Täter von damals sind bereits gestorben, aber wir wollen versuchen, die Überlebenden ausfindig zu machen. Wir wollen auch versuchen, die Kinder auf den Fotos in der nächsten Zeit zu identifizieren, vielleicht können wir da die eine oder andere Aussage bekommen. Auf meinem Laptop habe ich ein Foto von Eggert, wie er damals Anfang der achtziger Jahre aussah, und von heute. Ich möchte zu gerne wissen, was der Typ noch alles auf dem Kerbholz hat.«

Peter verband seinen Laptop mit dem Beamer, der das Portrait von Eggert auf die Leinwand projizierte. Martina sah einen Mann mit Glatze, hängenden Wangen und wässerigen Augen, der älter wirkte, als er war. Das nächste Foto zeigte Eggert als jungen Mann von Ende zwanzig. Er trug einen hellbraunen Anzug, lehnte sich an einen knallgelben VW-Käfer, hatte dunkelbraunes Haar und lange Koteletten, die in den siebziger Jahren so modern waren. Er lächelte steif in die Kamera und hatte eine etwas gedrungene Körperhaltung, obwohl er groß sein musste.

Martina schaute sich das Foto genau an, ein komisches Gefühl beschlich sie. Irgendwo hatte sie dieses Gesicht schon mal gesehen, aber sie konnte es nicht einordnen. Woher kam ihr das Gesicht also bekannt vor oder, besser, diese gedrungene Körperhaltung?

Peter zeigte jetzt weitere Bilder. Es waren Bilder von den Opfern. Es war immer wieder schwer für Martina, sich die Gesichter von missbrauchten Kindern anzuschauen, denn sofort tauchte Mortens Gesicht vor ihrem geistigen Auge auf.

Die Parade der gepeinigten Gesichter schien nicht aufzuhören, Martina kam es wie eine Ewigkeit vor. Sie konnte sich vorstellen, was diese Kinder durchmachen mussten, sie wusste es nur zu gut. Dann zeigte Wolfgang das letzte Portrait eines Kindes, das apathisch und ausdruckslos in die Kamera schaute.

Martina dachte, ihr würde das Herz stehenbleiben. Der Junge auf dem Foto war höchstens elf oder zwölf Jahre alt.

Klaus, ein Mitarbeiter beim Kriminaldezernat, der neben Martina saß, starrte sie an. Ihre Fingernägel hatten sich in seine Hand gebohrt, ohne dass sie es bemerkt hatte. »Martina, was ist los mit dir? Alles okay?« Die ganze Runde starrte sie plötzlich an.

Es war, als ob sie einen Geist gesehen hätte. Sie glaubte ihren Augen nicht. Es war nicht möglich, was sie da gerade sah, vollkommen ausgeschlossen.

Sie sah in das traurige Gesicht auf der Leinwand und in diesem Moment wusste sie auch, wo sie Hans Eggert schon einmal gesehen hatte.

40

Zehntausend Meter über dem Erdboden

Der 31. Tag des Monats Oktober, der nicht golden, sondern kalt und verregnet war, brachte die unterschiedlichsten Momente und Begegnungen derer zustande, die an dem Familiendrama beteiligt waren. Dieser Tag wäre für viele Menschen anders verlaufen, hätte Nikolas nicht vor einigen Monaten die Eisenstange erhoben und den Schädel seiner Tante und den ihres Gatten gespalten.

Als Max an diesem Morgen in zehntausend Metern Höhe über dem deutschen Land in einem Silbervogel kreiste, fragte er sich, was Magda noch alles in ihrem Leben getan hatte, um anderen Leid zuzufügen. Erst jetzt stellte sich ihm die Frage, ob die Tat der Magda Wilde eine einmalige Handlung, ein bereutes Vergehen, oder ein Ausrutscher gewesen war. Hatte sie jemals darüber nachgedacht, was sie durch ihre Handlung zerstört hatte?

Sie hatte ihr ganzes Leben in dem gleichen Ort wie ihr Opfer verbracht, kannte ihn als Kind, hatte ihn als Jugendlichen und als Erwachsenen leiden sehen und Max gab den Versuch einer Entschuldigung, die sein Hirn zu konstruieren versuchte, schnell auf. Wahrscheinlich war Nikolas nie so etwas wie eine eigenständige Persönlichkeit für sie gewesen, sondern immer nur Mittel zum Zweck. Und als er nicht mehr zur Verfügung stand, was war dann geschehen? Soweit Max sich erinnern konnte, hatte er nie wieder Zeit mit Magda allein verbracht. Nikolas war nicht einmal über die Schwelle des grauen Hauses zu bringen, ohne sich wegzuschreien.

Was hatte seine Mutter in diesen Momenten gedacht? Eine Frage, die sich ihm bisher nie gestellt hatte, wollte er doch seinen inneren Frieden mit ihr möglichst aufrechterhalten, sie auf ihrem kleinen Podest der Unantastbarkeit lassen. War ihm doch schon der Vater verhasst, so sollte zumindest seine Mutter in ihrem Unschulds- und Bemühungskokon bleiben.

Natürlich wusste Magda, was sie tat! Aber wusste sie auch, was sie dazu veranlasste, es zu tun? Vielleicht war sie eine Wiederholungstäterin oder ihr war etwas Ähnliches in ihrer Kindheit passiert? Max wusste es nicht. Sie hatte Fotos von Nikolas gemacht, die eindeutig ihre Schuld und die eines anderen Erwachsenen bewiesen. Sie hatte Nikolas benutzt und eine ganze Familie dabei zerstört. Wer waren ihre Helfer gewesen? Heute konnte man Fotos aufnehmen und unproblematisch auf den eigenen Computer laden und bearbeiten. Doch in den siebziger Jahren? Die Fotos waren analog gemacht, entwickelt und gedruckt worden. In einem Fotogeschäft hätte Magda die Bilder wohl kaum entwickeln lassen können.

Max wurde klar, dass er kaum etwas über Magda wusste. Sie war seine Tante, er hatte Zeit mit ihr in seiner Kindheit verbracht, aber seine Erinnerungen an sie waren entweder verschwommen oder gar nicht vorhanden. Eine Feststellung, die ihn in diesem Moment erstaunte, hatte er doch die in seiner Familie oft bewunderte Gabe, sich selbst an kleinste Details zu erinnern. Ein fotografisches Gedächtnis.

Während die Verwandtschaft zu allen möglichen Anlässen in seinen Erinnerungen präsent war, so kamen Magda und Erich kaum darin vor. Er konnte sich an keine Besuche bei ihnen nach seinem zehnten oder elften Lebensjahr erinnern. Es war merkwürdig.

Er schüttelte den Kopf über diese Menschen, deren Blut er teilte. Zum ersten Mal betrachtete er seine Familie aus einer wirklichen Distanz, ohne Wut, fast analytisch. Jeder für sich lebte in seinem Mikrokosmos, immer mit der Angst, nicht den

Konventionen zu entsprechen, die die anderen, das Dorf, die nächste Stadt und somit die Welt ihm oder ihr auferlegten. Es gab keine Anarchisten in seiner Familie, keine Draufgänger, keinen, der irgendeinem Widerstand angehört hätte.

Max war das schwarze Schaf der Familie, weil er es gewagt hatte zu gehen. In ein fremdes Land, auf einen fremden Kontinent, in ein Leben vermeintlich entfernt von den Restriktionen, die die Familie sich auferlegte. Aber er hatte ihnen nicht entkommen können. Er war immer noch verstrickt in das Geflecht aus Lügen, Tradition und Angst.

Sie mussten damals etwas gemerkt haben! Man konnte nur bis zu einem gewissen Punkt der Gesellschaft und den Umständen die Schuld in die Schuhe schieben. Max hörte schon wieder die Sprüche, dass die Psychologie damals noch nicht so weit war, dass man die Zeichen nicht hatte erkennen können, dass es eine andere Zeit gewesen wäre. Seine Mutter hatte ja noch zwei andere Kinder, der Vater musste hart arbeiten und alle anderen hatten schließlich ihr eigenes Leben. In das Schicksal der Verwandten mischte man sich nur ein, wenn diese nicht anwesend waren. Oder noch besser: Alles Nikolas anlasten, weil er ja nie etwas gesagt hatte. Er war doch alt genug gewesen, als es passierte, und konnte schließlich schon sprechen.

Und doch, seine Mutter hatte etwas bemerkt und hatte versucht zu handeln, sein Vater hatte etwas bemerkt und alles verdrängt. Klaus und Jochen waren da und hatten etwas bemerkt. Der Arzt, die vielen Ärzte, die Nikolas im Laufe seines Lebens behandelt hatten, mussten der Wahrheit doch näher gekommen sein. Warum also war Nikolas trotz allem offiziell als Autist abgestempelt worden? Max fiel auf, dass er so viele Dinge, die jetzt mit Nikolas' Leben zu tun hatten, nicht kannte, und nahm sich vor, ihn so oft wie möglich zu besuchen.

»Hatte Alice Miller Recht gehabt?«, dachte er. Durfte man ein Tabu wie Missbrauch in der Familie nicht bemerken? Gab es eine kollektive Verdrängung oder durfte man ein Verbrechen einfach nicht bemerken und jeden aufkommenden Gedanken daran sofort bei der Wurzel packen und auf den Misthaufen der nicht zu gebrauchenden unbequemen Wahrheiten werfen, damit sie dort verrotten und nie wieder zu neuem Leben keimen konnten?

Max starrte aus dem kleinen ovalen Fenster auf das weite Land seiner Kindheit, das unter ihm lag. Klein und flächig, die Menschen nicht erkennbar, die Lastwagen auf der Autobahn winzig wie Ameisen, die Häuser wie in einem Monopoly-Spiel. Aus der Entfernung war alles überschaubar und bot keinen Schrecken.

Max hatte sich entschieden zurückzukehren, um Nikolas zu helfen. Gleichzeitig wurde ihm bewusst, dass es noch einen anderen Grund für seine Rückkehr gab. Irgendetwas beunruhigte ihn, aber er konnte noch nicht erkennen, was es war.

Die Maschine landete pünktlich an diesem regnerischen letzten Oktobermorgen des Jahres. Auf der Fahrt im Leihwagen wurde ihm bewusst, dass die Zeit knapp wurde. In einer Woche begann der Prozess. Bald hatte er die City erreicht. Diesmal würde er nicht im Gasthaus an der Hauptstraße wohnen, sondern hatte in einem Hotel in der Nähe der Gartenstadt eine Suite reserviert. Der Gedanke an ein bisschen Luxus, weit entfernt vom Grauen des dörflichen Miefes, war tröstend und beruhigend.

Nachdem er eingecheckt hatte, duschte er heiß und legte sich hin. Um 14 Uhr würde der Wecker klingeln.

41

Die Summe eines Tages

Hans Eggert saß in seiner Zelle und wünschte sich, dass er nie geboren worden wäre.

Es regnete am Morgen des 31. Oktobers in Strömen und er hätte alles darum gegeben, eine Waffe zu haben, um sich das Gehirn wegzuschießen. Verstanden die denn nicht, dass er es sich nicht ausgesucht hatte, dass er es tun musste und nicht anders konnte?

In seiner Kindheit hatten seine Eltern auf ihn eingeprügelt, ohne dass er gewusst hatte, warum. Einen Grund mussten sie nicht angeben, sie taten es einfach. Er entstammte einem gut situierten Elternhaus. Seine Mutter war Lehrerin, der Vater Anwalt, sie wohnten in einem Bungalow und wurden von den Nachbarn beneidet. Er war ein hübsches Kind, die blauen Flecken gut versteckt hinter langen Hosen und frisch gebügelten Hemden. Schon als kleiner Junge mochte er Kinder auf eine Art und Weise, die anders war. Er war anders. Das wusste er, ohne dass er es hätte erklären können.

Mit 15 vergewaltigte er einen sechsjährigen Jungen. Er war der Stärkere und das Kind konnte sich nicht wehren. Es hatte ihm keinen Spaß gemacht, denn es lag ihm nicht viel daran, den Jungen zu verletzen, er wollte ihm nur nahe sein. Seine Gier war größer gewesen als die Scham. Er hatte es nie wieder getan.

Er wurde zum Beobachter. Andere hätten ihn einen Spanner genannt. Er machte Karriere und wurde ein erfolgreicher Anwalt, sein Vater war stolz auf ihn, schlug ihn nicht mehr, sondern klopfte ihm auf den Rücken und war der festen Überzeugung, dass seine schlagfertige Erziehung durchaus was genützt hatte. Die Mutter hatte die Familie nach Hans' Einser-Abitur planmäßig verlassen und zog nach Südafrika. Sie fand einen gewaltsamen Tod während der Unruhen in Kapstadt in den neunziger Jahren. Hans hatte sie nicht vermisst.

Seine Leidenschaft wurde das Fotografieren. Während andere Menschen Landschaften, Blumen oder Familienfeste ins Visier nahmen, so waren seine liebsten Objekte Kinder.

Er blieb unverheiratet, wurde Schirmherr zahlreicher Stiftungen und kaufte sich in die Gremien zweier Waisenhäuser ein. Das genügte bald nicht mehr. Kleine Jungen in Badehosen zu fotografieren reichte nicht, um seine Gier zu zähmen.

Mitte der siebziger Jahre konnte er durch die Vermittlungen eines Bekannten, der ähnliche Neigungen hatte, den Kontakt zu einem Hersteller und Vertreiber von expliziteren Fotos aufbauen. Objekt seiner Begierde waren Jungen im Alter ab sechs Jahren bis kurz vor der Pubertät. Das Angebot war nicht außergewöhnlich, doch er fand, was er brauchte, auch wenn ihm die Frau, die die Fotos verkaufte, höchst unsympathisch war.

Einmal hatte er eines der Models, einen hübschen Jungen, zufällig an der Hand seiner Mutter in der Nähe des Hauses gesehen, wo er neue Fotos kaufen wollte. Es erregte ihn sehr, das Objekt seiner Begierde hautnah zu sehen. Er war an die Mutter herangetreten, hatte nach dem Weg gefragt und dann dem Kleinen über den Kopf gestreichelt. Aber es hatten ihn nur traurige Augen angestarrt und der Junge hatte sich schnell hinter dem Rücken seiner Mutter versteckt. So nahe war er nie wieder einem Kind gekommen, auf deren Bilder er sich regelmäßig einen runterholte.

Jahre später hatte ihn die Polizei bei einer anderen Transaktion im Ruhrgebiet erwischt, als er selber seine Kollektion verkaufen wollte. Seine Karriere war zerstört, er wurde inhaftiert. Selbst jetzt wand er sich innerlich, wenn er an all die Demütigungen dachte, die er während dieser Jahre im Knast erdulden musste. Danach hatte er ein einträgliches Geschäft mit dem Vertrieb der Fotos gemacht. Von irgendetwas musste er ja leben. Er verkaufte nur noch. Für ihn selbst hatten die Bilder ihren großen Reiz nach der Inhaftierung verloren.

Und jetzt waren sie ihm wieder auf die Schliche gekommen.

Hans Eggert strich mit seiner Hand über die letzten spärlichen Haare auf seinem Kopf. Er war es müde, ständig gegen sich selbst ankämpfen zu müssen. »Ich habe es nie gewollt, es war ein Teil von mir. Und ich bin nicht alleine, das wissen die anderen auch. Da gab es doch große Unterschiede«, dachte er. »Außerdem habe ich nie etwas getan, ich habe nur die Bilder angesehen und niemanden gequält, sollen die sich doch um die Gewalttäter kümmern.« Was die Hersteller der Fotos damals in den Siebzigern gemacht hatten, das war vielleicht nicht korrekt gewesen, aber er hatte die kleinen Jungs ja nicht angefasst!

Wahrscheinlich hatte diese alte Vettel in der Kittelschürze diese Fotos selbst gemacht, aber damit hatte er ja nichts zu tun. Es hatte ihn schon angeekelt, diese alte Frau in ihrer Wohnung in einem Hinterhaus, das nach Tierkadavern stank, zu bezahlen.

Er starrte aus dem vergitterten Fenster und wusste an diesem verregneten Montag nicht, dass er der Schlüssel zu einem Medienprozess werden sollte, der in einer Woche beginnen würde.

Ein paar Kilometer weiter westlich ging ein anderer Mann mit seinem Hund durch den verregneten Volkspark spazieren. Das Wetter störte ihn nicht, er nahm es kaum war. Unwirsch ging er mit dem alten Labradorrüden über die matschigen Wege. In den letzten Monaten hatte sich sein Leben auf eine Art und Weise geändert, die er weder erwartet noch jemals für möglich gehalten hätte. Seine Frau hatte ihn verlassen, seine Gesundheit hatte gelitten, er schlief schlecht, seltsame Träume störten seine Ruhe und er hatte angefangen, sich zu kratzen. Seine Haut juckte ständig überall, aber der Arzt konnte nichts finden. Es war, als ob kleine Tiere unter seiner Haut lebten. Im Krieg hatte er oft die Krätze gehabt, doch dieses Gefühl war anders. Er konnte es nicht einfach abstellen, nicht kontrollieren. Es war eigentlich immer da. Der Arzt faselte etwas von Neurodermitis, doch Herrmann wusste es besser.

Er war einfach nur wütend, ständig und immer wütend, und selbst im Traum verließ ihn die Wut nicht. Der Grund war immer der gleiche: seine Söhne. Der eine ein Mörder, der andere ein Nichtsnutz, der sich aus dem Staub gemacht hatte und nun zum Unruhestifter geworden war. Herrmann wollte nicht, dass seine Ruhe gestört wurde. Das Leben hielt weniger Überraschungen bereit, wenn alles geregelt war. Beherrschung und Kontrolle waren die Pfeiler seines Lebens. Doch er hatte die Kontrolle über seine Familie und fast die Beherrschung seinen Söhnen gegenüber verloren. Selbst seine ältere Schwester Ilse, die immer ein Muttersatz für ihn gewesen war, begegnete ihm seit dem Familientreffen und Magdas Beerdigung im Juni mit Distanz.

Sein letzter Versuch vor drei Monaten, Nikolas im Zaum zu halten, war nur bedingt erfolgreich gewesen und jetzt hatte Max auch noch seine Position als rechtlicher Betreuer angefochten und wollte Nikolas retten. Lächerlich!

Max, immer wieder Max. Wutverzerrt stieß er die Steine auf dem nassen Weg. Max, der Amerikaner, Max, der seinen Namen abgelegt hatte, Max, der die Familie entzweit hatte, Max, der ihm keinen Respekt zollte, Drogen nahm und soff.

»New York, die Weltstadt, dass ich nicht lache. Alles Irre, Perverse und Juden«, dachte er. Aber sie würden ja schon sehen, wer hier zum Schluss die Oberhand hatte. Er würde noch heute Doktor Betrail anrufen. Aufgeben? Pah! So weit würde es nie kommen! Freunde hatte er keine mehr, sie erschienen ihm mit der Zeit so nutzlos wie Verwandte. Renate sollte bleiben, wo der Pfeffer wächst, sie hatte ihn verraten. Die Einzige, die noch zu ihm hielt, war seine Tochter.

Auch in Paderborn regnete es an diesem Montagvormittag. Ganz Deutschland schien unter einer geschlossenen Wolkendecke zu verschwinden und die Meteorologen versprachen in den nächsten Tagen keine Besserung. Deprimiert hörte Marie die Voraussage, dann die Staumeldungen, irgendein deutscher Schlager schloss sich an. Sie schaltete das Radio ab, es war 11.06 Uhr. Sie saß in ihrer Küche und hatte keine Lust. Zu gar nichts. Gedankenverloren zündete sie sich eine Zigarette an, seit dem Sommer rauchte sie wieder.

In einer Dreiviertelstunde würden die beiden Kinder aus der Schule kommen, Lena war ja in der Lehre und aß dort. Marie hatte nichts vorbereitet und musste noch kochen. Fischstäbchen und Pommes aus der Tiefkühltruhe würden heute reichen.

Ihr Leben war zum Kotzen, dabei hatte sie doch gar nichts getan. Ihr Bruder saß im Knast und die Verhandlung würde nächste Woche beginnen. Wahrscheinlich würde auch Max bald wieder auftauchen und diese schreckliche Martina Weise, die Nikolas als schuldunfähig einstufen wollte. Und dann diese andere Freundin von Max, Petra Kunaut. Die war ihr schon in der Schule unsympathisch gewesen und jetzt war sie auch noch die leitende Polizistin in diesem Fall. Und Helene hatte sich auch weit aus dem Fenster gelehnt und sich in die Ermittlungen eingemischt.

Nichts war mehr so wie vor den Morden. Sie hatte Magda und Erich zwar nie übermäßig gemocht, aber bei Familienfesten und den Besuchen waren sie halbwegs erträglich gewesen.

Sie konnte sich immer noch nicht vorstellen, dass Magda Nikolas missbraucht haben sollte. Max' Theorie, dass Nikolas ein Opfer der Lust von Magda und Erich gewesen sei und sich dann drei Jahrzehnte später dafür gerächt hatte, schien ihr einfach unverständlich. Er hätte doch viel früher schon was sagen können.

Sie erinnerte sich an Nikolas und Max als kleine Jungen. Marie hatte sich ihren eigenen Platz in ihrer kleinen Welt suchen müssen, damit sie nicht vom Charme der Zwillinge erdrückt wurde. Ihre Mutter schenkte den beiden mehr Aufmerksamkeit als ihr. Bei ihrem Vater hatte sie allerdings die Oberhand, denn er mochte die beiden Jungs nicht allzu sehr. Warum das so war, hatte sie nie interessiert. Sie selbst hatte sich einfach auf seinen Schoß gesetzt oder ihn an die Hand genommen, da sie instinktiv gespürt hatte, dass ihr Vater das nicht von alleine konnte.

Nach Nikolas' Veränderung hatte Max sich ebenfalls von ihr zurückgezogen und wurde zu Nikolas' Hüter. »Wenn er es geblieben wäre, hätte er uns eine Menge Ärger erspart«, dachte sie ärgerlich. Sie starrte aus dem Fenster, doch die Journalisten, die sie und ihre Familie nach der Tat belagert hatten, waren heute Morgen nicht zu sehen.

Vor ein paar Wochen hatte sie dann eine erneute Schlappe hinnehmen müssen. Ein Reporter hatte Ingo mit einer Auszubildenden im Stadtpark fotografiert und sie hatte auf diese Weise erfahren müssen, dass ihr Mann ihr nicht treu war. Gestern hatten sie sich wieder gestritten und er hatte ihr ins Gesicht geschrien, dass er schon seit Jahren mit fremden Frauen ficken würde. Auch die Studentin, die damals bei ihnen wohnte und immer auf die Kinder aufgepasste.

Sie nahm die Fischstäbchen und legte sie in die Pfanne, das heiße Fett spritzte auf ihre Hand. Es tat weh. Marie setzte sich an den Küchentisch und fing an zu weinen.

Petra Kunaut betrat wie jeden Morgen um 9 Uhr die Polizeiwache. Sie zog ihren Mantel aus, der auf ihrem kurzen Weg von ihrem Einfamilienhaus am Rande von Lüdow nass geworden war. Auf dem Weg zur Arbeit hatte sie ihre Kinder zur Schule begleitet. Seitdem sie den Fall Nikolas betreute, war sie vorsichtig geworden.

Vorher hatte sie sich wenig Gedanken um Triebverbrecher gemacht, die sich eventuell an ihren Söhnen vergehen könnten. Sie nahm sich einen Kaffee und setzte sich an ihren Schreibtisch. Nikolas war vor einer Woche in die Stadt verlegt worden, wo auch der Prozess stattfinden würde. Er fehlte ihr. Auf ihrem Schreibtisch lag ein Zettel, den ihre Assistentin hingelegt hatte.

»Bitte Doktor Gutmann anrufen. WICHTIG!« las sie. Sofort griff sie zum Hörer und wählte die Nummer. Eine Sekretärin verband sie mit dem Arzt.

»Guten Morgen, Herr Doktor, Kommissarin Kunaut hier. Ich sollte Sie zurückrufen.«

»Ja, guten Morgen, das ging ja fix. Erst kriegen wir uns nicht zu fassen und jetzt klappts. Wie geht es Ihnen? Was machen die Söhne?« Doktor Gutmann war seit Jahrzehnten Arzt im Lüdower Krankenhaus und hatte Petra von ihren beiden Söhnen entbunden. Er stand jetzt kurz vor der Pensionierung und war zu der Zeit, als Anna Wilde wegen ihrem Brustkrebs behandelt wurde, schon der leitende Arzt gewesen.

»Alles okay mit den beiden, kein Grund zur Klage. Ich hoffe nur, dass sie sich bei diesem Mistwetter nicht erkälten. Aber es geht noch einmal um Anna Wilde, wenn Sie sich erinnern, Sie haben sie ja damals behandelt. Uns fehlen noch einige Informationen.«

»Ich kann Ihnen nur bestätigen, dass wir Frau Wilde damals rechtmäßig entlassen haben und sie zu diesem Zeitpunkt keine Beschwerden von der Operation mehr hatte. Es liegt zwar lange zurück und eigentlich darf ich Ihnen das rein rechtlich nicht mitteilen. Sie kennen ja den Begriff Schweigepflicht!« Sie schmunzelten beide, kannten sie sich doch nur zu gut. Doktor Gutmann fuhr fort: »Ich kann mich allerdings erinnern, dass sie auf ihren eigenen Wunsch vorzeitig entlassen wurde, was mich sehr erstaunte. Aber sie meinte, dass sich ihr Mann um sie kümmern würde und ein Krankenhaus nicht der richtige Aufenthaltsort für sie wäre. Ich riet ihr, noch zu bleiben, aber sie war nicht von ihrem Entschluss abzubringen. Ich erfuhr erst einige Wochen später, dass sie verstorben war. Der Hausarzt hatte damals den Totenschein ausgestellt. Wir waren nicht mehr dafür zuständig.«

»Ja, das war Doktor Betrail, der Hausarzt. Ich habe eine Kopie seines Gutachtens und er stellte fest, dass sie an Herzversagen gestorben sei. Es hieß dann später, es seien Spätfolgen ihrer Krankheit oder der Operation gewesen. Aber hat die Familie sich nicht mehr an Sie gewandt?«

»Nein, wir haben nichts mehr gehört, ich habe mich damals auch gewundert und Herrn Wilde angerufen, aber er wollte nicht mit mir sprechen und hat einfach aufgelegt.«

Petra überlegte. »Demzufolge ist auch nie eine Autopsie vorgenommen worden?«

»Das glaube ich nicht, ich kann mich erinnern, dass Frau Wilde in einer Feuerbestattung beigesetzt wurde.«

»Also ist nichts mehr zu beweisen?«

»Was wollen Sie denn beweisen?«

Petra erklärte dem Arzt, dass es einen Brief gäbe, in dem Anna von einem Freitod sprach, und sie sich fragte, von welchem Arzt Anna Wilde die Tabletten hätte.

»Ah ja, das haben Sie auch in Ihrer Mail erwähnt. Von uns konnten die Tabletten nicht kommen. Ich habe das nachgeprüft, es war nichts verschrieben worden. Ob etwas entwendet wurde, ist natürlich heute schwer nachzuvollziehen, es gab noch keine Computersysteme, aber die Bücher sind nach meinem Kenntnisstand sauber. Ich habe gestern mit der Schwester gesprochen, die damals Dienst hatte und habe sie darauf angesprochen.«

»Ja, Herr Doktor, ich habe bereits vor einigen Wochen mit Schwester Marianne gesprochen. Sie hat mir bestätigt, dass Annas Schwägerin Magda Wilde einen Tag vor der Entlassung zu Besuch im Krankenhaus war und dass es wohl auch eine Auseinandersetzung gab.«

Petra dankte dem Arzt, nachdem er ihr zugesichert hatte, seine Aussagen vor Gericht gegebenenfalls zu wiederholen. Von wem hatte Anna Wilde also die Schlaftabletten bekommen? War Magda Wilde in diesen Todesfall verwickelt? Petra seufzte, nahm das Telefon und versuchte, Martina Weise zu erreichen.

Es war schon kurz nach 14 Uhr, als Helene Remark von ihrem Seniorentreff, der jeden Montag im Jugendheim am Volkspark stattfand, nach Hause kam. Auf dem Weg dorthin hatte sie ihren Schwiegersohn in den Park gehen sehen, aber er hatte sie ignoriert. Seit dem Familientreffen im Juni hatten die beiden kein Wort mehr miteinander gewechselt. Es war besser so, denn sie hatten sich nichts mehr zu sagen.

Sie war dankbar, aus dem feuchten Wetter zu kommen, betrat den holzvertäfelten Flur, stellte den nassen Schirm in die Badewanne und zog sich schnell eine trockene Hose an. Der Dauerregen machte ihr zu schaffen, ihr Rheuma war immer am schlimmsten bei diesem Wetter. Max würde heute ankommen, er musste schon gelandet sein.

Sie machte sich einen Kaffee und setzte sich in ihren Sessel. Die Augen fielen ihr zu und sie träumte von einem Besuch beim Papst in Rom. Sie saßen auf einer Wiese am Rande des Tibers, der Papst trug rote Schuhe und war sehr nett zu ihr. Ein Telefon klingelte und sie wunderte sich, dass der Papst ein Handy hatte und nicht an den Apparat ging. Das Klingeln hörte nicht auf. Irgendwie wachte sie auf, doch bevor sie wieder ganz bei Bewusstsein war und feststellte, dass es ihr Telefon war, das klingelte, war es zu spät. Einen Anrufbeantworter hatte sie nicht und sie ärgerte sich, denn es hätte Max sein können, der versuchte, sie zu erreichen. Der Kaffee war kalt geworden, sie schaute auf ihre Armbanduhr, es war inzwischen halb vier. Sie nippte am kalten Kaffee und wunderte sich über ihren Traum.

Ihr fiel ein, dass sie in den siebziger Jahren mit Anna und Herrmann nach Rom geflogen war. Wo waren die Kinder damals geblieben? Nikolas war erneut zu einem dreiwöchigen Aufenthalt in ein Heim geschickt worden, erinnerte sie sich jetzt, und Marie war bei Ilse. Aber Max? Sie stand unwillkürlich auf. Himmel, wie hatte sie das nur vergessen können? Warum hatte sie nicht schon früher daran gedacht? Max war damals zu Magda gegangen, sie hatte darauf bestanden, sich um ihn zu kümmern, doch als sie nach vier Tagen wieder aus Rom zurückkamen, war er nicht dort, sondern bei Helenes Schwiegertochter und ihrem Sohn Knut. Sie erinnerte sich noch, dass Anna ihn fragte, warum er denn nicht bei Magda und Erich geblieben wäre, aber er hatte nur mit den Schultern gezuckt. Weiter hatte er dazu nichts gesagt und sich abgewandt. In den nächsten Wochen war Max auffallend störrisch geworden und seine schulischen Leistungen hatten in den folgenden Monaten gelitten. Später war er sogar sitzengeblieben. Anna hatte nie erwähnt, dass sie mit Magda über den Vorfall jemals gesprochen hätte. Helene selbst hatte nicht weiter darüber nachgedacht, aber es war ihr aufgefallen, dass Max danach immer zu ihr kam, wenn seine Eltern nicht zu Hause waren. Sie musste

Max diese Geschichte unbedingt erzählen. Irgendetwas stimmte nicht, das fühlte sie ganz deutlich. Unruhig versuchte sie, ihn im Hotel zu erreichen.

Um 15.45 Uhr verließ Martina Weise die Zelle von Hans Eggert. Das Gespräch war genauso verlaufen, wie sie es sich vorgestellt hatte. Sie bot ihm Haftminderung, wenn er ihr Namen nennen würde und als Zeuge in Nikolas' Prozess auftrat.

Sie wusste jetzt, dass er es war, den sie als Kind im betonierten Innenhof des grauen Hauses gesehen hatte. Er war damals aus dem Anbau gekommen, hatte sie freundlich angelächelt und gefragt, warum sie denn so über das ganze Gesicht strahlen würde. Es war ein ebenso regnerischer Herbsttag gewesen wie heute. Sie war gerade aus der Schule gekommen, es war an einem Samstag gegen 13 Uhr. Sie konnte sich genau daran erinnern, weil sie eine Eins im Rechnen bekommen hatte und somit am späten Nachmittag mit ihrem Vater den Film *Das Dschungelbuch* in einem Kino in der Innenstadt als Belohnung sehen durfte.

Der fremde Mann gab ihr eine Mark für Eis und Süßigkeiten, strich ihr über den Kopf, was ihr unangenehm war, und stieg in ein gelbes Auto ein. Das hatte sich in ihr Gedächtnis eingebrannt, denn ein Auto in dieser Farbe hatte sie noch nie gesehen. Jahrzehnte später stand sie nun genau diesem Mann in einer Zelle gegenüber und sollte einiges über die Absurdität des Lebens erfahren.

Hätte Frau Salo noch gelebt, so hätte Martina sofort einen Haftbefehl für ihre ehemalige Nachbarin erwirkt. Wer hätte gedacht, dass diese Frau in ihrem ausgewaschenen Kittel Kinder in ihrem zu einem Fotostudio umgestalteten Dachboden missbrauchte. Und wie weit Magda Wilde an diesen Aktionen beteiligt war, daran wollte sie im Moment noch gar nicht denken.

Sie lief zu ihrem Wagen, um nicht ganz nass zu werden, der Regen war kalt und drang durch ihren Wollmantel bis auf die Haut. Sie zitterte, aber es war nicht die Kälte, sondern die Tatsache, mit der sie mit einer für sie ungewohnten Heftigkeit konfrontiert wurde: Sie hatte als Kind zwischen Monstern gelebt.

Klaus saß in seinem Wagen. Er wartete bereits seit zwei Stunden darauf, dass Herrmann Wilde das Haus verlassen würde. Es war Montagabend und der Alte traf sich heute mit seinen Kolpingbrüdern zum Skatspielen im Jugendheim. Vor 22 Uhr würde er nicht zurückkommen und dann war er meistens so betrunken, dass er nichts mehr mitbekam.

Der Regen klatschte ohne Unterbrechung auf die Scheibe. Er schaute auf die Uhr, es war halb sechs und bereits dunkel. Endlich ging die Haustür auf und der alte Wilde verließ das Haus. Klaus wartete, bis er an der Brücke war, und stieg dann aus dem Auto. Verdammter Regen.

Er lief schnell zur Haustür, öffnete sie und ging dann leise hoch zum Dachboden, der im dritten Stock lag. Den Schlüssel hatte er von Petra Kunaut bekommen. Er gehörte Nikolas, der nach vielen Besuchen Vertrauen zu ihm gefasst hatte und ihm erklärte, wo er zu suchen hatte.

Klaus öffnete die Tür zu Nikolas' Zimmer, machte das Licht seiner Taschenlampe an und fand schnell genau an der Stelle, die ihm Nikolas genannt hatte, was er suchte. Es war eine Fotokopie von Annas Abschiedsbrief. Plötzlich sah Klaus Anna wieder vor sich, so, wie er sie damals kennengelernt hatte. Eine schöne junge Frau mit leuchtenden Augen und Hunger auf das Leben. Und was war aus ihr geworden? All die ungelebten Träume, all die verdrängten Wünsche, dann Krebs und ein bis jetzt geheim gehaltener Freitod.

Und er selbst? War er so viel besser dran? Wie schnell waren die Jahre vergangen und jetzt war er ein alter, einsamer Mann. »Das Leben ist große Scheiße«, dachte er.

Dann sah Klaus sich in dem Zimmer um, das für Nikolas lange Jahre ein Zuhause gewesen war. Ein Schreibtisch, ein Bett, ein Schrank, alles schmucklos und einfach. An der Wand hingen einige Drucke, Picassos *Harlekin* und ein Selbstportrait von van Gogh mit abgeschnittenem Ohr. Auf einer alten Truhe stand ein Schwarz-Weiß-Fernseher mit einer Antenne. Die Tapete war wahrscheinlich noch vom Vormieter. Ein trostloser Raum. Vom Fenster aus sah man das ganze Dorf, begraben unter einer dunklen, nassen Wolke. Klaus steckte das Dokument in seine Manteltasche und verließ das einsame Zimmer, das ihn an eine Gefängniszelle erinnerte.

Er schaute auf seine Uhr, es war halb sieben an diesem Montagabend. Er konnte den Regen gegen die Scheibe klatschen hören. Die Kälte drang in die Zelle hinein und Nikolas nahm die Wolldecke, die auf dem Holzstuhl lag, um sich damit zuzudecken. Seit einer Woche war er nun in seiner neuen Zelle und dankbar dafür, sie nicht mit einem anderen Häftling teilen zu müssen.

Er hatte sich im Untersuchungsgefängnis in Lüdow wohler gefühlt. Kommissarin Kunaut hatte ihn fast täglich besucht und komischerweise vermisste er sie, ein Gefühl das ihm neu war. Er hatte ihre Anwesenheit als beruhigend empfunden.

In den letzten drei Monaten hatte er öfter Besuch gehabt, selbst seine Großmutter war gekommen. Er dachte an die letzten Jahre, die er fast alleine verbracht hatte, und es kam ihm vor, als ob sein Leben von einem anderen gelebt worden wäre. Jetzt fühlte er sich wacher. Man gab ihm keine beruhigenden Medikamente mehr, seine Angstzustände hatten nachgelassen.

Er träumte nicht mehr allzu oft von Magda und von dem, was sie ihm angetan hatte.

Er starrte an die Decke. Die neue Zelle schien kleiner zu sein als die alte, aber vielleicht kam ihm das auch nur so vor. Er schob die kratzige Wolldecke über sein Gesicht.

Ihm war durchaus bewusst, dass er die nächsten Jahre in einer Zelle verbringen würde. Er hatte Magda und Erich ermordet und bereute es nicht. Er hatte sich im Juni vom bösen Bann der Hexe und ihres Gehilfen befreit.

Manchmal kam ihm alles vor wie in einem Märchen, das er als kleiner Junge gelesen hatte. Das Gefühl, dass er im Buch gefangen war, schien vorbei zu sein. Er dachte an all die Jahre, die er alleine in seinem Zimmer unter dem Dach im roten Haus verbracht hatte. Er hatte sich oft nicht getraut, nach Einbruch der Dunkelheit das Haus zu verlassen. Dennoch war er manchmal mitten in der Nacht im Flur aufgewacht. Er schlafwandelte und hatte keine Ahnung, wie er in den Hausflur gekommen war. Die Angst hatte ihn nie verlassen, dass die Hexe kommen könnte.

Er wusste, dass heute ein wichtiger Tag war. Max war heute Morgen aus New York gekommen und Klaus würde die Unterlagen finden, die er hinter der Holzverkleidung in seinem Zimmer versteckt hatte.

Seinen Vater hatte er seit Monaten nicht mehr gesehen. Irgendwann war er noch mal mit einem Anwalt im Untersuchungsgefängnis gewesen. Nikolas wusste, dass der Alte ihn nach der Verhandlung in eine geschlossene Anstalt einweisen lassen wollte. Er hatte immer gewusst, dass er der größte Störfaktor im Leben seines Vaters war. Dass sein Vater ihn hasste. Dabei hatte er gerade ihm damals versucht zu erklären, was Tante Magda gemacht hatte. Sein Vater hatte ihn nicht verstanden.

Es war an einem Sonntagnachmittag, sie waren zu Besuch bei Helene und Nikolas sprach kein Wort und spielte nicht im Garten mit seinen Geschwistern. Herrmann war genervt und zog Nikolas in den engen Flur, um ihm die Leviten zu lesen. »Warum kannst du nicht sein wie die anderen Kinder? Warum sitzt du den ganzen Nachmittag hier apathisch rum und sagst kein Wort? Um Himmels Willen, Nikolas, du bringst mich um den Verstand.« Das Gesicht seines Vaters war bedrohlich nähergekommen, die Hand hatte er nach oben genommen, um eine Ohrfeige anzudeuten, die bald folgen würde, wenn er weiter den Mund halten würde. Die mit Holz vertäfelten Wände des kleinen Flurs schienen Nikolas fast zu erdrücken. Er fühlte sich von seinem Vater in die Enge getrieben und dennoch wünschte er sich nichts mehr, als dass ihn dieser in den Arm genommen und getröstet hätte.

»Jetzt rede doch endlich, Nikolas, dieses Schweigen macht mich ganz kirre.«

»Ich habe Angst«, war alles was er über die Lippen brachte, »aber ich darf nichts erzählen, die Tante Magda hat es mir verboten.«

»Was heißt verboten, was darfst du nicht sagen, was bildest du dir denn jetzt wieder ein?«

Nikolas schaute ihn an, der Ton in der Stimme seines Vaters hatte sich verändert. Es schien ihm fast so, als ob er Angst hätte. Dann stieß ihn Herrmann unwirsch weg. »So etwas möchte ich nie wieder hören von dir. Du und dein Bruder, ihr habt nur Fantastereien im Kopf. Sobald ihr groß genug seid, stecke ich euch in ein Internat. Himmel, Arsch und Zwirn, mach nicht immer so ein Theater.«

Er drehte sich um und ließ Nikolas in dem kleinen Flur einfach stehen. Er hörte die Gespräche der Erwachsenen im Nebenzimmer und setzte sich in eine Ecke, hoffte von keinem gesehen zu werden. Als er volljährig wurde, hatte Herrmann sich zu seinem rechtlichen Betreuer erklären lassen.

Jetzt war Martina seine Anwältin, das hatte Max als sein Bruder und neuer rechtlicher Betreuer bestimmt. Max wollte ihn nicht bevormunden, das wusste er ganz genau, es war nur eine rechtliche Formalität.

Seit einigen Wochen kam auch ein neuer Arzt zu ihm. Er war Psychologe und das Gericht hatte ihn beauftragt, ein Gutachten über Nikolas' Zustand zu erstellen. Nikolas wusste, dass er kooperativ sein musste, und bemühte sich, ehrlich zu sein und seine Scheu vor diesem fremden Menschen zu überwinden. Vorher hatte sein Vater versucht, Dr. Betrail als Gutachter zuzulassen. Nikolas hatte Helene inständig gebeten, dies zu verhindern. Sie hatte es geschafft.

Und dann kam der neue Arzt. Aber die Sitzungen verliefen überhaupt nicht quälend, denn der Psychologe Leon Jensen behandelte ihn völlig normal. Es war schon seltsam. All die Jahre hatte er sich nicht gewehrt, nicht wehren können, und nun, seit dem Mord, kamen alle, um ihm zu helfen. Sein Vater hatte keine Chance mehr, ihn zu quälen. Wenn jetzt noch Max erkennen würde, dass er Magda und Erich töten musste und dass er es auch für ihn getan hatte, dann wäre er frei.

Morgen würde Max ihn besuchen, Nikolas kuschelte sich unter seine Decke und ihm war nicht mehr so kalt. Er musste Max alles erzählen. Wusste Max denn wirklich nicht, was noch alles passiert war?

42

Schlaflos

Max wachte mitten in der Nacht auf und konnte nicht mehr einschlafen. Er schaute auf seine Uhr, der Mittwoch hatte bereits begonnen. Es war kurz vor drei, der Vollmond schien durchs Fenster.

Nach seiner Ankunft am Montag hatte er sich kurz hingelegt und natürlich verschlafen, er wachte erst gegen 18 Uhr auf und telefonierte dann mit Helene, sie verabredeten sich für den nächsten Tag. Dann rief er Reiner an. Der ging nicht ans Telefon, wahrscheinlich hatte er einen Auftritt, gab eine Pressekonferenz oder feierte eine wichtige Party. Max hinterließ ihm eine Nachricht und bat ihn zurückzurufen. Nikolas konnte er auch nicht erreichen, denn ab 18 Uhr war kein Inhaftierter mehr zu sprechen, wie man ihm abweisend am Telefon mitteilte.

Er aß eine Kleinigkeit, zappte durch das langweilige Fernsehprogramm, nahm zwei Schlaftabletten und verbrachte eine einigermaßen ruhige Nacht. Am Dienstag war er früh auf und den ganzen Tag unterwegs. Am Morgen hatte er ein Meeting mit Martina und Klaus. Sie wollten ihn über alle neuen Erkenntnisse den Fall betreffend aufklären. Die Verteidigung von Nikolas war vorbereitet.

Martina wollte auf schuldig plädieren, da Nikolas die Morde vorsätzlich begangen hatte. Die Frage war nur, ob er schuldunfähig war. Das Gericht hatte den renommierten Psychologen Doktor Jensen beauftragt, ein Gutachten über den Gesundheitszustand von Nikolas zu erstellen. Das Ergebnis würden sie erst während der Verhandlung erfahren.

»Aber Jensen ist fair und wird Nikolas nicht fertig machen. Außerdem hat er schon mit vielen Missbrauchsopfern gearbeitet. Er betreut eine ganze Gruppe von ihnen, die straffällig geworden sind. Ich mag ihn, er ist ein sehr fähiger Mann. Max, du glaubst gar nicht, wie sehr sich Nikolas in den letzten Wochen verändert hat«, sagte sie, während sie ihm Kaffee einschenkte.

Sie saßen bei Klaus im Wohnzimmer und resümierten alle Aspekte der Verteidigung. Sie hatten die Fotos, Annas Brief. Ob Magda auch an ihrem Tod indirekt beteiligt war, konnten sie bisher nur vermuten, aber nicht beweisen. Martina wartete noch auf den Abschluss der Ermittlungen von Petra Kunaut. Sie hatte außerdem Gutachten von Nikolas' Ärzten und Psychiatern aus der Vergangenheit. Das Gutachten von Doktor Windau lag ihnen vor und sie war ebenso bereit, als Zeugin aufzutreten wie Doktor Steffens, der Nikolas nach dem Missbrauch behandelt hatte. Martina wollte Max und Klaus ebenfalls als Zeugen aufrufen. Wenn sie beweisen konnte, dass Nikolas zur Tatzeit generell schuldunfähig war, würde er freigesprochen werden. Der Richter könnte ihn dann nur unter weitere ärztliche Behandlung stellen.

»Es gibt da noch einen weiteren Punkt, über den ich euch in Kenntnis setzten muss. Wir haben letzte Woche einen Mann namens Hans Eggert verhaftet. Er hat pornographisches Material von Kindern im Internet verkauft. Ich habe mit ihm gesprochen, und er wird als Zeuge bei der Verhandlung auftreten.« Martina schluckte und sah Max an. »Er hat die Fotos bei der Nachbarin deiner Tante gekauft, vielleicht erinnerst du dich an sie. Ihr Name war Salo. Sie wohnte im Hinterhaus.«

Max hatte eine Ewigkeit nicht mehr an Frau Salo gedacht. Sie war öfter bei Magda gewesen, eine unsympathische alte Frau. Max sah Martina ungläubig an: Die Frauen waren Komplizinnen und hatten Fotos gemacht und verkauft? Er schüttelte den Kopf und schwieg.

»Ich mochte sie nie. Warum hätte ich dir nicht sagen können, ich war ja auch noch ein kleines Mädchen. Jedenfalls hat Eggert bei ihr die Fotos gekauft, auf denen neben Nikolas auch andere Kinder zu sehen sind. Wir werden ab morgen die Story in den Tageszeitungen veröffentlichen und hoffen, dass sich jemand darauf melden wird. Vielleicht haben wir dann weitere Zeugen. Eggert vermutet, dass die Bilder in Salos Wohnung entstanden sind. Wir haben Negative und Kontaktabzüge bei ihm gefunden. Er hatte zwar alles digitalisiert, aber die Originale noch nicht vernichtet. Salos Mann war Fotograf. Es könnte sein, dass sie sich das Wissen angeeignet hat und somit die Filme selber entwickelte. Das sind natürlich noch Vermutungen, aber ich habe weitere Informationen bekommen.« Erwartungsvoll schaute Max sie an. »Hier ist ein Foto von Hans Eggert. Hast du ihn schon einmal gesehen?«, fragte Martina und schob zwei Bilder über den Tisch.

Max betrachtete zuerst das Foto des alten Eggert und erkannte ihn nicht. Dann sah er sich das Bild des jungen Mannes an, der an einem gelben Auto lehnte und einen braunen Anzug trug. Das Gesicht hatte er schon einmal gesehen, konnte es aber nicht einordnen. Er zuckte mit den Schultern. »Er kommt mir irgendwie bekannt vor, aber ich weiß es nicht genau«, sagte er und gab Martina die Bilder zurück.

»Seit wann ist Frau Salo denn tot?«, fragte Klaus.

»Sie starb Mitte der achtziger Jahre an Herzversagen. Sie hat einen Sohn und ich habe ihn gestern getroffen. Er fiel aus allen Wolken, beteuerte, nichts von allem gewusst zu haben, und war natürlich beunruhigt, weil er seine eigene Tochter oft in der Obhut von seiner Mutter gelassen hatte. Er wurde ganz unruhig und erzählte mir, dass er Entwicklungschemikalien und eine Kamera nach dem Tod der Mutter in der Wohnung gefunden hatte.«

Es war wie eine große stinkende Grube, die Nikolas durch seine Tat ans Tageslicht gebracht hatte. Wie viele Kinder waren noch missbraucht worden? Er war also nicht der Einzige, der für die Lust von Erwachsenen sein Leben lang hatte leiden müssen. Max hörte jetzt schon den Schrei des Entsetzens durch das Dorf, durch die Stadt, durch das ganze Land gehen. Zu Recht.

Vielleicht würden dann die Menschen begreifen, was Missbrauch wirklich bedeutet und dass die Wunden bei den Opfern nie ganz verheilen. Dass sie ihr ganzes Leben unter den Folgen leiden und selten ein normales Leben, falls es so etwas überhaupt gab, führen können. Warum musste erst so etwas Furchtbares passieren, bis die Menschen zuhörten? Es war in Max' Familie passiert: deutsch, katholisch, aufrecht, angesehen. Seit einem Jahrhundert im Dorfe ansässig. Es war nur die Spitze des Eisberges.

»Zu dem Mord hatten alle etwas zu sagen und die Presse hatte sich förmlich vor Empörung überschlagen und ein Monster aus Nikolas gemacht«, dachte Max. Als der Seelenmord an Nikolas vor über drei Jahrzehnten verübt worden war, herrschte nur Schweigen.

»Ich hoffe nur, dass sich jemand auf den Artikel meldet und dann den Mut hat, auch an die Öffentlichkeit zu gehen. Es ist nicht einfach, der Welt zu sagen, dass man als Kind missbraucht wurde.« Martina schaute Max direkt ins Gesicht. »Wusstest du, dass bis zu vier Prozent der deutschen Bevölkerung inzestuöse Erfahrungen gemacht haben? Ein Viertel davon sind Jungen. Jeder zwölfte Junge erlebt sexuellen Missbrauch in diesem Land. Und da ist dann noch das Tabu im Tabu: als Junge von einer Frau missbraucht zu werden. Ein Fünftel aller Täter sind Frauen. Davon hört man kaum etwas, denn die meisten Betroffenen schweigen aus Scham. Hätte Nikolas diese Tat nicht begangen, wäre seine Geschichte niemals ans Licht gekommen. Der Missbrauch war der Auslöser für sein Verhalten. Das Profil passt. Posttraumatische Belastungsreaktionen, Depression, instabile oder erst gar nicht geknüpfte Beziehungen. Selbst wenn er die Möglichkeit gehabt hätte, darüber zu sprechen, hätte er rein juristisch keine Chance gehabt. Sein Fall war verjährt, er hatte keine Beweise.« Sie schnaubte verächtlich. »Nur gut, dass diese Fotos aufgetaucht sind, die Nikolas zeigen und somit eindeutig belegen, dass er missbraucht wurde. Wie konnte dein Vater die Existenz der Fotos einfach verschweigen? Ich habe über Walscheck einen Durchsuchungsbefehl für die Wohnung von Frau Salo beantragt. Nach ihrem plötzlichen Tod hatte Magda, der das Haus ja gehörte, die Wohnung nie wieder vermietet. Ich hoffe, dass ich ihn heute Abend bekomme. Ich wollte mich in der Wohnung genau umschauen und dachte, dass du vielleicht mitkommen möchtest, Max.«

»Ja, natürlich werde ich dich begleiten. Am besten rufst du mich an, wenn du die Erlaubnis hast, und wir treffen uns dann vor Ort. Ich wollte gleich noch zu Nikolas, sonst habe ich heute Abend aber nichts vor. Wenn es morgen erst klappen sollte, ist mir das auch recht, denn ich will auf jeden Fall zu meiner Großmutter. Jetzt muss ich aber wirklich los.« Max schaute auf seine Uhr, es war bereits kurz vor zwölf. »Ich muss Nikolas sehen.«

Max war ungeduldig. Er wollte sich in diesem Moment allerdings nicht eingestehen, dass er schnell weg von Martina und Klaus wollte. Irgendetwas von dem, was sie sagte, hatte die Mauern aus Eis wachsen lassen. Er war plötzlich wieder Zuschauer in einem Film, kalt und seltsam unberührt, und das machte ihm auf eine Weise Angst, die er nicht kontrollieren konnte.

Schnell verabschiedete er sich von den beiden und fuhr mit dem Auto Richtung Gefängnis.

Max setzte sich auf und machte das Licht an. Es war jetzt halb vier in der Früh. Er zündete eine Zigarette an. An Schlaf war nicht mehr zu denken. Er erinnerte sich an seinen Besuch bei Nikolas am Vortag.

Max hatte den Wagen vor dem Gefängnis in Dortmund geparkt. Es war kurz nach halb eins, der Regen hatte nachgelassen, doch die Feuchtigkeit hing über der Stadt, in seiner Kleidung und seiner Seele. Und wieder stand er vor einem Haus der Menschenfresser und Halsabschneider. Nikolas würde eventuell bald offiziell einer von ihnen werden. Man musste nun dem Gericht erklären, dass es nicht seine Schuld war.

Martina hatte Max erklärt, dass es zwei offizielle Modelle in der deutschen Rechtsprechung gab: Der psychisch kranke Täter wird meistens von der Schuld freigesprochen, denn er kann ja das Unrecht seiner Tat, in diesem Falle ein Doppelmord, nicht verstehen. Das deutsche Rechtsystem bietet dem Täter, wenn noch Gefahr von ihm ausgehen sollte, Hilfe und steckt ihn in eine geschlossene Anstalt, die Psychiatrie, und die Bevölkerung übt sich in Mitgefühl.

Diejenigen, die ein Kapitalverbrechen wie Mord mit klarem Kopf begangen haben – falls es so etwas überhaupt geben sollte – haben die Normen des Zusammenlebens auf unentschuldbare Weise verletzt und müssen bestraft werden und kommen in eine andere geschlossene Anstalt, das Gefängnis. Das Mitgefühl der Gesellschaft verdienten sie nicht, denn sie wussten ja, was sie taten. Max saß im Auto und dachte weiter nach.

Im Falle Nikolas' verschwammen die Grenzen. Er selbst das Opfer eines Verbrechens, gequält, vergewaltigt, erniedrigt, sein Leben lang darunter leidend, nicht fähig, sein Leben zu leben. Die Familie des Schweigens, die Gesellschaft der Unwissenden, hatten ihm keine Hilfe bieten können. Er hatte sich gerächt und versucht zu befreien. War er schuld? Trug er die Verantwortung? Seine Taten waren die Reaktion auf all das, was seit Jahrzehnten in ihm brodelte. Max konnte ihn verstehen, aber was würde passieren, wenn alle impulsiv auf ihre Konflikte reagierten und sich die Köpfe einschlugen? Zurück ins Mittelalter, zurück in das dunkle Zeitalter, zurück zu Tolkien oder *Game of Thrones*?

Es nützte alles nichts. Max konnte noch solange über die Absurdität des Rechtssystems, Schuld und Sühne, englische Autoren und das Gesetz des Schweigens nachdenken. Fakt war der Mord und das Bild eines Bruders in ihm, den es nicht mehr gab.

Er stieg aus dem Auto, lief schnell durch den Regen zum Haupteingang des Gebäudes. Nach endlosen Sicherheitsprozeduren und verschlossenen Türen betrat er einen Raum mit zwei Stühlen und grünem Linoleumfußboden. Ein Wächter stand in gebührendem Abstand hinter ihm. Fünf Minuten musste er warten, dann öffnete sich die Tür und Nikolas trat herein. Max hatte gestreifte Anstaltskleidung, eine Eisenkugel am Fußgelenk und Handschellen erwartet. Nikolas trug Jeans, Turnschuhe und einen ausgeleierten schwarzen Wollpullover.

Er war schmaler geworden, hatte sich rasiert und sah erwachsen aus. Er lächelte und kam schnell auf Max zu. Der stand auf, der Stuhl kratzte dabei über das grüne Linoleum, und sie umarmten sich kurz unter dem misstrauischen Blick des Wächters. Nikolas strahlte ihn an, erzählte von den letzten Wochen, vom Umzug in das neue Gefängnis, seiner Zelle, den Besuchern. Klaus, Martina, Helene, Dr. Windau, selbst Tante Greta und Tante Ilse waren gekommen. Er war verändert. Es war, als hätten sie die Rollen getauscht, jetzt war es Max, der seinem Bruder schweigend gegenüber saß, er konnte die Veränderung nicht einordnen.

»Meine Angst ist nicht mehr da, Max«, sagte Nikolas. »Ich habe nicht mehr ständig Angst, dass mir etwas passiert, dass sie wiederkommt und mir etwas antut. Ich weiß, dass es nicht richtig war, was ich getan habe. Man darf keinen Mord begehen, aber ich hatte keine andere Wahl. Es war die einzige Lösung für mich. Entweder die beiden oder ich. Als ich den Brief von Mutti fand, wurde mir klar, dass diese Frau nicht nur mir etwas angetan hatte. Martina hat mir später auch von den anderen Kindern und den Fotos erzählt. Es klingt vielleicht furchtbar, aber es ist wie ein Trost zu wissen, dass ich nicht der Einzige bin, dem sie das angetan haben. Ich hoffe nur, dass die anderen den Mut haben, sich zu melden.«

»Kannst du dich an alles erinnern, es ist doch schon so lange her?«, fragte Max. Die Veränderung seines Bruders war ein Schock für ihn. Er war ihm fast fremd, hier war ein erwachsener Mann, über den er nicht viel wusste. Wie konnte er sich innerhalb von ein paar Monaten so verändern?

»Es ist, als ob ich endlich aus dem Gefängnis herausgekommen wäre. Eigentlich paradox, da ich ja nun wirklich in einer Zelle sitze, aber ich fühle mich hier freier und geschützter als vorher.« Er schaute Max liebevoll an. »Auch darf mich Papa hier nicht besuchen, Martina hat das veranlasst. Ich weiß auch nicht, ob ich es ertragen könnte, ihn zu sehen. Es ist komisch, mit der Zeit und den Erinnerungen. Für mich gab es keine Zeit, innerlich fühlte ich mich immer eingesperrt, dachte auch nicht darüber nach. Die Erinnerungen waren die ganzen letzten Jahre schon noch da, aber es war wie ein Bann, den Tante Magda um mich gelegt hatte. Sie hatte mir ja immer gesagt, wenn ich etwas erzählen würde, dann würde sie mich umbringen. Außerdem würde mir sowieso keiner glauben, denn sie sei ja die Erwachsene und du und ich, wir wären eh eine missratene Brut.«

Zum ersten Mal wurde seine Stimme brüchig, Max nahm seine Hand. Der Beamte, der hinter ihnen stand, räusperte sich geräuschvoll. Max wurde wütend. »Müssen Sie eigentlich die ganze Zeit dabei sein?«

»Das dient nur Ihrem Schutz«, brummte der Mann.

»Wie Sie sehen, habe ich keinen Kuchen mit eingebackener Feile dabei, und mein Bruder wird mich wohl kaum bei lebendigem Leibe verspeisen. Vielleicht wäre es möglich, uns alleine zu lassen, die Tür hat ja ein Sichtfenster, Sie können von außen alles einsehen. Ich würde mich gerne mit meinem Bruder alleine unterhalten. Ich bin sein rechtlicher Berater und übernehme die Verantwortung für sein Verhalten und die Konsequenzen.« Max hatte versucht, freundlich zu bleiben, obwohl er den Beamten am liebsten aus diesem furchtbaren Raum mit diesem entsetzlichen Linoleumfußboden herausgeprügelt hätte. Überraschend verließ dieser den Raum und postierte sich, sie weiter beobachtend, auf der anderen Seite der Tür. Max spürte förmlich, wie Nikolas sich entspannte.

»Nikolas, es ist so wichtig für mich, dich zu verstehen. Mein Leben hat sich auch verändert und das muss ich auch erstmal verarbeiten. Ich bin natürlich froh, dass es dir besser geht. Aber du weißt auch, was dir bevorsteht. Diese Verhandlung ist ein dickes Ding für die Medien. Bist du dir im Klaren, was das bedeutet? Sie werden Dinge über dich schreiben, die vielleicht nicht stimmen, und sie werden Lügen erfinden, um mehr Zeitungen zu verkaufen. Jeder wird seinen Mist dazu beitragen, ob du willst oder nicht, ob er das Recht dazu hat oder nicht. Kannst du das aushalten?« Max sah ihn jetzt direkt an. »Martina hat mir heute erzählt, dass es weitere Beweise gibt, die darauf hindeuten, dass Magda und eine Nachbarin in einen Handel mit Fotos verstrickt waren.«

»Frau Salo«, sagte Nikolas. »Magda hat Fotos von mir gemacht, aber ich musste auch zu Frau Salo in die Wohnung, und sie hat mich mit einem anderen Jungen da fotografiert.«

»In ihrer Wohnung?«, fragte Max nervös. Die Eiswände fuhren mit Lichtgeschwindigkeit in ungeahnte Höhen, Nikolas war nah bei ihm und doch Lichtjahre entfernt. Er schien hunderte von Metern entfernt zu sitzen, winzig klein, sein Körper nicht größer als eine Stecknadel. Dennoch hielt er seine Hand und war so nah, dass er Max fast erdrückte. Der Schneemann lachte ihm zu, der Suchtdruck überrollte ihn unerwartet mit gewaltiger Kraft.

Nikolas starrte Max an, stand schnell auf und nahm ihn in den Arm. Er hielt ihn mit einer Kraft fest, die Max nicht vermutet hatte. Der Beamte kam, sicher einen Brudermord vermutend, ins Zimmer. »Alles okay, mir ist nur schwindelig geworden«, murmelte Max dem Mann zu und winkte ab. Er wollte keine Hilfe. Waren das die Nachwirkungen von seinem freiwilligen Entzug? Nikolas öffnete das Fenster, die Gitter dahinter wurden ihm zum ersten Mal bewusst. Kalte feuchte Luft strömte in den Raum und nach einigen Minuten ging es ihm besser. Nikolas schaute ihn an: »Ich habe es auch für dich getan.«

Max hatte diese Äußerung in dem Moment nicht verstanden, zu sehr war er mit sich beschäftigt. Sie sprachen noch ein wenig, Max sagte, er müsse noch zu Helene und würde am nächsten Tag nach einem Ortstermin mit Martina wiederkommen. Sie verabschiedeten sich. Es war seltsam, denn wiederum sah Max ihn an und erblickte einen erwachsenen Mann, während er sich wie ein Kind fühlte.

Er verließ das Gebäude und lief müde durch die Stadt, schob es aber auf den Jetlag. Er ging an Schaufenstern vorbei, dann durch das Kreuzviertel. Plötzlich fand er sich vor dem Südwestfriedhof wieder. Er schaute auf die Uhr, es war bereits halb vier und die Wolken hingen tief im Himmel.

Er betrat den Friedhof. Imposante Gräber und Familiengruften mit Marmorstatuen, die Engel und Heilige darstellten, blickten auf ihn herab. Es lag etwas Tröstendes in ihren Blicken, Max fühlte sich nicht ganz so allein und setzte sich auf eine feuchte alte Holzbank. Sein Kopf war voll und gleichzeitig auch vollkommen leer. Sein Magen knurrte.

Was hatte Nikolas gemeint, als er sagte, er hätte es auch für ihn getan? Warum sollte er Magda und Erich für Max ermorden? War er nun übergeschnappt und projizierte sein Verbrechen auf Max? War er vielleicht schizophren? Und seine plötzliche Veränderung, der Stimmungswechsel? War er manisch-depressiv?

Max musste sich unbedingt die Gutachten der Psychologen durchlesen, um zu erkennen, was mit Nikolas los war. In diesem Moment verstand er, dass es nicht so leicht sein würde, die Schuldfrage zu klären. Wenn er sich nur an den beiden rächen wollte, hätte er es auch viel früher tun können. Gut, er hatte Annas Brief gefunden, das war offensichtlich ein weiterer Auslöser für seine Tat. Aber warum hatte er es für Max getan? Damit er wieder zurückkommen würde?

Der Schneemann lächelte Max von einem Grabmal aus zu. Er stand neben der Bronzefigur des Sensenmannes und wedelte mit dem kleinen weißen Plastiktütchen, in dem sich die angebliche Lösung aller Probleme befand. Max fühlte sich hilflos. Dennoch, die Versprechen des Schneemannes würden nie eine Lösung sein, das wurde ihm klar.

Er könnte sich noch jahrelang von einer Ekstase zur nächsten depressiven Ernüchterung hangeln, so wie von einer Liane zur anderen. Festen Boden würde er dabei nicht unter den Füßen bekommen. Er begriff plötzlich den Unterschied zwischen Kurz- und Mittelfristigkeit. Der Anfang hätte ihn immer verzückt, aber der Frust, den er danach haben würde, war auf einmal jetzt schon spürbar. Die Verfolgungsängste und Träume, die er nach seiner Rückkehr im Juni in New York gehabt hatte, wollte er nicht wieder erleben, sie waren zu bedrohlich. Was konnte er hier nicht sehen? Dass etwas mit aller Kraft unter der Oberfläche brodelte, spürte er jetzt nur allzu deutlich.

Leichter Regen setzte wieder ein, er stand auf, es war fast dunkel, und lief durch die grauen Straßen zurück zum Auto. Er hätte es jetzt nicht ertragen, nach Schwarzhausen zu fahren, um Helene zu sehen und fuhr stattdessen ins Hotel.

Martina rief an, um Max mitzuteilen, dass sie über Walscheck den Durchsuchungsbefehl für die Wohnung von Frau Salo hätte. Sie hatte ihre Mutter gebeten, den Wohnungsschlüssel unter dem Briefkasten im Hinterhaus zu deponieren.

Max verabredete sich mit ihr und Walscheck für den nächsten Morgen um 8 Uhr und er hatte noch genügend Kraft, um Helene anzurufen und ihr mitzuteilen, dass er am nächsten Morgen nach der Wohnungsbesichtigung zu ihr kommen würde. Sie fragte nach, was mit ihm sei, aber er gab den Jetlag und Migräne als Grund an. Das konnte sie akzeptieren, waren doch Wetterfühligkeit und Migräne Familienkrankheiten, mit denen sie selber nur allzu vertraut war. Max bestellte sich ein Sandwich beim Zimmerservice, trank einen heißen Grog und schaute aus dem Fenster ins Dunkel. Er dachte an Nikolas in der Gefängniszelle.

Gegen halb acht an diesem Dienstagabend schlief er vollkommen übermüdet ein.

Jetzt war es Mittwoch, fast 4 Uhr morgens. Max war hellwach, sein Gehirn arbeitete auf Hochtouren. Er stand auf, duschte und zog sich an.

Gegen halb fünf verließ er das Hotel und fuhr in Richtung des grauen Hauses.

43

Das graue Haus

Er fuhr über die Dörfer, es war noch dunkel. Der Vollmond schob sich durch die Wolken, die von heftigen Windböen auseinandergejagt wurden. Hier und da ein Licht in den Fenstern, wo die Jalousien schon hochgezogen waren. Frühschicht. Müde Gesichter, die sich hinter nassen Scheiben unscharf andeuteten. Um die Lichter der Straßenlaternen schwebten irisierende Kreise aus gebrochenem Licht. Ein Bild, das er aus seiner Kindheit kannte.

Um 5.14 Uhr parkte er seinen Wagen an der Hauptstraße des Dorfes. Kein Mensch war zu sehen. Er blieb im Auto sitzen und beobachtete das graue Haus auf der gegenüberliegenden Straßenseite. Alle Jalousien waren heruntergelassen, das obere Stockwerk leer. Es glich einer Festung, kalt und abweisend.

Martina hatte ihm erzählt, dass ihre Mutter den Mietvertrag zum ersten Dezember gekündigt hatte. Die Fleischerei im Erdgeschoß verlor mehr und mehr Kunden. Die meisten machten einen Bogen um das Gebäude. Das graue Haus war zum Geisterhaus geworden.

Ob sein Vater die Wohnung der beiden leer geräumt hatte? Er war als nächster Verwandter der Haupterbe. Tante Ilse hatte die Erbschaft abgelehnt, ein weiteres konsequentes Zeichen, dass sie eindeutig Stellung gegen ihren Bruder und dessen Gattin bezogen hatte. Außer dem Grundstück und dem Haus gab es noch Wertpapiere und Sparbücher, insgesamt hatte die Erbschaft über eine Million Euro betragen. Woher diese immense Summe kam, konnte sich bis vor kurzem keiner erklären. Zwar hatte Magda immer damit geprahlt, eine reiche Frau zu sein, aber alleine durch die Mieteinnahmen der letzten Jahre und der Rente ihres Mannes konnte diese Summe nicht zustande gekommen sein. Im Lotto gewonnen hatte sie auch nicht, das war ihr anscheinend zu vulgär. Wie kam sie also zu so viel Geld? Und was würde Herrmann jetzt damit machen? Konnte er es ohne Gewissensbisse annehmen, wo er doch wusste, was seine Schwägerin mit seinem Sohn gemacht hatte? Helene hatte Max mitgeteilt, dass sein Vater das Haus in der letzten Woche verkauft hatte.

Im betonierten Innenhof sah Max einen Kran und einen kleinen Bagger. Man hatte zwei der vier Garagen bereits abgerissen. Der dahinter liegende Garten verschwand an diesem dunklen Novembermorgen im Nichts.

Die Remise, das »Gartenhaus«, wie Magda den Schuppen hinter den Garagen genannt hatte, war ebenfalls halb abgerissen und man hatte bereits angefangen, ein Loch zu graben, um die vor langer Zeit gegossenen Betonfundamente zu entfernen.

Was der neue Besitzer mit dem Haus und dem Grundstück anfangen wollte, stand noch nicht fest. »Wahrscheinlich würde man es komplett abreißen und einen Supermarkt aufbauen lassen«, dachte Max. Ihm wurde kalt und er stieg aus dem Auto. Ein Lieferwagen der Bäckerei, die sich ein paar Meter weiter auf der Straßenseite befand, rollte an ihm vorbei. Der Duft von frisch gebackenem Brot erfüllte die feuchte Luft. Sein Magen knurrte. Die Bäckerei würde erst um 7 Uhr öffnen. Er musste also noch warten. Unschlüssig lehnte er an seinem Wagen und zündete sich eine Zigarette an. Dann überquerte er langsam die leere Straße und betrat durch das vergitterte Tor den betonierten grauen Innenhof. Sein Magen drehte sich um, er schob es auf den Hunger. Eine gespenstische Ruhe lag über dem Haus.

Was machte er hier? Vielleicht sollte er doch lieber in den Park gehen und Ruhe in der Natur suchen, auf den Sonnenaufgang warten. Eine absurde Idee! Max nahm einen letzten Zug von seiner Zigarette und trat die Glut mit dem Schuh aus.

Er ging zum Eingang des Hinterhauses. Die Eingangstür war angelehnt und er betrat den Hausflur, fand den Lichtschalter. Man hatte den Strom nicht abgestellt. Fahles Licht fiel durch den schmalen Gang mit der alten Holztreppe. Es roch nach verbrauchter Luft, in einer Ecke standen Zementsäcke und eine Schubkarre. Das schäbige Treppenhaus war vollkommen heruntergekommen und sah irgendwie vertraut aus, als ob er alles vor langer Zeit in einem Film gesehen hätte.

Er bemerkte den verrosteten Briefkasten. Frau Weise hatte den Schlüssel mit Tesafilm an der Unterseite befestigt. Er nahm ihn und stieg die Holztreppe hinauf. Er konnte hier nicht noch stundenlang auf Martina und Walscheck warten.

Wo einmal ein Teppich gelegen hatte, sah man jetzt nur noch die Umrisse auf dem abgetretenen Holz. Im ersten Stock war links eine Tür. Er wusste, dass es eine Gesellenkammer in diesem Teil des Hauses gegeben hatte. Max steckte den Schlüssel in das Schloss, aber er passte nicht. Dann drückte er die verrostete Klinke herunter. Die Tür war nicht versperrt.

Vor ihm lag ein kleiner Raum mit einem Fenster, welches zum Schacht lag, der sich zwischen der angrenzenden Schule und dem grauen Haus befand. Das kleine Zimmer war leer. Trübes Licht drang durch die schmutzigen Scheiben und außer einem alten Waschbecken, einer Matratze und einer weiteren Tür, hinter der sich eine vollkommen verdreckte Toilette befand, konnte Max nichts finden. Er ging zurück in den Hausflur und sah vier Stufen höher gelegen eine andere Eingangstür, auf der ein vergilbtes Klingelschild angebracht war. Darauf stand mit krakeliger Schrift *Salo*. Das Ganze erinnerte ihn an einen billigen Horrorfilm. Sein Hals war trocken, die Zunge klebte schwer am Gaumen. Warum war er so nervös? Lächerlich.

Warum sollte er auf Martina warten, hier gab es auch nichts Neues zu entdecken, beruhigte er sich, schließlich stand die Wohnung auch seit zwei Jahrzehnten leer. Das Gesetz war ihm sowieso egal.

Max öffnete die Tür. Vor ihm lag ein kleiner, dunkler Flur, er drückte auf den Lichtschalter. Auch hier war der Strom nicht abgestellt worden, wahrscheinlich hatte man wegen der Bauarbeiten das ganze Hinterhaus wieder mit Strom versorgt. Max ging weiter. Rechts neben der Eingangstür lag die Wohnküche. Sie war bis auf ein paar offenstehende Einbauschränke, einen alten Herd und einen Stuhl leer. Daneben das Bad, auch hier nur eine alte Badewanne, ein kaputtes Waschbecken und ein Plastikschrank. Hinter einer weiteren Tür war ein Abstellschrank, ebenfalls leer. Alles war staubig, vergilbt und dreckig. Links vom Flur gingen zwei weitere Zimmer ab, mit jeweils zwei Fenstern mit Blick auf den Schulhof. Die Zimmer waren leer, unter der Decke hingen alte Lampenschirme. Es waren keine Birnen mehr in den Fassungen, die beiden Räume lagen im Halbdunkel. Max hatte keine Taschenlampe dabei und konnte nicht viel erkennen.

Er ging zurück in den Flur, an dessen Ende eine freie Wand lag. Irgendjemand musste sie vor langer Zeit aufgestemmt haben, man konnte zwei verschiedene Arten von Putz erkennen. An der Decke hing noch eine alte Gardinenstange. Wahrscheinlich hatte Frau Salo irgendeinen Vorhang vor diese hässliche Mauer gehängt.

Es wurde heller in der Wohnung, Max schaute auf die Uhr. Es war Viertel vor sieben. Er ging zurück in das Wohnzimmer und blickte auf den angrenzenden Schulhof. Ein alter Mann ging mit seinem Hund Gassi und hatte einen Korb in der Hand.

Plötzlich fiel Max die Bäckerei ein, die gleich öffnen würde. Was wollte er in dieser alten dreckigen Wohnung? Er würde sich ein Croissant holen und vielleicht gab es ja auch einen Kaffee. Wenn nicht, würde er zu Helene fahren. Max wusste, dass sie immer früh aufstand.

Gedankenverloren zündete er sich eine Zigarette an, lehnte sich an das dreckige Fensterbrett, inhalierte tief und blies den Rauch an die Zimmerdecke. Ihm fiel auf, dass die große Zimmerlampe unter einer Wölbung in der Decke angebracht war. Jetzt erst sah er die Luke. Da es heller wurde, konnte er die abgedeckte Öffnung erkennen, die zum Dachboden führen musste. Irgendjemand hatte die Klappe und ein altes Vorhängeschloss notdürftig mit dem großen alten Deckenlampenschirm verdeckt. Die Zimmerdecke war nicht allzu hoch. Max lief in die Küche, holte den alten Stuhl, reichte gerade an die Luke heran und versuchte, das Schloss zu knacken, aber es gelang ihm nicht. Er fluchte. Wenn es etwas in dieser Wohnung zu entdecken gab, dann dort oben.

»Vielleicht liegt unten im Flur Werkzeug von den Bauarbeitern.«, dachte er und lief hinunter, konnte aber nichts finden. Er verließ das Nebenhaus und ging zur Eingangstür des Haupthauses. Vielleicht hatte er Glück und fand dort Werkzeug. Auch das Haupthaus war nicht verschlossen.

Leise betrat Max den Hausflur des grauen Hauses. Er war erst vor einigen Monaten das letzte Mal hier gewesen und hatte seinen Vater oben in der Wohnung getroffen, aber an diesem kalten Herbstmorgen schien es ihm, als ob seitdem Jahrzehnte vergangen wären. Alles in ihm fühlte sich schwer an, er war nervös.

Im Erdgeschoss sah er neben der Eingangstür von Frau Weises Wohnung nur ein paar Zementsäcke und eine Schaufel. Hier würden also auch Bauarbeiten stattfinden. Ohne weiter darüber nachzudenken, ging Max die Stufen zum ersten Stock hinauf und dachte an seinen Bruder. Wie hatte sich Nikolas gefühlt, als er im Juni mit der Eisenstange diese Treppe hochgestiegen war?

Max war jetzt im ersten Stock. Eine unverschlossene Werkzeugkiste stand neben dem Eingang, darin waren ein Hammer, Zangen und große Schraubenschlüssel. Er nahm den Hammer und einen der größten Schraubenschlüssel heraus. Dort, wo früher die große Milchglasscheibe gewesen war, klebten immer noch die Paneele aus billiger Pappe. Anstatt einer Klinke gab es nur einen runden Türknopf. Die Tür war verschlossen und ließ sich ohne Schlüssel nur von innen öffnen.

Etwas trieb Max in die Wohnung, er musste herausfinden, wie Nikolas sich gefühlt hatte, wollte es selber spüren. Mit einem Schraubenzieher entfernte er ein Stück der Pappe, drückte die Klinke von innen herunter und öffnete die Tür. Das fahle Morgenlicht fiel durch das Küchenfenster in den Flur. Er hatte eine leere Wohnung erwartet, aber sein Vater hatte noch einige Möbel stehen lassen. In der Küche standen das alte Sofa und ein offener Pappkarton mit Küchengeräten. Max ging zum Bad, wo der Mord stattgefunden hatte. Die Blutspuren auf den verblassten blauen Kacheln waren nicht mehr zu sehen, das Bad war sauber und ein leichter Chlorgeruch lag in der Luft. Die Flasche mit dem Reiniger stand geöffnet neben der Toilette.

Max hob den großen Schraubenschlüssel und schlug damit in die Luft, stellte sich vor, er würde auf dem Schädel seiner Tante landen und ihn spalten. Er hörte die ersten Vögel zwitschern und verließ die Küche, ging durch den Flur und das angrenzende Wohnzimmer in Richtung Schlafzimmer. Alles sträubte sich in ihm. Er wollte weg und konnte nicht. Das Zimmer war bis auf das alte Bett und die daraufliegende Matratze leer. Max leckte sich über die trockenen Lippen. Er betrat den Raum, es war jetzt fast hell.

Er setzte sich auf das Bett, die Matratze gab leicht nach und verströmte einen Geruch, den er fast vergessen hatte. Magda hatte die Angewohnheit, das Bett morgens und abends mit einer nach Lavendel riechenden Flüssigkeit zu besprühen, die sie in einem altmodischen Glasflakon aufbewahrte. Daran war eine kleine grüne Pumpe befestigt, an der eine Kordel aus grünem Samt hing. Max saß auf dem Bett und die Kälte schien in jeden Teil seines Körpers zu kriechen. Er stand auf und ging ans Fenster. Eine Amsel flog erschreckt vom Sims auf und zeterte böse.

In dem Moment bog ein gelber Lieferwagen auf den Schulhof. Ein Mann mit einer weißen Uniform parkte den Wagen direkt an der Mauer, die das graue Haus vom Hof trennte und aus Max' Perspektive von einem Busch halb verborgen war. Dadurch hatte er die alte Eisenpforte in der Mauer nicht bemerkt, als er das letzte Mal im Juni in der Wohnung war. Er hatte sie vollkommen vergessen.

Der Lieferant öffnete den Wagen, nahm eine Schweinehälfte auf die Schulter, ging durch die Pforte in den kleinen Durchgang und öffnete eine weitere Tür, die in Magdas Haus führte. Es war der Hintereingang zur Wurstküche. Geschlachtet hatte man dort seit dem Krieg nicht mehr, das angelieferte Fleisch wurde im Hause nur zu Wurst verarbeitet.

Der süße, leicht an Verwesung erinnernde Geruch des toten Tierfleisches verband sich mit dem Lavendelgeruch, der noch in der Matratze hing. Max wurde schlecht und er setzte sich wieder auf das Bett und schloss die Augen. Dann hörte er eine Frauenstimme, die aus dem Nebenzimmer zu kommen schien. Er musste sich irren, es war wahrscheinlich Frau Weise, die draußen mit dem Lieferanten sprach.

Plötzlich stand Magda vor Max neben dem Bett. Er konnte sich nicht bewegen, die Augen nicht öffnen, nicht schreien.

Er fühlte den kalten Schweiß auf der Stirn und in im Nacken. Magda war bis auf einen fast durchsichtigen Slip aus Spitze nackt. Ihre Haut hing schlaff an den Hüften, ihre Brust war formlos, die Scham war rasiert, ihre Achseln nicht.

Max sah an sich herunter. Er war bis auf seine ausgeleierte karierte Schlafanzughose nackt, sein unbehaarter Körper kurz vor der Pubertät, er war noch ein Junge. Er wollte aufstehen, musste doch zur Schule, durfte die erste Stunde nicht verpassen. Er konnte sich nicht bewegen.

Magda setzte sich auf die Bettkante und streichelte mit ihrer faltigen Hand über seinen Schwanz, dann griff sie in die Hose und nahm ihn heraus. Böse lächelte sie Max aus ihren kleinen, zu eng stehenden Augen an. Draußen hörte er den Mann, der die toten Schweinehälften ins Haus trug. Die Amsel schimpfte unaufhörlich weiter.

Mit der linken Hand zog Magda jetzt ihren Slip aus und griff sich zwischen die Schenkel, ihr Blick war nicht nur böse, sondern auch noch triumphierend. Max' Schwanz war inzwischen steif geworden, noch nie hatte eine andere Hand ihn berührt. Es war ihm unangenehm, er schämte sich, wollte weglaufen, doch es war, als ob Magda ihn an das Bett gefesselt hätte. Eine Ewigkeit schien zu vergehen. Max starrte auf das Kreuz an der Wand und sah sich anstelle des leidenden Jesus dort hängen.

Magda stand auf und stellte ihr rechtes Bein auf den Bettrand, ihre alte rasierte Scham präsentierend. Fordernd streckte sie ihm ihren Unterleib entgegen, eine Hand in die Hüfte gestemmt, mit der anderen zog sie ihre Schamlippen auseinander. »Komm, leck daran, es wird dir schon schmecken«, flüsterte sie. »Deinem Bruder hat es auch gefallen.«

In der Hand hielt sie einen alten Fotoapparat. Sie hob ihn an, das Objektiv war auf Max gerichtet, es blitzte plötzlich zweimal. Er bewegte sich nicht und starrte auf die gespreizten

Beine. Die Spalte, die beiden Hautlappen, der Geruch ekelten ihn an, sie kam näher und presste ihre Fotze auf seinen Mund.

Plötzlich hatte er das Gefühl zu ersticken und fing an zu schreien. In diesem Moment löste sich das Bild auf und Max konnte die Augen öffnen. Seine Hände, immer noch eiskalt, zitterten, er musste husten, verschluckte sich.

Max sprang vom Bett auf und lief in den Flur. Seine Beine wollten ihm nicht gehorchen, kraftlos sackte er zusammen. Er hatte nicht gehört, dass jemand im Treppenhaus war. Martina kam in den Flur gelaufen und legte ihm eine Hand auf die Schulter. Panisch schrie Max auf. Er zitterte am ganzen Körper. Martina sah ihn traurig an. In diesem Moment wurde ihm alles klar und ein ungeheurer Ruck ging durch seinen Körper.

Es durfte nicht sein, aber alles ergab Sinn.

44

Samstagnachmittag

Es war gegen 13 Uhr, als sie am Samstagvormittag nach Hause kam. Sie stellte die Einkaufstaschen in die Küche und ging dann noch schnell hinunter in die Fleischerei, um den Sauerbraten abzuholen, den sie für morgen Mittag zubereiten wollte. Es war noch kühl an diesem Frühjahrstag, aber sie zog die Schuhe und das Kostüm aus und schlüpfte in ihr ärmelloses Hauskleid. Dann nahm sie das Fleisch aus dem Papier und legte es in Essig und Gewürze ein.

Leise summte sie ein Lied vor sich hin und lächelte. Sie hatte es wieder geschafft und ein triumphierendes Gefühl durchfuhr sie von Kopf bis Fuß. Auf der Anrichte lag die Kamera mit dem vollen Film. Später würde sie ihn zu Frau Salo bringen, wie sonst auch immer. In der letzten Zeit hatte sie gut mit den Fotos verdient. Diesmal würde es nicht anders sein. Für die neuen Fotos gab es schon einen Interessenten, einen Anwalt aus Bochum. Sie hatte ihn neulich auf dem Hof gesehen. Er war noch ein junger Mann, fuhr einen gelben Käfer und kam seit einigen Monaten regelmäßig, um sich mit Material zu versorgen. Er wusste nicht, dass sie an der Produktion der Fotos beteiligt war. Das war auch gut so, niemand würde jemals Verdacht schöpfen und sie damit in Verbindung bringen.

Während sie den Braten präparierte, dachte sie an die Geschehnisse am Morgen. Der Junge hatte sich, wie auch beim letzten Mal, nicht zur Wehr gesetzt. Sie hatte die Macht und das wusste er. Er war genauso dumm und ängstlich wie sein zurückgebliebener Bruder. Er würde sich nie trauen, etwas zu sagen. Sie hatte gedroht, ihn umzubringen, und das hatte seine Wirkung nicht verfehlt. Als sie seinen Willen brach und ihn sich gefügig machte, konnte sie sich nicht genug an seiner Angst sattsehen. Der kleine Scheißer hatte einen Ständer gehabt, obwohl ihm noch nicht einmal Schamhaare wuchsen.

Das hätte ihr auch nicht gefallen. Wenn sie erst in die Pubertät kamen, verlor sie das Interesse. Die Fotos, die sie heute gemacht hatte, waren bestimmt gut geworden. Zärtlich streichelte sie das kalte Fleisch, als sie es mit Öl einrieb. Es war ganz still in der Wohnung. Kein Lärm war von dem angrenzenden Schulhof zu hören.

Sie hatte die Zeit vollkommen vergessen und schaute auf die Uhr. Wo war er bloß? Sie hatte ihm ausdrücklich gesagt, dass er nach der Schule sofort nach Hause kommen sollte. Sie hasste es, wenn er ihre Anweisungen nicht befolgte. Schnell wusch sie sich die Hände und stellte den Braten in den Kühlschrank.

Verdammt noch mal, wo war er? Sie hatte noch Zeit mit ihm, bevor Herrmann und Anna aus Rom wieder zurückkommen würden und sie hatte vor, diese drei Tage ausgiebig zu nutzen. Ihr Mann hatte Frühschicht und war immer erst gegen 14 Uhr zu Hause. In diesem Moment klingelte es. Das musste er sein.

Ruhig ging sie zur Tür und öffnete. Ihr böses Lächeln erstarrte, als sie nicht den Jungen, sondern Knut, den Bruder ihrer Schwägerin, vor der Tür stehen sah.

»Knut, was für eine Überraschung. Was ist los, ist etwas passiert?«, fragte sie mit freundlicher Stimme und versuchte, ihrem Gesicht einen erstaunten Ausdruck zu geben. Irgendetwas stimmte hier nicht.

»Hallo Magda, entschuldige, wenn ich einfach so hereinplatze, aber ich habe dich mehrmals versucht anzurufen, und niemand ist an den Apparat gegangen.«

»Ich war einkaufen und bin erst vor kurzem wieder gekommen.«

»Ich dachte, es ist besser, wenn ich selber vorbeikomme, bevor du dir Sorgen machst. Es ist etwas mit Max passiert, wir waren gerade im Krankenhaus.«

»Oh Gott, was ist denn los?« Während sie versuchte, besorgt zu wirken, läuteten sämtliche Alarmglocken in ihr.

»Ach, nichts Schlimmes, er ist auf dem Schulhof gestolpert und hat sich den Arm verstaucht. Man hat ihn in die Notaufnahme gebracht und sie haben ihn geröntgt, du weißt ja, wie das so läuft. Die vom Krankenhaus haben uns angerufen und wir haben ihn gerade dort abgeholt.«

»Wieso haben die mich denn nicht angerufen?«

»Weiß ich nicht, auf jeden Fall ist er jetzt bei uns.« Etwas in seiner Stimme klang verteidigend.

»Nun, Knut, ich glaube, es wäre besser, wenn ich ihn hole und er wieder zu uns kommt«, sagte sie mit fester Stimme. »Schließlich haben seine Eltern ihn ja uns anvertraut, nicht wahr?«

»Kann sein«, brummte er, »aber Max will nicht zurück, ich soll seine Sachen holen. Er bleibt übers Wochenende erst mal bei uns.« Er schaute sie nicht an. Gerade wollte sie ihm deutlich zu verstehen geben, wer hier das Sagen hatte, da hörte sie unten im Flur die Haustür aufgehen. Müde schlich ihr Mann die Treppe hoch und sah sie erstaunt an.

»Ach, Erich, gut, dass du kommst.« Sie erklärte kurz den Verlauf der Situation und rechnete damit, dass ihr Mann ebenfalls auf der Rückkehr des Jungen bestehen würde. Doch Erich winkte ab, bat Knut in die Küche und suchte dann Max' Tasche. Sie kochte innerlich, beherrschte sich aber. Schweigend beobachtete sie die beiden Männer.

Erich unterbrach das peinliche Schweigen. »Hör zu, Magda, ich weiß auch nicht, warum Max nicht zurückkommen will, also lassen wir es dabei.«

Knut nahm kurz darauf die Tasche, die Erich ihm reichte, und hob die Hand, als wollte er jeden Einwand abblocken. »Ich gehe jetzt und rufe später Anna an, damit sie sich keine Sorgen machen muss. Wir werden Max dann am Dienstag nach Hause bringen. Euch noch ein schönes Wochenende.«

Sie lächelte ihn an und ließ sich ihre Angst nicht anmerken. »Aber natürlich, grüß Max von uns und wünsche ihm gute Besserung, vielleicht kommen wir ihn morgen einfach besuchen und bringen ihm ein Stück Mohnkuchen mit, den mag er doch so gerne. Und lieben Gruß an Greta, wir sehen euch nächste Woche beim Skatturnier im Jugendheim.«

Knut nickte, drehte sich um und verließ die Wohnung. Sie konnte nicht glauben, dass er wirklich den Mut gehabt hatte, sich gegen sie durchzusetzen, aber sie hielt es für das Beste, den Schein zu wahren. Sie durfte kein Misstrauen aufkommen lassen. Was, wenn Knut Verdacht geschöpft hätte? Nein, das überstieg doch seine Vorstellungskraft, was wusste der schon vom Leben? Als sie die Tür unten ins Schloss fallen hörte, drehte sie sich um und schlug mit der bloßen Hand auf ihren Mann ein. »Du nichtsnutziger Wichser. Wie kannst du es wagen, dich gegen mich zu stellen? Mach das nie wieder oder ich bringe dich um«, keifte sie. Ihre Augen waren aufgerissen, noch nie war sie so wütend auf ihn gewesen. Dann fing sie an, ihn zu treten, es war ihr egal, ob es jemand hörte oder ihn später fragen würde, wo er sich ein blaues Auge geholt hatte. Sonst machte es ihr manchmal noch Spaß, wenn sie ihn demütigte oder verletzte, diesmal hatte er es nicht anders verdient. Sie spürte, wie es sie erregte, als sie ihn schlug, und wartete auf seine Reaktion. Doch er wehrte sich nicht, sondern starrte sie nur an.

»Was guckst du mich so an«, schrie sie und schlug ihn erneut ins Gesicht. Er zuckte nicht einmal zusammen. Immer und immer wieder schlug sie zu, doch er reagierte nicht devot und um Gnade winselnd wie sonst, wenn sie ihn züchtigte. Sie hielt inne. »Oh, der gnädige Herr spielt nicht mehr mit, nicht wahr? Was soll das? Tut dir etwa irgendetwas leid, was du getan hast? Oder gefällt es dir nicht mehr, wenn deine Herrin dich züchtigt, du Schwein?«, fragte sie mit einem drohenden Ton in der Stimme.

»Es reicht, Magda, lass mich in Ruhe«, sagte er müde. »Und den Jungen auch. Glaub nicht, dass ich nicht weiß, was du hier mit ihm gemacht hast.«

»Und wenn schon, es wird ihm doch sowieso niemand glauben, genauso wenig wie seinem schwachsinnigen Bruder. Außerdem ist das meine Sache, was ich mache, wenn du nicht hier bist. Vergiss nicht, wem dieses Haus gehört.«

Er winkte ab. »Glaub nicht, dass du dich aus allem herausreden kannst. Was, wenn Herrmann oder Anna Verdacht schöpfen und du sie nicht wie sonst einschüchtern kannst? Die beiden Jungen sind deine Neffen und nicht irgendwelche Waisen oder Spätaussiedlerkinder von Frau Salo.«

Sie fasste es nicht, er wagte es doch tatsächlich, ihr zu widersprechen. Ihr Blick wurde hart, die Stimme eisig und unnahbar. »Ach, lass mich doch in Ruhe, du Feigling, und glaub bloß nicht, dass du dich da rausreden könntest, du hängst genauso drin wie ich. Und erzähle mir nicht, dass es dir nicht gefallen hätte.«

Was für ein Versager. Sie wünschte, er wäre tot. Verächtlich sah sie ihn an. Keiner würde jemals herausfinden, was in diesem Hause vor sich ging. Niemals!

Sie drehte sich um und ging ins Bad, um sich die Haare zu waschen.

45

Erkenntnisse

Es war wie der 11. September 2001. Damals stand Max auf dem Dach seines Hauses in Soho, sah an jenem sonnigen Morgen den brennenden Turm und fragte sich, wie man ihn löschen konnte. Kurze Zeit darauf krachte die zweite Maschine in den anderen Tower und löste mit lautem Knall eine erneute Explosion aus. Nicht viel später sackten die immensen und vermeintlich unbesiegbaren Stahlkonstruktionen wie Streichholzgebilde in sich zusammen. Das World Trade Center begrub kurze Zeit später Tausende von Menschen, den Stolz der Stadt und die in den Gehirnen fest verankerte Meinung, dass New York unangreifbar sei, unter sich.

Es war und blieb unfassbar und es würde lange dauern, bis das Geschehene im Inneren ankommen konnte, bis Max sich wirklich erlauben konnte zu verstehen, was da gerade passiert war.

Er war dabei und musste mitansehen, wie etwas in seinem Leben zerstört wurde. Und doch konnte er es in dem Moment, als es vor seinen Augen geschah, genauso wenig begreifen wie die Ereignisse an diesem Novembermorgen. Niemand war zu Tode gekommen, keiner schrie, es gab keine Leichen, kein Feuer, er sah kein Blut. Kein Notarzt war zur Stelle, keine Sirenen waren zu hören. Menschen flüchteten nicht panisch, von einer weißen Staubschicht bedeckt, um dem Grauen zu entkommen. Kein Reporter war zur Stelle, niemand würde darüber berichten.

Die Tragödie war in ihm. In seinem Kopf, seinen Zellen, seinen Muskeln seiner Erinnerung. Das Geschehene war so wahr und tatsächlich passiert wie der 11. September. Und dennoch gab es nichts als seine Gedanken, die es ihm beweisen konnten. Niemand war Zeuge. Die Erinnerungen waren drei Jahrzehnte tief in seinem Inneren eingefroren.

Es war ein ruhiger Morgen an diesem zweiten November, es regnete nicht mehr. Martina und Max saßen auf einer Bank im Volksgarten. Vor ihnen schwamm ein Entenpaar auf dem kleinen, mit welken Blättern übersäten Teich, dahinter der kleine Hügel, auf dem sie als Kinder vor einer Ewigkeit im Winter gerodelt waren. Der Kaffee, den sie in der Bäckerei geholt hatten, war kalt geworden.

Martina hatte Max, nachdem er sich ein wenig beruhigt hatte, aus dem grauen Haus geführt und nach einem kurzen Stopp in der Bäckerei hier in den Park gebracht. Keiner von ihnen hatte bisher etwas gesagt. Jedes Mal, wenn Max den Mund öffnete, versagte seine Stimme.

Wie hatte er es vergessen können? Wie war es möglich, dass sein Bewusstsein die Erinnerung für drei Jahrzehnte in eine für ihn verborgene und nicht zugängliche Schublade verschlossen hatte? Warum war ihm die Erkenntnis nicht schon früher gekommen? Die Gedanken wirbelten durcheinander.

Hatte er sich durch sein wildes Leben, den Sex und den Erfolg abgelenkt? Oder noch schlimmer, hatte er sich deswegen mit der Hilfe des Schneemanns, jenem unfreiwilligen Komplizen der Schneekönigin, jahrelang betäubt, um erst gar nicht den Anflug einer Erkenntnis aufkommen zu lassen?

Vieles hatte plötzlich Sinn. Die Angstzustände der letzten Monate, seitdem er von Nikolas' Missbrauch erfahren hatte. Die Bilder und Träume, in denen Magda immer häufiger vorgekommen war. Ungläubig und fassungslos starrte Max auf den kleinen Ententümpel.

»Das hatte Nikolas also gemeint!«, sagte er plötzlich laut.

»Was meinst du?«, fragte Martina.

Max drehte sich zu ihr und nahm einen Schluck von dem kalten Kaffee. »Nikolas hat gestern, als ich ihn besuchte, zu mir gesagt, dass er die Morde auch für mich begangen hat, dass er es auch für mich getan hat. Also hat er es gewusst, oder?«

»Ich weiß es nicht, Max, vielleicht hat er es intuitiv gespürt. Du musst dich damals auch verändert oder anders verhalten haben, denk nur daran, was es bei Nikolas ausgelöst hat.«

Max war verwirrt. Er versuchte, sich an die Zeit nach dem Wochenende bei Magda zu erinnern. Der Unfall auf dem Schulhof. Keiner hatte weiter nachgefragt und Max hatte geschwiegen. Magda hatte gedroht, ihn umzubringen, wenn er sich jemandem anvertrauen würde.

Die Bilder schossen ihm durch den Kopf. Ihre gespreizten Beine, der widerliche Geruch ihrer Scham, der böse triumphierende Blick in ihren Augen, als er bewegungslos vor ihr lag. Max konnte die toten Schweinehälften riechen, konnte die Gespräche der Männer, die sie in das Kühlhaus schleppten, und das Getöse der Amseln hören, als Magda sich an ihm verging. Die Erinnerung war zurückgekehrt und brannte sich in sein Bewusstsein.

»Und wenn ich es mir nur einbilde, wenn es gar nicht passiert ist?«, fragte er Martina in der stillen Hoffnung, dass sie ihm zustimmen würde.

»Glaubst du das wirklich?«

Er wusste nicht, was er glauben wollte, schaute sich um, aber der Schneemann tauchte nicht aus den Tiefen des Ententeichs auf, um ihn zu erlösen. Diesmal blieb er stumm. Auch die Schneekönigin war nicht da, um Max zu beschützen. Ihr eisiges Reich schmolz unaufhörlich dahin.

»Ob du willst oder nicht, es ist passiert und es gibt Beweise dafür.«

»Was willst du damit sagen? Beweise? Es war doch keiner dabei.«

»Das stimmt, Max. Aber ich habe letzte Woche etwas gefunden und wollte eigentlich schon gestern mit dir darüber sprechen, merkte aber, dass es der falsche Zeitpunkt war. Es ist notwendig, dass du dir dies hier anschaust. Wir haben das in den Unterlagen von Hans Eggert gefunden.« Martina öffnete ihre Tasche und nahm einen Umschlag heraus. Instinktiv wusste Max, was sie ihm zeigen würde. Er nahm den Umschlag, öffnete ihn aber noch nicht. Er wollte nicht sehen, was sich auf den Bildern befand, denn in seinem Kopf waren sie ja bereits zurückgekehrt.

»Sie hat auch Fotos von mir gemacht, stimmt's?«, fragte er Martina und schaute auf das grau-braune Wasser des leeren Teiches, die Enten waren weggeflogen. Es war still im Park, kein Vogel zwitscherte, kein Spaziergänger war zu sehen.

Max öffnete den Umschlag und betrachtete die Fotos. Es waren ausgedruckte Scans von alten, angeblitzten Farbaufnahmen aus den Siebzigern.

Er erinnerte sich an Magdas alte Kamera, die immer griffbereit in ihrer Wohnung herumlag. Vor einigen Wochen wäre er noch davon überzeugt gewesen, dass es Nikolas war, den er auf den Fotos, die er jetzt in der Hand hielt, abgebildet sah. Doch Nikolas war nach Ausbruch seiner »Krankheit« nie wieder in die Magdas Obhut gegeben worden. Nein, es war Max, der auf diesen Fotos zu sehen war, es bestand kein Zweifel. Er wusste es und wurde plötzlich ruhiger, der Schmerz war da, doch nicht mehr so stark. Es war, als ob die Existenz dieser Bilder ihm Hilfe gab.

Max gab Martina den Umschlag zurück. »Du wirst sie brauchen, wenn es nächste Woche darum geht, Nikolas zu verteidigen.« Max war dankbar für die Ruhe, die er empfand. Er wusste nicht genau, woher sie kam und wie lange sie andauern würde, aber so lange er sie spürte, würde er sie auch nutzen.

Martina schaute ihn verwundert an, Max' Reaktion überraschte sie.

Was hätte es ihm auch genützt, sich jetzt zu bemitleiden oder sich in seinem Schmerz auf dem Boden zu wälzen. Er hatte sämtliche Kontinente des Planeten bereist, Unfälle überlebt, war in der Stadt, die niemals schläft, von einer Schlittenfahrt zu anderen gesaust und hatte viele Talfahrten mitgenommen. Gespürt hatte er sich niemals wirklich dabei.

Die Erkenntnis, von Magda als Kind sexuell missbraucht worden zu sein, war furchtbar und doch befreiend. Ein Schuldgefühl fiel von ihm ab. Auf einmal wurde Max bewusst, dass er nicht schuld daran war, was geschehen war oder wie sich sein Vater benahm. Plötzlich ging die ganze Schuld an der furchtbaren Familiensituation dahin, wo sie hingehörte: zurück an die Frau, die sie verursacht hatte.

Martinas Handy klingelte. »Ja, Weise. Guten Morgen, Peter.« Sie hörte angespannt zu. »Ja, das sind ja gute Nachrichten. Ich bin heute Nachmittag wieder in Düsseldorf und werde mich darum kümmern. Ich melde mich dann später bei dir.«

Sie legte auf. »Das war Peter Walscheck vom Landeskriminalamt. Er kann nicht kommen. Es haben sich heute drei Personen bei ihm gemeldet. Sie haben sich auf den Artikel gemeldet, der vorgestern in den Tageszeitungen veröffentlicht wurde. Sie wollen eine Aussage machen.«

Das Netz verdichtete sich. Max schaute auf die Uhr. Es war kurz nach zehn. Plötzlich fiel ihm ein, dass er gar nicht mehr in der Wohnung von Frau Salo gewesen war, um herauszufinden, was sich hinter der Luke auf dem Dachboden befand.

Sie beschlossen, noch einmal hinzugehen. Martina hatte den Durchsuchungsbefehl und sie würden schon ohne Walscheck in die Wohnung kommen. Zehn Minuten später waren sie auf der Hauptstraße und erreichten das graue Haus. Die

Bauarbeiter hatten bereits mit ihrer Arbeit begonnen und waren dabei, die dritte Garage abzureißen. Martina fragte einen der Männer, ob er behilflich sein würde, die Dachluke in Frau Salos Wohnung zu öffnen. Auf seinen erstaunten Blick zeigte sie ihm den Durchsuchungsbefehl. Er willigte er ein, denn es war ja allgemein bekannt, wer hier gelebt hatte und was in diesem Haus passiert war. Rechtliche Umstände, was Durchsuchungsbefehle betraf, waren dem Mann egal. Gemeinsam gingen sie durch den engen Hausflur in den ersten Stock.

Kurz darauf hatte er das Schloss geknackt und die alte Leiter heruntergezogen. Max stieg als Erster hinauf, Martina folgte ihm.

Der Dachboden war staubig und verdreckt. Max schaltete die Taschenlampe an und erkannte altmodische Scheinwerfer und ein zusammengerolltes Paket. Mit seinem Taschenmesser öffnete er es und ein altes Bärenfell wurde sichtbar. Viele Kinder waren darauf fotografiert worden. Martina machte schnell ein paar Fotos mit ihrem Handy, die sie später als Beweismaterial verwenden würde.

Sie suchten weiter und fanden einen kleinen Karton in der äußersten Ecke des dreckigen Raumes. Max machte ihn auf. Vor ihm lagen verblasste Negativbögen. Sie nahmen den Karton mit nach unten, packten ihn für die spätere Spurensicherung in eine Plastiktüte.

Jetzt war es Max' Handy, das klingelte.

»Remark.«

»Max, ich bin es, Marie«, hörte er die weinende Stimme seiner Schwester am anderen Ende der Leitung. »Ich muss dich schnellstens sehen. Ich habe etwas gefunden.« Ihre Stimme brach ab.

»Marie, was hast du gefunden, beruhige dich bitte.« Was war es diesmal?

»Fotos«, flüsterte sie. »Fotos von Paul und Leo. Im Internet.«

46

Maries Entscheidung

Als Kind waren Pommes rot-weiß mit Ketchup und Mayonnaise und anschließend ein Stück Mohnkuchen Max' Lieblingsspeisen. Oft ernährte er sich tagelang davon, wenn seine Mutter zu viel arbeitete und Nikolas im Heim war.

Es war Mittwochabend gegen 20 Uhr, als er aus einer Pommesbude auf der Brückstraße kam und das fettige Fastfood in sich hineinstopfte. Er verschwendete keinen Gedanken daran, ob es gut für ihn war oder nicht. Die Schneemänner standen in den dunklen Ecken des Rotlichtviertels. Es interessierte ihn nicht. Der Morgen im grauen Haus und die Ereignisse, die an diesem Tag noch folgten, hatten alles verändert.

Maries Anruf hatte ihn überrascht. Seit ihrem letzten Auftritt im Untersuchungsgefängnis hatte Max sie nicht mehr gesehen. Jetzt war etwas passiert, was ihm keine andere Wahl ließ. Maries Freundin Marie-Luise hatte seit Monaten den Fall von Nikolas verfolgt.

Sie arbeitete in einer Sozialstation und war mit dem Thema Missbrauch in der Familie durchaus vertraut. Im Laufe ihrer Recherche hatte sie im Internet eine Seite mit Bildern pädophilen Inhalts gefunden. Dort entdeckte sie auch die Fotos von Maries Kindern. Die Fotos waren schon etwas älter, da die beiden Jungen noch um einiges jünger waren als jetzt. Wer die Bilder ins Netz gestellt hatte, konnte sie nicht feststellen, aber es war klar, dass es Bilder aus einer Serie waren, die Magda in Maries Garten gemacht hatte. Marie hatte dies bereits bestätigt.

Leo und Paul nackt im Planschbecken, die Fotos teilweise so vergrößert, dass nur die Körper zu sehen waren. Marie war entsetzt. Teils, weil die Fotos auf der Internetseite erschienen waren, teils, weil sie wusste, dass sie Max und Nikolas Unrecht getan hatte. Max hatte versprochen, am Nachmittag nach Paderborn zu kommen, um mit ihr zu sprechen.

Nachdem Martina und Max die Beweise auf dem Dachboden von Frau Salo entdeckt hatten, fuhren sie zu Helene.

Max fühlte sich erstaunlicherweise stark und ein Gefühl von Freiheit durchströmte seinen Geist und seinen Körper. Es war, als ob eine Last von ihm genommen worden war. Auch Helene spürte, dass sich etwas verändert hatte, und als Martina und Max sich nach einer Stunde von ihr verabschiedeten, um Nikolas zu besuchen, nahm er sie einfach in den Arm. Sie sagte nichts und erwiderte die Umarmung.

Auf dem Weg zum Auto hatte Max den spontanen Einfall, bei Greta und Knut vorbeizuschauen. Sie wohnten nur ein paar Häuser entfernt von Helene. Seit Jahrzehnten war er nicht mehr bei ihnen gewesen. Es war ruhig in der Sternstraße und schon fast Mittagszeit, als sie klingelten. Knut öffnete die Tür und sah sie überrascht an. »Max, ja, komm doch rein, Frau Weise, guten Tag, was für eine Überraschung.« Er umarmte seinen Neffen herzlich und Max sah Tränen in seinen Augen, was ihn verwunderte. Nach einigen Minuten saßen sie im holzgetäfelten Wohnzimmer und erzählten ihm, was an diesem Morgen passiert war. Knut, sonst immer fröhlich und überlegen, saß wie ein kleiner unglücklicher Junge in seinem großen Sessel und sah die beiden fassungslos an.

»Was meinst du dazu?«, fragte Max. »Wie war das damals für dich? Hast du oder Tante Greta irgendetwas geahnt?«

Knut schaute verlegen weg. »Ich weiß nicht, es ist so lange her. Wir hätten aufmerksamer seien sollen, aber du musst verstehen, es war eine andere Zeit. Und wer rechnet schon damit, dass so etwas in der eigenen Familie passiert. Außerdem sprach man einfach nicht darüber. Als du damals an diesem Wochenende zu uns kamst, warst du schon anders, verschlossen, abweisend. Aber wir dachten, dass es etwas mit deinem Unfall zu tun hatte und du nur noch geschockt darüber warst. Wer hätte denn ahnen können, was wirklich passiert war? Oh mein Gott, was hat diese Frau für eine Schuld auf sich geladen. Erst Nikolas, dann dich und so, wie Sie sagen, Martina, noch eine ganze Reihe anderer Kinder. Wenn das rauskommt im Dorf, können wir alle die Koffer packen und wegziehen. Bist du dir denn sicher, dass sie es getan hat?«

Wortlos gab Max seinem Onkel den Umschlag mit den Fotos. Den Ausdruck in seinem Gesicht würde er niemals vergessen.

Es war immer etwas anderes, wenn Worte plötzlich durch einen visuellen Beweis zur Realität wurden. Knut war schockiert. Es würde nicht einfach werden, alles zu verarbeiten. Nicht für Max und auch nicht für die Mitglieder seiner Familie, die den Mut gehabt hatten, sich der Situation zu stellen.

Knut gab ihm die Fotos zurück. Er konnte Max noch immer nicht anschauen. »Weiß dein Vater von all diesen Dingen?« Max erzählte von den Fotos, die Herrmann im Juni unterschlagen hatte. Knut schüttelte fassungslos den Kopf. »Er wird sich nicht mehr ändern, glaube mir, so schlimm es auch ist. Er wird lieber allein in seiner Wohnung verrecken, als zuzugeben, dass er große Fehler gemacht hat. Deswegen hat ihn Renate also verlassen. Sie ist ja seit Ende Juni nicht mehr hier gewesen. Es tut mir leid, Max, wirklich leid, wir haben alle große Schuld auf uns geladen. Wir hätten genauer hingucken sollen. Ich hoffe, du kannst mir verzeihen.« Jetzt sah er Max endlich an.

Zum ersten Mal seit Beginn dieses Dramas bat ein Mitglied der Familie Max um Verzeihung. Er war dankbar dafür. Max versicherte seinem Onkel, dass er ihm nichts nachtragen würde. Was die Folgen des Prozesses betraf, konnte er ihm allerdings nichts versprechen. Jedes Mitglied der Familie würde die Konsequenzen selbst tragen müssen. Knut bot sich an, während der Verhandlung als Zeuge aufzutreten.

Max konnte es nicht erwarten, Nikolas davon zu berichten. Er fuhr mit Martina in die City, sie wartete im Besucherraum des Gefängnisses. Max wollte allein mit Nikolas sprechen. Kurze Zeit später saßen sie sich gegenüber.

»Weißt du, was das bedeutet, Nikolas? Diese Frau war eine Verbrecherin. Noch können wir gar nicht ermessen, wie weit ihre Straftaten gehen und wer alles darunter zu leiden hatte. Es haben sich drei der anderen Opfer gemeldet. Jetzt haben wir etwas Konkretes in der Hand, das wir für deine Verteidigung nutzen können.« Max konnte sich kaum beruhigen, endlich war er in der Lage, etwas für Nikolas tun, was wirklich von Bedeutung war, und ihm helfen. »Und sie hat nicht aufgehört. Marie hat mich angerufen. Magda hat Fotos von Leo und Paul gemacht und die sind auch im Internet. Wir haben alte Negative auf dem Speicher über Frau Salos Wohnung gefunden. Seit wann wusstest du, dass Magda es auch bei mir gemacht hat?«

Nikolas zuckte mit den Schultern. »Gewusst habe ich es, nachdem ich damals, nach dem Romurlaub unserer Eltern, aus dem Sanatorium gekommen war, ich habe es gespürt.«

Max nahm seinen Bruder in den Arm, zwei Männer, die das Leben getrennt hatte und die wieder zu ihren Wurzeln und zu ihrer Einheit zurückgekehrt waren. Dazwischen lagen Jahrzehnte, in denen beide auf unterschiedliche Weise in inneren Kerkern eingeschlossen waren.

Gegen 14 Uhr verließen sie das Gefängnis. Martina musste ins Landeskriminalamt nach Düsseldorf, um sich mit Peter Walscheck zu treffen, Max wollte sich so schnell wie möglich der Begegnung mit seiner Schwester stellen. Es war unbedingt notwendig, sie auf die Seite der Verteidigung zu holen. Er fuhr über die B1, an den westfälischen Kleinstädten vorbei, und erreichte Paderborn gegen 15.30 Uhr. An einer Tankstelle holte er schnell noch Kinderschokolade für den Fall, dass seine Neffen, die er immer noch nicht kannte, zu Hause waren.

Marie wohnte in einer Neubausiedlung. Ein Haus glich dem anderen, kleine gepflegte Vorgärten. Man konnte die unweit entfernte Autobahn hören, die Felder auf der anderen Seite der Siedlung lagen verlassen im trüben Novemberlicht, niemand war zu sehen.

Max parkte sein Auto vor der Garage, ging zur Eingangstür und klingelte. Ein kleiner Junge machte die Tür auf. »Hallo«, lächelte er, »ich bin Paul.«

Max ging in die Knie und schaute in große braune Kinderaugen. Ein wunderschöner kleiner blonder Junge, der ihn interessiert und unschuldig ansah.

Paul strich mit seiner kleinen Hand über die Narbe auf Max' Stirn. Plötzlich sah Max Nikolas und sich, bevor die Schneekönigin ihr Schicksal bestimmt hatte. Wie anders hätte ihr Leben werden können, dachte er. Welche Abenteuer hätten sie erleben dürfen, wo wären die Grenzen gewesen?

»Du siehst aus wie Onkel Nikolas. Tut die Narbe weh?« Der Schmerz, den Max den ganzen Morgen in sich getragen hatte, vielleicht der Schmerz der letzten Jahrzehnte, brach aus ihm heraus. Er verbiss sich die Tränen und murmelte: »Onkel Nikolas und ich sind Zwillinge. Und die Narbe auf der Stirn merk ich gar nicht mehr.« Max gab ihm die Schokolade. Viel Milch, wenig Kakao! »Ich hoffe, du magst sie. Das war meine Lieblingsschokolade, als ich so alt war wie du.«

Marie beobachtete die beiden ein paar Meter entfernt an der Küchentür lehnend. Max wusste nicht, wie lange sie schon dort gestanden hatte.

Er war immer noch auf den Knien, auf Augenhöhe mit Paul, der den Namen seines tyrannischen Großvaters trug. So viele Leben, so viele ungelebte Träume, so viele unausgesprochene Dinge, seit Generationen in der Familie des Schweigens. Konnte er den Zyklus jetzt endlich durchbrechen?

Er wollte sich nicht mehr streiten, er war müde, denn der endlose Kampf mit seiner Familie hatte ihn zermürbt. Er sah Marie an. Was wusste er von ihr? Was hatte sie damals mitbekommen und was waren ihre Gründe zu schweigen?

Blut ist dicker als Wasser. Marie kam auf ihn zu. Erst jetzt sah Max, dass ihre Augen verweint waren. Geschwister, durch Welten getrennt und doch in diesem Augenblick wieder zusammen. Er stand auf und umarmte sie einfach.

»Es tut mir leid, dass ich dir nicht geglaubt habe.« Max hielt sie fest, die Zeit hob sich auf.

»Mama, kann ich die Schokolade jetzt essen oder muss ich auf Leo warten?« Der kleine Mann zupfte an Maries Pullover. Verlegen löste sie sich aus der Umarmung. »Nein, Paul, du kannst sie ruhig essen, lass aber ein bisschen für deinen Bruder übrig.« Marie strich ihrem Sohn liebevoll über den Kopf. »Geh jetzt auf dein Zimmer und lass mich mit Onkel Max allein. Wir müssen uns unterhalten.«

Max ging in die Knie, um seinem Neffen wieder auf Augenhöhe zu begegnen. Paul drückte ihm einen schüchternen Kuss auf die Wange. »Danke, Onkel Max, bis nachher.« Er lächelte und verschwand im Kinderzimmer im ersten Stock.

Marie und Max setzten sich an den Küchentisch, sie schenkte ihm eine Tasse Kaffee ein, dann sah sie ihn an. »Max, es tut mir so leid, ich habe dir und Nikolas Unrecht getan. Marie-Luise hat diese Fotos im Internet gefunden.« Sie reichte ihm ein paar Fotokopien. »Es war Magda, ich kann mich an den Tag erinnern und daran, dass sie Fotos von den beiden gemacht hat. Sie hat immer Fotos von den beiden gemacht, nie von den Mädchen. Sie hat mir immer Abzüge geschickt, aber diese«, sie wies auf die Fotokopien, »habe ich natürlich nicht gesehen. Max, bitte glaub mir, hätte ich es gewusst …«

Ihre Stimme brach ab. Sie tat ihm leid. Wie es sich anfühlte, missbraucht worden zu sein, wusste er. Wie aber empfand es eine Mutter? Er war froh, mit seiner Schwester an einem Tisch zu sitzen, andererseits wusste er, dass dieses Gespräch nicht einfach so verlaufen konnte, wie er es sich vorgestellt hatte.

»Marie, du kannst mir glauben, dass es mir leid tut, aber sei froh, dass deinen Kindern nicht mehr passiert ist. Magda hätte sich auch an ihnen vergreifen können, aber vielleicht war sie auch schon zu alt.«

»Das hätte ich doch gemerkt«, rief sie aufgeregt.

Max zuckte mit den Achseln. »Es ist so vieles in unserer Familie unbemerkt geblieben. Ich will keinem die Schuld in die Schuhe schieben, aber du weißt selbst, dass vieles hätte anders laufen können.« Max zögerte, aber er hatte keine andere Wahl und erzählte Marie von den Geschehnissen am Morgen. Ungläubig starrte sie ihn an.

»Marie, ich weiß, es ist alles viel für dich, aber du musst den Tatsachen ins Auge blicken. Ich kann dich nicht schonen und dir etwas verschweigen. Magda hat nicht nur Nikolas, sondern auch mich und andere Kinder missbraucht. Die Beweise liegen auf dem Tisch und sind nicht so einfach wegzuwischen. Und Papa hat davon gewusst. Er hat die Fotos unterschlagen. Er wusste beim Familientreffen im Juni bereits davon und hat alles verschwiegen, um seine Ruhe oder den angeblichen Familienfrieden zu bewahren. Du kennst ihn besser als ich, du kennst die ganze Familie besser als ich. Ich weiß, dass dies alles ein Schock für dich sein muss, aber wenn wir hier nicht das Schweigen fortsetzen wollen, müssen wir uns diesen Tatsachen stellen.

Denk doch an deine Kinder und deine eigene Familie. Willst du mit einer Lüge weiterleben? Willst du, dass Nikolas den Rest seines Lebens im Gefängnis verbringen muss? Er braucht unsere Hilfe.«

»Was erwartest du denn von mir? Dass ich meinen eigenen Vater verrate und ihm in den Rücken falle?«

Max wusste nicht, ob sie traurig, ratlos oder wütend war, wahrscheinlich war es eine Mischung aus diesen Gefühlen. Sie dachte vielleicht an ihre Kinder und an ihre Brüder, aber Max war davon überzeugt, dass es in erster Linie ihr Vater und ihre Gefühle für ihn waren, die ihr Kopfzerbrechen bereiteten.

»Aber er hat Nikolas verraten. Und Mama. Und mich! Hätte er schon viel früher etwas gesagt, wäre es vielleicht gar nicht so weit gekommen.«

»Es tut mir leid, Max, aber ich kann mich nicht gegen Papa stellen. Für ihn ist das bestimmt auch nicht einfach. Ich muss erstmal darüber nachdenken. Ich werde nicht meinen Vater verraten, das kannst du nicht von mir verlangen. Vielleicht wäre es besser, wenn du jetzt erst einmal gehst. Ich melde mich dann bei dir.«

Entsetzt starrte Max seine Schwester an. »Das kann doch nicht dein Ernst sein. Marie, verdammt noch Mal, hast du mir denn gar nicht zugehört? Er hat sich schuldig gemacht, eindeutig! Heißt das, du wirst nicht zu Nikolas' Gunsten als Zeugin auftreten?«

Sie drehte sich um und zuckte mit den Schultern.

»Marie, begreifst du denn immer noch nicht, dass es hier um etwas Wichtigeres geht als die Gefühle für deinen Vater und deine eigene kleine persönliche Sicherheit? Was muss denn noch passieren, damit du endlich merkst, dass es hier um das Schicksal deines Bruders geht, der jetzt deine Hilfe braucht? Es geht hier nicht um dich!« Wütend starrte Max sie an, wann würde sie endlich von ihrer vermeintlich schützenden Liebe zu ihrem Vater los- und aus dieser unsinnigen Abhängigkeit herauskommen? »Wach endlich auf und lade keine Schuld aus falscher Rücksichtnahme auf dich!«

Max stand auf und verließ ohne ein weiteres Wort das Reihenhaus. Er drehte sich noch einmal um und wünschte, sie käme ihm hinterhergelaufen. Doch sie kam nicht. Im ersten Stock stand der kleine Paul am Fenster und winkte Max zu.

47

Tödliches Spinnennetz

Sie saß in der Küche und starrte aus dem Fenster hinaus auf den betonierten Innenhof. Hinter den grauen Garagen lag der Garten friedlich in der Abenddämmerung. Es war kurz nach halb zehn und noch warm, sie hatte das Küchenfenster geöffnet und die trockene Luft strömte ins Zimmer. Es war Mitte August. Ein heißer Sommer wie so viele davor. Nichts passierte. Die Welt schien stillzustehen. Sie betrachtete ihre Hände, ein Fingernagel war abgebrochen, es würde Wochen dauern, bis er wieder so lang war wie die anderen.

Niemand würde etwas bemerken, niemals.

Am Nachmittag hatten zwei schwitzende Bauarbeiter die neue Veranda hinter der Remise in Beton gegossen, nachdem vor drei Tagen die alten Holzplanken, die den Boden bedeckten, entfernt worden waren. Tagelang hatte sie nicht auf der Veranda sitzen können und das im Sommer. Erst war sie empört gewesen, aber dann hatte sich der Umstand doch als praktisch herausgestellt. Und morgen würde der Beton endlich hart sein, dann musste sie nicht mehr mit ihrer Liege auf den Rasen. Eine Fliege schwirrte laut summend durch die Küche.

Nur gut, dass ihr Mann seit zehn Tagen auf einer Kur in Baden-Baden war. Seit dem Erlebnis mit Max im Frühjahr war er verändert und hatte kaum mit ihr gesprochen, dann war er krank geworden und der Arzt hatte massive Herz- und Kreislaufprobleme konstatiert. Man hatte diese vierwöchige Kur verordnet und jetzt war sie alleine im Haus. Was war er doch für ein Weichling. Elender Feigling. Was glaubte er denn? Dass Max zu seinem Vater gehen würde, um sich ihm anzuvertrauen? Und selbst wenn, Herrmann hätte ihm keinen Glauben geschenkt.

Dafür hätte sie schon gesorgt. Er war genauso manipulierbar wie sein Bruder Erich.

Männer! Warum hatte sie nur jemals so eine Lusche geheiratet? Was hätte an der Seite eines anderen Mannes aus ihr werden können. Mit Erich war die Langeweile für den Rest ihres Lebens endgültig vorprogrammiert. Er hatte ihr gesagt, dass er bei ihren kleinen Spielchen nicht mehr mitmachen würde. Angst, dass er darüber reden würde, hatte sie nicht, dazu war er viel zu feige. Außerdem saß er mit ihr im gleichen Boot.

Die Fleischerei hatte in den Ferien geschlossen, die Weises waren im Urlaub und die Salo war nach Mallorca geflogen. Vielleicht hätte sie einfach mitfliegen sollen, vielleicht sollte sie nächstes Jahr mal alleine in den Urlaub fliegen, weit weg von diesem Dorf. Vielleicht, nein, ganz bestimmt nächstes Jahr. Sie hatte gehört, dass Thailand ein gutes Ferienziel sei.

Sie war ganz allein im Haus. Ihr war langweilig. Letzte Woche war sie in die Nordstadt gefahren. Sie hatte seit Wochen keinen Sex gehabt und war unruhig geworden. Doch der Ausflug in das Gebiet hinter dem Bahnhof war nicht so erfolgreich wie früher, kein Mann hatte angebissen. Nur ein paar schlecht gekleidete Gastarbeiter hatten sie wie eine billige Nutte angesehen und sich am Schwanz rumgefummelt.

Sie hasste die Zeit der großen Ferien. Das einzig Gute war die Ruhe, denn es gab keine Kinder, die auf dem Schulhof Lärm machen konnten. Sie zündete sich eine Zigarette an und blies den Rauch wütend aus. Sie sah ihr Gesicht im Spiegel, der neben dem Fenster hing. Sie war fast fünfzig Jahre alt, war ihre beste Zeit mit Männern wirklich vorbei? Sie ging nahe an den Spiegel und sah die Falten um ihre Augen und die kleinen Warzen, die sich darin versteckten. Ihre Augenringe wurden dunkler, hatten jetzt einen bläulichen Schimmer. Sie musste sich neues Make-up kaufen. Ihre Haare waren nicht mehr so voll wie früher, die ständigen Lockenwickler und die heiße Haube setzten ihnen mehr zu. Die Wut stieg wieder in ihr hoch und ihr Mund mit der leicht schiefen oberen Zahnreihe zog sich nach unten. Nein, schön war sie nie gewesen, aber jetzt wurde sie alt. Kein Make-up auf dieser Welt konnte das verbergen.

Warum hatten sie auch alle alleine gelassen. Vielleicht wäre es dann nicht passiert.

Sie hatte sich entschlossen, die Veranda in Beton gießen zu lassen. Im Juni war sie an einem regnerischen Tag auf den alten nassen Holzplanken ausgerutscht und hatte sich den Knöchel leicht verstaucht. Fast eine Woche war sie herumgehumpelt. Jetzt konnte ihr das nicht mehr passieren. Sie hatte den teureren Zement gekauft, damit keine Risse entstehen konnten und sie den Boden nicht in ein paar Jahren wieder ausbessern musste. Das durfte auch nicht passieren, denn der Boden verbarg ein Geheimnis.

Letzte Woche war der alte, schwachsinnige Gemeindepfarrer bei ihr vorbeigekommen und hatte sie gebeten, auf zwei neue Spätaussiedlerkinder aufzupassen, da die Salo ja im Urlaub war. Die armen Kinder hatten doch keinen Garten und würden sich darüber freuen. Als gutes katholisches Gemeindemitglied hatte sie natürlich sofort zugesagt. Die beiden kleinen Jungen waren zu ihr gekommen und hatten im Garten gespielt. Es war heiß und sie waren bald nackt herumgetollt. Sie hatte Fotos gemacht, die bestimmt einen gut zahlenden Käufer finden würden.

Sie drückte die Zigarette im Aschenbecher aus und zündete sich gleich wieder eine neue an.

Als die Arbeiten für die Aushebung des Fundamentes der Veranda begannen, hatten die Jungs viel Interesse dafür gezeigt und am nächsten Tag, einem Samstag, einen neuen Freund zum Spielen mitgebracht.

Es war einer dieser Zigeunerjungen, dessen Clan unten auf dem Feld hinter dem Ponyhof ihr Lager während der Sommerferien aufgeschlagen hatte. Sie kamen jedes Jahr um diese Zeit und man musste immer auf der Hut sein, denn die Zigeuner klauten alles, was nicht niet- und nagelfest war, hieß es. Beliebt waren sie jedenfalls nicht im Dorf und die meisten machten einen großen Bogen um sie.

Der Junge war vielleicht acht Jahre alt und sprach nur gebrochen Deutsch. Er war schön, hatte grüne Augen und langes lockiges Haar. Auch von ihm machte sie Fotos, obwohl er seine zu kurze Hose anbehielt, sich nicht nackt zeigen wollte. Er sah sie seltsam an, als sie ihn fotografierte, als ob er wüsste, was sie wirklich tat. Irgendwie schaffte sie es dann, die Kinder am späten Nachmittag nach Hause zu schicken. Es war heiß und ihr Leinenkleid klebte an ihrem Körper, sie trug keine Unterwäsche und bei dem Gedanken an den fremden Jungen fand ihre Hand den Weg schnell zwischen ihre Schenkel.

Zehn Minuten später war der kleine Zigeunerjunge wieder da. Er stand plötzlich vor ihr. Sie war noch im Garten geblieben und hatte sich auf die Plastikliege gelegt. Sie war verärgert, als er plötzlich vor ihr stand und sie ansah, wie sie so da lag, mit ihrer Hand auf der Scham. Wie war er in den Garten gekommen? Aber da fiel ihr ein, dass sie die Garagentür, die die Verbindung zum Garten herstellte, nicht abgeschlossen hatte.

Der kleine Gauner hatte sich einfach zurückgeschlichen. Er habe Hunger, sagte er, und ob sie nicht eine Mark hätte, damit er sich was kaufen könnte. Da sie kein Geld dabei hatte und nicht hinauf in die Wohnung gehen wollte, ging sie mit ihm in die Remise, um ihm etwas zu trinken zu geben. In einer Schublade fand sie eine Schachtel mit trockenen Keksen, die sie ihm gab.

Er setzte sich auf einen Stuhl und sah sie weiter an. Wie ein Blitz durchfuhr sie die Erregung, all die aufgestauten Lüste der letzten Monate. Dieses kleine Schwein wollte sie anmachen! Sie konnte es nicht anders und fasste ihm zwischen die Beine. Erschrocken sprang der Junge auf und wollte wegrennen, doch sie war stärker und hielt ihn fest. Er wehrte sich und ein Fingernagel brach ihr ab. Wütend schlug sie ihm ins Gesicht. Als er anfing zu schreien, hielt sie ihm den Mund zu, bis er aufhörte zu zappeln. Ihre andere Hand hatte sie zwischen seinen Beinen.

Minuten später hielt sie noch immer den leblosen Körper in ihren Armen. Sie hatte ihn nicht töten wollen, aber er hatte ihr keine Wahl gelassen. Warum war er auch nicht ruhig geblieben? Er war selbst schuld.

Sie wartete, bis es dunkel geworden war, und vergrub den kleinen Körper tief unter der bereits dreißig Zentimeter ausgehobenen Fläche für die Plattform der neuen Veranda. Sie trug Gummihandschuhe, damit nicht ihre Fingerabdrücke, sondern nur die der Bauarbeiter auf der Schaufel bleiben würden. Danach duschte sie.

Am Montag gossen die Arbeiter eine dicke Zementschicht über das Erdreich. Niemand würde je herausfinden, was sich darunter verbarg. Und es würden keine offiziellen Untersuchungen stattfinden, der Junge war ein Zigeunerkind und nicht gemeldet, da war sie sich sicher. Sie drückte die Zigarette aus.

Es war jetzt fast dunkel und sie schloss das Fenster in der Küche. Eine Kreuzspinne hatte ihr Netz an der Scheibe gezogen und eine kleine Mücke hatte sich darin verfangen. Fasziniert beobachtete Magda, wie die Spinne in Windeseile zu dem im Netz gefangenen Insekt krabbelte und es in einen Kokon wickelte, um es später zu verspeisen. Magda nahm die Fliegenklatsche und zerquetschte erst die Mücke und dann die Spinne. Mit einem Küchentuch wischte sie die schleimigen Reste von der Scheibe.

48

Zeuge der Anklage

Max hatte erwartet, dass der Gerichtsaal, in dem Nikolas' Verhandlung stattfand, alt und ehrwürdig aussehen würde. Statt einem Saal aus dunklem Holz und mit Schnitzereien verzierten alten Bänken, über denen das Richterpult thronte, erwartete ihn ein schmuckloser Raum mit hohen Fenstern aus blickdichtem Glas. Statt Bänken gab es Reihen von unbequemen Plastikstühlen, die ineinander verzahnt waren. Davor standen einige hellbraune Tische mit Mikrofonen und Holzstühle für die Anklage und die Verteidigung. Max war am ersten Verhandlungstag früh mit Martina zum Gericht gefahren, um der Presse zu entgehen.

Sie saßen in der Cafeteria. Eine kleine grauhaarige Frau mit wachen grün-braunen Augen war kurz darauf in den Raum gekommen, sah die beiden und kam zielstrebig auf den Tisch zu, um sie zu begrüßen. Sie lächelte und entblößte eine Zahnreihe mit unregelmäßig gewachsenen Zähnen. »Guten Morgen, Max. Hallo Martina.«

Silke reichte ihnen die Hand. Die Jahre hatten sie verändert, aber an ihrem Lächeln erkannte Max die Spielgefährtin seiner Kindheit, mit der er in der Grundschulzeit in kleinen Theaterstücken auf der Holzbühne der Aula gestanden hatte. Jetzt stand sie auf einer anderen Bühne und war Richterin über Nikolas' Schicksal.

»Du kannst dir vorstellen, dass es nicht der netteste Anlass ist, sich nach all den Jahren wiederzusehen«, fuhr sie fort. »Es tut mir leid, was mit deinem Bruder passiert ist.« Sie lächelte schief und verschwand, kurz darauf betraten Max und Martina den Gerichtssaal.

»Nein, dieser Raum, in dem über den weiteren Verlauf von Nikolas' Leben bestimmt werden wird, hat nichts mit Billy Wilders imposantem Gerichtssaal aus *Zeugin der Anklage* zu tun«, dachte Max. Er glich einer billigen TV-Kulisse, in der ein falscher Richter mit Laienschauspielern harmlose Fälle für das gelangweilte Nachmittagspublikum nachstellte. Raymond Burr, Charles Laughton oder Margaret Rutherford hätten niemals in so einer Kulisse gespielt, kein Oscar wäre gewonnen worden. Es gab keine zwölf Geschworenen.

Der Medienzirkus hatte sich bisher in Grenzen gehalten. Der Fall würde viel mehr Aufmerksamkeit erregen, wenn erstmal bekannt würde, dass ein ganzer Pädophilenring dahinterstand. Das gefundene Fressen für einen bundesweiten Presseskandal: Mord in der Familie, die darüber zerbricht. Der Vater entzweit von seinen Söhnen. Könnte es besser sein? Pädophilenring seit Jahrzehnten im Ruhrgebiet.

Der November hatte vollends Besitz von Deutschland ergriffen. Der Nebel hing tief über der Stadt und der Regen klatschte gegen die großen Scheiben des Gerichtssaals. Es roch nach Feuchtigkeit, die aus der Kleidung der Menschen drang, die sich jetzt in den Saal gezwängt hatten. Regenschirme hinterließen kleine Lachen auf dem kalten Linoleum.

Max nahm in einer der vorderen Reihen Platz. Neben ihm saßen Helene, Knut und seine Frau Greta. Dann Cousine Karin, die mit zu viel teurem Make-up zugekleistert war. Tante Ilse war pünktlich erschienen. Klein und zierlich wie ein Vogel saß sie in einem dunkelblauen Kostüm und ungeschminkt neben ihrer Tochter. Klaus hatte hinter Max Platz genommen.

Durch einen Mittelgang getrennt saß Marie auf der anderen Seite des Raumes. Sie war allein, ihr Mann hatte sich verabschiedet. Marie hatte bereits die Scheidung eingereicht. Warum wusste offiziell keiner, Marie hatte den Grund der Trennung nicht mitgeteilt.

Sie tat Max leid. Er hatte sie gebeten, sich neben ihn zu setzten, doch sie hatte abgelehnt, wahrscheinlich in der Hoffnung, dass ihr Vater doch noch kommen würde. Er hätte es als Verrat an seiner Person gewertet.

Herrmann selbst war nicht erschienen. Nur eine Vorladung des Gerichts als Zeuge würde ihn dazu bringen können, der Verhandlung beizuwohnen. Er würde sich nicht freiwillig öffentlich vorführen lassen, schließlich trug er seiner Meinung nach keine Schuld an dieser Situation.

Max drehte sich um. Der Gerichtsaal war auf der Seite seiner Schwester bis auf den letzten Platz besetzt. Es waren viele Gesichter darunter, die er aus seiner Kindheit kannte.

Mitglieder der kirchlichen Vereine, in denen seine Eltern ehrenamtlich tätig waren, hatten sich versammelt. Die meisten hatte Max vor drei Jahrzehnten als Erwachsene im besten Alter gekannt. Jetzt sah er viele alte, grauhaarige Menschen, die ihn mit unverhohlenem Interesse begafften und für die es klar war, dass Nikolas den Namen der Familie und das ganze Dorf in den Schmutz gezogen hatte. Missbrauch war für viele nur eine Ausrede, ein vorgeschobener Grund für einen Mord, der aus anderen Motiven begangen wurde.

Aber es waren auch andere Mitglieder der Gemeinde erschienen und es gab einige liebevolle und verständnisvolle Gesichter, in die Max schaute. Frau Weise, Martinas Mutter, Frau Largel, die ehemalige Hausmeisterin des Jugendheims, ein paar Männer, die Max nicht erkannte, die ihm aber freundlich zunickten.

Die Staatsanwältin ordnete ihre Unterlagen und flüsterte mit ihrem Assistenten. Ihr Name war Heike Müller-Schmidt, sie war eine Blondine Anfang Fünfzig, edel gekleidet, Typ Ex-Model. Noch wusste Max nicht, was er von ihr halten sollte.

Eine füllige Frau mit grauen Haaren kam auf Zehenspitzen in den Saal. Ein Mann folgte ihr. Max traf fast der Schlag. Es war die Elizabeth Taylor vom Wemphof, die Frau, die die besten Mirácoli der Welt kochte und vor Jahrhunderten, so schien es ihm, mit Anna Sülze eingemacht hatte, während Nikolas und Max mit ihren Söhnen Kinderfilme auf einem kleinen Schwarz-Weiß-Fernseher anschauten. Frau Stahlke, trotz Leibesfülle, grauen Haaren und Falten immer noch von bemerkenswerter Schönheit, lächelte ihm zu und setzte sich leise in eine der letzten Reihen.

Max bemerkte, dass Klaus hinter ihm unruhig geworden war. Jetzt erst erkannte er den Mann, der mit Frau Stahlke den Raum betreten hatte. Er hatte immer noch so kurze Haare wie vor dreißig Jahren, wenn auch inzwischen fast weiß, war schlank und hatte den gleichen forschen Gesichtsausdruck wie damals. Jochen kam schweigend auf sie zu, setzte sich neben Klaus und drückte ihm die Hand.

»Er ist hier«, flüsterte Jochen Klaus zu und sah Max dann an. Der war in diesem Moment wieder sechs Jahre alt, aber diesmal kamen sie endlich alle, um seinem Bruder zu helfen. Max schluckte, nickte Jochen zu und sah Klaus fragend an, doch er lächelte ihm nur beruhigend zu.

Nikolas, der neben Martina saß, hob in diesem Moment den Blick und Max spürte, dass ihn die vielen Menschen beunruhigten. Die Narbe auf seiner Stirn schmerzte leicht. Max wurde bewusst, dass sein Bruder nicht so stark und ruhig war, wie er in den letzten Tagen angenommen hatte.

Nachdem die Zeugen belehrt wurden, mussten Max und Marie den Saal verlassen. Die Staatsanwältin verlas emotionslos die Anklage. Nikolas wollte sich nicht zur Tat äußern. Die Verteidigung wurde daraufhin gefragt, ob sich der Angeklagte für schuldig oder nicht schuldig befinden würde. Martina erhob sich und plädierte auf nicht schuldfähig.

Als Erste betrat Petra Kunaut den Zeugenstand. Sie erklärte sachlich die Umstände der Untersuchung, die sie geleitet hatte, und beschrieb das kooperative Verhalten von Nikolas während der Untersuchungshaft.

Der Tag zog sich in die Länge, jedes Detail wurde erläutert und dem Gericht minuziös erklärt. Es wurde eine Liste der Zeugen vorgelesen, die Verhandlung würde ungefähr eine Woche dauern, falls nicht unvorhergesehene Komplikationen auftreten würden.

Gegen 12 Uhr wurde die Verhandlung unterbrochen. Mittagspause. Max aß mit Martina und seiner Familie in der Kantine. Ein Mitarbeiter der Düsseldorfer Kanzlei kam herein und gab Martina einen Umschlag.

»Wenn du nichts dagegen hast, erkläre ich dir das später. Es ist eine Aussage von Renate«, flüsterte sie Max zu.

Am Nachmittag wurden die Ärzte, die Nikolas während der letzten Jahrzehnte behandelt hatten, in den Zeugenstand gerufen. Frau Doktor Windau und Doktor Steffens sagten als Erste aus. Ihrer Meinung nach bezogen sich Nikolas frühe Verhaltensstörungen eindeutig auf sexuellen Missbrauch in frühester Kindheit. Immer wieder ging ein Gemurmel durch den Gerichtssaal. »Unerhört«, »eine Unverschämtheit«, »Verleumdung« war von der rechten Saalhälfte zu hören. Silke klopfte auf den Tisch und bat ausdrücklich um Ruhe. Die Staatsanwältin erhob Einspruch. Die Theorie des Missbrauchs sei nicht beweisbar und verjährt.

Dann befragte Frau Müller-Schmidt die beiden Ärzte und wollte wissen, warum denn zu der Zeit des angeblichen Missbrauchs nicht die verantwortlichen Täter zur Rede gestellt wurden. Die beiden Zeugen gaben an, da es sich um eine Familienangelegenheit handelte, keinen weiteren Zugriff auf den Verlauf gehabt zu haben. Für die Anklage war der Missbrauch weiterhin Spekulation.

Die Verteidigung rief den nächsten Zeugen auf. Dr. Betrail betrat den Raum. Er hatte sich im Laufe der Zeit kaum verändert: ein kleiner alter Mann mit gelbstichigen Augen und mit von Nikotin verfärbten Fingern. Er schlurfte auf den Zeugenstand zu. Martina fragte ihn nach der Diagnose, die er damals für Nikolas gestellt hatte.

»Der Junge war eindeutig autistisch veranlagt, das steht doch in meinen Aufzeichnungen. Lesen Sie die doch!«, krächzte er und starrte an Nikolas vorbei. »Sie sehen ja, was daraus geworden ist. Man hätte ihn gleich wegsperren sollen, dann wären diese Morde auch nicht passiert. Mir taten nur seine Eltern leid, die das alles jahrelang ertragen mussten.«

»Herr Doktor Betrail, ist Ihnen denn nie zu Bewusstsein gekommen, dass die Störungen auch andere Ursachen haben könnten?«, fragte Martina. »Sie haben ja auch die Aussagen Ihrer Kollegen gehört.«

»Dieses psychologische Geschwätz dient doch nur Ihrer Verteidigung. Mord kann man nicht entschuldigen«, brummte das nikotinverfärbte, kleine gelbe Männchen.

»Das wollen wir auch nicht. Wir wollen nur erklären, wie es dazu kommen konnte. Warum hat denn Nikolas Wilde Ihrer Meinung nach diese Morde begangen, wenn er nicht einen Grund dazu hatte? Warum sollte er zwei Menschen töten, die er jahrzehntelang nicht gesehen hat?«

»Das habe ich doch schon gesagt. Er ist krank, er ist Autist, er lebt in seiner eigenen Welt und gehört in eine geschlossene Anstalt, wo sich Leute um ihn kümmern können. Oder in eine Gummizelle. Der einzig richtige Platz für so einen Psychopathen«, fügte Betrail hinzu.

Nikolas zuckte zusammen. Martina ging zurück an ihren Tisch und zog ein gelbes Formular aus den Unterlagen. »Herr Doktor Betrail, aufgrund der mir vorliegenden Gutachten ist

Nikolas Wilde weder Autist noch Psychopath. Anscheinend hatten Sie aber einen Grund, diese Fehldiagnose zu stellen.«

»Eine Unverschämtheit, mir so etwas zu unterstellen.« Betrail konnte seine plötzliche Nervosität nicht ganz verbergen.

»Hohes Gericht, wenn ich dieses Schriftstück zur Beweislage hinzufügen könnte?« Silke schaute sie fragend an, nickte aber.

»Einspruch, Frau Vorsitzende, mir ist dieses Dokument nicht bekannt«, krähte die blonde Staatsanwältin.

»Wir haben das Schriftstück erst heute Mittag bekommen und konnten Sie noch nicht davon unterrichten. Meiner Meinung nach wird es uns Dr. Betrails Meinung und sein Verhalten allerdings erklären.«

»Einspruch abgelehnt, bitte fahren Sie fort, Frau Rechtsanwältin.« Der alte Mann sah Martina feindselig an.

»Hohes Gericht, uns liegt hier eine eidesstattliche Erklärung von Frau Renate Wilde vor, in der sie uns mitteilt, dass ihr Mann, Herr Herrmann Wilde, der Vater des Angeklagten, seit ihrer Eheschließung im Jahre 1991 bis heute monatlich 300 Euro an Herrn Dr. Betrail zahlt. In den Akten ist dieses Beweisstück noch nicht aufgetreten, da Herr Wilde die Bezahlung in bar und persönlich an Herrn Doktor Betrail machte.«

Ein Raunen ging durch die Menge. Nikolas starrte vor sich hin, Martina wandte sich dem alten Mann im Zeugenstand zu. »Sind Sie noch der Hausarzt von Herrn Wilde senior? Sie sind doch schon seit 15 Jahren pensioniert. Wofür hat Sie Herr Herrmann Wilde monatlich bezahlt?«

»Er ist noch mein Patient, ich unterliege immer noch der Schweigepflicht und das geht Sie im Übrigen auch nichts an«, presste Doktor Betrail zwischen seinen dünnen Pergamentlippen hervor.

»Herr Betrail, wofür hat Sie Herr Wilde bezahlt?« Silke sah ihn bestimmt und fordernd vom Richterpult aus an.

»Er hat den anderen Ärzten nicht getraut und ist deswegen zu mir gekommen. Ein monatlicher Besuch mit einer Routineuntersuchung, mehr nicht.«

Aber Martina ließ nicht locker. »Unseren Informationen nach hat Herr Wilde aber einen neuen Hausarzt und das schon seitdem Sie Ihre Praxis im Jahre 1987 nach Münster verlegt hatten. Auch gibt es keine Unterlagen, die zeigen, dass ein zweites Gutachten, so zum Beispiel bei seiner Bypass-Operation im Jahre 1992, von Ihnen als seinem Vertrauensarzt eingeholt wurde. Es ist doch seltsam, dass er einmal im Monat über Jahrzehnte zu Ihnen fährt und auch noch einen sehr hohen Preis dafür zahlt. Warum wurden Sie dann nicht in seine spätere Krankheitsgeschichte offiziell mit einbezogen? Das hätte doch im Normalfall auch seine Versicherung bezahlt. Die Familie war doch schon seit Mitte der siebziger Jahre privat versichert.«

Der Doktor zuckte mit den Schultern, starrte an die Wand und murmelte etwas von Privatangelegenheit.

»Wofür wurden Sie wirklich bezahlt, Herr Doktor Betrail? Hatten Sie eine falsche Diagnose gestellt oder sollten Sie etwas verschweigen? Haben Sie Herrmann Wilde am Ende erpresst?«

»Das ist Verleumdung, eine Unverschämtheit. Ich habe niemanden erpresst«, geiferte der gelbe Doktor. Die Staatsanwältin rief erneut: »Einspruch«, der abgelehnt wurde.

Wieder Stimmengewirr aus dem Raum. Wieder bat Silke energisch um Ruhe.

»Hohes Gericht, mir liegen hier Kopien von Herrmann Wildes Bankauszügen der Jahre 1987 bis 1990 vor. Kommissar Kunaut hat sie im Laufe ihrer Ermittlungen ausfindig gemacht. Darin zeigt sich, dass schon zu dieser Zeit monatlich eine Summe von 300 DM an Doktor Betrail gezahlt wurde. Dazu muss erklärenderweise hinzugefügt werden, dass im Jahre 1987 die Mutter des Angeklagten plötzlich starb. Sie war an Krebs erkrankt, wurde operiert und von ihrem Arzt, Doktor Gutmann, dem leitenden Chirurgen, einige Tage später aus dem Krankenhaus auf eigenen Wunsch entlassen. 24 Stunden später war sie tot. Doktor Betrail stellte damals den Totenschein aus, die offizielle Ursache war Herzversagen, obwohl Frau Wilde bis dato keine postoperativen Probleme hatte. Der Verteidigung ist ebenfalls folgender Brief bekannt.« Martina entnahm eine Kopie von Annas Abschiedsbrief und las ihn laut vor. Das Geheimnis um den Tod war gelüftet, die »Schande« öffentlich gemacht. Sollten sich die Spießbürger das Maul zerreißen, Anna würde höchstens aus ihrem Grab heraus applaudieren.

Jetzt brach lautes Stimmengewirr im Gerichtsaal aus. Die Staatsanwältin rief: »Einspruch, alles Spekulation, nicht beweisbar, Manipulation des Zeugen«. Helene sah Knut an. In dem Aufruhr flüsterte sie ihm zu: »Herrmann hat ihn bestochen oder Betrail hat ihn erpresst.«

»Einspruch abgelehnt, Frau Staatsanwältin, Frau Weise, bitte fahren Sie fort.«

Es wurde ruhig im Saal. Jeder der Anwesenden wartete auf Doktor Betrails Antwort. Er sah an Martina vorbei und starrte Nikolas an. Seine alten Hände waren ineinander verknotet, es sah aus, als ob er jemanden erwürgen würde.

»Bestehen Sie heute noch immer auf Ihrer Diagnose des Herzstillstandes?«

»Ihr Herz war stehengeblieben, gute Frau, daran besteht kein Zweifel. Sie haben keine anderen Beweise als diesen Brief. Ich kann Ihnen nicht sagen, warum ihr Herz aufhörte zu schlagen.«

»Und warum wurden keine weiteren Untersuchungen gemacht? Warum wurde keine Autopsie vorgenommen? Es muss Ihnen doch seltsam erschienen sein, dass die Patientin so plötzlich starb.«

»Ich habe Ihnen bereits gesagt, dass das die Privatangelegenheit der Familie war. Der Ehemann der Verstorbenen hatte es so angeordnet.«

Er würde es niemals zugeben. Martina schüttelte den Kopf über so viel Altersstarrsinn, aber sie hatte ihren Punkt gemacht. »Herr Doktor Betrail, Sie haben Ende der sechziger Jahre, im Gegensatz zu anderen Ärzten, während und nachdem Nikolas Wilde von Ihnen behandelt wurde, Autismus als Krankheit diagnostiziert. Obwohl Sie kein Psychologe waren! Ich möchte Ihnen ein paar Fotos zeigen, die diese Fehldiagnose Ihrerseits bestätigen werden. Diese Fotos waren bis zu ihrem Tod in Besitz von Frau Magda Wilde.«

Der Gerichtsdiener drückte auf einen Schalter an der Wand und dimmte das Licht herunter.

»Showdown«, dachte Max, der in der Dunkelheit in den Raum gekommen war, und setzte sich neben Nikolas auf die Anklagebank. Die Erlaubnis hatte er sich von Silke in der Mittagspause geholt. Sie war von dem, was jetzt kommen würde, unterrichtet worden. Auf einer Leinwand erschien das erste Foto. Nikolas im Alter von ungefähr sechs Jahren. Es war der Ausschnitt aus einem Foto, das Magda gemacht hatte, und zeigte nur Nikolas' Gesicht.

»Ist das Nikolas Wilde als kleiner Junge, ungefähr in dem Alter, als sie ihn behandelten?« Betrail nickte. »Würden Sie das bitte laut und deutlich sagen?«

»Ja.« Er bellte es förmlich heraus.

»Dann werden Sie mit mir übereinstimmen, dass es auch Nikolas Wilde ist, den wir auf den nächsten Fotos sehen.«

Max hielt Nikolas' Hand fest in seinen Händen und flüsterte ihm zu, dass er nicht hinschauen musste, wenn er nicht wolle. Er legte den Kopf an Max' Schulter, behielt die Leinwand aber im Auge.

Das nächste Dia wurde gezeigt. Jetzt war das ganze Bild und nicht nur Nikolas' Gesicht zu erkennen. Man hatte die Geschlechtsorgane der Erwachsenen nicht mit schwarzen Balken abgedeckt. Nikolas' kindlich-ängstlicher Blick auf der Leinwand beherrschte den Gerichtsaal. Wenn bis dahin jemand der Anwesenden noch Zweifel am Missbrauch gehabt hatte, so waren diese jetzt endgültig zerstört. Die Fotos, die Renate Max vor ein paar Monaten im Hotel gegeben hatte, wurden an diesem späten Novembernachmittag nacheinander auf der Leinwand im Gerichtssaal gezeigt und verfehlten ihre Wirkung nicht.

Der Sturm brach los.

49

Unverhoffter Fund

Was in den nächsten Tagen passierte, war unglaublich. Der Pressezirkus schwoll zu einem Monster an. Das ganze Land war auf einmal am Prozess beteiligt und wollte alles über den Fall erfahren. Denn es ging nicht mehr nur um einen Doppelmord.

Es ging um einen Mann, der als Kind zum Opfer wurde.

Es ging um eine Frau, die ihn und andere Kinder zu sexuellen Handlungen gezwungen hatte.

Am zweiten Tag der Verhandlung wurden drei Männer als Zeugen gerufen, die sich auf den Artikel hin gemeldet hatten, den Martina mit dem Landeskriminalamt in den Tageszeitungen publiziert hatte. Alle drei waren Söhne von Spätaussiedlern und wurden von Frau Salo und Magda zu sexuellen Praktiken, allein, miteinander und mit Erwachsenen gezwungen. Die Staatsanwältin saß bald schockiert und grau im Gesicht auf ihrem Stuhl. Sie hatte ihr hohes Ross verlassen und würde es nicht so schnell wieder besteigen.

Es ging um eine Nachbarin, die pornografische Fotos von Kindern gemacht und dann verkauft hatte. Eine Frau, selbst Mutter und Großmutter, die Kinder zu furchtbaren Dingen zwang und deren Leben zerstörte. Zwei der Opfer gaben zu, jahrelang heroinsüchtig gewesen zu sein.

Nachdem die Presse am Donnerstag über den Prozess und den Missbrauch von Nikolas berichtet hatte, meldeten sich weitere Opfer, die vorher nicht den Mut gehabt hatten, an die Öffentlichkeit zu treten. Die Scham war groß, die Verletzung immer noch zu tief.

Es ging um Männer, die diese Fotos gekauft hatten. Am dritten Tag wurde Hans Eggert in den Zeugenstand gerufen und gab zu, dass er die Fotos, die er später im Internet veröffentlichte, bei Frau Salo gekauft hatte.

Es ging um Anna, deren Tod ein Selbstmord gewesen und damals vertuscht worden war. Als Schwarzhausen noch eine funktionierende Gemeinde war, kannten viele Anna Wilde, denn sie arbeitete für die Kirche und war ehrenamtlich im Pfarrgemeinderat tätig.

Das kollektive schlechte Gewissen der Dorfbewohner meldete sich jetzt lautstark. Plötzlich wollte jeder irgendetwas geahnt haben und Magda sei schon immer eine böse und durchtriebene Frau gewesen. Alle hatten plötzlich Mitleid mit dem »armen Nikolas«.

Jahrzehntelang war man an ihm vorbeigegangen, hatte ihn ignoriert und zu einer Art behindertem Dorftrottel gemacht. Jetzt gab jeder Hinz und Kunz im Dorf seinen Kommentar an die Klatschblätter weiter oder blökte seine Meinung in ein Mikrofon, das man ihm vor die neugierige Nase hielt.

Von dem Missbrauch hatten sie natürlich nichts gewusst, denn dann hätten sie ja schon viel früher etwas unternommen, um das Schlimmste zu verhindern, erzählten sie den Presseleuten.

Es ging um eine Familie, die jahrzehntelang geschwiegen hatte. Eine Familie, deren böser Keim, Magda, durch eine besondere Mischung der Umstände zu einer starken Bedrohung heranwachsen konnte. Sie wusste, dass keiner über die Dinge sprechen wollte, die den schönen Schein zerstören konnten. Sie wusste, dass das Grauen hinter den dörflichen Gardinen aus Angst verborgen bleiben würde.

Max dachte in dieser ersten Woche der Verhandlung oft an die deutsche Seele, die es so gut verstand, Tatsachen zu verdrängen. Nicht unbedingt nur ein nationales Phänomen, aber den Deutschen lastete es seit 1945 besonders an.

»Wir haben nichts gewusst, Hitler ist's gewesen.« Es gab so viele Sprüche, die Max in seiner Kindheit gehört hatte, und die für Magdas Taktik der Verschleierung nützlich waren: »Ins eine Ohr hinein, zum anderen hinaus!«, »Was geht mich das an?«, »Scher dich nur um deinen Kram!«, »Der Lauscher an der Wand hört seine eigene Schand!« oder »Wie es da drinnen aussieht, geht niemanden etwas an!« Sprüche, immer wiederholt, von Generation zu Generation weitergetragen, die sich somit zu scheinbar unantastbaren Gesetzen des Miteinanders entwickeln konnten. Es war nicht üblich, Konflikte von Angesicht zu Angesicht zu lösen, außer man hatte zu viel getrunken, denn dann war die Zunge locker und kaum im Zaum zu halten. Am nächsten Morgen war alles vergessen. Die meisten unterwarfen sich diesen ungeschriebenen Gesetzten, wollten oder konnten nichts daran ändern. Eine Reflektion des eigenen Verhaltens fand selten statt.

Auch Max hatte bis vor kurzem nie den Mut gehabt, sich gegen seinen Vater aufzulehnen, ihm frei und ohne Angst ins Gesicht zu sagen, was er von ihm und seinen Aktionen hielt. Ihm war jetzt klar, dass die Emigration nach New York auch eine Art Flucht war, damit er sich nicht mit dem Familiendrama und dem Geflecht aus Lügen und Missbrauch auseinandersetzen musste.

Auch Marie konnte nicht mehr wegschauen, es war unvermeidbar. Herrmann hatte sie angelogen. Es wurde ihr schmerzlich bewusst, dass ihre Kinder einer großen Gefahr ausgesetzt gewesen waren und sie froh sein konnte, dass Magda nicht auch das Leben von Paul und Leo zerstört hatte. Marie befand sich in einem großen Gewissenskonflikt, denn sie musste gegen ihren eigenen Vater aussagen.

Am Donnerstagnachmittag wurde sie von Martina in den Zeugenstand gerufen. Es war wichtig, dass sie zu Protokoll gab, dass von ihren Söhnen Nacktaufnahmen auf einschlägigen Seiten im Internet kursierten. Diese Fotos, so bezeugte sie, waren von ihrer Tante, Frau Magda Wilde, gemacht worden. Auf die Frage, ob sie als Kind gewusst hatte, dass Nikolas missbraucht wurde, brach sie in Tränen aus. Sie habe nichts gewusst und sich auch später nie gefragt, was mit Nikolas wirklich los sei. Sie habe die Diagnose des Autismus als Wahrheit akzeptiert.

Ein gefundenes Fressen für die Journalistenmeute, die jetzt ein neues Monster hatten, das durch den Novembernebel mit Hilfe der Zeitungen und des Fernsehens in die deutschen Haushalte kroch und den Bundesbürgern zu denken gab: Magda. Das Monster Nikolas gab es nicht mehr.

Noch sagte Max nichts zu den Reportern, die ihm überall hin folgten, noch nahm er keine Einladungen in diverse Talkshows an. Kein Kommentar.

Er war davon überzeugt, dass seine Geschichte noch früh genug in allen Zeitungen stehen würde. Selbst Frau Frait, jene karrieregeile, engstirnige und unsensible Klatschreporterin eines Boulevardmagazins, die Max schon bei der ersten Pressekonferenz im Juni unangenehm aufgefallen war, fuchtelte beflissen und betont mitleidsvoll in der ersten Reihe der Reporter, immer einen Kameramann im Schlepptau, mit ihrem Mikrofon vor seiner Nase herum. Ihr hatte Max am allerwenigsten zu sagen.

Die Prozessordnung wurde ständig gestört und verändert. Neue Zeugen, unter anderem Doktor Gutmann und die Oberschwester des Lüdower Krankenhauses, wurden befragt, um die Umstände, die Annas Tod betrafen, zu klären. Magda hatte sie einen Tag vor deren Entlassung im Krankenhaus besucht. Ob sie Anna auch die Schlaftabletten mitbrachte, blieb Theorie. Dass Magda sie erpresst hatte, war ebenfalls nicht mehr zu festzustellen, wie die Staatsanwältin ausdrücklich betonte.

Martinas Absicht war es zu beweisen, dass Nikolas Magda auch umgebracht hatte, weil er von ihrer Schuld überzeugt war, seine Mutter in den Tod getrieben zu haben. Die Tatsache, dass er Annas Brief kurz vor dem Mord gefunden hatte, sollte zeigen, dass ein neu erlebtes Trauma ein verdrängtes Trauma wieder in das Bewusstsein zurückholen konnte. Martina hielt Nikolas' Aussage, dass er die Morde auch für Max begangen hatte, für immens wichtig. Um dies zu verdeutlichen, sollte Max in den Zeugenstand. Am Freitag, dem fünften Verhandlungstag, war seine Befragung anberaumt.

Es war ein kalter Morgen, aber zum ersten Mal in dieser Woche zeigte sich ab und zu die Sonne zwischen den schnell am Himmel dahinziehenden Wolken. Wie jeden Morgen war der Gerichtssaal zum Bersten voll. Es war 9.30 Uhr, als Max den Zeugenstand betrat. Seine Narbe auf der Stirn juckte, als er schwor, die Wahrheit zu sagen und nichts als die Wahrheit, »so wahr mir Gott helfe«.

Max blickte in so viele bekannte Gesichter seiner Kindheit, deren Ausdruck sich nach dem, was er zu sagen hatte, bestimmt ändern würde. Er war ruhig und sah Nikolas an, der gefasst auf der Anklagebank saß.

Die Stimmung im Raum war angespannt und Max war nicht wohl bei dem Gedanken, sich vor diesen Menschen seelisch zu entblößen. Nach den üblichen Formalitäten fragte Martina ihn nach den Ereignissen des zweiten Novembers, dem Morgen, als er in der Wohnung seiner Tante war. Max berichtete von dem geplanten Treffen in Frau Salos Wohnung und von den Erinnerungen, die ihm im Schlafzimmer seiner Tante ins Bewusstsein kamen. Er war plötzlich todmüde. Das Eintauchen in die Erlebnisse an diesem Morgen überrollte ihn. Max sah Nikolas an, dem die Tränen übers Gesicht liefen. Es schien, als ob er für ihn weinen würde, spürte die tiefe Verbindung zu seinem Bruder, die enger war als alle anderen Beziehungen in seinem Leben.

»Einspruch.« Staatsanwältin Müller-Schmidt stand auf. »Die Aussage des Zeugen ist subjektiv und nicht beweisbar und die Ereignisse, die er beschreibt, sind verjährt und haben nichts mit dem Mord an den beiden Opfern zu tun.«

Max hatte am vorherigen Abend lange darüber mit Martina diskutiert, ob sie die Fotos zeigen sollten, die Magda von ihm gemacht hatte. Er entschied sich dagegen, nicht aus Angst, sondern aus Rücksicht auf seine Familie. Er wollte selbst bestimmen, wann er sie ihnen zeigte, und auch nur dann, wenn sie es selbst wollten. Max wollte sie nicht nötigen oder ihre Betroffenheit öffentlich zur Schau stellen. Die Bilder von Nikolas hatten gereicht. Eine öffentliche Zurschaustellung dieser Beweise seines Missbrauchs erschien ihm nicht nötig.

Jetzt starrte Max die blonde Staatsanwältin fassungslos an. Warum sollte jemand an seinen Worten zweifeln? Er war vollkommen perplex. Sie hatte offensichtlich nur auf einen Moment gewartet, um wieder Land zu gewinnen. Die Presse hatte die Staatsanwältin in den letzten Tagen nicht mit Samthandschuhen angefasst. Max konnte nicht glauben, dass sie es wagte, seine Aussage anzuzweifeln. Er hatte nie über den Begriff Ehre nachgedacht, aber in diesem Moment hatte sie das, was davon noch übrig war, mit den Füßen getreten und in den Schmutz gezogen.

»Was erlauben Sie sich eigentlich? Wie können Sie es wagen, an meiner Aussage zu zweifeln? Denken Sie vielleicht, ich würde mir so eine Geschichte ausdenken, nur um meinem Bruder zu helfen? Glauben Sie wirklich, ich würde einen Menschen, selbst wenn er tot ist, durch solch eine Aussage ohne jeglichen Skrupel belasten? Denken Sie, es macht mir Spaß, vor Ihnen zu stehen und Dinge, die mich beinahe kaputtgemacht haben, öffentlich zu machen? Sehen Sie nicht, dass Sie gerade das wiederholen, was man meinem Bruder sein ganzes Leben lang angetan hat, dass gerade ein Verhalten wie das Ihre dazu führte, dass er diese Tat beging?« Max schrie es in ihr Gesicht. Die Wut kam schnell und brannte wie ein Feuer. Mit geballten Fäusten stand er im Zeugenstand.

Es war still im Saal, die Menschen hatten die Köpfe gesenkt. Selbst die Pressemeute war verstummt. Martina schaute Max entsetzt an, Silke rief Max energisch auf, ruhig zu bleiben und die Staatsanwältin wurde weiß im Gesicht. Doch Max war nicht zu halten, lief aus dem Zeugenstand auf die Frau zu, auf die sich jetzt all seine Wut und Enttäuschung entlud.

»Ruhe im Saal, Herr Remark, Max, nun setzen Sie sich wieder hin, ich dulde so ein Verhalten im Gericht nicht.« Silke war aufgestanden, doch Max nahm sie kaum wahr.

Max stand jetzt direkt vor der Staatsanwältin und konnte ihr süßes Parfum riechen. Wie durch eine Wand nahm er vereinzelte Blitze war. Sollten sie doch Fotos machen, ihm war jetzt alles egal, er nahm keine Rücksicht auf Konventionen, die Gesellschaft, seine Familie und erst recht nicht auf sich.

»Sie wollen Beweise, Sie wollen sehen, was diese Frau mit mir gemacht hat, als ich noch ein Kind war? Sie brauchen es schwarz auf weiß? Meine Aussage genügt Ihnen nicht? Sie müssen es mit eigenen Augen sehen, wie sie mich anpisst, mein Gesicht in ihre alte haarlose Fotze presst? Und mir dann einen Dildo in den Arsch schiebt? Sie wollen sehen, wie ich mich dabei gefühlt habe? Bitte sehr, Frau Staatsanwältin und wertes Publikum dieser Vorstellung, das können Sie haben! Beweise! Schwarz auf weiß!«

Er schrie sich die Wut, die Schande, die Trauer aus dem Leib. Martina kam auf ihn zu und wollte ihn beruhigen. Doch ein Blick von Max genügte. Sie blieb mitten im Raum stehen.

»Dimmen Sie das Licht herunter«, rief Max dem Sicherheitsbeamten zu, der ihn mit verstörtem Blick ansah.

Der Mann schaute zu Silke und sie nickte nur. Martina schaltete das Projektionsgerät an. Nacheinander flimmerten die Bilder, die Magda von Max vor dreißig Jahren mit ihrer alten Kamera gemacht hatte, über die Leinwand. Was er in der letzten Woche zum ersten Mal auf Papier gedruckt gesehen hatte, zeigte sich jedem einzelnen im Saal plötzlich überlebensgroß. Die Bilder verfehlten ihre Wirkung nicht.

Kein Eis der Schneekönigin, kein Pulver des Schneemanns konnten seinen Schmerz mindern, als er sich auf der Leinwand sah, ein Kind, wehrlos dieser Frau ausgeliefert. Jetzt sah und fühlte Max die Gewalt, die gegen ihn angewendet wurde. Er hatte keinen Verteidigungsschild bereitstehen, um sich zu schützen. Ausgezogen, nackt und verwundet stand er inmitten seiner Familie und des halben Dorfes im Gerichtsaal und starrte auf die Bilder. Leise stöhnte er auf. Das, was noch von seinem Herzen da war, brannte. Die Schneekönigin zog in diesem Moment den Splitter heraus.

Nikolas stand auf und führte seinen Bruder zur Anklagebank. Es gab nichts zu sagen. Das letzte Bild war gezeigt worden. Es herrschte absolute Stille.

Mit einem Handzeichen bedeutete Max Silke, die ihn ernst und besorgt aus ihren klaren grünen Augen ansah, dass er okay sei. Martina stand ratlos daneben und wusste nicht, wie sie weiter verfahren sollte. Es war 10.35 Uhr.

»Hat die Anklage noch Fragen?«, hörte Max Silke fragen.

»Nein, hohes Gericht«, sagte Frau Müller-Schmidt mit zitternder Stimme.

»Dann machen wir jetzt eine Pause und fahren um 11.30 Uhr mit der Verhandlung fort.«

Benommen blieb Max sitzen. Was war da gerade passiert? Plötzlich überfiel ihn die Angst, dass sein Verhalten Nikolas geschadet haben könnte. Warum war er nur so ausgeflippt? »Blöder Trottel«, schimpfte er mit sich selbst.

In diesem Moment stand die Staatsanwältin vor der Anklagebank. Wenn Max etwas retten konnte, dann jetzt. Er schaute ihr direkt in die Augen. »Bitte entschuldigen Sie, Frau Müller-Schmidt, ich wollte Sie nicht erschrecken, ich weiß auch nicht, warum ich plötzlich so reagiert habe. Es tut mir leid.«

Sie sah erst Nikolas und dann Max an: »Ich bin diejenige, die sich bei Ihnen entschuldigen muss.« Dann drehte sie sich um und verließ schnell den Saal.

Max wollte mit Nikolas allein sein. »Martina, würde es dir etwas ausmachen, schon mal in die Cafeteria zu gehen? Ich komme gleich nach.«

Sie nickte und ließ die Brüder mit den beiden Polizisten, Nikolas' ständigen Begleitern, und dem Sicherheitspersonal im Gerichtssaal zurück. Keiner sagte ein Wort, die Männer zogen sich in eine andere Ecke zurück. Sie hörten die Journalistenmeute vor der Tür, die nach ihm rief. Nikolas nahm Max' Hand. »Ich weiß, es war nicht einfach für dich, und ich hätte es nicht gekonnt vor all diesen Leuten.«

Sie saßen ein paar Minuten schweigend nebeneinander. Nach dem, was an diesem Morgen passiert war, trennte sie nichts mehr.

Das Stimmengewirr im Flur vor dem Saal schwoll plötzlich lautstark an. Kurz darauf betrat Petra den Raum, war rot im Gesicht und außer Atem.

»Ihr glaubt nicht, was gerade passiert ist. Einer der Arbeiter, der mit den Umbauten am Hause eurer Tante beschäftigt ist, hat heute Morgen etwas gefunden. Unter dem Betonfundament vor der Remise im Garten liegen die Überreste einer Kinderleiche.«

50

Scham und Schande

Marie hatte ihn am Nachmittag nach Hause gebracht und er hatte während der Fahrt kein Wort gesagt. Es gab auch nichts zu sagen. Sie war nicht mehr auf seiner Seite. Es würde einige Zeit dauern, bis er ihr verzeihen würde.

Sie hatte ihm keinen Abschiedskuss gegeben und selbst wenn, er hätte ihn nicht erwidert. Als er ausstieg, hatte sie ihn nicht angesehen. Der Regen auf der Windschutzscheibe hatte lange Schatten auf ihr Gesicht gezeichnet.

Die Journalisten, die ihn seit dem Verlassen des Gerichtssaals nicht aus den Augen gelassen hatten, waren ihm bis zur Haustür gefolgt, und er musste sie mit seinem Regenschirm vertreiben. Er hasste diese aufdringlichen Geier mit ihren unverschämten Fragen, die ihm Dinge unterstellten und ständig Mikrofone und Kameras vor sein Gesicht hielten.

Es war Mittwoch, der 16. November. Es war für ein paar Tage besser geworden mit dem Wetter und am Wochenende hatte sogar die Sonne mal geschienen. Nicht, dass er das etwa hätte genießen können. Er fühlte sich inzwischen wie ein Gefangener in seiner Wohnung.

Wie hatte es nur dazu kommen können? Hätte er doch nur diese Söhne nie in die Welt gesetzt. Anna hatte während der Schwangerschaft so oft gestöhnt, dass er glaubte, sie wollte diese Kinder gar nicht haben. An Abtreibung hatten sie nie gedacht, es wäre eine Todsünde gewesen.

Nichts hatte sie mehr machen können, so kugelrund war sie durch die Schwangerschaft geworden. Geschimpft hatte sie, dass ihre Figur nun für immer zerstört sei und dass sie nie mehr Zeit für sich haben würde, mit drei Kindern. Aber als die Zwillinge dann nach fast zehn Monaten kamen, war sie ganz vernarrt in ihre kleinen Prinzen und hatte kaum noch Zeit für ihn oder Marie. Wütend schaute er aus dem Küchenfenster in den verregneten Garten, der jetzt im Dunkeln lag, und schlug mit der Faust an die Scheibe. Nichts als Ärger hatten diese Nichtsnutze gemacht, ihr ganzes Leben. Der eine krank und ein Mörder, der andere ein Säufer und Lügner. Was wusste Max schon vom Leben?

Er hurte in New York herum und machte bunte Bilder, die keinen mehr als fünf Minuten interessieren konnten. Diese Modebranche, in der er arbeitete, war ein einziges Sodom und Gomorrha. Fotograf? War das überhaupt ein Beruf? Politik, Kultur und Wissenschaft interessierten ihn wahrscheinlich genauso wenig wie die Kirche oder die Gründung einer Familie. Keiner dieser undankbaren Söhne hatte je auf ihn gehört oder war seinem Leitbild gefolgt, dabei hatte er doch wohl ein bisschen mehr Lebenserfahrung als sie, oder nicht?

Versager, die nur darauf aus waren, sein Leben und seinen Ruf in der Gemeinde zu zerstören. Und das hatten sie nun beinahe geschafft. Wie konnten sie es nur wagen?

Er war immer ein ehrenwerter und anständiger Mann gewesen und hatte alles für seine Familie getan. Hatte für ihr Wohl gesorgt, hatte ihnen ein Dach über dem Kopf gegeben und eine gute Schulbildung ermöglicht. Sicherheit!

Er hatte sie liberal erzogen, die beiden konnten jederzeit ihre Meinung sagen. Nikolas konnte sich eh nicht mehr richtig artikulieren. Und selbst später, als der Junge zur Belastung für alle geworden war, hatte er ihn nicht verstoßen, sondern weiterhin zu Hause wohnen lassen. Obwohl es für den Rest der Familie und seine Ehe weiß Gott nicht immer einfach gewesen war. Und das war nun der Dank für seine Großzügigkeit und all die Opfer, die er über die Jahre gebracht hatte? Verrat! Und Marie hatte sich ihnen angeschlossen!

Anna gegenüber hätten die Söhne nie solch ein Theater veranstaltet. Sie war ja nach ihrem Tod eh zu einer Heiligen erklärt worden. Wenn die anderen die Wahrheit gewusst hätten. Ihren Freitod öffentlich machen? Absurd.

Und auf einmal sollte er Schuld an allem sein? Er hatte kein Geld unterschlagen und dann Selbstmord begangen, oh nein. Er hatte niemanden umgebracht, sondern sein geisteskranker Sohn. Und jetzt sprach man schon in den Talkshows über ihn, Herrmann Wilde, und ermächtigte sich, ihn zu beurteilen. Eine Unverschämtheit!

Angeblich habe er nichts getan, um zu helfen und seine Söhne mit ihrem Missbrauch alleingelassen. Er hatte sie nie alleingelassen, er war immer für sie da gewesen, hatte sein Leben lang alle Versicherungen und Ärzte bezahlt!

Und dann dieser zweite Missbrauch. Erst Nikolas und jetzt kam Max auch noch damit an. Er hatte doch damals nichts gewusst und die Jungen hatten es ihm nicht gesagt, wie hätte er da etwas dagegen unternehmen können? Und die Fotos von Max konnten ja auch eine Fälschung sein. Schließlich war Max ja Fotograf und kannte sich mit diesem Computerkram aus. Heute wurde ja alles gefälscht und sein Sohn kannte keine Skrupel, davon war er überzeugt. Um seinem Vater zu schaden, wäre Max bestimmt jedes Mittel recht.

Zugegeben, er hatte die Fotos von Nikolas in einem alten Mantel von Magda nach ihrem Tod gefunden, aber einer musste sich ja um den Nachlass seines Bruders kümmern.

»Du bist der Bruder, kümmere du dich darum«, hatten sie gesagt. Ilse hätte helfen sollen, aber sie war zu alt und zu schwach. Und später hatte sie die Erbschaft abgelehnt. Sie hatte ihm gesagt, dass sie das Geld einer Verbrecherin nicht haben wollte.

Er stand immer noch in seinem Regenmantel am Küchenfenster und sah hinaus. Seine eigene Schwester war ihm in den

Rücken gefallen. Er schüttelte den Kopf. Es war eh zu spät gewesen. Man hätte weder Magda und Erich zum Leben erwecken noch Dinge, die geschehen waren, rückgängig machen können. Und für die Familie und das Dorf wäre es doch wirklich besser gewesen, man hätte es dabei belassen und diese Missbrauchsgeschichte nicht an die Öffentlichkeit gezerrt. Letzten Endes hatte er doch alle nur beschützen wollen! Aber das sah ja keiner.

Und wo blieb die Privatsphäre? Wie weit war es nur mit diesem Land und der Presse gekommen? An jeder Ecke im Dorf stand ein Reporter oder ein Kamerateam. Er konnte noch nicht einmal mehr auf die Straße gehen, um einzukaufen oder seinen Hund spazieren zu führen, ohne belästigt zu werden. Eine Schande, dieses Pressevolk! Früher wäre das anders gewesen.

Er dachte an Franz-Josef Strauß, den hätte Deutschland als Bundeskanzler gebraucht! Der hätte andere Seiten aufgezogen, aber diese linken Brüder hatten damals in den Siebzigern das Land zerstört. Gott sei Dank kam dann Helmut Kohl.

Er wandte sich vom Fenster ab, zog den feuchten Mantel und die schwarzen Halbschuhe aus. Er nahm eine Flasche Bier aus dem Kühlschrank. Renate war nicht zurückgekommen. Hatte ausgesagt, dass er Dr. Betrail über all die Jahre Geld gezahlt hatte, Schweigegeld.

Ja, was wäre denn damals passiert, wenn Betrail öffentlich geredet hätte? Er wollte das Jugendamt verständigen. Herrmann, der gerade in den Kirchenvorstand gewählt worden war und den ehrenamtlichen Posten als Leiter der Begräbnishilfe angenommen hatte, würde selbst den Dingen auf den Grund gehen und das Problem innerhalb der Familie klären. Trauma. Missbrauch. Dieser ganze psychologische Scheißkram! Es ging niemanden etwas an, verdammt noch mal!

Vielleicht hatte Nikolas auch nur übertrieben, weil er mehr Aufmerksamkeit gewollt hatte. Er hatte ja schon immer Theater gemacht. Irgendwann hatte er zwar etwas von Magda gefaselt, dass sie ihn angefasst hätte, aber Herrmann hatte es nicht ernst genommen. Eine absurde Idee! Wahrscheinlich hatte sie dem Jungen nur den Hintern getätschelt. Bis zu Annas Tod war alles den Umständen nach ruhig geblieben in der Familie, dafür hatte er gesorgt.

Er selbst hatte Annas Leiche an jenem Sonntagmorgen gefunden. Samstag war sie zehn Tage nach der Operation aus dem Krankenhaus entlassen worden, er hatte sie mit dem Wagen abgeholt und war nicht spazieren gegangen. Wegen ihr. Aber sie hatte den ganzen Tag kein Wort gesprochen und irgendwann war er wütend aus dem Haus gegangen. Abends war er bei *Roberts* versackt, kam erst in den frühen Morgenstunden nach Hause und war auf der Couch eingeschlafen. Als er gegen 11 Uhr verkatert aufstand, war es zu spät gewesen.

Das Glas mit den Resten der aufgelösten Tabletten und die drei leeren Röhrchen standen noch auf dem Nachttisch. Sie musste gleich, nachdem er das Haus verlassen hatte, alles geschluckt haben. Nur gut, dass Nikolas damals nicht zu Hause lebte. Er stand fassungslos vor ihrem Bett und betrachtete Annas leblosen Körper. Es war nicht Trauer, sondern Wut, die er fühlte. Sie war tot, hatte sich einfach davongemacht und ihn mit der Schande alleine gelassen. Warum hatte sie nicht mit ihm gesprochen, er hatte doch immer ein offenes Ohr für jeden. Dass sie nach der Operation deprimiert war, wunderte ihn nicht. Das war ja ganz normal. Aber sich gleich das Leben zu nehmen, nur weil eine Brust amputiert worden war? Eine vollkommen übertriebene Aktion. Hatte sie nur an sich gedacht und nicht daran, was aus ihm und den Kindern werden würde?

Erst später hatte er ihren Abschiedsbrief gefunden. Magda sollte sie erpresst haben? Das war doch nicht möglich.

Er wusste nicht, was ihn wütender machte: dass sich Anna ihm nicht anvertraut hatte oder dass seine Schwägerin eine Erpresserin sein sollte. Mechanisch nahm er die Schlaftablettenröhrchen und schmiss sie in die Mülltonne, dann nahm er das Glas und spülte es ab. Niemand sollte erfahren, dass seine Frau Selbstmord begangen hatte. Es blieb ihm nichts erspart in diesem Leben. Der neue Hausarzt durfte Anna nicht untersuchen und die vom Krankenhaus auch nicht. Die Wahrheit durfte nicht ans Licht kommen. Er rief Betrail an. Nach einer kurzen Diskussion kam man überein, dass der Doktor den Totenschein auf Herzversagen ausstellen würde. Herrmann würde dafür in den nächsten Jahren teuer bezahlen.

Monatelang war er wütend, ließ sich aber in der Öffentlichkeit nichts anmerken. Erst später, als die Einsamkeit unerträglich wurde, kam die Trauer.

Nikolas blieb weiter in der Anstalt und Herrmann gewöhnte sich an seinen neuen und einzigen Freund, den Alkohol. Renate kam öfter zu Besuch und verhinderte das Schlimmste. Sie war seit einigen Jahren geschieden. Er fuhr öfter zu ihr, eins führte zum anderen. Sie war für ihn da, das reichte. Er war müde. Annas lange Krankheit hatte ihn zermürbt. Er wollte nicht mehr leiden, er wollte seine Ruhe. Acht Monate nach Annas Beerdigung heiratete er Renate. Sie war voller Leben, brachte ihn zum Lachen und stellte keine Fragen.

Ihr Leben verlief harmonisch, sie fuhren oft in den Urlaub und Renate integrierte sich in das dörfliche Leben. Die neue Frau Wilde war bald ob ihres sonnigen Gemütes überall beliebt. Nur in der eigenen Familie nicht. Die Remark-Sippe fühlte sich durch die zu schnell geschlossene Ehe betrogen. Helene war erst gar nicht zur Hochzeit erschienen.

Später holte er Nikolas nach Hause und mietete für ihn das Zimmer auf dem Dachboden. Er wollte seinen Ruf als Vater, der sich um seinen behinderten Sohn kümmerte, nicht gefährden. Viel Kontakt hatte er nicht mit ihm. Nikolas verhielt sich ruhig und kam nur zu Familienfeiern hinunter in die Wohnung, die Herrmann mit Renate teilte. Ab und zu trank er Kaffee mit ihr, die beiden kamen, warum auch immer, gut miteinander aus.

Das war gut so, denn Herrmann wollte keine Probleme mehr in seinem Leben, alles sollte geregelt, überschaubar und konfliktfrei sein. Das Leben hielt weniger Überraschungen bereit, wenn es in ruhigen Bahnen verlief.

Und alles verlief ruhig, bis zu jenem Tag im Juni, an dem sein Sohn diese Morde begangen hatte und damit auch seinen Zwillingsbruder nach fast zwei Jahrzehnten wieder auf den Spielplan geholt hatte.

Herrmann trank aus seiner Flasche Bier und setzte sich auf die apricot Couch. Der alte Labrador lag in der Küche. Selbst der Köter hatte sich von ihm abgewandt. Der Regen war stärker geworden und klatschte unaufhörlich gegen die Scheiben. Er schaute auf seine Armbanduhr. Es war halb sieben.

Die Reporter waren nicht mehr vor dem Haus, das schlechte Wetter hatte sie vertrieben. Er schaute durch die Gardinen, die Straße war leer. Er konnte das Dorf auf der anderen Seite der Eisenbahnschienen sehen. Auf den stillgelegten Gleisen wuchsen Bäume, die jetzt kahl waren und von Wind und Regen geschüttelt wurden. Fast sein ganzes Leben hatte er in diesem Dorf gelebt. Er konnte hier nicht weg, dies war der einzige Ort, den er kannte.

Er ließ die Jalousien im Wohnzimmer herunter. Dann ging er in jedes Zimmer der stillen Wohnung und tat das Gleiche. Wie jeden Abend seitdem er hier lebte. Einige von diesen Reportern hatten gestern versucht, in die Wohnung hinein zu fotografieren.

Die Verhandlung war zu einer Farce verkommen. Als die Bauarbeiter dann letzten Freitag auch noch die Überreste einer Kinderleiche unter der Veranda in Magdas Garten gefunden hatten, schien der letzte Funken Verstand aus allen Beteiligten gewichen zu sein.

Verdammt noch mal, es war doch nicht seine Schuld, was diese Magda gemacht hatte. Er hatte sich nichts, aber auch gar nichts vorzuwerfen. Seine Motive dienten nur dem Schutze der Familie. Was wollten denn alle von ihm? Herrmann fuhr sich mit der Hand über die feuchte Stirn, der Schweiß blieb an den Haaren kleben. Sein Mund war trocken, er trank die halbvolle Flasche in einem Zug aus.

Heute Morgen musste er in den Zeugenstand und man hatte ihn wie einen Verbrecher behandelt. Er war doch nun wirklich kein Kollaborateur in dieser Angelegenheit, auf irgendeine Weise hatte Magda ja auch ihn erpresst, so kam es ihm zumindest vor. Er war ja schließlich auch ein Opfer in dieser Angelegenheit, aber davon sprach natürlich niemand.

Und nun hatte man ihn vorgeladen, unter Eid gestellt und ihm all diese Fragen gestellt: Ob er etwas von dem Missbrauch gewusst habe, warum er nichts von dem Fund der Fotos gesagt hatte? Er habe sich strafbar gemacht, man würde ein Ermittlungsverfahren gegen ihn einleiten. Alles leere Drohungen.

Die ganze Familie hatte ihn angestarrt. Diese Schleimer und rückgratlosen Mitläufer. Früher hatten sie sich einen Dreck um den Jungen geschert und Anna und ihn alleine mit dieser Last sitzenlassen. Aber jetzt hatte sich das Blatt gewendet. Max war der Befreier, der Held, und er, Herrmann, der schwarze Mann, ein Rabenvater. Man wollte ihn zum Sündenbock machen, da die Verbrecher ja tot waren.

Ob Erich daran beteiligt gewesen war, konnte keiner beweisen. Böse Nachrede. Sein Bruder hätte niemals so einen

Schweinkram mitgemacht. Wie weit Magda gehen würde, damit hätte doch niemand rechnen können. Ob sie etwas mit der Leiche zu tun hatte, die man im Garten gefunden hatte, musste sowieso erst noch geklärt werden.

Magda! Seine Schwägerin. Sie war 18 Jahre älter als er. Bilder aus der Vergangenheit schossen auf einmal aus seinem Unterbewusstsein wie Blitze bei einem heranrollenden Gewitter. Sie hatte ihn ausgelacht, als er als kleiner Junge nackt in der Badewanne war, sie hatte seinen Hintern getätschelt und ihm zwischen die Beine gegriffen. In dem Moment war seine Mutter ins Zimmer gekommen. Himmel, das war ja wohl kein Missbrauch! Ein anderes Bild drängte sich aus seinem Inneren an die Oberfläche. Magda im Garten, es war Sommer, sie massierte ihre Brüste vor ihm. Herrmann wischte die Bilder weg. Himmel noch mal, ihm waren noch ganz andere Dinge passiert, die nicht schön waren. Der alte Knecht auf dem Bauernhof während des Krieges, der sich jeden Abend vor ihm einen runterholte. Und der ältere Nachbarsjunge, damals am Ende des Krieges, als sie ausgebombt waren. Herrmanns Familie hatte kein Zuhause mehr und musste bei den Nachbarn wohnen. Er hatte das Bett mit dem Jungen teilen müssen, der schon 17 war. Herrmann war gerade elf Jahre alt und musste die Schweinereien mitmachen.

Und? Was hätte er denn machen sollen? Seinem Vater etwas davon erzählen? Der hatte ganz andere Sorgen. Hatte Herrmann etwa aufgrund dessen, was ihm passiert war, seine Familie zerstört? Hatte er Morde begangen? Hatte er Scham und Schande über seine Eltern und ein ganzes Dorf gebracht? Oh nein, ganz bestimmt nicht. Er hatte sich zusammengerissen. Gefühle waren nicht das Wichtigste im Leben und so hatte er sie abgestellt. Und nach dem Krieg war er nur froh, wieder zu Hause zu sein.

Später hatte er es nicht zugelassen, dass irgendetwas oder irgendjemand seine Ruhe gestört hatte. Niemand, selbst seine Frau und seine Kinder nicht. Und das würde auch in Zukunft nicht passieren. Er ging in die Küche und öffnete die zweite Flasche. In einem Zug trank er sie halb leer. Nun bitte, er konnte so viel trinken, wie er wollte, das ging keinen etwas an. Die Wut kochte wieder in ihm hoch, als er an die Stunden im Gericht dachte. Irgendwann war es ihm im Zeugenstand zu viel geworden und er hatte diese unverschämte kleine Weise angeblökt, ihn nicht weiter zu belästigen. Er hatte sie schon als kleines Mädchen nicht gemocht, diese vorlaute Göre mit ihrem durchdringenden Blick, bei dem er sich immer fühlte, als ob man ihn bei etwas Verbotenem ertappt hätte. Er wusste, dass Nikolas manchmal mit ihr und ihrem Sohn im Park spazieren ging. Damals hatte ihn das nicht gestört, was interessierte ihn der Umgang seines Sohnes? Jetzt war sie gegen seinen Willen Nikolas' Anwältin geworden und hatte nicht einmal um seinen Rat gebeten. Warum sahen diese Kinder es denn nicht ein, dass es am besten für alle wäre, würde man Nikolas in eine geschlossene Anstalt einweisen?

Doch sie hatte weiterhin diese lästigen Fragen gestellt. Irgendwann hatte er nichts mehr dazu gesagt, sie hatte keinerlei Recht, ihn zu befragen. Was wusste sie schon vom Leben? Diese jungen Dinger hatten doch nie kämpfen müssen, denen war doch alles in den Schoß gelegt worden und jetzt glaubte sie, sich über ihn, der alles im Leben mitgemacht hatte, stellen zu können.

Die Flasche war leer. Er nahm eine neue aus dem Bierkasten und setzte sich an den Küchentisch, starrte auf die grauen Jalousien, die ihn von der Außenwelt trennten. Er stützte das Kinn auf seine Hände. Sie waren alt, die Haut über den Fingern faltig und trocken. Die Knöchel standen hervor, die Fingernägel waren leicht gelb, er rauchte zu viele Zigarren. Wie lange würde er noch leben? Seine Eltern waren beide weit über achtzig, als sie starben. Wie würde es weitergehen? Einen Vertuscher hatte sie ihn genannt. Einen Mitwisser.

Aber er hatte doch nichts getan, er war doch unschuldig, warum sahen die anderen das denn nicht ein?

51

Die Welt kann warten

Ein Jahr war seit den Morden vergangen.

Die Presse berichtete inzwischen oft über missbrauchte und geschändete Kinder und über Mütter, die ihre Neugeborenen im Wald verscharrten oder in die Gefriertruhe legten. Nicht nur in Deutschland und Europa. Die ganze Welt war davon betroffen. Ob in den Industriestaaten, den Entwicklungsländern, ob im Osten oder Westen, ob in den gehobenen oder den unteren Schichten: Es war immer passiert und es passierte jeden Tag aufs Neue. Nikolas und Max waren keine Ausnahme. Männer missbrauchten Kinder, Frauen missbrauchten Kinder. Es war nichts Neues, es wurde nur inzwischen mehr darauf hingewiesen.

Die Berichte in den Medien besagten immer das Gleiche: Der Täter wurde gefasst und oft mit zu geringen Strafen bedacht. Meistens war die Tat bereits verjährt. Im Sommer ging eine weitere Meldung durch die Medien: Ein Mann in Hessen war in 154 Fällen der Kindesmisshandlung angeklagt worden. Er hatte über einen Zeitraum von 15 Jahren 24 Mädchen und Jungen sexuell missbraucht und dabei seine Handlungen gefilmt. Das ganze ereignete sich in einem Dorf mit 5500 Einwohnern. Keiner hatte etwas bemerkt. Der Täter ließ durch seinen Anwalt mitteilen, dass es ihm leidtäte. Zahlte eine Entschädigung. Ende der Geschichte.

Schlagzeilen für ein, zwei, manchmal drei Tage. Das war es.

Doch was passierte mit den Opfern nach dem Missbrauch? Davon sprach niemand. Keiner der Artikel, die Max in der Zeit während und nach Nikolas' Verhandlung las, ging intensiv auf die Spätfolgen ein: dass ein Opfer, das den Missbrauch überlebte, sein ganzes Leben mit den Folgen zu kämpfen hatte. Es verließ einen nie ganz. Selbst wenn man sein Leben in den Griff bekam, blieben die Erinnerungen und die Angst.

Max hatte sich nie Gedanken darum gemacht, warum er sich ständig zugedröhnt hatte, immer auf Reisen – auf der Flucht – war. Nie hatte er seine Beziehungsunfähigkeit hinterfragt. Er hatte einfach nie länger andauernde Beziehungen. Punkt. Wie auch? In New York? Also bitte! Ein absurder Gedanke. Er hatte seinen Missbrauch erfolgreich mit Drogen und Alkohol dreißig Jahre lang verdrängt. Nach Nikolas' Verhandlung konnte er sich nicht mehr selbst belügen.

Aber wäre es nicht in seiner eigenen Familie, ja ihm selbst, passiert, wer weiß, dachte er oft. Würde er nicht genauso achselzuckend über diese Zeitungsmeldungen hinweglesen, sie ausblenden und versuchen, sein Leben einigermaßen ruhig zu leben? Gab es nicht schon genug Elend auf der Welt? Und bitte: »Es war doch alles so lange her ...«, »Irgendwann ist auch mal gut.«, »Reiß dich mal zusammen.«, »Jeder hat seine Probleme.« Wer kannte diese Sprüche nicht?

Reiner rief ihn öfter an. Er bat Max, ihn in Hamburg besuchen zu kommen, und Max willigte ein. Jetzt saß er wieder in einem Flugzeug. Es war Freitag, der 22. Juni. Etwas über ein Jahr war vergangen, seitdem Marie ihn an jenem schwülen Nachmittag in New York angerufen hatte, 54 Wochen, die sein Leben verändert hatten.

Die Maschine war pünktlich aus Hamburg gestartet und Max befand sich bereits über dem Atlantik. Er hatte Nikolas besucht und war dann zu Reiner nach Hamburg gefahren, der wieder ein Freund geworden war.

Max flog nicht zurück nach New York. Die Hamptons, Caroles neues Haus und die Partys mit JM sollten nicht Teile dieses Sommers werden. Er machte Stopp auf halber Strecke.

Island war sein Ziel, jene Insel aus Feuer und Eis, zwischen Schwarzhausen und New York. Er hatte viel über diese Insel gelesen, über ihre Weite, ihre Schönheit, ihre Einsamkeit. Max hatte in den letzten Monaten versucht, wenn auch nicht immer erfolgreich, sich der Macht der Verdrängung zu entziehen. Island sollte ein weiterer Versuch für ihn werden. Keine Cocktails, keine heißen Mädchen an der Bar, keine Copacabana, kein Sommer auf Ibiza, sondern Vulkane, heiße Quellen und ein altersschwacher Jeep, mit dem er durch die Weiten einer kalten Atlantikinsel fahren würde.

Max wollte das Leben, so wie er es kannte, für einige Wochen hinter sich lassen, anderes erfahren. »Die Welt kann warten«, dachte er.

In den letzten Monaten war er zweimal wöchentlich zu einer Therapeutin in New York gegangen und hatte eine Psychoanalyse gemacht. Er redete sich alles von der Seele, die Therapeutin hörte zu und vermittelte ihm nicht den Eindruck, sich nach der Sitzung einen Whiskey genehmigen zu müssen. Sie machte stattdessen konstruktive Vorschläge, wie Max mit der Situation umgehen könnte. Max lernte, die Vergangenheit zu akzeptieren und dass er keine Schuld an dem, was passiert war, trug. Er kam mit Hilfe der Therapeutin zu dem Schluss, dass der Missbrauch immer ein Teil seines Lebens bleiben würde und er nur lernen konnte, anders als bisher damit umzugehen.

Anfang März entschloss sich Max, eine Entziehungskur zu machen, und begab sich für drei Wochen in eine Klinik in Montana. Danach ging es ihm besser. Er lernte, ohne den Schneemann zu leben. Tag für Tag, von Woche zu Woche. Wenn das Verlangen zu groß wurde, ging er zu einem Meeting der *Anonymen Drogenabhängigen*. Es fiel ihm schwer, aber es funktionierte. JM sah er nur noch selten.

In zwei Stunden würde er in Reykjavik landen. Max lehnte sich in dem Sessel zurück.

Nikolas' Verhandlung hatte, nachdem Herrmann in den Zeugenstand gerufen worden war, noch weitere zwei Wochen gedauert. Alle Experten, der vom Gericht bestimmte Dr. Jensen und die früheren Ärzte von Nikolas, Dr. Windau und Dr. Steffens, kamen eindeutig zu dem Schluss, dass es sich in seinem Fall um eine Entwicklungsstörung mit Verhaltensauffälligkeiten handelte: frühkindlicher Missbrauch, emotionale Ablehnung durch den Vater, dissoziale Entwicklung, schwaches Ich, depressive Stimmungen und über Jahre eingenommene Psychopharmaka. Die Gutachten der Psychologen sollten die Frage klären, ob Nikolas schuldfähig oder schuldunfähig war. In diesem Punkt schieden sich die Geister der Gelehrten, der Presse und aller, die den Fall verfolgten. Für die einen war er ein kaltblütiger Mörder, für die anderen ein Opfer.

Das Verhalten seines Vaters, weitere Opfer von Frau Salo, von denen sich während der Verhandlung noch einige meldeten, die bewiesene Zusammenarbeit Magdas mit Frau Salo, der Fund der Kinderleiche im Garten und die für Nikolas durchaus positiven Zeugenaussagen beeinflussten das Urteil. Die Tatsache, dass er vor den Morden niemals gewalttätig geworden war, kam ihm ebenfalls zugute. Die Umstände, die den Tod seiner Mutter begleiteten, konnten nachkonstruiert, aber nicht bewiesen werden. Ob Magda ihr die Pillen gegeben hatte, blieb ungeklärt.

Die bundesdeutsche Presse berichtete täglich über den Fall, der Vertreter einer der größten deutschen Fernsehsender fragte nach den Rechten für die Verfilmung der Story, ein Buchverlag wollte Max einen Autor zur Seite stellen, um seine und Nikolas' Geschichte aufzuschreiben. Max lehnte dankend ab. Vielleicht später, wenn er alles endgültig verarbeitet hatte. Aber dann würde es den nächsten Fall geben, eine neue Sensation und seine Geschichte wäre Schnee von gestern.

Max blieb bis Anfang Dezember in Deutschland und besuchte Nikolas jeden Tag nach der Verhandlung, lernte ihn wieder neu kennen.

Das Urteil lautete Totschlag, aber Nikolas wurde als schuldunfähig erkannt und freigesprochen. Nikolas hatte sich für den Fall eines Freispruchs aber bereits vorher freiwillig entschlossen, unter ärztlicher Aufsicht therapeutisch weiterhin betreut zu werden. Das Schreckensgespenst Aplerbeck schwebte während der Urteilsverkündung kurz vor Max' Augen. Schreiende Geisteskranke, denen der Speichel aus den Mundwinkeln tropfte, und die Kahlgeschoren, die in der Gummizelle auf die nächste Elektroschockbehandlung warteten.

Nikolas war erleichtert. Gefängnis, lebenslang oder selbst für einige Jahre, wäre sein Tod gewesen und hätte seinen neuen Lebenswillen im Keim erstickt.

Max' Schreckensvision verschwand so schnell, wie sie gekommen war. Nikolas würde derjenige sein, der über das Kuckucksnest fliegen würde. Er würde weiter unter der Beobachtung von Leon Jensen bleiben, keine Psychopharmaka mehr bekommen, Einzel- und Gruppentherapie haben, sich selbst erkennen. Er würde nicht den Rest seines Lebens in einer Anstalt verbringen, so viel stand für Max fest. Auch durfte er Besucher empfangen, war nicht von der Außenwelt abgeschirmt. Ein langer Weg der Erkenntnis und Gesundung lag vor ihm.

Das Verhalten der Familie in der Zeit nach dem Urteilsspruch erstaunte Max nicht. Sein Vater zog sich vollkommen von der Familie zurück und machte keine Versuche, mit seinen Söhnen in Kontakt zu treten. Es war besser so. Max konnte seinen Vater seltsamerweise verstehen, er fing an, ihm leid zu tun.

Herrmann schaffte es nicht, aus seinem lebenslangen emotionalen Gefängnis auszubrechen. Dass die Gitter aus Ordnung, vermeintlichen Sicherheiten, Angst und Blindheit seinerseits bestanden, konnte er nicht erkennen. Er sollte seine Söhne nie wiedersehen.

Marie ließ sich von ihrem untreuen Mann scheiden und zog mit beiden Söhnen nach Schwarzhausen. Sie arrangierte sich mit ihrem Vater, er kümmerte sich um den Hund und den Garten.

Renate war nicht zu ihm zurückgekehrt, sie hatte die Scheidung eingereicht und lebte wieder in Norddeutschland. Marie und Max telefonierten ab und zu. Sie besuchte Nikolas einmal im Monat. Es würde lange dauern, bis sie den Konflikt, hin- und hergerissen zwischen Brüdern und Vater, lösen würde.

Helene besuchte Nikolas wöchentlich und baute eine enge Beziehung zu ihm auf.

Onkel Knut und Tante Greta wurden in den folgenden Monaten zu einer Art liebevollem Elternersatz für Nikolas.

Klaus hatte durch die Verhandlung wieder Kontakt zu Jochen aufgenommen. Es ging ihnen gut.

Max selbst flog alle zwei Monate für ein paar Tage nach Deutschland, um Nikolas zu besuchen.

Leon Jensen sprach von großen Fortschritten.

Der Flieger der Iceland Air setzte zur Landung an. Max schnallte sich an und sah hinunter auf die Insel aus Feuer und Eis. Endlose Weiten, dunkles Lavagestein, enorme Gletscher, Wasserfälle und riesige, mit Moos bewachsene Flächen lagen unter ihm.

Max blieb im Flughafen, wechselte das Gate und wartete auf seinen Anschlussflug. Er wollte weiter auf die Westfjorde, einen ziemlich unbewohnten Teil der Insel. Eine kleine Propellermaschine brachte ihn eine halbe Stunde später nach Isafjörður. Er landete am späten Nachmittag, nahm seine Reisetasche und verließ das kleine Flughafengebäude. Kurze Zeit später saß er in einem alten Jeep und fuhr über die Landstraße Richtung Hafnafjörður. Er hatte sich für die ersten paar Tage ein kleines Haus im südlichen Bereich der Westfjorde gemietet.

In einem Supermarkt kaufte er Lebensmittel ein. Die Fahrt ging weiter und er fuhr einen Fjord nach dem anderen entlang. Die Schönheit der Landschaft war überwältigend.

Max fuhr über einsame Straßen, kein Auto begegnete ihm, die Luft war klar, würzig und rein. Er fühlte sich frei und unabhängig, er war nicht mehr auf der Flucht und spürte ein Gefühl, wie er es noch nicht gekannt hatte. Vollkommen aufmerksam, seltsam elektrisiert und entspannt lenkte er den Wagen durch die karge Landschaft.

Nach drei Stunden hatte er sein Ziel erreicht. Die Hütte lag abgelegen von der Landstraße, kein Nachbar war in Sicht. Nichts beeinträchtigte seinen Blick, er konnte das Meer in der Ferne glitzern sehen. Er brachte seine Tasche und die Vorräte in die einfache Hütte, nahm eine dicke Jacke und ging wieder nach draußen. Es war inzwischen fast 22 Uhr und noch immer taghell.

Langsam stieg er den Berg hinauf. Der Schnee, aus der Ferne weiß und leuchtend, wurde bei jedem Schritt, den er näher kam, grauer und matschiger. Es war Schnee von gestern. Er war angekommen.

DANKE an alle, die da waren und immer noch hier sind!

Ernie Reinhardt, Brigitte Göpel Reinhardt, Thomas Lautenschlag, Corinna Weidner, Lydia Roeber, Doug Marron, Horst und Gerda, Anja, Paula Kramer, Brigitte Reh, Luise Jonas, Martin und Rosemarie Petschack, Caroline Winterbauer, Ariane Wienke, Barbara Hirschler, Hushang Omidizadeh, Stefan Kober, Markus Hennig, Eva Wellisz, Kirsten Stoldt Wittenborn, Vanessa Weber, Alfried Dannenberg, Sabine Barthels, Daniela Tolkien, Petra Kanau, Christiana Hennemann, Inka Mocker, Tony Sargent.

Meinen besonderen Dank an meinen Literaturagenten Peter Buchenau!

Danke an den acabus Verlag, die es wagen, und an Lea Oussalah für das respektvolle Lektorat!

Ich widme dieses Buch allen, die sexuellen Missbrauch überleben.

Und Paula Kramer, die als Erste an meiner Seite stand, ohne viel Worte, und die niemals Zweifel hatte!

Ich bin nicht Max, aber ich kenne ihn gut. Nikolas gibt es nicht, aber ich weiß, wie er sich fühlt!

Der Autor

Nach seinem Studium der Medien- und Sprachwissenschaften in Hamburg und Paris zog Michael Reh nach New York. Dort begann er Ende der neunziger Jahre als Fotograf zu arbeiten, wobei er sich auf Werbe- und Modefotografie spezialisierte. Seine Fotos sind unter anderem in internationalen Magazinen sowie im alljährlich erscheinenden „Men Edition"- und dem 2018 publizierten „Lambertz"-Kalender zu sehen. Seine Ausstellung „Traffic" zum Thema Drogenmissbrauch, von der Deutschen Bundesregierung gefördert, wurde in verschiedenen Ländern gezeigt. Michael Reh war in mehreren deutschen Serien und bei „Germany's Next Topmodel" zu sehen und veröffentlichte Bücher wie „Sunkissed", „Keine Zeit für Eitelkeit" und „Men in Motion".

Weitere Titel im acabus Verlag

Sabine B. Procher

Sanfter Missbrauch. Das schleichende Seelengift

ISBN: 978-3-86282-164-8
180 Seiten
Paperback

Normalerweise denken wir bei dem Wort Missbrauch an Brutalität, Vergewaltigung, Schläge, Gewalt, Folter, Zwang und Perversion. Das ist allerdings nur die Spitze des Eisbergs. Tief im Verborgenen schlummern viele Seelen, die eine andere Erfahrung damit gemacht haben. Sie erfuhren einen Missbrauch, der genauso schlimm ist, weil er die Psyche der Betroffenen bis weit übers Äußerste hinaus strapaziert hat – einen Missbrauch, über den kaum einer spricht. Sexuelle Übergriffe finden auch ohne körperliche Gewalt statt. Da die Kinder dabei keine Schmerzen verspüren, merken sie oftmals nicht, dass ihnen etwas Böses geschieht.

In ihrer Autobiografie beschreibt die Autorin ihre Erlebnisse in der Kindheit und welche dramatischen Folgen sich daraus ergeben haben. Als sie vier Jahre alt ist, nutzt der nette Onkel von nebenan Sandras frühkindliche sexuelle Neugierde auf das andere Geschlecht erstmals zu seiner Befriedigung aus. Da sie dabei angenehme Empfindungen verspürt und ihr keine Schmerzen zugefügt werden, erkennt Sandra nicht, dass schlecht ist, wozu man sie veranlasst. Immer wieder wird das Kind durch ältere Jugendliche an die Sexualität herangeführt. Aus Angst vor Strafe erzählt es zu Hause nichts von den Erlebnissen. Als Sandra in der Pubertät bewusst wird, was in ihrer Kindheit geschehen ist, schämt und verurteilt sie sich deshalb. Als Erwachsene stolpert sie von einer Beziehung in die nächste, ohne dabei echte Zufriedenheit zu finden.

Angelika Kaufmann

Benjamins Schatten. Befreiung aus Co-Abhängigkeit und destruktiven Beziehungen. Eine therapeutische Fabel

ISBN: 978-3-86282-232-4

156 Seiten

Paperback

„Wer sich zum Esel macht, schleppt die Säcke", liest der Esel Benjamin, als er sich auf den Weg in ein neues Leben macht, das den Sog der Abhängigkeit hinter sich lässt und destruktive Beziehungen überwindet.

Angelika Kaufmann, Erziehungswissenschaftlerin und Soziologin, veranschaulicht das psychosoziale Phänomen der Co-Abhängigkeit, indem sie ihre Erfahrungen von Projekten mit Suchtkranken und deren Angehörigen mit Hilfe der Geschichte des Esels Benjamin weitergibt. Dieser muss eine lange Reise auf sich nehmen, die zur Bewährungsprobe wird. Die eigenen Grenzen erfahrend, kann er schließlich die Angst vor dem Verlassenwerden ablegen und Selbstliebe erfahren.

„Benjamin" wird in über 300 Selbsthilfegruppen der Ländlichen Erwachsenenbildung im Fachbereich Gesundheit und Selbsthilfe eingesetzt und legt den Fokus auf Angehörige von Suchtkranken, die ihre persönliche Situation aufarbeiten. So soll auch dieses Buch Hilfe zur Selbsthilfe leisten und Wege aufzeigen, den Strudel von Sucht, Gewalt und Abhängigkeit hinter sich zu lassen.

„Der ‚Benjamin' ist Begleiter auf einem Weg von gefühlter Einsamkeit, Druck und Überforderung zu Selbst(wieder)findung und Lebensfreude." (Erwin Vartmann – LEB Fachbereich Gesundheit und Selbsthilfe)